亨利八世

年轻的亨利

Robert Hutchinson

YOUNG HENRY

The Rise Of Henry VIII

都铎王朝

The Tudors

[美]罗伯特·哈钦森——著
魏静薇——译

新世界出版社

著作权合同登记号：京权图字号 01-2020-1410
Young Henry: The Rise of Henry VIII by Robert Hutchinson

图书在版编目（CIP）数据

亨利八世 . 年轻的亨利 / (美) 罗伯特 · 哈钦森著 ;
魏静薇译 . -- 北京 : 新世界出版社 , 2020.5
(都铎王朝)
ISBN 978-7-5104-6988-6

Ⅰ . ①亨… Ⅱ . ①罗… ②魏… Ⅲ . ①亨利八世 (Henry Ⅷ 1491-1547) —传记 Ⅳ . ① K561.33

中国版本图书馆 CIP 数据核字 (2019) 第 296745 号

亨利八世：年轻的亨利

作　　者：[美] 罗伯特 · 哈钦森
译　　者：魏静薇
策划编辑：熊文霞
责任编辑：熊文霞
责任印制：王宝根
出版发行：新世界出版社
社　　址：北京西城区百万庄大街 24 号(100037)
发 行 部：(010) 6899 5968　(010) 6899 8705 (传真)
总 编 室：(010) 6899 5424　(010) 6832 6679 (传真)
http://www.nwp.cn
http://www.nwp.com.cn
版 权 部：+8610 6899 6306
版权部电子信箱：nwpcd@sina.com
印　　刷：北京亚通印刷有限责任公司
经　　销：新华书店
开　　本：880mm × 1230mm　1/32
字　　数：286 千字　　印　　张：12.75
版　　次：2020 年 5 月第 1 版　2020 年 5 月第 1 次印刷
书　　号：ISBN 978-7-5104-6988-6
定　　价：62.80 元

献给西塞和伊娃

目　录

作者按

亨利八世是英国最著名的君主。这位国王动荡不安的生活，他在六段婚姻中所受到的心灵创伤，以及他粗鲁、残暴的行为，共同组成了任何一位小说家在实现他们写作梦想的过程中所能想到的最引人入胜的戏剧情节。

他的牺牲品，沃尔西、费希尔、莫尔及博林家族，都织就了故事的一部分，他们像亨利宫廷舞台上的演员一样轮番上场，又在羞耻或暴虐的结局中退场，最终变成了一幕幕最为生动的悲剧。在这位国王的故事里，历史事实比小说还要新奇。

亨利八世总能引发人们最强烈的反感。正如18世纪爱尔兰讽刺作家、《格列弗游记》的作者乔纳森·斯威夫特在自己的书上写下的对“亨利八世”的辛辣评论：

> 我希望剥他的皮，把他的皮肤填充起来悬挂示众。留下他笨重的血肉和内脏让鸟和野兽吃掉，作为对他的继承者们永远的警告。阿门。

这本书从两方面分析了驱动亨利的动机和需求，一方面是他的私人生活，另一方面是他对待自己的臣民和外国兄弟国王的政治举措。

他的很多性格特质以及好恶都继承自他的父亲亨利七世——热爱奢华、炫耀、仪式礼节、狩猎和赌博的刺激感，他们都设计并建造了一系列豪华的新宫殿。在夺取某位子民的现金和财产时，他们二人都会立即变得厚颜无耻、反复无常。

他们就是有其父必有其子的真实事例——他们都非常高，儿子身高超过 6 英尺，显眼的身高加上耀眼的金红色头发让他们显得异于常人。

但是他们父子也有不同——父亲谨慎、儿子冲动；父亲在胜利之后常表现得慷慨，而儿子却非常残忍。这些不美好的品质通过都铎家族的基因代代相传，传给了亨利八世的后代们：爱德华六世、玛丽一世和伊丽莎白一世。

两个重要原因几乎影响了这两位亨利国王对待任何一件事的处理方法。其一是过于自负的王朝自豪感；其二是长久以来，他们对于是否有能力实现野心，长久延续都铎王朝的血脉缺乏安全感。

失去英格兰王位的不安和恐惧笼罩着父子二人，这种恐惧源自他们都知道的事实：从法律角度讲，都铎王朝对于王位的继承权是非常脆弱的，只不过在 1485 年的战场上都铎家族才通过征服稳固住了王位。因此，对于任何反叛迹象，不论对于他的意志来说多么微不足道，亨利八世都会立即做出愤怒的回应。

亨利八世的父亲在博斯沃思（Bosworth）打败并击垮了理查

三世，终结了金雀花王朝在英格兰从1154年开始，历经15位君主的统治。都铎家族计划让自己家族的继承人世袭英格兰的王位，毫无疑问，他们的目标是像他们的先辈那样，尽可能久远地统治英格兰。

无论如何，为了实现这一目标，他们都需要足够多的男性继承人。当约克的伊丽莎白生下的4个儿子中的3个都相继去世之后，亨利七世几乎失去了一切，尤其是当他病重的继承人亚瑟去世时。1502年4月2日星期六，当这位王子去世时，约克的伊丽莎白想方设法安慰备受打击的国王，她指出“上帝还赐予我们一位俊美优秀的……年轻王子”。

亨利，这个“多余的储君”，从未想过会经受王位的磨炼。随之而来的对这位少年压抑的保护措施，激起了他在1509年4月继承王位后不受约束的逆反心理。

经过了早期那些宴会、比武和玩乐的辉煌岁月，男性合法继承人的持续空缺像一条有毒的细线，贯穿了他统治期间近30年的时光，并在某种程度上解释了他对第一任妻子阿拉贡的凯瑟琳（有时写作“K”，因为这是她签名的方式）的冷漠无情。

亨利八世是第一位坚持在称呼头衔中加上“陛下”（majesty）的英国君主。后来他可能将自己视为上帝在世俗世界的代表，要在自己的国家内与上帝沟通，而非通过罗马。但是在一切虚张声势的酷厉统治背后，他和他受瘟疫困扰的最痛苦的子民们一样，感受到的只有脆弱。

被盟友背叛，不能实现军事野心，亨利做出的大部分尝试都让他尝到了失败的苦涩。

本书力图告诉读者，是什么使得文艺复兴时期这样一位快乐、有趣的王子变成了后来的暴君，又是什么在他继承王位之后，将如此值得期待的，即将到来的黄金时代渐渐转变成了上演惨淡的人间悲剧的岁月。

致　谢

这本书的完成，离不开我亲爱的妻子萨莉的倾情相助。她和我一样，沉浸在都铎时代的阴谋诡计中，几乎像是有一个“分身”同时生活在那里。

如同我关于都铎时代的其他著作，本书中很多材料都引自当时的文献记录及其他资料，其中可能会使用在那些动荡、危险的时代中生活的人们所使用的书面语言和口头语言。

在寻找手稿和珍本书时，许多友善的朋友和同事都为我提供了宝贵的支持和帮助。尤其要感谢哈特菲尔德宫索尔兹伯里侯爵（Marquis of Salisbury）的图书馆及档案管理员，帮我查找塞西尔王室大臣文档（Cecil Papers）的罗宾·哈考特·威廉姆斯（Robin Harcourt Williams）；大英图书馆近现代史手稿馆馆长安德烈娅·克拉克（Andrea Clarke）博士；以及国家档案馆的杰萨米·赛克斯（Jessamy Sykes），他曾在查找一份藏于贝德福德郡瑞斯特公园图书馆的手稿时帮了大忙。

还要感谢伦敦古物专家学会（Society of Antiquaries of London）的图书馆和藏书主任希瑟·罗兰（Heather Rowland），

以及助理馆员艾德里安·詹姆斯（Adrian James）；在蓓尔美尔街无与伦比的阿希纳姆俱乐部图书馆工作的凯·沃尔特斯（Kay Walters）及她的团队；法尔默的苏塞克斯大学图书馆热情相助的工作人员；国家档案馆和尤斯顿大英图书馆“珍本书、人文与手稿”阅览室一路鼎力相助的各个团队。同时，我也非常感谢我的好友杰罗姆·伯特伦（Jerome Bertram）牧师帮我翻译拉丁文，以及理查德·鲁滨孙（Richard Robinson）博士在法医学方面提供的帮助。感谢伦敦韦登菲尔德和尼科尔森出版公司（Weidenfeld & Nicolson）的艾伦·萨姆森（Alan Samson）和露辛达·麦尼尔（Lucinda McNeile）给了我鼓励和帮助，还要感谢我的编辑丽萨·罗杰斯（Lisa Rogers）和编写索引的克里斯托弗·菲普斯（Christopher Phipps）。

必须声明，我本人对本书中出现的任何错误负全部责任。

罗伯特·哈钦森

2010年于西苏塞克斯

序言

不安定的王冠

"如果……国王陛下离世……那么谁将统治英格兰？有人说会是白金汉公爵，还说他将成为一位高贵庄严的统治者……还有人说会是叛国贼埃德蒙·德拉波尔，但没人提起王子殿下。"

——加来财政部长，休·康威（Hugh Conway）爵士，写于 1503 年后[1]

勇猛地夺取了英格兰王冠后，亨利七世于 1485 年 11 月 9 日召开了第一届议会，宣布自己的王位继承权不容置疑，不仅因为他的继承权合乎法律，更因为这是上帝在不到 3 个月前的战役中做出的严正审判。[2] 那个冬天，这位博斯沃思原野的胜利者充满勇气和信心的话语回荡在威斯敏斯特的彩绘大厅里，但在亨利内心深处，却深埋着对未来的忧虑，既担忧他刚刚到手的君权，也担忧着他试图建立起来的都铎王朝的荣耀。

大法官伍斯特主教约翰·阿尔科克（John Alcock）尽职而勤勉地呼吁所有贵族、主教和平民双膝跪地，谦卑地为国王统治的长久、幸福、富足祈祷，新国王意味深长而真诚地低声说了一句“阿门”。[3]

莎士比亚有句生动的台词：“戴王冠的头是不能安于他的枕席的。”[4]这句话非常适合即将统治英格兰一个多世纪，而又风雨飘摇的都铎家族。

不安始终笼罩着亨利七世和他专横的继承者们，他们一生都面临着叛乱，有些造反者甚至差点就抢走了他们岌岌可危的王位。残酷无情地镇压叛乱成了都铎家族血脉相承的一部分。[5]不仅如此，继承王位的人选也始终是个严峻的问题，因为死神最终会敲响王室富丽堂皇的宫殿的大门，往往只有王室血脉的开枝散叶才能解决这个问题。

不安尤其困扰着亨利的次子亨利八世。他屠杀了所有对王位存在潜在威胁的人，在他的新一轮抓捕中不幸落网的人也全部因叛国罪被处死，但几十年里令他最为苦恼的，是没有合法的男性继承人降生。

玫瑰战争期间，约克家族在1471年的巴尼特战役（Battle of Barnet）和图克斯伯里战役（Battle of Tewkesbury）中打败了兰开斯特家族，之后亨利七世在布列塔尼度过了14年痛苦的流亡时光。他饱受质疑的微弱王位继承权来自他令人敬畏的母亲玛格丽特·博福特夫人（Lady Margaret Beaufort）。玛格丽特·博福特夫人的父亲冈特的约翰（John of Gaunt）是爱德华三世（Edward Ⅲ）的儿子，她的母亲凯瑟琳·斯温福（Katherine Swynford）曾给约翰做了25年的情妇，后来成为他的第三任妻子。[6]1397年，《国会法案》（*Act of Parliament*）立法承认约翰和凯瑟琳的孩子的合法性，但10年后亨利四世却制定了一项含混不清的法案，剥夺了他们的王位继承权。

亨利七世来自父系家族的继承权更为脆弱。他的父亲埃德蒙·都铎（Edmund Tudor）是第一任里士满伯爵，与亨利六世是同母异父的兄弟。埃德蒙·都铎的母亲瓦卢瓦的凯瑟琳（Katherine of Valois）是英国伟大的英雄国王亨利五世的遗孀，父亲欧文·都铎（Owen Tudor）[7]是一名威尔士人，是凯瑟琳的服饰保管人，他们的婚姻并不合法。1461年，在赫里福德郡的威格莫尔附近的莫蒂默斯克罗斯（Mortimer's Cross），兰开斯特军战败，欧文·都铎被斩首。

1456年11月，埃德蒙·都铎死于瘟疫，当时他正被约克党人囚禁在南威尔士的卡马森城堡。在他去世3个月后的1457年，在彭布罗克城堡，时年14岁的玛格丽特·博福特经过艰难的分娩，生下了他的独子亨利。

通过继承获得王权总会遭到质疑，但在现实政治中，通过征服赢得王位却是不可争辩的事实。1485年8月22日，在博斯沃思激战仅两小时，亨利就取得了胜利，戴上了本属于理查三世（Richard Ⅲ）的金王冠。战败的国王理查三世赤身裸体地倒在血泊中，衣服被扯光。他的遗体被匆匆扔上马背，“像一头猪或牛一样被五花大绑着”带离了战场[8]，埋葬在兰开斯特格雷夫莱尔教堂（Church of the Greyfriars）的一座无名坟墓中，毫无光彩可言。[9]为了感恩胜利，亨利在伦敦圣保罗大教堂的祭坛上献上了他的威尔士红龙战旗。10月30日星期日，亨利在威斯敏斯特加冕，主持仪式的大主教与两年前为理查三世举行加冕仪式的是同一人。

现在，亨利要做的就是颠覆之前理查对他的冷嘲热讽，说他“不论是从父系还是母系的角度来说，血统都不纯正……因此不该获得任何头衔”。[10]

为此，亨利立即向议会提出了两条法案。第一条是将国王的头衔定为“英格兰和法兰西国王及爱尔兰领主”。[11] 为方便起见，法案中并没有解释亨利是如何获得这个头衔的，还宣布他的统治在博斯沃思战役开始之前 24 小时就已经开始。这样，当天所有反对他的人都自动被视为叛国者，他们会因此被剥夺公民权，失去生命和财产。

第二条法案就是废除臭名昭著的 1483 年《王室权利法案》（*Titulus Regius*）。根据《王室权利法案》，爱德华四世和伊丽莎白 · 伍德维尔（Elizabeth Woodville）的婚姻不合法，他们的孩子是私生子[12]，爱德华三世才是真正合法的国王。[13] 他们的两个孩子，一个是被称为“伦敦塔里的王子”（Princes in the Tower）的爱德华五世，另一个是他的哥哥约克公爵理查，两个男孩在 1483 年 6 月走进伦敦塔的大门之后就神秘消失了，再未出现过。

杀死两位王子的邪恶杀手并未声张。有人猜测两个王子既非在塔内被杀，也非死于因疾病或战争导致的物资匮乏。都铎王室狡黠的政治宣传细致地掩盖了理查三世是否与两个王子的死亡有关，至今这仍是备受世人争议的话题。亨利七世废除《王室权利法案》之所以令人困惑，是因为这说明他一定十分确认两个王子已经过世。亨利很清楚，重新承认爱德华四世的孩子的合法地位，也就意味着承认两位王子已经失去的王位继承权。如果这两位王子尚在人世，那就会大大增加亨利王位的风险。

亨利颁布新法案的真正原因在于他需要巩固历经 32 年的玫瑰战争造成的破坏和分裂后风雨飘摇的王国。为此，他策划迎娶了爱德华四世的长女约克的伊丽莎白（Elizabeth of York），以团结约克和兰开斯特两大家族[14]，亨利的新法案刚好恢复了伊丽莎白的合法身份。1483 年圣诞节，亨利在布列塔尼西边的雷恩大教堂许诺将迎娶约克的伊丽莎白，1485 年 10 月 10 日，议会在休会之前，谦卑地请国王履行诺言。新任议长托马斯·洛弗尔（Thomas Lovell）爵士[15]祈愿上帝保佑这段婚姻，“为了全世界的福祉，让王室子孙满堂”[16]。

亨利的意图并不仅仅是要依靠王后的家族背景来巩固王位，而是要作为王位征服者，以个人的名义统治英格兰。1486 年 1 月 16 日，教皇为这场婚姻颁发了特许令，以结束战争双方“长期以来严重的分裂和争论”。教皇诏书中强调了亨利对于王位的合法继承权，如果伊丽莎白无子嗣而死，国王可以为传承王位再婚；同时，诏书中还威胁将把那些反叛国王及他合法继承人的人逐出教会。[17]这份教皇诏书被印刷出来，并在教堂的圣坛上被大声朗读，传达至王国的上上下下，这可以说是利用印刷手段向大众宣传政治制度的最早案例。[18]

两天后，在威斯敏斯特教堂，亨利和伊丽莎白在 80 岁的坎特伯雷大主教托马斯·鲍彻（Thomas Bourchier）[19]的主持下举行了婚礼。再有 10 天，就是亨利 29 岁的生日，而伊丽莎白还不到 20 岁。亨利宫廷中的盲诗人伯纳德·安德烈（Bernard André）汇报说，王国的子民们为了庆祝这场婚礼都“燃起熊熊的篝火表达内心的喜悦，伦敦城内一片歌舞升平”[20]。历史学家爱德华·霍尔

（Edward Hall）有更为翔实的记录：

> 这场婚姻使人们认为和平从天堂降临到了英格兰，因为兰开斯特家族和约克家族不再彼此对立……而是重新联结，团结在了一起。他们两人的继承人，将在他们过世后和平地统治英格兰，享有全部君权和领土。[21]

亨利七世有意宣传上帝“神圣干预”的主题，并拥有了广泛的信众。在罗马，一位英格兰信使上气不接下气地用拉丁语向教皇和枢机主教们做了简洁明了的演讲，承认亨利对上帝的巨大亏欠，因为正是他的神圣帮助使亨利复得属于祖先的王位。这位信使还宣布，新国王已经同意娶爱德华四世的女儿为妻，“以结束英格兰的所有内乱”。[22]

但后来发生的事件证明，“彻底结束内乱”这一想法尚不成熟。

纵观历史，任何君主在位期间的第一要务都是尽早建立起男性继承人体系，亨利七世也不例外。很快，伊丽莎白就发现自己已怀有身孕。一切就绪，等待着王后的分娩，迎接万众期待的王子降生在古英格兰的首都温彻斯特。在这里，刚从英格兰西部巡视归来的、筋疲力尽的国王正在享受着当地的猎鹿活动。

国王的母亲玛格丽特·博福特夫人虔诚地在《祈祷书》[23]中记下了孙子的出生时间，为 1486 年 8 月 19 日和 20 日交界的“午夜过后凌晨一点前”——这一天是圣尤斯塔斯日。[24]虽然早产了一个多月，但新生的男孩非常健康，出生后就被命名为亚瑟。[25]为了感恩自己的顺产，伊丽莎白在温彻斯特大教堂建造了一个祈祷室献给怀抱圣子的圣母马利亚，上面镌刻着表达虔诚的文字“沐浴在天主的荣光下”。[26]

关于亨利为何选择“亚瑟”作为他的长子和继承人的名字，存在诸多学术讨论。[27] 17 世纪的历史学家弗朗西斯·培根（Francis Bacon）认为，国王的目的是要把他的王朝与那位“古老而伟大的不列颠国王”联系起来，“关于他的所作所为，不仅是个绚丽的‘传说’，也有足够多的实证让他名扬千古”。[28] 爱德华·霍尔认为，亚瑟这个名字有着神奇的作用，可以“让英国人……精神振奋……外邦君主恐惧颤抖，所有的国家都会对这个名字充满敬畏”。[29] 不过，“亚瑟”这个名字并未得到亨利七世之前的国王的特别重视——爱德华四世曾给他的一个私生子取名为亚瑟·金雀花（Arthur Plantagenet），也就是后来的莱尔子爵——而亨利七世在位时，除了宫廷诗人们会别出心裁地写一些诗句以满足亨利贪婪的自尊心[31]，并没有人特别崇拜亚瑟王[30]。

如今国王有了继承人，但是战败的约克家族对于王位的威胁并未消失。早在 1486 年 2 月，亨利七世就派他的叔父贾斯珀·都铎（Jasper Tudor）[32] 前往威尔士去“照管国家”。[33] 在接下来的一个月里，威斯敏斯特和伦敦北部都发生了短暂但暴力的动乱，意图明显是要废黜亨利。随后，在那个春天，约克郡、沃里克郡以及西米德兰兹郡相继发生叛乱，但都未能成功，伍斯特城内也爆发过反对国王的短暂起义。尽管在泰晤士峡谷地区还有零星分布着的煽动叛乱者继续坚持着，但是这些小型叛乱都无疾而终，没有造成什么伤害[34]。

而1487年发生的离奇事件对王位产生了更为严重的威胁。博斯沃思战役之后，亨利七世迅速把最具王位继承权的约克党人——10岁的爱德华·金雀花和17岁的沃里克伯爵[35]——锁进了伦敦塔。可是在都柏林，却出现了一个冒牌沃里克。冒名者10岁的兰伯特·西姆内尔（Lambert Simnel）是一名牛津工匠的儿子，他长得很像被囚禁的伯爵，而且从牛津一位精明的学者兼神父理查德·西蒙斯（Richard Simons）那里接受了贵族教育。由于有关沃里克出逃的流言四散而起，亨利被迫把他带出伦敦塔，在圣保罗大教堂向众人游行展示，试图镇压住危险的叛国言论，但都徒劳。

另一位约克贵族林肯伯爵一世约翰·德拉波尔（John de la Pole），1486年9月24日时曾在温彻斯特参加了亚瑟王子的受洗仪式。而现在，他离开宫廷，越过英吉利海峡，来到了勃艮第，寻求约克的玛格丽特（Margaret of York）的支援和资助。约克的玛格丽特是勃艮第公爵的遗孀，也是爱德华四世的妹妹、理查三世的姐姐。林肯伯爵招募了一支拥有2000名德意志雇佣兵的军队，这支整齐划一的部队装备着长矛，指挥官是大摇大摆的马丁·施瓦茨（Martin Schwarz）。[36]5月5日，他们乘船抵达爱尔兰。约翰·德拉波尔的叛变对亨利·都铎来说尤为危险，因为他的舅父理查三世曾立德拉波尔为英格兰王室的合法继承人。

1487年5月24日的耶稣升天节，西姆内尔在都柏林的基督大教堂中被加冕为“英格兰国王爱德华六世”。[37]印有他肖像的钱币很快被铸造出来，脾气一向暴躁的第八代基尔代尔伯爵杰拉尔德·菲茨杰拉德（Gerald Fitzgerald）集结了一支鱼龙混杂的爱尔兰军队支持这个冒名顶替的国王。

另一个约克党流放者洛弗尔子爵弗朗西斯·洛弗尔（Francis Lovell）加入了林肯伯爵的叛军。6月4日，他们带领着一支小型德意志－爱尔兰侵略军抵达距离坎布里亚郡弗内斯半岛约1000英尺（1千米）的一座小岛上的皮尔城堡。之后他们越过奔宁山脉向约克郡进发，寻求更多叛乱者的支持。他们在塔德卡斯特地区（Tadcaster）与亨利·克利福德（Henry Clifford）男爵带领的皇家军队交战，并取得了短暂的胜利，随后就掉转马头向南进军伦敦。

亨利七世集结了一支1.2万人的王室大军，在战场上捍卫他的王冠。为保险起见，他送走了王后。在新任温彻斯特主教彼得·考特尼（Peter Courtenay）的护卫下，王后来到萨里的法纳姆（Famham）照料尚在襁褓中的王储亚瑟。亨利七世还很明智地为他们制订了应急方案，帮助他们前往本笃会修女在拉姆西（Romsey）距离汉普郡海岸不远的一处住所，万一国王战败，王后和王子就必须逃离英格兰海岸。[38]

6月16日清晨，亨利与叛军在诺丁汉郡纽瓦克以南3.7英里（6千米）处，即东斯托克的特伦特河畔一处与广阔的河湾相连接的空地上相遇。国王任命第十三代牛津伯爵约翰·德·维尔（John de Vere）为战术指挥。这位经验丰富的将军带领的先头部队有6000名经验丰富的老兵，亨利和他的叔父贾斯珀·都铎带领4000名主力作为第二梯队，而第九代斯特兰奇勋爵乔治·斯坦利（George Stanley）带领的替补部队负责殿后。[39]

随着约克家族反叛者的加入，叛军队伍已壮大到近8000人，将战线拉长至1000码（1千米）宽，以林肯伯爵为中心，身后是身经百战的德意志雇佣军，右侧是他的英格兰骑兵队，左侧是轻装上阵的爱尔兰徒步士兵团，他们被人轻蔑地描述为“低贱、赤裸、几乎手无寸铁”。仅经过3小时的激战，他们就被牛津伯爵的军队打败，牛津伯爵的弓箭手尤其令赤脚的爱尔兰士兵伤亡惨重。林肯伯爵和雇佣军队长施瓦茨都在斯托克战役中丧生，人们最后见到洛弗尔子爵时，他正骑着马渡过宽阔的河面，躲避亨利的报复。[40]约4000名叛军阵亡，鲜血流向了附近的一个溪谷，形成了一条“红色水沟”，兰伯特·西姆内尔被捕。几乎不会怜悯他人的亨利·都铎，因兰伯特·西姆内尔年纪尚幼而赦免了他，但出于对他的鄙视，亨利安排他在王室厨房中打杂，这样也便于监视他。后来他被提拔为地位卑微的训鹰人。[41]国王的母亲玛格丽特·博福特夫人满怀赞许地在她的《祈祷书》中记录下了这场胜利：

> 公元1487年6月16日，国王亨利七世在斯托克战役中打败了反叛者……在那里林肯的约翰伯爵和其他人被杀死。[42]

林肯伯爵的弟弟，15岁的埃德蒙·德拉波尔（Edmund de la Pole）也得到了亨利的赦免，在亨利看来，约克家族的威胁已经降低到安全水平，这是一个令他日后会后悔的轻率想法。亨利七世感觉已经足够安全，可以把注意力转向筹划王后的加冕仪式了。1487年9月，令状下达，命令所有国王臣属在11月25日来到威斯敏斯特大教堂参加王后的加冕礼。[43]

仪式开始前的星期五，伊丽莎白和玛格丽特夫人乘船从格林尼治出发，来观看伦敦城为她举办的泰晤士河盛会。其中的一艘游艇装载着可以从嘴里向水中喷火的机械龙，这些东西“经过精心大胆的设计，既让王后能够走动走动，又为她带来快乐”。[44]

但与加冕礼相比，这些小惊喜简直不值一提。加冕礼当天，约克的伊丽莎白穿着貂皮制成的紫色天鹅绒礼服和披风，站在大教堂豪华的西门外，地面上铺满金布（后来想要纪念品的人们把这些金布撕成了碎片）。随后，秃顶的贝德福德公爵贾斯珀·都铎拿着王冠站在王后一边，温彻斯特大主教及伊利大主教在另一边扶着她，共同将她护送至教堂内接受加冕。而她的丈夫和婆母在讲坛和祭坛之间一个装有格子窗的平台上观看着这场仪式。[45]

为了庆祝王后加冕，亨利为自己制作了一顶崭新的“嵌满宝石”的金王冠，并在 1488 年 1 月 6 日第一次戴上，作为主显节纪念。[46] 同年，伊丽莎白生下另一名王子，据说命名为爱德华，但只过了几个小时新生儿就不幸夭折。1489 年 3 月，王后再次怀孕，11 月 29 日，她生下了女儿玛格丽特。次日上午，他们的长子，时年 3 岁的亚瑟，在威斯敏斯特议会大厅的仪式上受封成为威尔士亲王和切斯特伯爵。随后他们的女儿在旁边的圣玛格丽特教堂接受了洗礼。

18 个月后，1491 年 6 月 28 日，王后的第三个孩子亨利在位于伦敦以东 5 英里（8 千米）的泰晤士河旁的格林尼治宫出生。

如今，亨利七世有了继承王位的“后备人选”。想要推翻他的约克党人已经被无情地镇压下去，他所建立的都铎王朝前景一片光明，似乎从未如此稳固。

不幸的是，事实证明他的自信毫无根据。

第一章

暗淡童年

"3时许……贵族绅士们已经把消息传遍了全伦敦城，约克公爵，国王的次子，一个4岁左右的孩子……独自骑着一匹骏马，前往威斯敏斯特面见国王。"

1494年10月29日，

亨利正式来到伦敦，接受父亲封爵[1]

亨利八世出生于一个等级分明、纪律森严的家庭。从他母亲的怀胎分娩、婴儿房的设施配饰，到豪华盛大的皇家洗礼仪式，详细周密的安排[2]早已制订好。这些条条框框几乎贯穿了他生活的方方面面，一直到18年后，亨利的父亲去世。

亨利的祖母玛格丽特·博福特夫人行事神秘而传统，掌控着宫廷事务。1486年，针对如何迎接都铎王子来到这个不安分的险恶世界，她制订了详细的条例。这些条例在一部名为《王室御书》[3]的书中被反复修改，此书是一部名副其实的皇家礼节词典。

最首要的礼节自然是关于王后的产前准备。王后约克的伊丽莎白拥有自己的私人祈祷室，与邻近豪华的小房间相通。（由于医疗水平比较原始，孕妇生产在都铎王朝时期是一件非常危险的事情。向全能的上帝和圣人们寻求庇佑，以求渡过难关，这是很明智的做法。）在她的卧室里，“墙上、屋顶、窗子……到处都要挂满华丽的挂毯。只有一扇窗子必须留下，在王后需要时用来通光，以使她心情舒畅”。

玛格丽特夫人甚至将一切必要的寝具和陈设都详细列出，比如：“两套被单……每套 4 英尺（3.66 米）宽、5 英尺（4.57 米）长；若干填充上好鹅毛的方形粗布枕头[4]；一张貂毛红色床单，配以深红色天鹅绒或金丝线刺绣；一张羊毛填充的床垫。”在这张豪华的大床旁边，铺着一张草垫及一个长枕，供王后的助产婆休息。

> 一切准备就绪，王后产期临近时，王宫里的两位高级贵族将护送王后走进她黑暗的卧室，然后毕恭毕敬地缓缓退出。
>
> 随后，所有女士将随王后一起进入内室，男性不得入内。官员们将所需用具一应送至卧室门前，由女性官员在门口接应。[5]

尽管整个忙乱的生产过程都是她一手安排的，玛格丽特夫人似乎并不为第二个孙子的出生所动。这个孩子出生在 1491 年的圣彼得日，正值潮湿、沉闷的夏季。在她的《祈祷书》里，几乎没有关于 6 月 28 日这一天的任何笔录，之后她也忘记了在那一年中把这件事记录下来。[6]毫无疑问，对她来说，时年 4 岁的王位继承人亚瑟才是最重要的，令她心心念念为之祈祷，对所有英格兰民众来说都是如此。正因如此，我们对这位新生王子人生的前 10 年知之甚少也就不足为奇了，因为他的哥哥才是这个王朝最闪耀的明星。

出生几天后，在格林尼治宫西侧新建的教堂里，亨利按照方济各会仪式接受了洗礼。[7] 埃克塞特大主教兼掌玺大臣理查德·福克斯是亨利七世早年在布列塔尼 [8] 漫长流亡时期的伙伴，由他主持了简短的仪式。金光闪闪的天篷之下，福克斯站在层层叠叠的环形木质台阶上。在为孩子命名时，福克斯激动地将这个赤裸的红发婴儿 3 次浸入圣水，盛放圣水的银质圣洗池是特地从坎特伯雷大教堂运来的。关于这位新生的王子是否在第三次被浸入精心准备的温暖圣水中时大哭抗议，历史上并没有记载。随后，婴儿被包裹在一条"有着长长的裙裾，镶嵌着貂皮花边"的红布斗篷中，意气风发地被带离了余音仍在回响的教堂，他的小手中攥着一支点燃的蜡烛，象征着他即将在黑暗的世界中展开旅途。为了这场仪式，共有 6 磅 3 先令 4 便士支付给为王后掌管寝具的侍从官本杰明·迪格比，这表明王子的洗礼仪式是按照玛格丽特夫人的指示进行的，夫人甚至明文规定了盖在圣洗池上的是哪块亚麻布。[9]

洗礼刚一结束，安妮·奥克森布里奇（Anne Oxenbridge）女士就接管了这个婴儿，成为他的乳母。当时她的年薪是 10 英镑，在今天相当于约 5000 英镑。[10] 这位亨利人生中第一个重要的女性出身朗塞林（Launcelyn）家族，这是一个有权使用纹章的老牌贵族家族，[11] 在贝德福德郡首府贝德福德以西 4 英里（6.44 千米）处的科普利拥有一座叫作伍德恩（Wood End）的庄园。安妮的丈夫杰弗里·奥克森布里奇（Geoffrey Oxenbridge）曾是温奇尔西以东苏塞克斯五港同盟地区的行政官，但大约在1494—1496年之间，即安妮到王宫赴任几年后，就去世了。1504年，安妮嫁给了第二任丈夫沃尔特·卢克（Walter Luke），一位苏塞克斯绅士（也可能是一名律师）。

安妮照料了亨利至少两年，在亨利能吃固体食物后，他小心谨慎的祖母就下令，要安妮“在哺乳时也要让亨利吃肉和饮酒，每餐都要有医生监管，看她是否让孩子食用了适量的肉和酒”。[12]

这位亲生母亲般的乳母还有两位“摇摇篮”助手，专门摇豪华的王室摇篮——分别是弗丽德丝维德·帕特纳姆（Frideswide Puttenham）[13]和玛格丽特·德劳顿（Margaret Draughton），她们的年薪为3英镑6先令8便士。后来，安妮因对小亨利照顾周到，亨利七世满怀感激地给予了她大量奖赏。[14]

亨利在格林尼治的婴儿房有两个房间，每个房间里有一个摇篮，还有各种可以为新生儿提供最好护理的实用设备，比如两个用来清洗床单枕套、亨利的衣服以及各种襁褓的“豪华”锡盆。这些所谓的“襁褓”其实是亚麻或其他材质的衣料制成的带子，将婴儿从头到脚紧紧裹住以限制他的活动，而且人们普遍认为，这样可以促进睡眠。都铎时代的人们还普遍认为这种带子可以帮助孩子在以后发育成良好的体态。[15]屋里还有一个用来给孩子洗澡的银盆，以及一个可以用来加热少量水和食物的小火炉。地板上铺着8块大地毯，中间是为安妮·奥克森布里奇准备的皮质坐垫，给婴儿哺乳时，她就坐在上面，怀中的婴儿吮吸着她的乳汁。[16]

第一个摇篮是极为华丽的“身份摇篮”，长5英尺（1.52米），宽3英尺（0.9米），悬在一个U型木框中轻轻地摇晃着。摇篮上盖着深红色的金布，4 个镀银的把手上装饰着国王和王后的纹章。摇篮里铺着一张床垫、两个枕头和一张貂皮镶边的鲜红色床单。婴儿亨利安然地躺在这个摇篮里，接受着拜访者的仰慕和奉承。虽然王子几乎完全被埋在蓝色天鹅绒或金丝织成的襁褓里，拜访者进出王子的房间时还是要深鞠一躬。第二个摇篮稍小一些，供亨利睡觉用。这个摇篮用镀金的彩绘木头制成，44 英寸（1.12 米）长，12 英寸（0.31 米）宽。上面同样装饰着镀银把手，并铺有两张床垫（以防不测……）。[17]

亨利很可能与他两岁的姐姐玛格丽特共享这间王室育婴房，不过他们食宿分开，分别有自己的保姆。尽管王后常和她的孩子们待在同一座房子里，但对孩子们的日常护理和关爱还是一直花钱雇人负责，这种情况在王室或贵族中很普遍。不过，约克的伊丽莎白可能受过良好的教育，并在亨利 4 岁左右时就开始教他读书和写字。

这些王室的孩子童年时常四处游走，他们的母亲需要按照皇家活动日程表，在不同的时节去不同的宫殿，这些活动有时与宗教节日相关，而孩子们也会跟随着她辗转。与此同时，作为王储的最佳人选，他们的哥哥亚瑟的生活则与他们完全分离。亚瑟前两年生活在法纳姆城堡里，在萨里温彻斯特主教的豪华座椅上度过。后来在大约 1488 年，他的育儿室搬到了肯特的阿什福德区。5 年后，7 岁的王子生活在拉德洛（Ludlow），学习如何做一位国王，完善自己的家庭和议会，治理他的威尔士公国。

1492 年 2 月，亨利和玛格丽特又有了一个妹妹，名为伊丽莎白。她出生于里士满附近萨里郡的西恩宫（Palace of Sheen），就在泰晤士河岸上。[18]新生的小公主当然也有自己的乳母，名为塞西莉·博比奇（Cecily Burbage），但她能拿到薪水的前提当然是要“照顾好我们可爱的孩子们，亨利殿下以及玛格丽特和伊丽莎白小姐”。[19]

1492年10月至11月，亨利七世在法国北部进行了一场短暂的战役，小亨利和她的两个姐妹随着母亲住在肯特的埃尔瑟姆宫（现已并入伦敦城市圈的东南部），他们的育儿室也随之在那里安置了一段时间。4年后，这里由一位“女主人”管理，担任这一职位的是王后的一位名为伊丽莎白·登顿（Elizabeth Denton）的侍女。尽管她还是在为王室服务，但年薪已有20英镑。[20]

因此，年幼的亨利生活在埃尔瑟姆与世隔绝、安逸舒适的女性世界里，外围是15世纪70年代爱德华四世建造的令人叹为观止的豪华城墙，其中的狩猎公园面积达1265英亩（5.1平方千米）。每天，亨利和姐妹们一同玩耍，却最受他的崇拜者们的重视。作为这间皇家育儿室里唯一的男孩，他处处受到宠溺，被小心翼翼地保护着，童年没被石头绊倒过，没受过伤。蹒跚学步的小王子被娇生惯养，发脾气或流眼泪时会有人温柔地安慰他；所有突发奇想的念头，照顾他的对他百般宠爱的女士们都会立即予以满足。此外，亨利的祖母、可敬而虔诚的玛格丽特·博福特夫人，还非常关心孩子们的举止和教育。后来登上王位后，亨利也没有忘记那些早年照顾过他的人，并且许诺他们在年老之时会得到丰厚的收入。

亨利幼年这一时期的生活，是否导致他产生了严重的心理缺陷，使得他在后来处理与妻子的关系时产生困难呢？一些心理学家发现，在他的潜意识里，有着对不正当的乱伦婚姻的渴望，甚至有恋母情结的迹象。[21] 可以肯定的是，他在其中成长起来的温柔、顺从的女性世界，给他成年的暴躁情绪埋下了种子；当他的要求得不到满足或遭到反对时，不管事情多么渺小多么不值一提，这个残忍的暴君都会制裁廷臣或子民。

不过，年幼的亨利可绝不个是柔弱的胆小鬼。他很可能在还不会走路时，就已经学会了骑马。1494 年 1 月 1 日，亨利七世花了 14 先令给“我的哈里殿下”购置马匹。[22] 在一幅素描中，画着一个两三岁大的小男孩，他戴着一顶装饰着鸵鸟毛的帽子，[23] 一直以来人们认为这就是亨利。这个圆脸肥嘟嘟的小婴儿，手臂肥胖，一脸任性地看着画家的左侧，似乎是被画面外突然冲他摇晃起来的玩具吸引而分了神。[24]

但亨利的童年并不完全是童谣、玩具和保姆的悉心照料。在亨利只有 6 个月大的时候，父亲不安定的王位又遇到了新的威胁，打破了皇家育婴房里平静有序的生活。反叛都铎王朝的尖利号角再次响起，甚至响彻了与世隔绝、井然有序的埃尔瑟姆宫。

又一个英格兰王位的继承人出现了，可怜的兰伯特·西姆内尔还光着膀子 [25]，汗流浃背地像个旋转烤架一样，生活在皇家厨房令人窒息的炽热和喧闹中，而这个人可要比他危险得多。1491 年 11 月，一个讲法语的佛兰德斯丝绸商人抵达爱尔兰海岸西南面的城市科克（Cork）。论容貌，他和伦敦塔里消失的小王子约克公爵理查可不只是有一点点相像——难道他是爱德华四世的众多私生子中的一个？[26] 他的名字叫做珀金·沃贝克（Perkin Warbeck），约 1474 年出生于图尔奈（Tournai，在今比利时境内），是法国官员吉安·德·沃贝克（Jehan de Werbecque）的儿子。[27]他的年龄、身高、学识和风度都和消失的理查王子刚好相符。

在约克党阴谋家迷惑人心的影响下，珀金·沃贝克越过英吉利海峡，寻求法国国王查理八世的帮助。然而，由于1492年亨利七世曾在短暂的战争之后与法国签订《塔普勒条约》（*Treaty of Étaples*），其中包括了一条禁止查理向任何英格兰叛乱者提供庇护的条款，因此沃贝克和他的追随者们逃到了梅赫伦（Mechelen），也在今天的比利时境内。

梅赫伦的统治者是约克的玛格丽特（Margaret of York），他是1477年在战役中去世的勃艮第公爵、暴戾的“大胆的查理”（Charles the Bold）的遗孀，没有子嗣。狡猾奸诈、精于政治的玛格丽特是两位已故约克家族国王的姐妹，因此不难理解她对约克家族重夺英格兰王位的渴盼。[28]

她是否怀疑过沃贝克的真实身份我们不得而知，可能这也无关紧要。对于海岸对面英格兰的亨利七世来说，沃贝克已经成为一个实实在在的、难以应付的威胁，这就很值得她去支持。因此，公爵夫人很快就正式承认，沃贝克就是自己失散已久的侄子理查，他奇迹般地死而复生了。她开始把他改造成一个身无分文的落魄贵族，给他穿上流亡时的寒酸服饰，出资为他雇用了穿着蓝黑相间的约克制服的戟兵[29]，在梅赫伦为他置办了一套官邸，还安排了一个审计员掌管他微薄的账户。她还为他刻制了全新的印章，底部自豪地刻着“英格兰和法兰西国王及爱尔兰领主理查四世秘玺”。[30]外在表象是成功的一半，玛格丽特还悉心地教给他约克宫廷的传统习俗和言行举止。难道她真的把他当成了一个不幸的失忆症患者？

1493 年 8 月，沃贝克得到了一个机会，展示他刚刚学会的各种温文尔雅的宫廷礼仪。他出席了在维也纳斯蒂芬教堂举办的神圣罗马帝国皇帝腓特烈三世（Frederick Ⅲ）的葬礼。[31] 在那里，新任奥地利大公及神圣罗马帝国皇帝马克西米利安一世承认他就是国王理查四世，马克西米利安的妻子正是玛格丽特的继女。

在英格兰，惶惶不安的亨利七世痛斥玛格丽特公爵夫人：“那个愚蠢无耻的女人……如此恶毒，憎恨我的家族……她还要蓄意谋害我和我的孩子们。”[33] 但这些言语并没能击垮她的精神。为了报复她对沃贝克的支持，亨利七世下令对勃艮第实施禁运。由于阻断了收入来源，两个愤怒的英格兰商人向王位觊觎者沃贝克在安特卫普的住所扔了两桶粪便，抗议他的行为。鉴于亨利七世一直相信“伦敦塔里的王子”已经死掉，他心中一定非常肯定沃贝克是个冒牌货；可以确定的是，到 1495 年，他已经查清了沃贝克的家世。[34] 亨利很可能如此分析：不论是不是冒牌货，一个不愿令人相信的事实就是，沃贝克受到了欧洲宫廷的热烈欢迎和认可，这个消息太糟糕了，不安笼罩着他的国家。

但他的贸易制裁力度太小、时间太晚了。

对这位“海岸对面的国王”的支持在国内日渐增长，而且似乎叛国这种“致命的传染病”已经蔓延到王室内部，这可不是什么好兆头。1493 年 1 月，第一代菲茨沃尔特男爵即亨利的第一管家约翰 · 拉德克利夫（John Radcliffe）投奔了沃贝克。两个月后，亨利七世继父的弟弟，他的宫务大臣威廉 · 斯坦利爵士（Sir William Stanley）也试图倒向沃贝克，并且很不明智地发誓说他“不会拿起武器反对爱德华国王之子”。[35] 这对亨利七世来说是羞辱性的打击。大约 8 年前，斯坦利在最后一秒和他的哥哥托马斯（后来的第一代德比伯爵）决定支持亨利 · 都铎，这是亨利在博斯沃思战役中击败理查三世的决定性因素之一。显然，亨利七世必须抢夺先机，防止事态继续扩大，对王位产生更加严重的威胁。

面对珀金 · 沃贝克的威胁，亨利七世做出的反应看似微不足道。但这位国王不仅已经养成了谨慎的习惯，而且十分精明。亚瑟已经拥有威尔士王子、康沃尔公爵及切斯特伯爵的头衔，1492 年，6 岁的王子受命成为国王的“化身”，在亨利“远离”国家时，由亚瑟作为“英格兰守护者”。次年 2 月，王储已经有权治理什罗普郡、赫里福德郡、格洛斯特郡、伍斯特郡以及威尔士边境地区。[36] 王子还可以召集军队，协助国王执行法律。[37] 官员们对于对加强亚瑟的封建权利充满热情，甚至导致 1498 年在北威尔士的梅利安尼特地区（Meirionnydd）发生了一场规模不大但很令人不安的叛乱。[38]

亨利深思熟虑，发现是时候利用次子的号召力和地位了。1493 年 4 月 5 日，国王任命年幼的亨利为五港总督，管理位于英格兰东南部海岸的 14 个五港同盟城市；同时任命他为多佛城堡治安官。多佛城堡位于多佛白崖顶端，面向欧洲大陆，是守护英格兰的大门。[39]

这一做法意味深远。这不仅是提名一位王子管理国家的防御前线——小亨利是作为副官，日常的作战指挥官由爱德华 · 波伊宁斯爵士担任，他是亨利七世流亡时另一个忠心耿耿的亲信——如此任命更是有意将亨利王子与人们记忆中的一个著名人物联系起来。这个人物在英格兰王国的历史上几乎有着神奇的力量，他就是“威尔士亲王，蒙默思的亨利（Henry of Monmouth）”，后来成为国王亨利五世，他在1409—1412年也担任过五港总督。[40]

接着，小亨利获任了更多显要官职，先是英格兰纹章院长，随后在1494年9月，他被任命为爱尔兰代总督，即国王在动荡混乱的爱尔兰的个人代表，控制着爱尔兰政府。当然，忠心耿耿的波伊宁斯[41]负责完成所有艰难的工作。[42]亚瑟王子是都铎王朝及其军队在威尔士的象征，而他的弟弟在爱尔兰扮演同样的角色。亨利将都铎王朝的统治深深烙印在王国的每一寸疆土上。

仅仅6周后，亨利又获得了更为显要的荣誉。亨利七世将3岁的儿子封为约克公爵，并授予他最为光荣骑士勋章——巴斯勋章。他的意图十分明显。这可不是什么“后来出现的某某”来冒名顶替，而是货真价实的约克公爵，而且是英格兰地位最显赫的骑士之一，相比之下冒牌货还有什么价值呢？亨利七世决心断了珀金·沃贝克的后路，那只不过是个勃艮第花钱打造出来的俗丽假王子。亨利七世选择的武器是一场仪式、一场华丽尊贵的国家盛典。

这个路还走不稳的孩子，遭遇了对于他幼小的心灵和体力来说似乎不可能完成的考验。他的生活将被一系列晦涩冗长的繁文缛节所包围，在威斯敏斯特陌生冷漠的环境里，他的身边是形形色色的陌生人。1494年10月2日，参加巴斯骑士受封仪式的令状由牛津郡伍德斯托克的王室内宫人员传达[43]，27天后，亨利按照安排作为揭幕人意气风发地进入了伦敦城。在埃尔瑟姆宫的27天时间里，教导这个小男孩为他的礼节仪式做准备时出现了哪些问题，我们只能靠猜想。面对许多人充满耐心地不停教他如何效忠宣誓，他该是怎样的大哭不止、大发脾气。当然，最困难的就是怎样让他忍受无聊，长时间安静地站住不动，并按捺住对尿壶的迫切需要。[44]训练过程中，试戴王冠和试穿长袍的乐趣，以及玩耍他的袖珍剑确实减弱了无聊感，不过估计他的保姆们每天都要经常对他的表现感到绝望，而同时还得展现出巨大的毅力。

10 月 27 日，亨利七世与他的王后和母亲一起，沿着西恩宫乘船顺流而下，来到了威斯敏斯特。两天后他传信至埃尔瑟姆宫，召见小亨利参加庆典。下午 3 点，这个还在蹒跚学步的孩子骑着一匹高大非凡的战马，在贵族代表的簇拥下穿过了伦敦城。马队嗒嗒地走过威斯敏斯特铺满鹅卵石的街道，亨利的骑术震惊了伦敦市长、议员和随行的仆从。

第二天——10 月 30 日，星期四——小亨利作为巴斯骑士第一次体验了出席典礼的感觉。在威斯敏斯特宫国王的房间里举行的小餐会[45]上，他参加了为国王献上当天主餐的仪式。值得庆幸的是，他的任务很简单。其他人需要品尝食物、传递餐盘、倒酒，亨利参加的仪式则更为简单——在尊贵的父亲用餐前后为他洗手。第十代克利福德男爵亨利端着重重的银质脸盆，由第三代菲茨沃伦勋爵约翰 · 鲍彻（John Bourchier）将温暖芳香的清水倒入。国王将手指浸入水中，他的儿子羞怯地递给他一块白色的锦缎毛巾，让他用来擦手。任务完成后，父亲微笑着把毛巾还给小儿子，小亨利恭敬地点点头，小心地退回。毫无疑问，他需要马上再确定一下自己的表现怎样，以及接下来要做什么。[46]

对他的磨炼还远没有结束。现在小亨利必须履行作为一个骑士的礼节，包括在寂静黑暗的夜里进行漫长的守夜祈祷之前，在国王透风的卧室里用木质浴桶洗澡。这个“充满贵族气”的木桶包裹着亚麻布，上面盖着厚厚的布罩和毯子，以抵御 10 月末夜晚的寒冷。那天晚上还有另外22位骑士受封，他们每个人都有自己的浴桶，在议会大厅里排成一排，除了哈林顿勋爵和菲茨沃伦勋爵的浴桶在王后的盥洗室内。与年幼的小骑士不同，其他人还必须“刮胡子，剃头发”——整理好发型。一切都必须是圣洁的。

亨利光着身子笨拙地爬进了温暖的浴桶中，牛津伯爵兼英格兰掌礼大臣约翰·德·维尔（John de Vere）走向前。他双膝跪地，为这个孩子朗读了一份所谓的“启事”——也就是作为一个新骑士，他应该遵守的信条和生活方式：

> 你要对神圣教会有强烈的信仰，坚定地遵守诺言，遵照上帝的指令，作为神圣教会、受压迫的嫠妇和少女在人间的保护者。
>
> 你要全心全意地热爱上帝、敬畏上帝，上帝高于一切。在俗世，你要爱至高无上的国王，爱他捍卫你的力量的权利，你要敬畏他高于世间的一切……[48]

对一个年仅3岁的孩子来说，这完全就是天书：多年之后，他才能理解这些响亮的字眼关乎一个臣子对于英格兰国王的忠诚、坚贞和信念。

随后，他的父亲在昏暗中出现，他消瘦清秀的脸庞被明亮的金色烛火照亮。国王把儿子的手浸在洗澡水里，用手指在他的右肩膀上画了一个十字，然后蹲下去亲吻那个标志。亨利七世给这个幼儿说了几句鼓励的话，就在牛津伯爵的陪伴下去对其他骑士执行同样的仪式了。

小男孩的“管家”们把他从浴桶里抱出来，放到旁边的床上轻轻擦干。但小男孩却并没有时间休息一下或是打个盹儿。他被穿上虔诚的隐居修士穿的粗制长袍，行进在去祷告的队列中，脚步声回荡在威斯敏斯特教堂迷宫般的寂静宫殿[49]里。像其他人一样，亨利也得到了一枚金币——这枚高贵的金币价值6先令8便士（33便士）——按照传统，他被引导着用金币向王室掌管食品的巡官换取了一块味道浓郁的蛋糕吃一小口，还有一杯酒啜饮一下。教堂西边窗子下摇曳的烛光照亮了金色、朱红色与蓝色构成的彩绘墙壁，中间是《三博士朝圣》的壁画，而骑士们正跪在地上进行守夜祈祷。之后，每个人都要向教堂里13位神父或教士中的一位做告解，得到赦免，并最终和所有人一起听一小段弥撒。然后他们才得到允许，回到冰冷的床上，在天亮前仅剩的几个小时里休息一下。

对于如此幼小的一个孩子来说，这应该就像一场梦（可能是噩梦）。难以相信，如果他身边没有随从一直看守着他，并在合适的时候恭敬地轻轻将他拍醒，亨利在守夜时寒冷沉闷的几个小时里，如何一直保持清醒。仪式期间，他只有短暂的休憩时间，随后就会被德·维尔，16岁的第五代诺森伯兰伯爵阿尔杰农·珀西（Algernon Percy）[50]，以及国王的枢密院成员、第二代埃塞克斯伯爵亨利·鲍彻（Henry Bourchier）叫醒。他们迅速给他穿好衬衫和长袍。[51]

在亨利的带领下，新骑士们两两并排，列队骑马进入威斯敏斯特大厅。当时的一段记录描述了这栋古老建筑里那时的情形：[52]

威廉·考特尼（William Courtenay）勋爵拿着亨利勋爵的剑和马刺，剑柄朝上，他跳下马，威廉·桑兹爵士（Sir William Sandys）带他来到国王面前。

牛津伯爵拿着剑和马刺，把右马刺呈递给国王，国王吩咐白金汉公爵将其安放在亨利勋爵的右靴后跟处，随后多塞特侯爵按同样的方式把左马刺放在左靴后跟处。

国王随后为他配上宝剑，照惯例封给他骑士称号，然后将他抱到桌子上。[53]

这是亨利唯一一次在公开场合对年幼的次子做出这些出于父爱天性的自发举动。或许也是因为仪式成功结束使他感到放松。

第二天，11 月 1 日星期六，就是万圣节了，这是宫廷里最重要的节日之一。

国王选择了这一天授封亨利为约克公爵。国王早早起床，天还没破晓就去圣斯蒂芬教堂参加了晨祷，然后回到卧室换上了皇家盛典穿的长袍。随后他来到议会大厅，站在台子上等候，头顶是一个华丽的金布华盖，身旁围着一群戴着头巾、身穿大祭司圣衣的高级教士，以及整个国家最尊贵的贵族们。大厅的两边，分列着戴着头巾、穿着大红袍的法官们、伦敦市长理查德·查维尔（Richard Chawry）和他的市议员们，以及“一大群骑士和绅士”。在上方，王后和她的婆母在一间有窗子的小屋内注视着下方攒动的人群，或许她们很担心这个孩子会在英格兰所有最圣洁尊贵的贵族和众多子民面前丢脸。

伴随着匆匆的脚步声和压抑着的咳嗽声，一支队伍来到了国王面前。嘉德纹章院长约翰 · 莱斯（John Writhe）走向前，深鞠一躬，将诏书呈递给国王——这是封授新任约克公爵的文件。陪伴他的还有另外三位贵族，其中一位带着一把剑柄华丽的“富饶之剑”，另一位拿着公爵的金质手杖，第三位拿着一顶华丽的貂皮帽子以及公爵的冠冕。随后走来的是怀抱着年幼公爵的第四代什鲁斯伯里伯爵乔治 · 塔尔博特（George Talbot），一位参加了斯托克战役的老兵。他轻轻地将小亨利放下，多塞特侯爵和阿伦德尔伯爵带他走过大堂，停在国王正前方。

时任埃克赛特主教兼国王大臣的奥利弗 · 金（Oliver King）宣读了诏书，内容包括爵位持有人将享有 1000 英镑的年俸（现值 53.8 万英镑）。随后国王肃穆地将所有属于公爵的高贵装备颁发给他的儿子——宝剑、帽子、冠冕及金手杖。仪式结束后，他又回到圣斯蒂芬教堂举行了一场庄严的大弥撒。很久很久以后，成为英格兰统治者的亨利八世认真修改了纹章官关于这场仪式的记录，加入了一段话，描述还是孩子的他“手持他的金杖”，并对财务大臣约翰 · 洛德 · 达翰（John Lord Dynham）和现任王室财务主管托马斯 · 洛弗尔爵士做了区分。[54] 这不可能仅仅是吹毛求疵，而是有意索要这份手稿并检查其内容。或许，亨利是急于彰显他的王者风度，甚至连幼年部分也不能错过。可以确定的是，当时的场景引发了他日后对华丽宴会和铺张庆典的热衷。

回到 1494 年，他的父亲站在唱诗班座位中教长的长座椅上，组织队列进入圣斯蒂芬教堂，但其中 4 名贵族，却不合时宜地为了排位次序大声争吵起来。国王说了几句简短尖利的话，立即阻止了这场不合时宜的争吵。随后，坎特伯雷大主教兼亨利的大法官枢机主教约翰·莫顿（John Morton）主持了弥撒，有 8 个大主教在旁边协助，戴着主教教冠的修道院长们吟诵着圣歌。

随后所有人列队走过威斯敏斯特大厅，什鲁斯伯里伯爵臂弯里抱着新任约克公爵，小公爵如果不是兴奋过了头，就是已经筋疲力尽了。[55]

纹章官们一定收到了数目可观的小费，吃过了大鱼大肉做成的令人眼花缭乱的第二道大餐后，嘉德纹章院长带着他的兄弟们前去感谢国王。他们还感谢了慷慨大方的新任公爵，大喊"谢殿下之赏"——当然小公爵的赏赐都是他的父亲提供的。他们第一次用法语花言巧语地夸赞着小亨利的新装扮和刚刚获得的头衔："至高无上，万能的优秀王子，我们伟大的国王的次子，约克公爵，爱尔兰中将，纹章院长，英格兰统帅，五港总督。"[56]

所有烦琐的官方仪式终于结束，这个 3 岁的孩子得到了回报——一场盛大的娱乐活动。从 11 月 9 日开始，威斯敏斯特为他举行了超过 3 天的庆祝比武——这个小男孩第一次看到这样的场面。

由于亨利七世决定利用这个大部分英格兰贵族和高级官员都在场的机会，举办两次临时议会，比武活动推迟了两天。威廉·斯坦利爵士也参加了这两场会议，尽管国王已经非常怀疑他的忠心。

比武终于开始，大看台上悬挂着装饰金色百合花图案的蓝色挂毯，小亨利和身旁的父母看着全副武装的参赛者骑马冲出威斯敏斯特大厅，他们的马匹被涂着都铎王朝专属的白绿相间的颜色，马鬃上系着小铃铛，小亨利激动地左摇右晃。尤其看到挑战者身穿约克公爵新定制的蓝色、黄褐色相间的个人制服时，他更是激动不已。

经过3天的比武，亨利5岁的姐姐玛格丽特将奖品颁发给获胜的骑士，第一名获得了一只镶钻石金戒指，获胜者是第六代萨克福伯爵埃德蒙·德拉波尔，他是7年前被杀于斯托克战场的叛徒林肯伯爵的弟弟。

战马铁蹄轰鸣；挽具叮当作响；武士的长矛颤抖着刺向盾牌、身体或盔甲时残骸飞溅；刀剑撞击铠甲发出尖厉的声音：这些一定都吓到了这个小孩子，同时也为他的未来注入了慷慨激昂的骑士精神以及对壮丽的竞争场面的热诚。

次月，他又被象征性地封为苏格兰边防长官，管辖英格兰脆弱的边境地区，提防着时而不安分的邻居。

他们在格林尼治度过了那年的圣诞节，但亨利七世在1495年6月过完主显节后不到一个星期，就回到了河流上游的伦敦塔。之前信使传来令人不安的消息，说沃贝克的支持者罗伯特·克利福德男爵似乎已经倒戈，而且掌握着关于国内反都铎王朝阴谋的重要消息。事实上，克利福德——这个在斯托克战役中为亨利而战，并在后来受封骑士的人——几乎可以确定是国王的一个眼线。历史学家波利多尔·弗吉尔（Polydore Vergil）称，亨利七世前往伦敦塔是为了“在那个安全的地方囚禁任何一个可能被克利福德点到的谋逆者”。[57]

斯坦利“很快就被抓捕并控制起来”，他的另外两个同伙，圣保罗大教堂教长，威廉·沃斯利（William Worsley）和被称为“当时伦敦最著名的传道士”的多明我会黑衣修士大主教威廉·里奇福德（William Richford）被赦免，但不久就离开人世。[58]2月6日或7日，斯坦利在威斯敏斯特王座法庭被控叛国罪，9天后被斩首。[59]前内务大臣菲茨沃尔特男爵约翰·雷德克里夫得以保全性命，被判处终身监禁，但却由于逃狱失败于1495年11月在加来被处斩。克利福德由于及时收集到情报，他显著的罪行不仅获得了皇家赦免，还获得了500英镑现金的奖赏。[60]后来，他又获得奖励，受封博迪骑士（Kinght of the Body）并担任亨利七世的军械库主管。[61]这场反对都铎王朝的新阴谋似乎已被扼杀在萌芽状态，但沃贝克还在勃艮第，仍然是一个处于国王控制范围之外的威胁。

亨利七世离开兰开夏郡及北境的皇家军队时，沃贝克立即乘虚而入。由于船只因无风无法前进，这个王位觊觎者在1495年3月停靠在了肯特郡的迪尔（Deal），他的军队和舰船都是勃艮第出资购买的。沃贝克错误地认为他可以为达成目标找到联盟和支持。偏袒都铎王朝的历史学家爱德华·霍尔蔑视沃贝克的这次侵略，认为其获胜希望渺茫：

> 如此，聚集起了一支由各个民族的勇士组成的大队伍……英格兰避难者、小偷、强盗和流浪汉，这些人只想着靠烧杀抢掠维持生计，都成了他的仆役和士兵。
>
> 肯特人听说这个假公爵来了，他们都认为向他提供支援或协助既非什么好计谋，又无利可图。[62]

沃贝克可能做了个明智的决定——决定不离船登陆。靠岸的400人军队很快就被当地的民兵打败，150人被砍成了碎片，只有一些幸存者被惊慌失措地赶回到船上。还有160人被捕，“像一群马一样被用绳子捆着……拖在一辆马车后”拖到了伦敦。[63]这群由地痞流氓组成的雇佣兵被处死，一些在伦敦，另一些在肯特、苏塞克斯和诺夫可的沿海小镇，他们的尸体被随处丢弃在河流上游，任其腐烂，场面恐怖，警告着那些图谋造反的人。

沃贝克失败了，但他并没有放弃。他航行至爱尔兰，并在第九代德斯蒙德伯爵莫里斯·菲茨杰拉德（Maurice Fitzgerald）的支持下，于当年 8 月围攻了沃特福德。然而，在那座城市顽强抵抗了 11 天后，他的舰船就被驱离了，他又逃到苏格兰，寻求国王詹姆士四世的保护。詹姆士四世一直是英格兰的一大困扰，而且他乐此不疲。[64] 他立即为这位"英格兰的理查王子"提供衣食，还为他提供资金。不仅如此，沃贝克还娶了詹姆斯四世的表亲，第二代亨特利伯爵乔治·戈登（George Gordon）的女儿凯瑟琳·戈登（Catherine Gordon），她是"一位年轻纯洁、貌美无双、品行贞洁的女孩"。他们在 1496 年 1 月 13 日结婚，并享有每月 112 英镑的优厚津贴。这是他冒充国王的生涯中离王室贵族最接近的一次。

诚然，沃贝克为了夺取英格兰王冠可谓是坚持不懈，甚至有人认为他的做法几乎是自杀式的。如果他希望得到苏格兰军队更全心全意的支持，那詹姆士这么狡诈的人是无法为他提供的，尽管沃贝克向他许诺了可观的回报——边境的要塞城市特威德河畔贝里克。[65]1496 年 9 月，冒牌国王只带着 1400 人进入英格兰，希望能按照他的心意与诺森伯兰人结盟。[66] 很快，情况就发展成又一场无聊的边境战争。烧杀抢夺了 3 天后，很明显他的造反大业在北境和在肯特郡一样不受欢迎，他立即夹着尾巴撤回了苏格兰。[67]

远离纷乱的北境，真正的约克公爵的家庭生活仍然以他在埃尔瑟姆宫的育儿室为中心。幼年的大部分时间，他几乎见不到他的兄长，住所离父亲也很遥远。

这段时期他们父子同时出现的次数不多，而且每次都很短暂。1495 年 5 月 17 日，小亨利获授嘉德勋章，这是英格兰骑士的最高等级。他穿着一件长长的深红色天鹅绒礼服，戴着一顶同样材质的帽子，这些都是为了这个场合特别定制的。[68] 后来，仍在那一年，国王花了 7 镑 10 先令“为我的约克公爵和他的姐姐玛格丽特小姐多买几英尺丝绸”。皇家账户 1496—1497 年的记录中也记载着国王为亨利购买过一件带黑色羽纱的毛皮长袍[69]，一件黑色的锦缎大衣，和一件大红色的衬裙。他的一件旧羊皮衣服被节俭地重新修补成一件长袍，崭新如初。12 月 4 日，国王下达了一道指令，购买一件黑色羊羔毛装饰的深红色天鹅绒礼服，这可能是亨利七世作为父亲送出的一件礼物，给小亨利在即将到来的圣诞节穿。[70]

亨利应该已经注意到，妹妹伊丽莎白玩耍的时间越来越少。御医并不知道她患上了萎缩症，这是一种由于身体组织器官逐渐衰竭导致的消耗性疾病。1495 年 9 月 14 日星期六，亨利的这位妹妹兼玩伴在埃尔瑟姆宫去世，年仅 3 岁 2 个月。

100 个穿着黑色礼服，头戴黑色头巾的伤心者参加了她的葬礼。葬礼的安排者有枢机主教莫尔顿（Cardinal Morton）；新任宫务大臣多布尼男爵贾尔斯（Giles，Lord Daubeney）；以及财政大臣达翰公爵约翰。葬礼共花费 318 英镑，对于一个孩子来说，这算是非常铺张了。[71] 她被埋葬在威斯敏斯特大教堂，尽可能靠近“忏悔者”圣爱德华的圣堂，在波白克大理石墓穴下方，她的镀金铜雕像安放在黑色大理石盖石上。她的拉丁文墓志铭写着：

石棺中躺着王室过世的女儿，
年幼而尊贵的伊丽莎白，一位优秀的公主，
她是掌握两个繁华的国家权杖的
国王亨利七世的女儿。
阿特洛波斯，死神庄严的传令官，将她带走。但愿
她在天堂获得永生。[72]

失去伊丽莎白的忧伤，随着1496年3月18日另外一位公主玛丽的出生而得到缓解，她成为玛格丽特和亨利在埃尔瑟姆宫的育儿室的新成员。

1496年9月12日，5岁的亨利在温莎执行了第一次公务。他正式见证了王室为格拉斯顿伯里的男女修道院颁发特许证明，允许它们在萨默塞特镇举行两次年度展会。[73] 矛盾的是，43年后，身为国王的亨利八世在执行解散修道院法令时毁掉了这个教堂，并残忍地将最后一任修道院院长以严重叛国罪处以绞刑。[74]

同时在康沃尔，由于为了准备对抗苏格兰的报复性战争，赋税不断加重，导致人民日渐不满。1497年5月中旬，不满情绪演变成叛乱，在一个康沃尔人的带领下，总计大约1.5万人越过索尔兹伯里、温彻斯特和吉尔福德，向伦敦进发。这一事件想来可怕，但是一位战略家已经狡猾地注意到，叛乱者缺乏骑兵和武器。

即便如此，当叛军接近时，恐慌还是席卷了首都的街道。根据爱德华·霍尔的记录，“整个城市都充满恐惧，人们大声尖叫，草木皆兵。有人跑到城门口，其他人爬上城墙，没有一处地方不被防御起来”。[75]

6月6日，亨利和他的母亲从西恩来到祖母位于伦敦的住处——位于泰晤士大街上的“冷港”，被小心翼翼地保护起来。6天后，他和王后立即前往附近的伦敦塔避难，叛军已经越过了泰晤士河南岸，兵力集中在布莱克希思（Blackheath），就在距离格林尼治和埃尔瑟姆宫东南面几英里的不远处。这是亨利第一次感受到叛乱者刺鼻的恶臭，这个6岁的孩子永远也不会忘记这次经历。

伦敦城内，治安法官持续保持着警戒，“以免穷困潦倒的叛乱者从营地下来，侵入城市人肆破坏，抢劫商人的财富和物品”。向来如此——市民们似乎更担心财富的流失，而不是以一颗爱国之心为政府提供支持。

就在叛军焦急地等待着和王室军队开战之时，很多康沃尔人临阵脱逃了，他们怕战败后遭到亨利七世的报复。1497年6月17日，在国王的指挥下，由2.5万名强壮的王室士兵组成的军队发起进攻，在瑞文斯博河（River Ravensbourne）沿岸的战场上，康沃尔人很快就被亨利的3支由弓箭手及全副武装的士兵组成的“战队”包围。没经过什么激烈斗争，在几个小时之内一切就结束了。霍尔记录下了整个过程：

> 2000多名加入战斗和反抗的叛军被杀死，被逮捕的人不计其数，其中“铁匠”米歇尔·约瑟夫是这群乌合之众的首领之一。[76]

在这次战争中王室军队损失了约300人。

下午两点半，国王扬扬得意地骑马穿过伦敦城街道。康沃尔叛乱的领头者被处斩，但大多数叛军都得到特许回到家乡。

几个月后，沃贝克决定最后放手一搏。9 月 7 日，他从康沃尔兰兹角附近的怀特桑德湾（Whitesand Bay）开阔平坦的土地登陆。带着残余的 300 精兵，他向仍然躁动不安的康沃尔人许诺，要阻止亨利七世无休止地征税。这一次，他受到热烈欢迎，并被博德明高沼地区（Bodmin Moor）的新支持者们称为“理查四世”。后来，他带领一支 8000 人的军队试图攻取埃克赛特城时失败。在大费周章地向城墙和城门发动数次进攻之后，沃贝克和他的康沃尔同伙们动身前往萨默赛特的汤顿（Taunton）。

现在，亨利七世对这个王位觊觎者已经很了解了，他知道自己最终可以解除他对都铎王位的威胁。据说，国王“一些隐秘的伤口痊愈了……那是长时间困扰着他的心病，有时会影响他的睡眠”[77]，在汤顿等待军队集合时，国王大方地在纸牌游戏中输掉了 9 英镑。[78] 尽管国王表现得很自信，伊丽莎白王后还是再次在亨利王子的陪伴下，悄悄地打包好行李，踏上了前往沃尔辛厄姆圣母祠的朝圣之旅，他们要去的地方就在距诺福克北岸 5 英里（8.1 千米）处，刚好能避开一切可能发生的战争。[79]

不过，当沃贝克听说王室派遣了装备精良的军队进行侦察，他就惊慌失措地和 3 个同伴逃到了比尤利（Beaulieu）西多会修道院——可能是想从汉普郡海岸分裂出的众多小港口之一乘小船逃离英格兰。沃贝克头颅的悬赏金是 1000 马克（当时的 666 英镑——相当于 2012 年的 35.7 万英镑）。10 月 5 日左右，沃贝克被皇家军队发现并被逮捕，抓到他的方法可能是通过暴力手段闯入修道士提供的避难所，也可能是通过假意提出赦免引诱他出来。[80]

沃贝克安然无恙地落到了亨利手中，他藏在康沃尔马拉宰恩（Marazion）附近的圣布莱恩教堂里的妻子凯瑟琳也被逮捕。国王赞美她“容貌艳丽，性情温和”，随后就把她遣离伦敦送到王后身边，“毫无疑问，她也是胜利的一个标志”。[81]最终，对亨利七世和他的王朝最大的威胁不复存在了。

像他的都铎后裔一样，国王取得胜利之后并没有表现得宽宏大量。他把沃贝克带回伦敦，让他遭受民众的嘲笑和奚落。他还指出：

> 负责照看他的守门人不能离开他（哪怕一步远），这样他就没办法把自己送到国外，或者逃到任何地方，或者……又一次在他的活动范围内煽动人民，引发骚乱。[82]

尽管他确实曾设法逃离拘捕，但最终还是被扔进了伦敦塔，在一间小监狱里被“严加看管”，在那里“不见天日”。[83]他的一名狱友是另一位王位继承人爱德华·金雀花，也就是17岁的沃里克伯爵。自从亨利七世在博斯沃思战役后登基之后，那时才刚刚10岁的沃里克伯爵就沦为了阶下囚。沃里克已经成长为一个英俊的年轻人，不幸的是，他的精神受到了一些损伤。[84]沃里克被关在沃贝克楼上的牢房里。他通过敲地板上的洞，和他的狱友——双腿被牢牢绑在墙上的王位觊觎者交流。“你怎么样了？打起精神来！”伯爵冲着地上的洞欢快地大喊着。[85]

1499年2月，另一起针对苛捐杂税的抗议事件彻底耗尽了亨利七世的耐心。19岁的制鞋匠之子拉尔夫·威尔福德（Ralph Wilford）也声称自己就是被囚禁的沃里克。他父亲在伦敦主教大街的公牛旗帜下做生意，他本人很快就被逮捕、定罪、施以绞刑，怂恿他做出这些行为的教士也落得了同样的下场。

此外，第六代萨福克伯爵埃德蒙·德拉波尔和他一个幸存的约克党外甥，被指控在伦敦塔旁的万圣教区谋杀托马斯·克鲁（Thomas Crue），因为后者在国王议会中对他提起了诉讼。他们在7月逃到了法国。因此，又有了一个潜在的王位威胁者游荡在欧洲，亨利下令劝说他回国，否则在最坏的情况下——强行把他带回来。

那年，一个神父告诉亨利七世“他的生命危在旦夕”，这一预言造成的紧张气氛，以及镇压似乎前仆后继的反叛者的压力，已经使这句话开始应验。西班牙驻伦敦大使报告说：“亨利在过去两周内苍老了太多，他似乎老了20岁。国王变得非常虔诚。在大斋期他每天都要听一段布道，其他时间也在不停祈祷。”

威尔福德对于亨利·都铎来说就是最后一颗眼中钉，他再也不能忍受冒牌货对王位的威胁。如果国王曾向圣主寻求过指导，那么他确实收到了。8月，沃里克和沃贝克被指控试图逃出伦敦塔。或许这只是狡猾的亨利制造的一个理想的借口，使自己终于能摆脱这些敏感的政治犯。11月12日，议会召开六十强会议，建议国王对这对长相并不相像的囚犯施以严厉的正义审判。

11月23日，在伦敦西城墙外的泰伯恩行刑场[88]，沃贝克在断头台上朗读了一份语言经过精心组织的供认状，承认自己曾冒充第一代约克公爵理查，之后被施以绞刑。

5天之后，沃里克在塔山被斩首。这是他第二次走出伦敦塔的大门——第一次是1487年亨利带他游行示众，以震慑他冒充他的兰伯特·西姆内尔（Lambert Simnel）。随着刽子手斧头落下，最后一任金雀花王朝的合法男性继承人按照国王的法律被杀死。或许连天气之神都因亨利这明显不公正的审判而感到冒犯，那天“洪水、大风、雷电交加，造成了巨大伤害，英格兰很多地方和城镇都遭到损坏”。[89]

这样一来，亨利七世就有时间去海外为他的孩子寻找配偶，同时也能在欧洲外交中为巩固英格兰的合法地位寻找盟友。

他的继承人亚瑟已经与凯瑟琳公主订婚，她是阿拉贡国王斐迪南二世和卡斯蒂利亚女王伊莎贝拉一世的女儿。1499 年 5 月 19 日，在伍斯特郡的比尤德利（Bewdley），他们举行了代行婚礼。西班牙驻伦敦大使唐·佩德罗·德·阿亚拉（Don Pedro de Ayala）向两位西班牙君主禀报：“丝毫不必质疑王室血统的纯正性，国王、王后还有最重要的威尔士亲王身上流淌的，就是真正的王室血液。”[90]

米兰大使雷蒙多·德·松钦（Raimondo de Soncin）在他 1497 年 9 月于伍德斯托克呈递给亨利和亚瑟的到任国书中写道：

> 国王站在那里，一直到我们离开。
>
> 同样站在那里的还有……威尔士亲王，他大约 11 岁，但是比他这个年纪应有的个头要高，样貌非常英俊，拉丁语说得极好。
>
> 王子不仅衣着华丽，还穿着一件极为华贵的衣服，衣领上面镶了 4 排大珍珠和其他宝石，他的帽子上也嵌着一颗圆润的珍珠，看起来极为珍贵。[91]

国王看起来非常放松，“神色平静”，这也不足为奇。在夺得英格兰王位 14 年之后，他第一次能在晚上睡个安稳觉。现在，只剩下萨福克伯爵唯一一个潜在威胁了。

不仅如此，约克的伊丽莎白在 2 月 20 日星期五又生下一名男婴，为了纪念亨利七世的父亲，这个孩子取名为埃德蒙。[92]

如今，都铎王位已经有 3 位男性直系继承人了。

第二章

候补储君

> “亨利王子站在其中，9岁的他举止中已经展现出一种皇家风范；一举一动都带着高贵和非凡的礼节。”
>
> ——1499年，荷兰人文学者德西德里乌斯·伊拉斯谟（Desiderius Erasmus）旅居英格兰时见到王室子女时如是说[1]

1498年制作的一座一英尺多（31.8厘米）高的彩绘鎏金半身陶像，表现了一个笑容满面的小男孩，这座雕像可能就是年仅7岁的、淘气的小亨利。[2]这座半身像可能是按照亨利七世下达的特殊命令雕刻的，而且似乎雕刻好后就成了一件王室收藏品。

这座半身像出自摩德纳雕刻家吉多·马佐尼（Guido Mazzoni，1450—1518）之手，他提交了为亨利七世在威斯敏寺特修道院修建豪华坟墓的设计图和预算，但没有获得通过[3]，因此雕刻半身像的委任可能是作为对他的某种安慰。半身像雕刻了一个年轻男孩的头部和肩膀，男孩穿着绿色高领束腰上衣，戴着一顶金色蕾丝便帽——最初的雕像在锡箔层上镀有一层绿色的釉面，以模仿衣服上华贵的金布。但最引人注目的，是雕像的面部。这是一个顽皮淘气、生气勃勃的孩子，胖胖的红色脸颊上有两个酒窝，他的蓝灰色眼睛目光投向左下方，似乎在思考接下来要搞点什么恶作剧。他露出灿烂狡黠的笑容——似乎知道自己永远不会因为行为不当而受到惩罚，由于亨利一直被隔绝在埃尔瑟姆宫对他宽容宠溺的女性世界里，他非常了解并能狡猾而轻松地利用这一切。这是一尊非常可爱的雕像，表现出小男孩高昂的情绪和粗鲁莽撞、朝气蓬勃的健康状态。

正如之前提到的，他的母亲，约克的伊丽莎白，可能教过亨利读书和写字——同样也教过他的姐妹们。1495 年 2 月，在亨利大约 5 岁时，他的父亲花了 1 英镑“为我的约克公爵买一本书”[4]，毫无疑问这是一本简单的识字读本，书中都是色彩斑斓的图片。亨利、玛格丽特和玛丽的字迹都非常接近，不过后来小公爵的字迹变得更加粗犷，力道更强、更有棱角，很像当时流行的意大利字体。[5]

在 17 世纪，有人称国王意欲让亨利日后成为坎特伯雷大主教——作为管理教会的储君，而非治理国家的，但这一说法并没有任何证据。[6] 如果事实真是如此，那就体现了国王性格中诡计多端、阴险狡诈的一面。或许亨利七世认为他的王朝应该既统治英格兰国土，又统治英格兰教会，都铎王朝的双手要安全地握住这两柄主要的权力杠杆，控制住子民的信仰、生活，并通过赋税控制经济。这样，他就不会再次像 12 世纪时亨利二世与托马斯 · 贝克特（Thomas Becket）之间那样，使国家和教会陷入灾难性的紧张关系之中。鉴于晚年的亨利八世对于古老的宗教仪式非常虔诚，人们会不由自主地想到，如果亨利王子掌管了国家的母教会，那么英格兰的宗教改革运动会如何发展。

大约 1496 年，国王任命他母亲的保护对象约翰·斯凯尔顿（John Skelton）作为亨利的家庭教师。他在 9 年前成了桂冠诗人（Poet Laureate），有权穿着都铎王室绿白相间的制服，而现在他要教他的学生英文语法和拉丁文——外交、宗教和学术的国际通用语言——并指导他阅读标准的经典著作。他曾是一位讽刺作家，他对事物的看法让他显得有些我行我素，而且非常喜欢赞颂他自己的才能和美德。

已知的斯凯尔顿用来为亨利教学的历史书，是一本名为*ChroniquedeRains*，写于 15 世纪的法国编年史手稿，现存于剑桥圣体学院。[7] 这位老师在书中做了大量标注——这个坏习惯也被他的学生学到，他后来总喜欢在自己的书本和文书上做标注。

亨利努力跟随着他哥哥的学习进度。亚瑟的老师，盲诗人伯纳德·安德烈曾得意地说，亚瑟还不到 16 岁就“就能记住或自己翻阅”24 本古希腊罗马作家的著作，其中包括当时流行的意大利人文主义学者维罗纳的瓜里诺（Guarino of Verona）、洛伦佐·瓦拉（Lorenzo Valla）及西塞罗（Cicero）最受欢迎的著作。玛格丽特·博福特夫人送给她的长孙一本西塞罗的《论义务》（*De Officiis*），这本印在羊皮纸上的书籍 1465 年出版于德意志美因茨，供他私人学习使用。这是一部道德哲学的巅峰之作，书籍的装帧非常个性化，上面镶嵌着彩色的都铎纹章，其中一页有一个小小的彩色装饰的首字母，其中是一张亚瑟的画像，画面中的红头发男孩穿着貂皮长袍羞怯地站着，身后他的老师坐在桌子后，被一堆书包围着。[9]王子看起来并不是特别开心——可能他的背诵课程进行得并不顺利。

或许是为了对安德烈的夸耀做个回应，斯凯尔顿在他教育亨利时也毫不沉默。他后来创作的一首诗夸赞了自己对于小公爵的教学技巧——尤其是在教他拼写时：

学习拼写的是英格兰的荣耀
庄严高贵，他做得最好
我让他饮下甜蜜水井中
清透的赫利孔山的灵感之泉[10]
九位缪斯女神都与他会面
回想起这些我便感到美好
一国之君受到我的指导
教一位尊贵的王子是多么令人骄傲
在他学习的初级阶段
我是他的导师，听从他发号施令。[11]

1501年8月，斯凯尔顿写了一个王子习惯养成便捷手册给他的学生，书名叫作《第一面镜子》(*SpeculumPrinipis*)[12]，现在看来，这读起来就像是圣洁的童子军运动的道德准则。

书中有大量的真挚得近乎陈腐的准则："不可奸污少女；不可侵犯寡妇"(与亨利在获封巴斯骑士时的誓言一致)；"不可醉酒"；"最重要的是，不可暴饮暴食"(那时的亨利已经表现出他的贪婪了吗？)。这些准则可没给未来的好莱坞编剧们提供什么值得拍摄的东西！

其中还有一些行为准则更适用于王室生活："如果你想要强于王室其他所有人，获得荣耀，在学习和美德方面就要领头。"这本小册子还要求亨利在成年之后不要全心全意地相信他的议员——他们"要么博学多识，要么愚昧无知；要么优柔寡断，要么柔弱无比"。只有读书和认真学习历史才能获得真正的智慧："要细读编年史——找出历史书，把历史记在脑子里。"

最后，书中还有一道命令，在亨利八世在位期间没有子嗣的伤心日子里一直萦绕在他脑海："为自己选择一个妻子，要一直以独特的方式奖赏她。"

所有这些——以及更多内容——年轻的王子都要死记硬背下来，一遍一遍地重复到想吐，直到斯凯尔顿相信他已经完全烂熟于心。从亨利有失国王清廉品德的种种事件来看，这些准则对他之后的生活产生了多大的影响很令人怀疑。

他的法语老师是弗莱明·贾尔斯·迪尤斯（Fleming Giles D'Ewes），即后来的皇家图书馆馆长，他也教亨利弹鲁特琴[13]。亨利还有另外一个音乐教师"吉勒姆"（Guillam），擅长演奏管乐器，比如长号——一种类似于"低音喇叭"和芦笛的乐器，需要用一个大拇指和其他 6 根手指按键。

我们可以看到一份当时对聚集在埃尔瑟姆宫爱德华四世大厅里的王室孩子们的描写。这幅扣人心弦的用文字展现的画面是荷兰人文学者德西德里乌斯·伊拉斯谟写的，1499 年夏天，他陪伴他以前的学生第四代芒乔伊男爵威廉·布朗特（William Blount）来到了英格兰——芒乔伊受命成为亨利的伴读，和他一起学习拉丁文和历史。他和伊拉斯谟住在格林尼治附近的逍遥宫（Sayes Court）。一天，这个荷兰人新结交的一位朋友，被他称为“可爱的托马斯”的 21 岁的托马斯 · 莫尔（Thomas More）前来拜访他们。新人律师托马斯 · 莫尔[14]带学者“去散步，一直走到了下一个村庄（埃尔瑟姆），国王的所有子女（除了亚瑟）都在那里读书”。几年之后，伊拉斯谟回忆道：

> 我们走进大厅，那里不仅聚集了皇宫里的人，还有芒乔伊家族的人。
>
> 亨利王子站在其中，9 岁的他举止中已经展现出一种皇家风范；一举一动都带着高贵和非凡的礼节。
>
> 站在他右边的是大约 11 岁的玛格丽特…他左边站着 4 岁的小女孩玛丽。
>
> 埃德蒙还是个被抱在怀里的婴儿。

莫尔走进人群，他向亨利深鞠一躬，递给他一些自己的作品。这是王子和这位虔诚的律师之间漫长而波折的友谊的开端——莫尔贴身穿着一件禁欲的刚毛衬衫——36 年后，在塔丘的断头台上，他们的友谊悲惨地终结。

伊拉斯谟没有带什么东西给王子，对于莫尔没有提醒他要见王室子女他非常生气，“尤其是在我们吃饭时，小男孩递给我一张小纸条，要我写一些东西给他。”[15]

遭受突然袭击的伊拉斯谟文思枯竭，花了 3 天时间终于匆匆用拉丁文写好了一首诗作为补偿送了过去。这首长达 10 页，冗长无聊的大不列颠拟声诗（内容就是大不列颠反复地赞扬她的君主们，同时毫不谦逊地赞扬自己），由于作者的沮丧和匆忙，表达并不流畅。[16] 在他的附信中，标题写着“伊拉斯谟献给最杰出的王子亨利公爵”，信中强调了诗歌和学习的恒久重要性，并暗示了亨利光明的未来：

> 我们现在献上这些诗句，就像是献给您童年的一个玩具礼物，我们准备好献上更多的诗句，因为随着您年龄的增长，您的美德会为诗歌提供更多的材料。
>
> 我要在结尾加上我的劝勉箴言，可能并非出于您的意愿，如他们所言，在斯凯尔顿，这位英格兰文学无与伦比的明珠的陪伴下扬帆远航，不仅可以照亮您的学习之路，也可以让您获得幸福的结局。

伊拉斯谟在结尾写道：“告辞，愿美好的文学被您的光彩照亮，在您的权力下受到保护，在您的慷慨中得到培养。”[17]

亨利七世或许是一个相距遥远，难得一见的父亲，但是在亨利的童年生活中，他还是关注着这位次子，让他像个王子一样锦衣玉食。1498 年 4 月，他付给约翰 · 福莱特（John Flight）4 先令 4 便士买一块薄绸（细腻的轻质丝绸）。[18] 随后这块绸缎被制成一件内衬黑色缎子的绿色天鹅绒骑行服和一件深红色紧身上衣。配着这身新衣服的还有一双黄褐色的及膝高筒靴。[19] 那年 11 月，亨利得到了一套正式场合穿的长袍，包括一件深红色天鹅绒长礼服，上面十分华丽地装饰着 2800 条貂尾，以及另一件黑色天鹅绒礼服，内衬用黑貂毛制成。这身奢华的套装还配有深红色天鹅绒帽子以及鲜红色的衬裙。同在11月，他又收到4条针织裤子以及两条长裤，在漫长的冬夜里为他肥胖的小腿御寒。[20]

那么亨利七世究竟是什么样子——他的次子究竟继承怎样的一位父亲的众多性格特点呢？国王的一尊肃穆的雕像刻画了一个庄严、傲慢而又咄咄逼人的形象，他面色灰黄，像一只雄鹰。在他闪耀的蓝眼睛中透露着性格里的一丝精明，甚至可以说是狡诈。[21]

根据出生于意大利的当代历史学家波利多尔·弗吉尔的描述，亨利七世身材很苗条，

> 但身材强壮健美，身高比一般人要高。
>
> 他的面容在讲话时尤其令人愉快。他勇敢坚定，而且即便在千钧一发的时刻，也绝不会被击垮。他的记忆力相当好。
>
> 在政治上他精明谨慎，没人敢通过谎言或欺诈从他那里谋取利益。
>
> 对于欠他债务的子民，以及那些对他不敬或者只说不做的人，他会报之以严厉的惩罚。[22]

由于他一直生活在不安中，总在面临着对于王位的威胁，他成了一个以自我为中心，总是和身边的人保持距离的国王，这一点并不奇怪。实际上，一位米兰大使对亨利七世的描述是“不需要任何人，而所有人都需要他……国王陛下像是一个站在塔顶的人，俯瞰着下面的平原都发生了什么”。[23]

保护他摇摇欲坠的王冠的安全，一定让他在统治期间的每一

天殚精竭虑。他的第三个儿子——出生于1499年2月的萨默赛特公爵埃德蒙，为他带来的快乐持续没过多久，这个孩子就在第二年的6月19日去世了，这对他来说必然是个巨大的打击。[24]但他仍有两个在世的儿子，他有理由相信其中一个人能够存活下来，继承他的王位。

据西班牙大使唐·佩德罗·德·阿亚拉所说，亨利并不受国民爱戴，但“王后却因其没有实权受到爱戴。国王因为年事已高而显得老迈，但他要在生活中经历的痛苦才刚刚开始……”亨利还“深受他的母亲（玛格丽特·博福特夫人）影响，并在个人兴趣和其他方面受到他的随从们影响。王后……不喜欢这一点”。

此外还有关于他众人皆知的吝啬贪财的各种传说。大使补充道：

> 英格兰国王并没有大家说的那么有钱。他喜欢让人们觉得他非常富有，因为这样的想法在很多方面都是对他有好处的。他的收入巨大……由于征收的高额赋税，他的子民们非常贫穷。国王亲口对我说，他的意图就是让子民们低贱，因为富有只会让他们变得傲慢……
>
> 他的时间并没有用在向公众露面时或是议会中，而是都用来亲手记录他的花销。[25]

他还亲自掌管现金。在他的亲笔记录中，他把一天中花掉的现金都分好条目，然后交给财务大臣约翰·赫伦（John Heron）：“国家的黄金……各种金币……陈旧的克朗币……好的克朗币……

（威尼斯）达克特币”以及“西班牙黄金”，总计几千镑。[26]

一年之后，德·阿亚拉嘲讽地说：“金币一旦进入他结实的箱子里，就再也出不来了。他总是用贬值的货币付款……他的所有仆人都像他一样；他们对于如何从别人那里获得金钱掌握得非常熟练。”[27] 仅 1509 年 2 月 5 日一天，国王就用便士支付给 11 个人共 5000 英镑，总计有 120 万枚硬币，总重量超过 1800 磅（837 千克），要把这些钱数清是一项巨大而又耗费劳力的任务。[28] 是否每花掉一枚硬币他都觉得非常痛苦，非常不情愿？

除了日常赋税，亨利七世还设立了一种毫无益处的体系，将明文规定的法律义务和保证金制度施加于各类人群，不论他们出身高贵还是低贱，以此保证他们对国王的绝对忠诚。这些制度由两个声名狼藉的王室仆从执行，分别是律师理查德·恩普森爵士（Sir Richard Empson）和埃德蒙·达德利（Edmund Dudley）。只要对当事人产生一点儿怀疑，不管证据多么不充分，他们就要被迫向国王付大量的现金罚金，否则就要受牢狱之灾。而很多人既要付罚金，也免不了牢狱之苦。

在 1502 年之后，这种阴险的敛财手段扩展到了英格兰贵族阶级。在玫瑰战争的屠刀下共有 62 个家族幸存，其中的 47 个家族受到国王的恩赦，代价是要么被剥夺了公民权利[29]，要么被没收了大笔钱款，以保证他们今后行为规矩。只有 15 个家族完全免受君主的财富暴政。[30]

契约或保证金制度的施行，在今天看来似乎就是无意义的荒谬借口。曾一度受到王室宠爱的第三代阿伯加文尼男爵乔治·内维尔（George Neville）[31]，必须签订 5000 英镑的契约，才能保全性命，才可以在没有国王允许的情况下进入肯特郡、苏塞克斯郡、汉普郡或萨里郡。此外他还因非法拥有仆人而需缴纳 10 万英镑保证金，以确保他对都铎王朝的忠心。肯特伯爵鲁思文的理查德·格雷（Richard Grey of Ruthven）从 1505 年开始[32]就被强制签订价值 1 万英镑的契约，未经国王明确同意，不得租借或转让任何土地、办公室或年金。他每天还必须出现在国王面前至少一次，且除了同意他每 3 个月获得 8 天假期，他不得在没有王室许可的情况下离开宫廷。

这些钱太容易赚了：1504—1508 年期间，仅达德利一人就因支付这些契约规定的担保金为国家金库贡献了 21.95 万英镑的收入——在今天价值超过 1.13 亿英镑。亨利七世不仅非常了解如何让贵族们对他顺从，更知道怎样从他们空荡荡的钱包里，以及从其他怨气冲天的倒霉蛋身上榨干最后一枚银币（groat）。[33]

弗吉尔称：

> （亨利）开始比以前更加严苛残酷地对待他的子民，为了确保他们能更加“全心全意地顺从于他”。
>
> 但国民自身有另一种解释……他们认为他们遭罪并不是因为自己有原罪，而是因为他们君主的贪婪……
>
> （亨利）渐渐地放弃了适度控制，完全陷入无止境的贪婪之中。

恩普森和达德利明白“国王给他们这份工作并不是伸张正义，而是在马不停蹄地剥夺人民的财产，他们要通过各种正当或卑鄙的手段，互相争抢着敲诈钱财”。不仅如此，弗吉尔还补充道：“他们发明了很多新方法满足国王的贪欲，而他们同时也积极地成了自己的财政大臣，为自己搜刮财产。”[34]

针对亨利七世是否真的犯下了贪婪之罪，历史学家们一直存在争议，[35]但文献证据有力地表明国王本人要对许多榨取财产的决策负责任，达德利在几年后也承认，国王的主要目的就是“为了自己的快乐而让许多人处于危险之中”。[36]显而易见，这是国家对百姓的敲诈。

亨利去世时，他的大多数财产都存放在他位于萨里郡里士满新建的河边宫殿里的一处“密室，只有他自己保管着钥匙”。[37]据估计，在他统治期间因保证金制度获得的潜在财产有 954790 英镑——这在 2011 年价值 4.95 亿英镑。而在财政大臣萨里伯爵托马斯·霍华德掌管下，皇家金库后来每年从传统渠道取得的收入只有 14.2 万英镑。[38]迅速膨胀的国库成了亨利留给儿子和继承人的丰厚遗产，而在父亲身边，小亨利也努力地学到了从国王权力的牺牲品身上榨取金钱和财产的乐趣。

国王的很多财产都花在了始于 15 世纪 90 年代的一个野心勃勃的建筑项目上，设计的初衷是无耻地展示新的都铎王朝的威望。1497 年 12 月 21 日，西恩宫的一场火灾毁掉了“大量的财富、珠宝和其他东西”[39]以及大多数木质建筑。大火

在 9 时许突然烧起……在国王的寝宫内一直燃烧至午夜。火势凶猛……大部分旧建筑都被点燃，损失更大的是金布和丝绸制成的窗帘、床单，以及豪华宫殿中镶满宝石的其他华

丽的服装。

上帝多么的仁慈，在大火中没有人死去。[40]

确实有“神之干预”在保卫着这个家族。他们聚集在西恩宫过圣诞节，但幸运的是，国王，他的妻子、母亲，以及“我亲爱的约克公爵和我亲爱的玛格丽特小姐”都毫发无损地逃离了火场。这对于小亨利来说是多么刺激：立即离开他温暖的床，进入寒冷的黑夜里，在呼啸的火焰中飞动着火星，刺穿夜空、夹杂着惊恐的尖叫声以及王室家族的一片混乱。父亲可能害怕大火是另外一场政变的开始；儿子却视其为一场冒险，不同于他以前在埃尔瑟姆宫规矩安详、处处受到照顾的生活。

亨利七世立即开始着手在原址建筑一个巨大的新宫殿，重新命名为里士满宫（根据家族的爵位命名），宫殿坐落在泰晤士河岸上——1501 年完成了建筑的主要阶段。这座重新建造修饰的皇家住所，仍然位于保存较为完好的 15 世纪的城堡主楼之内，有护城河和城垛守护着。显然，亨利仍然看重他的人身安全。城堡内非常豪华，其中有一个保龄球馆和网球场，其装修之豪华也使得位于下游伦敦城的尖刻市民们更喜欢将其称为“富饶山”。[41]

在同一时期，亨利重建了位于伦敦城西侧弗利特河（Rivers Fleet）和泰晤士河交汇处的贝纳德城堡[42]，在格林尼治宫建造了一个砖砌的精美的新院落[43]，并在温莎城堡和伦敦塔开始了建筑工程。设计和建造新宫殿的乐趣很明显在铎家族代代相传，亨利八世也是一个多产的建筑师，他首先完成了他父亲在米德尔赛克斯郡的汉沃思（Hanworth）、萨里郡的沃金（Working）、埃塞克斯郡的旺斯特德（Wanstead）、白金汉郡的迪顿（Ditton）以及肯特郡的利兹堡（Leeds Castle）的建筑，后来又开始实施他自己的宏伟计划，从布赖德韦尔（Bridewell）、伦敦舰队街、埃尔瑟姆宫和埃塞克斯郡比尤利开始，随后还有很多。

亨利七世身边的一些人，如理查德·福克斯大主教（Bishop Richard Fox），曾经是他流亡时的盟友，还有一些是来自国王威尔士老家的绅士们，他们在宫廷里都很受欢迎。1487 年 2 月，福克斯在博斯沃思被任命为掌玺大臣。他对主人的忠诚声名远播。托马斯·莫尔成为国王的侍从后得知，福克斯为了侍奉国王，“就算要砍掉自己父亲的头也不会有异议”。

然而，亨利仍然是一个守口如瓶、习惯性多疑的国王，经常在和大臣、议员及外交官们谈话时做记录，给自己写下有助于他记忆的笔记。有一天他最喜欢的宠物，住在他书房里的一只蜘蛛猴，“把他重要的笔记本撕成了碎片。为此整个宫廷（他们并不喜欢这些经过深思熟虑的记录），几乎都乐开了花”。[44]

除了在治理国家方面近乎狡诈的精明，国王并不是一个死气沉沉的无聊君主，很多人都是这样认为的。他一点儿也不无聊：他喜欢打猎和赌博，而且从 1494 年开始，在一个封闭球场里打室内网球。1494 年 6 月，有一笔 4 英镑的款项支付给一位“西班牙网球运动员”，他可能是国王的私人教练。[45]（网球也将成为他次子最喜欢的运动之一，尽管他像父亲一样，最最喜欢的运动也是狩猎。）1499 年 5 月，米兰大使悲伤地抱怨亨利七世“除了娱乐和享受他积累的无穷财富和继续积累财富，他什么活动都不参加。”[46]1507 年 9 月，有人报告国王外出“每天去森林和公园中进行猎鹿和其他游戏。此外，他经常外出带鹰打猎”。[47]

3 个月之前，或许是由于视力下降，亨利七世在埃塞克斯郡的切斯特福德用十字弓误杀了一支家鸡，不得不赔偿那位名为怀廷（Whiting）的农夫 4 先令。[48] 很遗憾，当时的赔偿制度和今天没什么两样。例如，在 1496 年 10 月，亨利不得不从私房钱中拿出 4 先令给一个名为里德（Rede）的人，赔偿他“被猎狗杀死的”小野马；1505 年 8 月，有 3 先令 4 便士被支付给一个在萨里郡沃金狩猎屋附近“硬币被国王的鹿吃掉的可怜人”。[49]

但亨利七世坚定的敛财之心，让他确实有慷慨的能力。当他的一位贴身侍从由于“重大疾病”缺席未能领到俸禄时，国王立即下令将年俸补偿给他，因为侍臣们“长期以来的服务为我们带来了巨大的欢乐”。[50] 在政权最动荡时忠心耿耿，始终都是一种值得嘉奖的美德，因为忠诚有时似乎只能短暂存在。

1495 年 9 月，亨利一定是良心遭到了打击，或者更讽刺地说，他开始试图平息约克人一直以来的愤恨不满。他花费 10 英镑从诺丁汉石匠詹姆斯 · 基利（James Keyley）[51] 那里委托购买了一块墓地，用来存放理查三世的残躯。亨利在兰开斯特郡的格雷夫莱尔（Greyfriars）建造了雪花石膏雕像和墓穴，博斯沃思战役之后被废黜的国王被轻蔑地埋葬在那里。[52]

在无聊的夜里，亨利七世用象棋、纸牌和骰子赌博——这项他最爱的娱乐活动也被亨利八世继承——并为弓箭比赛和网球赛的冠军下赌注。不论靠做什么打发时间，他的运气似乎都很差，几乎没赢过。[53] 那时的纸牌游戏有着特别可怕的名字：“掠夺”“抢劫”“凯旋”“谴责”“通奸”和“折磨”。还有一个叫作 *Totem*

Nihil（“拥有一切或一无所有”）的游戏，通过旋转一种四面体来决定胜者。[54]

从 1500 年开始，皇家账本里开始记录国王赌博输钱的情况：比如，在那一年 8 月，有 8 先令 4 便士支付给一个名叫“理查德 · 韦斯顿”的人，他是一位王室侍寝官；有 24 先令 4 便士支付给詹姆士 · 布雷布鲁克（James Braybroke）作为“国王的娱乐”费用；1502 年 9 月，在玩“阴谋”——一种用到 44 张牌的 3 人棋牌游戏——输掉之后，又有额外的 4 先令支付给了幸运的韦斯顿。[55] 亨利七世甚至在 1498 年 5 月 23 日玩牌时输给亨利王子 6 便士 8 先令。[56] 难怪这个孩子在画像中笑容满面！这是国王习惯性输牌，还是溺爱儿子的父亲故意让儿子赢？人们几乎可以听见当纸牌发给国王，国王窃笑着把牌翻开时，小亨利开心地发出孩子气的尖叫。在 1502 年 1 月，总共 66 先令 8 便士付给“和我玩骰子的亲爱的约克公爵”，但这也可能是很长一段时间内的游戏资金，因为数目如此巨大的一笔钱——大约相当于现在的 1500 英镑——如果在一场游戏中就输给他的儿子，可能会惹怒在财政方面非常较真的国王。[57]

我们已经见识到了亨利的祖母玛格丽特 · 博福特女爵对于宫廷礼仪的种种晦涩神秘、事无巨细的安排。她经历过 3 次婚姻：第一次是在 12 岁时与第一代里士满伯爵埃德蒙 · 都铎结婚；1456 年 11 月伯爵去世后，女爵在 1457 年 1 月 28 日生下了他的独子——但这位母亲刚刚经过了孤独危险的分娩之后，小婴儿就已经奄奄一息了。他的第二个丈夫是他的表兄亨利 · 斯塔福德爵士（Sir Henry Stafford），第一代白金汉公爵汉弗莱的儿子。她 1462 年嫁给他，和他拥有一段幸福亲密的婚姻，但 1471 年 4 月 14 日，他在巴尼特战役中为爱德华四世作战时受伤而死。最后一次婚姻始于 1473 年 6 月，30 岁的玛格丽特嫁给第一代后来成了德比伯爵的托马斯 · 斯坦利，他在博斯沃思和他弟弟威廉（1495 年因叛国罪被处斩）共同奋战 11 小时之后，为亨利七世赢得了今天的地位。

玛格丽特的虔诚举世闻名。1499 年，得到丈夫允许的她在伦敦大主教理查德 · 菲茨詹姆斯（Richard Fitzjames）面前发誓守贞，并退居北安普敦郡科利维斯顿（Collyweston）的一处与世隔绝的居所，就在林肯郡斯坦福德西南方 3 英里（4.83 千米处）。那是一个田园牧歌般的地方，位于韦兰河谷的南侧。她还扩建了威廉 · 波特爵士（Sir William Porter）在 15 世纪早期建造的一座庄园。[58] 基于她的神圣誓言，她还十分体贴地给她的丈夫预留了一间空房，以备他从位于西兰开夏郡的奥姆斯柯克（Ormskirk）的居所兰瑟姆大厅来此拜访，但这种情况十分罕见。

渐渐地，科利维斯顿的住宅成了一座适合夫人的宫殿，她的官方头衔是"国王之母"。[59] 在她儿子的特许下，她获准将自己的名字签为"玛格丽特 ·R"——"R"代表"女君主（Regina）"，是"国王（Rex）"的女性变体——同时她还可以保留自己的仆从，他们全都穿着银色和蓝色相间的博福特制服，胸前戴着她的城堡徽章。她曾在一段时间内拥有 400 个仆从和家属。像国王一样，她雇用间谍和情报人员，她的儿子授予她一系列城堡和宅邸，都成为她的间谍们的基地，提防着一切背叛和叛国者。[60]

玛格丽特夫人拥有一栋位于伦敦的大别墅，也是国王的赏赐。位于泰晤士大街的冷港，是一座古老的豪宅，面对着泰晤士河，是一处令人神清气爽的水上“消暑胜地”。[61]

这位精于政治的独生子和他同样狡猾的母亲之间互相关爱的关系，可以通过他们往来的书信来得到印证。亨利七世的一封来信开头这样写道：

> 尊贵的夫人，我全心全意爱着的女士和母亲，我怀着最谦逊的心情和最卑微的方式给您写信，为您祈求每日的和永久的福祉……
>
> 我愿让您获得最大的开心，我很明白我有巨大的责任这样做，来回报世间最伟大最珍贵的母爱，您总是对我充满了关怀。[62]

这份孝心很快就得到了回应。大约1501年，母亲写了一封信给儿子，开头如下：

> 我的甜心，最亲爱的国王，我在尘世间的最爱，我怀着最为谦卑的心态给您写信，衷心地希望主保佑您。[63]

此外，还有另一封信，开头是亲密的称呼“我最亲爱的，尘世间绝无仅有的最爱”，在文中用“我的甜心”“我的好国王”来代指亨利七世。她还写同样的信狡猾地请求国王允许她保留在英格兰西北部的一些房客，说这些人是“为我的约克公爵、你最亲爱的儿子保留”，作为他的仆从。[64]

玛格丽特夫人的肖像画，描绘的都是她穿着暗淡的深色衣服的虔诚形象，她颧骨瘦高的脸颊非常突出，双眼深陷，头上戴着亚麻头饰，包括一个白色或灰色的头巾和一个披巾，像修女一样遮住头部和喉咙。起皱的头巾从脸颊垂到胸前。她的形象或是跪着，虔诚地祈祷，或是手里拿着一本打开的弥撒书。她是将圣母马利亚大教堂重建为剑桥大学基督学院的首席赞助；[65] 后来她建立了另一个剑桥学院——圣约翰学院。她还在牛津大学和剑桥大学设立了神学讲师职位（后来的教授头衔）。

大约 1501 年，她任命剑桥大学麦克学院教师约翰·费希尔博士（Dr John Fisher）作为她的专职教士。不久之后他就成为她的告解神父。

亨利七世很欣赏费希尔，决定让他当罗切斯特大主教。他为这项任命寻求母亲的同意——

> 夫人：
>
> 我希望我没有冒犯您，我永远也不应该这样做，我很想提拔费希尔老师，您的告解神父，担任主教的职务……不为其他的原因，只因为我在他身上看到和了解到了伟大非凡的品质。
>
> 但是，没有您的赞同，我将不会对他的职位做任何变动……[66]

很明显她同意了，1504 年 10 月 14 日，费希尔收到罗马教皇的任命诏书。

后来亨利七世这样描述母亲虔诚的日常礼节：

> 她每天起床后都要祈祷，通常时间在5点之后不久，她首先要做某些特定的祈祷，随后再和她的一个侍女向圣母晨祷。然后……她回到房间，继续和他的神父一起做当天的晨祷。
>
> 之后，(她)每天要跪着听四五段弥撒，在午饭时继续祈祷……那时大约是10点，如果是斋戒日就是11点。
>
> 吃过午饭，她一定会去按时去3个圣坛，每天要唱挽歌和吟诵赞美诗[67]，她在晚饭前要进行晚祷，既为当天祈祷也向圣母晚祷，她身边有其他许多祈祷者及唱赞美诗的人……[68]

在她的家里住着12个穷人或伤病患者，她会定期亲自体贴地给他们的伤口换药。她贴身穿着禁欲的“束身毛织服饰”。[69]

但除了她一直坚守的严肃和圣洁，玛格丽特夫人也有轻浮的一面。她拥有一个歌手班子——亨利七世曾在1494年付给他们30便士让他们为他表演。她还有自己的弄臣——名叫“跳跃”(Skip)，穿着一双高跟鞋。还有一个名为“愚者”雷金纳德(Reginald the idiot)的弄臣，在必要时为她提供几个小时的单纯娱乐。这位虔诚的女士有时也像一个小赌徒，像他儿子一样就象棋比赛的结果赌一把。有一次，她因为正在玩纸牌游戏，就从剑桥郡的巴克登(Buckden)派了一个人代表她去参加一场朝圣活动。[70]

对她的孙辈们来说，玛格丽特夫人的形象一定非常冷酷可怕。但她极其喜爱这些孩子，但她最喜欢的还是她的教女——与她同名的玛格丽特。[71] 夫人傲慢的天性和古板的观点一定让所有这些孩子感到害怕，尤其是小亨利，一直生活在她的控制和影响下，尤其在品行和教育方面。可以确定的是，她是一个控制欲极强的婆婆：

一位西班牙大使，圣·克鲁兹区修道院副院长，1498年写道，约克的伊丽莎白——“一位非常高贵的妇人”——“很大程度上受到国王母亲的控制”。他充满敬意地向西班牙君主斐迪南和伊莎贝拉建议，“如果能常常写信给她，向她展现一些爱意，那将是一件很好的事情”。[72]

约克公爵亨利即将在一场壮观华丽的仪式中扮演一个重要角色，这场仪式由他的父亲精心安排，尽显都铎王室的尊贵奢华，那就是王位的法定继承人亚瑟和阿拉贡的凯瑟琳公主的婚礼。

亚瑟和凯瑟琳两人的婚约已经持续了数年，其间伴随着西班牙驻伦敦大使时常发生的激烈争论和错综复杂的婚礼相关事项，有无休止的烦琐细节需要处理。[73]一位西班牙大使，罗德里格·德·普埃布拉博士（Dr Roderigo de Puebla）1498年7月向王后约克的伊丽莎白汇报说，国王的母亲认为凯瑟琳

> 应该一直讲法语，而玛格丽特公主正在西班牙学习西班牙语，这样，当凯瑟琳来到英格兰时，玛格丽特就已经精通这门语言。
>
> 这样的安排是很必要的，因为女士们都不懂拉丁语，西班牙语懂的更少。
>
> 他们还希望威尔士王子妃（凯瑟琳）能够适应喝酒。英格兰的水不能喝，即便能喝，严酷的天气也不允许。[74]

与此同时，亚瑟和他的准新娘只能互相书写带有学习性质的措辞礼貌、毫无热情的情书，这些信件通过伦敦争吵不休的

外交官传递。[75]

最终在1501年，凯瑟琳离开了格拉纳达，开始了去往英格兰履行婚约的旅程，她带有52名精壮的随从，包括一名厨师、一名理发师，甚至还有她自己的地板清扫员。[76]一开始西班牙出奇的酷热耽误了她的行程，后来阿申特岛（Ushant）糟糕的天气，包括风暴和飓风等，迫使她的船回到港口。亨利七世十分担心，他派出了最好的船长史蒂芬·巴特（Stephen Butt）去比斯开湾护送她到达英格兰。他说，“我、王后、威尔士亲王和整个国家都在迫不及待地等待着她”。[77]

10月2日，星期六下午3点，载着新娘的船队终于抵达普利茅斯港，据她的一位西班牙仆从报告，他们的到达“让所有人感到欣喜，仿佛她是救世主一般”。

> 她一下船就随着队伍来到了教堂，在那里向上帝祈祷要尽可能久地留在这个国度，要久到能让她能够在这里享受生活，生下王位继承人。[78]

事实会证明，与其说是祷告，倒不如说这些话更像是诅咒。玛格丽特·博福特夫人则使用了更为简单的语言。她按照自己的习惯，在《祈祷书》中的日期旁边标注上：“今天公主殿下到了。”

经过长年复杂沉闷的协商之后，尽管凯瑟来到伦敦的庄重仪式已经被详细地安排好，亨利七世还是迫不及待地等待她来到首都。在11月4日下午两三点钟，冲动的亨利七世骑马和亚瑟从里士满赶去见她，途中拦截了她的骑兵队。在3个小时前，他们刚刚到达巴斯及韦尔斯大主教位于汉普郡道格莫斯庄园的一座宫殿，凯瑟琳的父母坚决要求在婚礼之前，她不能见亨利七世或威尔士亲王。[79]

可怜的亚瑟被留在11月的大雨中，而他的父亲进去见儿子的新娘。她寝室的门紧紧地关着，她的仆从称“公主殿下已经就寝”。但亨利七世不会轻易地因为少女不便或者令他难以理解的西班牙习俗而放弃，他坚持“即便她还在床上，他也要见她，跟她说话，因为这是他的来意”。因此凯瑟琳匆匆地穿戴好，去见她未来的公公。

双方都无法理解彼此在说什么。亨利不会说西班牙语，凯瑟琳不会说英语。她精心学习过拉丁语，也掌握得很好，但是她的发音非常糟糕，国王只能听懂她说的几个词。他们只能互相打手势。但是翻译官们确定他们“互相交流的语言非常优美……就像任何语言互通的人一样，两个人非常开心”。[80]一个半小时之后，湿淋淋的亚瑟才获准看一眼他的新娘。

她仍然蒙着面纱，但是在她仆从的帮助下，已经适当地撩起一些。她深深地行了一个屈膝礼，害羞的小女孩般的微笑在她的鹅蛋脸上一闪而过。再过6个星期，就是凯瑟琳的16岁生日。她有着粉红的脸颊、蓝色的双眸和金红的头发。刻薄地说，凯瑟琳的身材明显很丰满，而且很矮，甚至可以用“娇小”来形容。亨利七世“非常欣赏她的美貌和她亲切优雅的举止”。后来亚瑟对她的父母斐迪南和伊莎贝拉说，他“一生中从没像看见新娘甜美的脸蛋时那样，感觉如此开心。世界上不会有女人比她更美丽”。他还衷心地许诺将会成为一个好丈夫。[81]

关于凯瑟琳对她15岁的新郎印象如何，并没有记录。他比她矮了半头，脸色和唇色都很苍白。显然他继承了他父亲和祖母的特征，有着深陷的双眼、挺拔的身姿和长鼻子，看起来并不是很健康。

1501年11月14日，他们的婚礼在圣保罗大教堂举行。10岁的亨利有幸成为交送新娘的伴郎。为了这场庆典，王室专门为他准备了一衣橱的新衣服：6件礼服，其中包括一件骑马礼服；8条裤子；5顶帽子；还有新靴子和马刺。他的4个男仆和两个艺人也换上了新制服，他的笛子演奏老师迪尤斯得到了一块16英尺（14.3米）的黑色布料[82]，用来"为我们亲爱的王子的这场隆重的婚礼"制作新礼服。[83]

婚礼两天前，亨利护送凯瑟琳走进伦敦城富丽的大门。这是他第一次见到这个女孩，在今后的30多年时间里，不论是福是祸，她将成为亨利生活的焦点。

她戴着一顶宽边圆帽，系着蕾丝金花边，作为未婚妇女的一种时尚，她的褐色长发可以披肩。[84]在一场精心安排好的游行中，亨利和他的随从带领着由英格兰和西班牙的贵族和教士组成的队伍穿过萨瑟克区，走过伦敦桥，沿着圣保罗大教堂到达主教的宫殿。道路由于马蹄踏过铺满了沙子。时间观念非常重要：阿伯根尼勋爵（Lord Abergavenny）接受委任，保证仪式的进行"不能太快，也不能拖延"。[85]

爱德华·霍尔非常激动，他被"公主华丽的服饰、西班牙服装的奇特样式、英格兰淑女的美丽、年轻少女的优雅举止，以及健壮的王子的深情面容"组成的壮丽场面所震撼。[86]托马斯·莫尔却平静得多。他认为护送凯瑟琳的皮肤黝黑的西班牙大公就像“矮小的埃塞俄比亚人”。[87]

教堂里为这次婚礼搭建了一层层的圆形木台，大门连接着一条 12 英尺（3.66 米）长的铺好地毯的过道，离地面 5 英尺（1.52 米）高。在这里不会发生任何令人尴尬的事件：“查尔斯 · 萨默赛特爵士和王室监察官已经考虑到一切可能发生的情况，让这个所谓的‘作品’万无一失。”教堂的墙壁光彩照人，上面挂着贵重的花毯，距离地面七八英尺（2.14—2.44 米）高。在西门，国王的乐手们被要求从公主离开她在隔壁宫殿的住所时起就开始“不停地演奏”，“直到她走进教堂的高台上”。[88]

亨利和新郎一样，身穿白色的丝绸礼服，护送新娘从豪华的西门走进大堂，走上过道。她穿着一条镶有金边、珍珠和宝石的白色丝绸连衣裙，王后约克的伊丽莎白的妹妹塞西莉女士为她托着裙裾。在上方的宗教法院里，亨利七世、他的王后、他的母亲从一间小房间内注视着整场婚礼[89]，教堂里站满了英格兰贵族。衣着华丽的第三代白金汉公爵爱德华 · 斯塔福德据说穿着一件价值 1500 英镑的礼服。

婚礼之后又举行了很多天的宴会和庆祝比武。在议会大厅举办了一场舞会。之前发生的一切让亨利充满活力，他和他的姐姐玛格丽特共舞。兴致勃勃的小男孩脱掉了华贵的长袍，“穿着短上衣跳舞”，由于激动，他已经忘记了一切皇家礼仪。[90]但是这一朝气蓬勃、讨人喜爱的举止为亨利七世和约克的伊丽莎白“带来了巨大的欢乐”。[91]

圣诞节前不久，新婚夫妇离开了里士满宫，共同前往威尔士边境的拉德洛城堡（Ludlow Castle）开始他们的新生活。

1502 年 4 月 2 日——婚礼结束还不到 20 个星期——亚瑟就死在了冰冷的床上。

第三章

威尔士亲王

“世界上没有一个年轻人比威尔士亲王更完美。他已经高过了他的父亲，身材健硕。他的精明正符合人们对亨利七世之子的期待。”

——西班牙大使罗德里格·德·普埃布拉（Roderigo de Puebla）1507 年 10 月 5 日写给西班牙国王斐迪南[1]

1501 年，约克公爵亨利和他的父母在里士满的新王宫里度过了那一年的圣诞节。他的哥哥和新婚的嫂子已经动身前往拉德洛[2]，但宫廷里仍弥漫着对于一场即将到来的代行婚礼的激动和憧憬——王子们 12 岁的姐妹玛格丽特和苏格兰国王詹姆士四世，将在新年后的第三周举行代行婚礼。

英格兰新建交的盟国西班牙出面调停了亨利七世和他暴躁的北境邻居之间持续不断的纷争，1498 年 7 月，矛盾双方终于签署了一份脆弱的和平条约。这是个艰巨的外交任务，西班牙大使罗德里格·德·普埃布拉后来承认：“双方之间敌意如此巨大，和平关系还没有破裂，这简直是个奇迹。”[3]几乎在条约签署的同时，就有人提出让玛格丽特和苏格兰国王结婚，作为两个宿敌之间巩固同盟，构建未来友好关系的一种方法。不过，由于最开始亨利七世反对这一婚姻计划，双方推迟了3年才开始协商。1498年，他告诉西班牙大使德·普埃布拉：

> 我已经不止一次告诉过你，他（詹姆士四世）和我女儿的婚姻有诸多不便之处。
>
> 她还不满9岁，身子如此虚弱。她得比其他年轻的女士们晚结婚许多年。所以，有必要至少再等9年。
>
> 除了我自己的怀疑，王后和我母亲也非常反对这桩婚姻。她们说如果婚姻协议达成，我们就得把公主直接送去苏格兰，她们担心在这种情况下苏格兰国王并不会等她长大，而会伤害她，甚至危及她的生命。

德·普埃布拉向斐迪南和伊莎贝拉确认“亨利的女儿相对于她的年纪来说，确实显得非常年幼弱小”。[4]

然而3年后，外交上的需要打败了亨利七世善意的父爱，终于，在1502年1月24日，双方签署了一份婚姻协议。第二天，在里士满宫经过王后重新翻修的豪华宫殿里，举行了一场代行婚礼。亨利、约克的伊丽莎白以及国王的母亲仍然非常担心玛格丽特脆弱的身体：条约中的一项条款规定，她去爱丁堡和丈夫共同生活的时间，最多可以延迟18个月。

欣然接受任命的仪式主持人，格拉斯哥大主教罗伯特·布拉凯德（Robert Blackadder）询问玛格丽特对是否“出于她的自由意志愿意接受这场婚姻，没有受到任何强制？”

（她回答：）“如果我最尊贵的父亲国王陛下和我最尊贵的母亲王后陛下乐意如此，那么是的。”随后，国王告诉她，这符合他的意愿，他为她感到开心。她得到了国王和王后的祝福。

这就是一位都铎公主应尽的职责和注定的命运。第一代博斯韦尔伯爵、苏格兰海军大臣帕特里克·赫伯恩（Patrick Hepburn）作为苏格兰国王的代理人，许诺

以他的名义，在他的特许命令之下，（我）与你——玛格丽特——立下婚约，你将成为我所代表的苏格兰国王，至高无上的詹姆士大人的妻子及伴侣……与他共度尘世的生活……[5]

10 岁的亨利看到了姐姐的代行婚礼，在参加婚礼的众多达官显贵中，他的名字排在首位。名单中还不失风度地加上了凯瑟琳·戈登，即冒牌国王沃贝克的遗孀、詹姆士四世的表亲的名字。[6]

约克公爵到了开始组建自己的内宫的年纪，在他母亲的私人账簿和其他别处可以找到关于其中一些成员的线索。1502 年，约克的伊丽莎白付给“我亲爱的约克公爵的弄臣，‘大鹅’约翰”1 先令，因为他在晚餐时为她带来了一条鲤鱼，“大鹅”这个名字可能是小公爵给一个名叫约翰·戈尔（John Goor）的弄臣起的外号。[7]

像他的姐姐玛格丽特一样，亨利有自己的歌手团队[8]及其他侍从。那年10月，在伯克郡阿宾顿（Abingdon），王后又付给“我亲爱的王子的仆人”3先令4便士，让他代表亨利捐款救济穷人。还是在10月，“他的一个仆人”在替王子传了一封信件给他的母亲之后，得到了6先令8便士。[9]在1501年10月及次年5月，亨利的男仆“约翰·威廉姆斯（John Williams）和理查德·威金斯（Richard Wiggins）”先后得到了亨利蓝色、黄褐色、棕色相间的私人仆从制服。[10]亨利还有许多贵族同伴，但因为比亨利年纪大一些而无法成为玩伴，如我们已经说过的第四代芒乔伊男爵四世威廉·布朗特，他是王子的历史和拉丁语导师。他的贵族同伴还有第五代诺森伯兰伯爵阿尔杰农·珀西（Algernon Percy），在威斯敏斯特的圣史蒂芬教堂进行守夜祈祷时他曾负责叫醒亨利，之后就经常伴随着王子。[11]

突然间，两个晴天霹雳般的打击降临在亨利七世身上。

先是他15岁的法定继承人亚瑟在拉德洛城堡去世。3月末的濯足节，亚瑟参加了面向穷人的传统布施仪式，随后就染上疾病。1502年4月2日星期六，亚瑟去世了。毫无疑问，他在生病期间非常痛苦。一位传令官记录下他的遭遇

> 这是一种最可怕的疾病，剧烈地折磨着他身体的每一个部分；自然界最残酷强大的敌人，死亡的腐蚀，突然之间战胜、征服了纯净的血液……找不到可以医疗的办法。[12]

亚瑟的死亡可以说是突如其来。玛格丽特夫人不久前刚花了

12先令6便士，从“温莎夫人”那里买来了金缎吊袜带，作为送给亚瑟和亨利的礼物，但亚瑟永远也收不到了。[13]他甚至还没有收到自己的结婚礼物；高达市（在今荷兰）多特镇善良的行政官和市民们给他送了一扇豪华的窗子，由佛兰德斯玻璃制成，上面绘有耶稣受难图，放置在威斯敏斯特宫亨利七世新建的礼拜堂里，但是这份礼物来得太迟，亚瑟已经无法看见了。[14]

根据留存下来的既不充分也不可靠的医疗证据，造成亚瑟死亡的可能原因有3种。其中两种可能的毁灭性疾病，也许就是亨利七世自身传染给了王宫内的人，尽管他并不知情。

可能性最大的疾病是肺结核——一种成为都铎王朝诅咒的传染性疾病，国王自己也染上此病。[15]或许亨利七世在宫廷中打了个喷嚏，细菌通过唾液或鼻涕的飞沫传播，进入王子的呼吸道，将疾病传染给了他。结核病菌可能在人体内潜伏多年才最终发病危及性命；症状有持续咳嗽、气喘、高烧、体重减少和身心疲劳。我们了解到，王子在婚礼前不久出现了反复发烧的症状，这很可能就是由潜伏在他胸腔内的慢性传染病导致的。[16]

第二种可能是他死于汗热病，也就是人们所说的英格兰汗热病。仍然残酷且讽刺的是，这种疾病可能是亨利的法国雇佣军带到英格兰的。1485年8月7日，亨利七世和他的小型军队登陆彭布罗克郡米尔福德港，从理查三世手中夺取了王冠，不久之后，瘟疫就出现在英格兰。[17]约翰·凯厄斯医生（Dr John Caius）在15年后出版的一份对于该疾病的研究中，描述了英格兰汗热病的症状：

> 这种疾病……有些人刚打开窗子，有些人在临街的大门和孩子玩耍，就立即染病而死；有些人患病后一个小时——很多人是两个小时——就死掉了。
>
> 疾病感染了他们，夺走了他们的生命。有人睡着，有人醒着，有人在欢笑，有人受到监护。有人在斋戒，有人吃得很饱，有人忙碌，有人悠闲。在一间房子里，有时死掉 3 个人，有时 5 个人，有时更多，有时所有人都死掉。
>
> 在这种疾病面前，如果每个村子有一半的人逃脱，那就是上天的恩典了。[18]

初始症状是发烧和盗汗，伴随着背部、肩膀和头部的剧烈疼痛。疾病随后会侵袭肝脏，导致患者四肢沉重僵硬，精神倦怠。接下来，伴随着心悸，患者会精神紊乱并呕吐。一旦出现发病症状，病人就会在 12～24 小时之内死亡。现在看来，英格兰汗热病是一种肺部感染，类似急性病毒性肺炎。当时，大多数感染这一危险疾病的都是生活在城镇中年轻、富有的男性。因此，它也就成了最早的“雅皮士”疾病。[19] 英格兰汗热病大规模暴发的年份有 5 个：1485 年、1508 年、1517 年、1528 年和 1551 年，因此表面看来亚瑟似乎并非死于该病，不过这种疾病也有可能局部暴发。

第三种可能，就是亚瑟死于一种当时肆虐于距离拉德洛 36 英里（58.1 千米）的伍斯特市，以及距离拉德洛 70 英里（112.3 千米）的切斯特市的一种瘟疫。[20] 是哪种瘟疫并不明确，几乎可以确定是淋巴腺鼠疫。症状有发烧、头痛、恶心呕吐、腹泻，患者的腋下、腹股沟内和脖子上出现直径达 4 英寸（10 厘米）的轻微

“淋巴结肿大”，这种疾病正是由此命名。[21]

根据有限的证据来看，亚瑟王子似乎最可能死于结核病。当时的史学家对于“英格兰汗热病”及鼠疫的症状非常熟悉，如果是其中一种疾病导致了亚瑟的死亡，他们应该能够辨认出来。

但在死神的一整套死亡卡牌中，还有一张王牌。有模糊的证据表明，身体本就虚弱的亚瑟可能死于在房事上过度热情——这一问题也给他弟弟统治中期蒙上了一层巨大的阴影。30 多年后，当大多数爱看热闹的英格兰人都在怀疑亚瑟和阿拉贡的凯瑟琳是否有夫妻之实时，亚瑟的仆从为当时新婚夫妇的早期爱情生活提供了证据。

由于父亲是王室的管家，安东尼·威洛比爵士（Sir Anthony Willoughby）见证了婚礼当晚，亚瑟王子去伦敦主教的宫殿中就寝。他发誓说：

> 早上，王子……对他说：“威洛比，给我来一杯麦芽酒，因为我一整晚都在西班牙腹地中。”然后又公然说道，“先生们，有个妻子是一种有趣的娱乐。”[22]

这些欢快幼稚的言语出自一个迄今为止一直被看作勤奋刻苦的年轻人之口——人们认为他“勤勉好学，学识水平超过同龄人”。[23] 爱德华·霍尔也记录下了相似的傲慢自夸，这次是从亚瑟的一位管家那里听说的：“我在西班牙腹地度过整晚，那真是个火热的地方，让我筋疲力尽。如果也去到那么火热的地方，你会比我还要疲惫。”或许，亚瑟凭借他都铎式的傲慢和吹嘘，把这句勇猛的妙语向所有愿意听的人重复。就算他是王储，这句话也不过是一个15岁孩子的无聊言语。[24]

在亚瑟新婚第二天的早餐期间，还有另外一位身份不明的目击者等候着他，这位可靠的男仆挤眉弄眼地对主人说："先生，你似乎很了解那件事。"但后来，王子的一位官员，颇受玛格丽特·博福特夫人喜爱的一位侄孙莫里斯·圣约翰（Maurice St John）警告他：

> （亚瑟）与凯瑟琳小姐在婚礼后的忏悔节[25]同床之后，身体健康状况就开始下降，直到去世都再没有那么健康，那么充满活力了。
>
> 圣约翰认为（他的死）是因为他和凯瑟琳小姐同床共枕。[26]

而对于凯瑟琳，数年之后她坚称他们只在婚床上一起睡了一个星期，而且"她像在母亲子宫里时那样纯洁无瑕"。[27]关于亚瑟的勇猛仅此而已。

不论是何种原因，王储去世了，他的仆从需要承担向国王报信的令人痛苦的责任。亚瑟的管家理查德·玻尔爵士（Sir Richard Pole），让信使把信送到国王和王后生活的格林尼治。

尽管通信员一路快马加鞭，但还是花了两天多才到达伦敦。玻尔的敏感值得欣赏，他坚持让国王的议会成员先读这封信。为了躲避这个不愉快的任务，议员们立刻把信送给了亨利的告解神父，一位格林尼治方济各会修士那里，让他把这个消息告诉国王。周二早上，"比往常的时间早了一些"，修士敲开了国王寝室的门。他示意随从离开，在尴尬的沉默中——亨利一定已经察觉到将听到坏消息——修士用拉丁语宣布了这一消息。他说，圣明的上帝决定将国王正直的儿子带走，与他相伴，他的神圣裁决必须得到同意。

听到修士磕磕巴巴的拉丁语，亨利七世一定震惊得无话可说。一位纹章官记录下了那一天令人悲伤的情景，他简单地写道，“国王听到这条悲伤沉重的消息之后，（他）派人去请王后，说他和王后将共同面对痛苦和悲伤”。[28]

深陷痛苦中的王后约克的伊丽莎白勇敢地努力安慰心烦意乱的丈夫。她用“美好的话语不停地安慰”国王，告诉他应该记住在上帝庇护下

> 他高贵的身份和财富，来自他的王国及王后的安慰，而且（她的婆母玛格丽特夫人）除了他不会再有其他孩子了。
>
> 上帝带给他们一个英俊、优秀并且充满希望的[29]年轻王子（亨利），以及两个漂亮的公主，不仅如此，国王在哪里，上帝就在哪里。

伊丽莎白指出：“我们都很年轻”，还可以生更多孩子。随后，她回到自己的寝宫，“回忆起失去的爱子，自然因母爱而哀伤，内心受到沉重打击，国王派了许多她身边的人去安慰她”。[30]

约克公爵亨利，就这样出人意料地在未经任何训练的情况下成了英格兰王位的法定继承人。1000多天的时间里，死神无情地夺走了三位都铎王子中两位的生命。

周五是全国哀悼日，游行队伍照例走过伦敦街道，每一座城市教堂都为亚瑟的灵魂唱起了庄严的挽歌和安魂曲。在圣保罗大教堂，市长和议员们身穿黑色礼服参加了一场特别的弥撒。

身在拉德洛的凯瑟琳此刻正卧病在床。她的病因并不明确，但是她的卧床确实增加了亚瑟死于某种流行病这一说法的可靠性。[31] 亚瑟的遗体经过防腐处理后被放在一口盖着黑布的棺材里。直到 4 月 23 日（圣乔治日）的下午，棺材都放在他的会客厅内，由濯足节收到皇家救济的穷人们日夜看守着。[32] 随后遗体被缓慢运送至伍斯特，葬在了本尼迪克特修道院（现在的本笃会大教堂）。[33] 这趟旅程一点都不轻松舒适：

> 在圣马克日（4 月 25 日），队伍从拉德洛教堂出发，前往比尤德利教堂（伍斯特郡）。天气极冷，刮着大风、下着大雨，这是我见过的最糟糕的行路日……
>
> 在一些地方，马车（车厢里是王子的棺椁）深陷到泥土里，要用套轭的（几头）牛把它拉出来，路况就是这么的糟糕……

以上记录来自负责护送的纹章官。[34]

葬礼共花费 892 英镑 2 先令 1/2 便士，其中送葬者的黑色衣服每件就花掉了费用的 4 成——大约够近 550 人穿。[35] 萨里伯爵、英格兰财政大臣托马斯 · 霍华德担任主祭，他头上戴着哀悼用的头巾。第四代什鲁斯伯里伯爵乔治 · 塔尔博特（George Talbot），是七位官方哀悼者之一。担心性爱的欢愉耗尽了亚瑟的精力的莫里斯·圣约翰是抬棺人之一。随后，在教堂主祭坛南面的一间礼拜堂里，建造了一个波白克大理石墓穴。[36]

在伦敦，宫廷中的每个人都整齐地穿着丧服，即使他们并没有参加王子在伍斯特的葬礼。亨利王子的神父“杰弗里先生”和约翰·斯凯尔顿，每人都得到了一块4.5码（4.1米）的黑布，用来制作丧服。他的10位仆人和马夫每人也得到了3码（2.7米）布。[37]

在西班牙，斐迪南和伊莎贝拉对这一消息的反应非常冷淡。他们立即授权驻伦敦大使，去要求退回凯瑟琳已付的嫁妆，坚持要求亨利七世交出她们的女儿在婚姻中所得的土地和财产，并“请求英格兰国王尽快将凯瑟琳公主安然无恙地送回西班牙”。他们可能安排了眼线，观察着如何获取最大利益，几小时之后，进一步指示传到伦敦“以他们的名义与亨利协商……让他们的女儿和国王的儿子约克公爵王亨利结婚”。[38]

仅两天之后，他们给德·普埃布拉寄去一封信，假惺惺地表达惋惜之情：

> 我们收到了亚瑟王子去世这个令人伤感至极的消息。我们必须遵从上帝的意志。我们听说了威尔士王妃遭受的苦难。她必须离开，离开她现在所在的不健康之地，不容耽搁。[39]

值得高兴的是，大病初愈之后，她就安全地搬到了坎特伯雷大主教位于萨里郡克落登的宫殿里。约克的伊丽莎白好心地为她刚刚丧夫的儿媳提供了一辆盖着黑色天鹅绒和黑布的马车，开始了缓慢的行程。[40]

凯瑟琳于5月末到达目的地，5月25日，约克的伊丽莎白派她的一位私人侍从埃德蒙·卡尔弗特（Edmond Calverd）去拜见凯瑟琳。[41] 几乎可以确定，这项任务内容微妙。他可能带着王后的书信，谨慎地询问她的儿媳是否怀有她死去儿子的孩子。她的答案是："没有。"这是确定英格兰王位继承人的重要步骤：只有十分确定亚瑟和阿拉贡的凯瑟琳的婚姻不会有子嗣，亨利才能成为威尔士亲王。

因此，在6月22日，"威尔士亲王亨利"获得了一个闲职——约克北部的加尔特雷斯森林（Forest of Galtres）的看守人及大法官。[42] 次年10月，他继承了亚瑟的康沃尔公爵头衔。

1503年新年刚过，亨利七世就受到了第二次沉重打击。

伊丽莎白对饱受打击的国王的安慰应验了，亚瑟去世几个月后，她又怀孕了。国王和王后有两个女儿在世，他们急切地盼望着再有一个儿子出生，巩固都铎王朝王位的继承权。1499年2月，伊丽莎白艰难地生下了埃德蒙，他却很快就夭折了。人们很担心她即将到来的分娩，因为她在怀孕期间已经饱受病痛折磨。1503年1月26日，就在她新的预产期到来之前，王后乘着她的游艇从威斯敏斯特顺流而下，来到了她位于伦敦城内白塔楼上的公寓。[43] 一位萨默塞特郡布鲁顿奥古斯丁修道院的修士获得了6先令8便士，为她带来一件圣器，以支持她顺利生产。[44] 这是一条红色丝绸制成的"圣母的腰带"，虔诚的人们认为这就是圣母马利亚生下耶稣之前系在她肚子上的那条腰带。人们相信，这条腰带可以在生产期间带来精神上的慰藉，并能为防止流产提供神圣的帮助。[45] 此外，她还付了3先令4便士给一位家臣，让他去米德尔赛克斯西北部的威尔斯登的圣母祠朝拜，代表她向圣母祈求特别的赐福。

亨利对于新继承人的出生非常乐观自信，这些情感来自他长期以来沉迷于那些他迷信可以预见未来的人提出的预言。在新年时，国王从 1498 年就开始聘用的米兰占星师威廉 · 帕隆（William Parron）给了他一本书[46]，大胆地预言亨利七世将成为许多健壮的儿子的父亲，王后将活到八九十岁。[47] 帕隆给了亨利王子一份副本，其中包含了根据这位新继承人的出生时间所做出的预言。[48]

2 月 2 日夜间，王后“经历阵痛后很快生下一个孩子”。在王后的助产婆爱丽丝 · 马西（Alice Massy）的帮助下，孩子平安降生，不过是一个女孩。第二个周六，女婴在伦敦塔内的教区教堂彼得维克拉（St Peter ad Vincula）受洗时取名为凯瑟琳（可能是以王后的儿媳的名字命名）。[49]

几天后，伊丽莎白生病了，很可能是由于在生产期间受到感染而患上了产褥热。她的病情迅速恶化，已经奄奄一息。她的一位侍从詹姆斯 · 纳特斯（James Nattres）被派往肯特，紧急召见黑尔斯沃斯医生来对她进行治疗。他日夜兼程，王后的账本记录下了他在伦敦塔租船沿泰晤士河航行 25 英里（39.3 千米）至肯特格雷夫森德（Groweseng）的花费（2 先令 4 便士），以及购买马匹和聘请向导带他前去及离开黑尔沃斯家的费用。[50]

潮汐可能是影响这趟紧急旅程没能按时完成的重要因素之一，但是不管这位良医到达迅速与否，对结果几乎都没什么影响了。助产婆的服侍（后来她为自己服务获得了 10 英镑的报酬）[51] 也是徒劳。1503 年 2 月 11 日，星期六的清早，伊丽莎白去世了。那天是她37岁的生日。第二天，王室购买了12码（10.97米）天鹅绒给婴儿使用。[52]几天后，这个刚出生的婴儿也离世了。

亨利七世失去了和他共度18年的妻子，她性情温顺、金发碧眼、皮肤白皙，为他生下了8个孩子，只有3个存活下来——玛格丽特、玛丽和亨利王子。[53]她一直真诚地奉行着她的箴言"谦逊并虔诚"所主张的原则。这对王室夫妇度过了一段幸福深情的婚姻，没有因为政治问题争吵过，甚至不曾因为国王掌控一切的母亲频繁干预他们的生活而吵过架。[54]当亨利七世得知她的死讯时，他"悄悄离开，独自到了一个安静的地方，不让任何人打扰他"。她的离世让"国王陛下如此沉痛哀伤，就像人们所见到的或听说的那样"，一位目击者说。[55]

举国上下的所有教堂都被要求举行庄严的弥撒并唱安魂曲——单是在伦敦就举行了636场弥撒——她的遗体先是被安放在伦敦塔内，随后随着游行的队伍，经过查令十字街，被送到威斯敏斯特大教堂埋葬。在棺材上有一座过世王后的雕像，她穿着华丽的王室长袍，头上戴着王冠，她"长发披肩，右手拿着权杖，手指上戴着金质的和镶宝石的戒指"。[56]伦敦主教理查德·菲茨詹姆斯布道了《旧约全书——约伯记》中的一段话："我朋友啊，可怜我。可怜我。因为神的手攻击我。"[57]女王受到饱受她丈夫压迫的国民的真诚爱戴，一个在现场的纹章官说："他以英格兰、爱人和朋友的名义念出这段话……献给我们善良贞洁的王后。"[58]

在她去世后不久，托马斯·莫尔写了一首共鸣诗，《致已逝的伊丽莎白王后的一曲哀歌》（*A Rueful Lamentation of the Death of Queen Elizabeth*），写的是她在墓中的生活。诗人用响亮的文字，描写了她的遗憾——没能见证亨利七世完成威斯敏斯特新建的富丽堂皇的教堂：

> 我们的城堡在哪里，我们的高塔在哪里？
> 伟大的里士满的儿子，你离我远去了吗？
> 威斯敏斯特，你精心的杰作，
> 我最亲爱的夫君，我再也见不到你。
> 全能的上帝会赐福于你，
> 保佑你和你的孩子，
> 而我的宫殿，就在我将长眠的此地。

诗中还写了王后也为占星师威廉·帕隆的错误预言而惋惜悲痛：

> 后来有人向我保证，
> 今年我将生活在富足和喜悦中。
> 您啊！何以许下这种谄媚的承诺。
> 哦，错误的占星术，错误的预言，
> 说什么上帝的密语让您如此聪明？
> 您对于今年的预言有几分是正确的呢
> 今年还没有结束，而我！我躺在了这里。

毫无疑问，帕隆在王后去世后立即逃离了宫廷和英格兰。[59] 这首诗中的伊丽莎白还强烈要求她的丈夫爱护他们在世的孩子，并向已经差不多 12 岁的亨利王子道别：

> 永别了亨利，我最亲爱的儿子
> 主会增添你的荣耀和高贵。[60]

由于年幼的亚瑟和亨利在生活中聚少离多，亚瑟的离世并没有对小亨利的情感产生太大的影响，倒是在王室的地位突然间发生巨大变化给他带来了惊喜和震撼。

但母亲去世就不一样了。她曾教他读书写字，他成长过程中大多数时间都和母亲在埃尔瑟姆宫亲密地度过。很久以后，在 1507 年写给伊拉斯谟的一封优雅的拉丁文信件中，亨利写道，他想到卡斯蒂利亚国王之死，就回忆起失去约克的伊丽莎白的巨大悲痛：

> 我最亲爱的母亲去世，是我听到过的最令人厌恶的消息。您的信……似乎又撕开了我身上已被时间抹平的伤口。[61]

尽管亨利并没有出席她的葬礼，他还是穿着一套黑布和羊皮制成的丧服，还有一件相同材质的骑行服以及一件黑色天鹅绒镶边的斗篷。此外，宫廷还为他准备了 12 条裤子、12 双鞋子和手套。[62]

完成了为失去王后和母亲而进行哀悼的所有流程后，最首要的事情就是巩固都铎王朝的统治。2 月 18 日，母亲去世一周之后，亨利被加封为威尔士亲王、切斯特和弗林特郡伯爵。他已经到了有必要为英格兰未来的国王选择一位妻子的年纪。两年前，1501

年，亨利七世曾谨慎地打听过是否可以让自己的次子迎娶勃艮第公爵腓利的女儿埃莉诺，她也是那时亚瑟即将迎娶的阿拉贡的凯瑟琳的外甥女。[63]

随着亚瑟去世，这一想法也被放弃，因为西班牙提出的让亨利和凯瑟琳结婚的建议似乎更具有外交吸引力。但当前的国王也想要再婚，希望能够生下更多的子嗣。可能是由于失去了心爱的妻子而精神错乱，两个月之后，他匆忙地决定要和自己18岁的寡居儿媳结婚。

有学者怀疑亨利七世这样选择新娘是否认真[64]，但西班牙的伊莎贝拉女王对于这一可耻的提议反应非常强烈：

> 这样做太邪恶了——从没见过这样的事发生，单是提起就已经耳不忍闻了。
>
> 无论如何，我们也不会让这样的事情在这个世界上发生。

她指示驻伦敦大使："如果有任何人跟你提起这件事，告诉他们这种事情绝不能容忍。你必须同样果断地说，我们无论如何不会允许这种事情发生，甚至是提起也不行。"她还重复了对于让凯瑟琳回到西班牙的要求：

> 现在英格兰王后去世了，王后在世时……或许公主还可以体面地留在一位母亲一般的女性以及当时的国王身边……但现在不应该再让公主留在英格兰了。[65]

面对凯瑟琳父母的强烈反对，亨利七世很快放弃了娶凯瑟琳为妻的贪念，在1503年6月23日签署了威尔士亲王亨利和这位西班牙公主的婚姻条约[66]，两天后，在位于伦敦城西边的舰队街的索尔兹伯里主教埃德蒙·奥德利（Edmund Audley）的宅邸中，他们举办了正式婚礼。[67]凯瑟琳脱掉了黑色的丧服，穿着纯白的礼服参加了典礼。

新任威尔士亲王对于迎娶哥哥的遗孀有什么反应，我们只能猜测。他几乎不认识她。1501年11月12日他在公主来到伦敦的正式欢迎仪式上护送她，次年1月新婚夫妇就动身前往寒冷的拉德洛城堡，只有在这期间的短短几周内，亨利见过她。亨利在哥哥的阴影下生活了这么久，现在他得到了哥哥的大多数衣服，又要娶哥哥“传下来的”妻子，他心里对此的怨恨可能不止一点儿。毫无疑问，他沉默寡言的尊贵父亲亨利七世告诉他，在这件事情上他没有选择。很久之后，小亨利对英格兰的爱国职责才使他发展出真爱的萌芽。

对凯瑟琳来说，婚礼可能是对她漂泊不定的生活的一种缓解：她得到了父母的祝福，对于在异国他乡生活，身边全是陌生的风俗和语言的她来说，这预示着一个好的开端。

在凯瑟琳和亨利的婚姻能够更进一步之前，还有许多障碍要跨越，这些障碍将发生在1505年王子14岁生日期间。无论亚瑟和凯瑟琳是否有夫妻之实，凯瑟琳仍然是亨利的嫂子，这段不自然的关系或婚姻，必须经由一份教皇亚历山大六世颁发的特许状合法澄清。西班牙的斐迪南写信给他在罗马的大使：

条约中的一条提到教皇赦免的条款，表明凯瑟琳公主和亚瑟王子已有婚姻之实。[68]但事实是，尽管他们举行了婚礼，但亚瑟王子和公主……从未圆过房。

全英格兰都知道，公主仍是处女。

但是因为英格兰人喜欢使用双关语，更明智的做法似乎是假定婚姻已经坐实，教皇的赦免令以及上述条约中的条款必须保存完好。

继承权取决于这段婚姻不容怀疑的合法性。[69]

这是个复杂的过程，其中出现的困难甚至比英格兰和西班牙君主担忧的还要多，主要原因是教皇出人意料地在梵蒂冈去世了，带来了极大不便。在众多戴过三重冕的罗马教皇中，亚历山大四世是最为腐败的教皇之一。8月18日，72岁的他可能由于中毒，在经历了几天的惊厥发烧和小肠出血之后去世了。由于某种原因，他成为博尔吉亚家族的一员。临终前，他只是可悲地说了一句“等一等”，似乎他在疯狂地抵挡着死神之手。他的过世引发了一场对于教皇财产的不体面的争夺。身体脆弱、饱受痛风折磨的枢机主教——锡耶纳的弗朗西斯科·皮科洛米尼（Franceco Piccolomini of Siena）在1503年10月8日被奉为神圣的庇护三世。他只在圣彼得的宝座上坐了26天就去世了——人们推测他是死于腿部的溃疡，但事实更可能是因投毒而死。最终，茱莉亚诺·戴拉·罗维尔（Giuliano della Rovere）在10月31日的教皇选举会议中，几乎全票当选为新任枢机主教尤利乌斯二世（Julius Ⅱ）。

最终，新教皇开始处理亨利与凯瑟琳的婚姻问题，他在1503年圣诞节后立即口述了一份一页长的备忘录，概括了他对此事的第一反应：

> 我们已经得知，西班牙的凯瑟琳公主曾与前威尔士亲王亚瑟立有婚约，而且这场婚姻或许已经坐实。
>
> 尽管如此，作为教会的首领，（教皇）授权威尔士亲王亨利和凯瑟琳公主订下合法的婚约。[70]

在16世纪，梵蒂冈的行政部门因其在处理文书工作以及做决策时效率低下而臭名昭著。对于文员们来说，他们热诚地遵守着官僚主义的信条，几乎像对他们的天主教信仰一样忠诚。不急不忙地做出“成熟的决定”的过程是一天中最重要的事。王室期盼已久的，带有教皇铅制印章的正式赦免令，或称“印玺”，送达英格兰和西班牙的速度缓慢得让人绝望。第二年7月6日，尤利乌斯写信给亨利七世，对拖延表示歉意。

> 我们从未打算扣押赦免令，所有这样的说法，都是那些怀有恶意者的胡言。
>
> 确实，对于扫除这场婚姻的障碍（存在拖延）……但这样做完全是为了更加成熟地考虑现实状况。

赦免文件被交给了圣保罗大教堂院长、教廷法院的英格兰大使罗伯特·舍伯恩（Robert Sherborne）：

> 再没有比他更值得信任、更安全的人选，而且，前往英

格兰可以保全这位优秀之人的生命，在罗马停留太久只会危及他的人身安全。[71]

尤利乌斯有些拘谨地指出，完全没必要感谢他，“因为教皇只能是和蔼而仁慈的”。[72]

尽管有了这些威严的承诺，国王还是什么都没有收到。

西班牙驻伦敦大使埃斯特拉达公爵费尔南多非常绝望：“我从很久之前就开始期待教皇送来含有赦免令的简讯，”他对伊莎贝拉说，“可是到现在还没有收到，人们已经开始怀疑这封赦免令是否会给出，而且（教皇的）短信似乎证实了这些疑惑。”他告诉英格兰国王，如果在 1504 年 8 月末还不能收到赦免令，“那很明显教皇并不想给”。[73]

11 月 28 日，亨利七世写信给尤利乌斯，表达了一些他勉强克制的恼怒：

我们已经写信给教皇亚历山大四世和教皇庇护三世，请求他们为这场婚姻批准必要的赦免令……

在您之前在任的这两位教皇，都好意地接受了我们的请求，如果不是因为他们突然离世，我们在很久之前就应该收到赦免令了。

随后，我们又频繁地通过大使在信件中重申了我们的请求。

亨利提醒教皇尤利乌斯，他已经“在不同的信件中及通过口述”承诺通过罗伯特·舍伯恩将赦免令送到英格兰，但是这位大使却空手而归。“看起来，”国王有些暴躁地说道，“罗马对于这件事似乎什么也没做。”他重复了他真诚的祈祷，希望对于这场婚姻的特许可以“尽快”得到同意，教皇诏书可以“立即传递给还在罗马的英格兰大使”。[74]

在伦敦，凯瑟琳还在生病，经受着疟疾和频繁的胃痉挛的折磨。她的病情是否因担心梵蒂冈的拖延以及她的未来而恶化是一个谜。1504 年 8 月 4 日，亨利七世花言巧语地给她写信：

> 在我们离开格林尼治之后，你的身体状况不是很好，虽然这段时间很漫长，但最终一切都会过去，我们会收到关于你的好消息。
>
> 我们像爱亲生女儿一样爱你。
>
> 我们派遣了我们最信任的仆人，不仅为了去看望你，也是为了做一些让你感到快乐的事情。[75]

健康稍有改善之后，凯瑟琳病情复发。西班牙大使向伊莎贝拉女王报告了病情：

> 有时似乎很严重，公主食欲不振，面色完全改变……（她）不时会得重感冒并且咳嗽。医生为她清洗了两次，并两次试图给她（在胳膊和脚踝处）放血，但是没有血流出。在劝说她放过血身体就会立即好转之后，她非常渴望再做一次那样的手术。[76]

凯瑟琳似乎不仅患有贫血症，血管也天生脆弱，医生动用手术刀时，她的血管会痉挛——因此几乎没有血液流出。[77]

她孤独地住在位于伦敦城和威斯敏斯特之间的斯特兰德大街（The Strand），在伊利主教的达勒姆宅邸中，为了缓解她的各种疾病，她庞大的西班牙王室内宫成员纷争不断。[78]

目前，她的俸禄由亨利七世支付，他拒绝退还她和亚瑟结婚时带来的第一份嫁妆。凯瑟琳已经成为他政治游戏中的一颗棋子，只有当他需要西班牙政治支持的时候，她才能获准得到生活所需的支出。他直接拒绝了她对于平息仆从之间矛盾的请求，并指出他们不在他的管辖范围内。[79]

在西班牙，她的母亲伊莎贝拉去世了。赦免令的副本送到了她临终的床前，像是教皇在她踏上天堂之旅时送给她的某种礼物。这份“礼物”到来得非常及时：就在 1504 年 11 月 24 日，她去世的那一天。她在世的长女胡安娜作为法定继承人成为卡斯蒂利亚女王。她是神圣罗马帝国皇帝马克西米利安一世的儿子勃艮第公爵腓力的妻子，她也是一个疯子——患有精神分裂症——于是斐迪南立即前往控制局势。

终于，在 1505 年 3 月，亨利七世听到了赦免令原件正被送往英格兰的消息。伍斯特主教西尔韦斯特罗 · 德 · 吉利（Silvestro de’ Gigli）从罗马汇报说：

神圣的教宗很乐意命令本人带着有关这场婚姻赦免令的教皇诏书原件前往英格兰。

神圣的教宗表示悲伤，他听说密封的诏书副本已经从西班牙送往法国，收到诏书的伊莎贝拉女王只能将其作为临终前的慰藉。

主教将在“几天内”动身起程。[80]

但亨利七世已经等得不耐烦了。他需要给西班牙施加一些压力，让他们加快交付凯瑟琳的第二批嫁妆。或许新任坎特伯雷大主教兼国王的大法官威廉·沃勒姆（William Warham）对这场婚姻明智与否心存巨大的怀疑，他提出了一个戏剧性的新策略。国王经过习惯性的深思熟虑之后，对他的儿子及继承人下了一道新命令。

1505年6月27日，在他14岁生日前夜，小亨利提出了“抗议”，坚决否认与凯瑟琳的婚姻。这是一次非常隐蔽的、偷偷摸摸的事件。在隐藏在里士满宫东端地下室的一间小房子里举行的一个奇怪的正式典礼上，王子在温彻斯特大主教兼掌玺大臣理查德·福克斯、多布尼公爵兼宫务大臣贾尔斯[81]、国王的大臣托马斯·鲁瑟尔（Thomas Ruthal），以及一位公证人詹姆斯·里德（James Read）面前宣读了一份声明。他在签上拉丁文名字“Henricum Walliæ Principeu”之后朗读了文件，宣布：

> 虽然我年幼时曾计划与凯瑟琳公主结婚，但随着年龄的增长，我并没有认可这场婚姻，而是将其取消，我将不会履行婚约，我希望通过法律证实其无效，将其撤销。这出自我的自由意志，没有受到强迫。[82]

身无分文、形单影只、常常生病的凯瑟琳对自己已经被将来的丈夫抛弃一无所知。11月，亨利七世不再支付给她本就少得可怜，只够支持她在达勒姆宅邸的节俭生活的100镑月俸。

她的命运似乎已经完全无望。

第四章

等待中的国王

“国王如此喜爱威尔士亲王，这真是太棒了。他完全有理由这样做，因为王子值得接受全部的爱。国王把王子带在身边不仅仅是因为爱他：他希望他变得更完美。”

——1504 年 10 月 4 日，伦敦，

德·埃斯特拉达公爵费尔南多写给伊莎贝拉女王

亨利七世只剩下一位健康在世的继承人了，一直困扰着他的对于都铎王朝未来的担忧又出现了，在他日益脆弱的晚年萦绕着他。为了争得英格兰王冠，他战胜了重重挑战。难道现在，在他动乱统治期的最后时光，他的希望和梦想都将化为泡影?

失去妻子的国王有两件明确的事情要做，才能最终消除他自己的恐惧。

他应该再找一个妻子，生下更多的儿子，以防亨利王子去世，保障珍贵而动荡的都铎王位有人继承。时间匆匆而过，他的时间已经不多了：16 世纪早期，英格兰男子的平均寿命只有 40 岁左

右。国王已经40多岁了，而且健康状况并不乐观。

亨利七世还需要铲除尚未了结的约克党王位觊觎者第六代萨福克伯爵埃德蒙·德拉波尔[2]，他是一个“鲁莽、冲动、脾气暴躁”的“精明”贵族。[3]1478年，萨福克伯爵的哥哥林肯伯爵约翰，在斯托克原野战役中因公开造反被杀，11年后他的远亲沃里克伯爵爱德华被亨利七世处斩。多刺的“约克白玫瑰”纷纷聚集在愤愤不平的萨福克伯爵周围企图叛变，成了令都铎家族不安的潜在威胁。

1499年，萨福克伯爵在打斗中一时气愤杀死了一个议员，被指控过失杀人，随后他逃离了英格兰。[4]但这位伯爵自愿回国了，用1000英镑罚款换得了一张赦免令，之后就开始想方设法再次得到王室宠信。1500年5月5日，他在坎特伯雷见证了国王批准亚瑟和凯瑟琳的婚约，并在1501年11月的婚礼之后精心安排的庆祝比武中担任主要角色。听说神圣罗马帝国皇帝马克西米利安对亨利七世毫不友好，萨福克伯爵在当年8月又离开了英格兰海岸，负债累累的他试图得到皇帝的支持，完成约克党人的大业，夺取王位。伯爵的哥哥理查德与他同乘一艘船，奇怪的是他的另一个兄弟威廉却被留在伦敦。根据弗吉尔的记录，国王“对于一开始豁免他感到极度不安和遗憾，并开始担心发生新的动荡”。

尽管聚集起来的约克党支持者令王室不太舒服，但威尔士亲王的婚礼还是在伦敦大张旗鼓地举办，彰显了都铎王朝的奢华富贵。一直克制着未采取行动的亨利七世，不得不等到1502年2月13日，大斋节的第一个星期六，才逮捕了萨福克伯爵的近亲和朋友们。自然，在最受怀疑对象的名单中，打头的就是威廉·德拉波尔。名单中还包括廷臣威廉·考特尼、德文郡伯爵的长子，以及曾在斯托克战役中为亨利战斗并因忠诚获封骑士的约翰·温德姆爵士（Sir John Wyndham）。这些人均被指控是萨福克叛国罪的共犯，并被关进了伦敦塔。拘禁他们的是雄心勃勃的威尔士人休·沃恩爵士（Sir Hugh Vaughan），他在伦敦塔负责关押皇家罪犯。[6]

在伦敦塔的高墙内，还关押着詹姆斯·提利尔爵士（Sir James Tyrell），他是位于英格兰境内加来腹地的圭尼斯城堡的管理者，在萨福克仓皇逃往国外时不明智地为他提供了庇护，并受骗回到了伦敦。提利尔声名狼藉：他可能就是1483年理查三世安排的谋杀伦敦塔内两位王子的骑士。[7]他的死和永恒的沉默对亨利七世来说非常有利，亨利七世了解政治，更明白两位王子的消失会节外生枝。5月6日，提利尔和温德姆被处死，有人怀疑前者被禁止在塔丘的断头台上说话。而两位名为威廉的人，威廉·德拉波尔和威廉·考特尼，也按国王的意愿被囚禁起来。[8]

萨福克伯爵本人在1502年12月26日被定罪，但身在亚琛（位于今德国）的他似乎处于亨利的复仇范围之外，不过亨利七世还是试图说服教皇亚历山大四世，给这位四处游荡的伯爵以及所有支持他的人下达一份教皇禁令，威胁将把他们逐出教会。[9]不过，事实证明马克西米利安并非萨福克伯爵忠诚可靠的盟友，虽然许诺协助他推翻都铎统治，但在收到一份慷慨的贿赂之后，他对于亨利七世的反感立即烟消云散了。这个挥霍无度，经常身无分文的罗马皇帝在6月许诺，不会再庇护任何英格兰叛乱者；为了回报亨利从英格兰送来的价值1万镑的宝贵黄金，他还拟订了一份保证书。按照现代的价格，这相当于450万英镑——这表明了亨利七世多么希望安全地将萨福克伯爵控制在他手中。

尽管皇帝已经被收买，伯爵还在一边无忧无虑地策划着可行性日益降低的入侵英格兰的方案，同时债台高筑。就在1504年万圣节前，萨福克伯爵和他的追随者们离开了艾克斯（Aix），留下哥哥理查德作为抵押给债主的人质。在前往弗里斯兰省，寻求暴躁的萨克森公爵“长胡子”乔治（George ‘the Bearded’）保护的途中，伯爵被盖尔德斯公爵埃格蒙特的查理（Charles of Egmont）囚禁在了鲁尔蒙德（在今荷兰境内）的哈特姆城堡。而在威斯敏斯特，极度兴奋的英格兰国王开始与统治低地国家的勃艮第的腓力大公协商，将叛国者萨福克交回到他的权力范围之内。[10]

与此同时，亨利七世开始将注意力转向给自己找一个新妻子。可耻而轻率地向儿媳凯瑟琳提出婚约之后，国王的首选成了新近丧夫的那不勒斯王后乔瓦娜（Queen Joan of Naples），她27岁，是西班牙的斐迪南的侄女。[11]1505年，他派三位心腹使者前往巴伦西亚，使者们带着详细的，甚至可以说带着色情意味的关于她外貌的问卷，并且受到节俭到近乎吝啬的英格兰国王的指示，详细打探她的财产情况。即便在今天，亨利七世提出的24个问题中，许多仍显得令人反感而且粗鲁无礼，甚至非常不恰当，而大使们的答案也同样直接：

> 注意观察她的眼睛、眉毛、牙齿和嘴唇——王后的眼睛是棕色带几分灰色的，她的眉毛是棕色的，非常细，就像一束头发丝……
>
> 注意她的胸部大小——女王的胸部稍显大而丰满，（但）

> 她把胸束起来了，这就让她显得更加丰满。
>
> 注意她嘴唇周围是否有毛发——根据我注意到的和看到的，王后的唇边或嘴边没有毛发。
>
> 尽可能地接近她的嘴边……这样就可以闻到她的口气是否清新——我们没有闻到任何香料的异味……我们认为，根据她的面色和口腔情况，王后似乎口气清新香甜。
>
> 询问她是否能吃能喝……王后吃得很好，她每天吃两顿肉，而且她不经常饮酒……通常是喝水，有时喝加了肉桂的开水，有时喝甜酒[12]，但不经常喝。[13]

这些问题有一种牲畜市场的感觉，但这就是16世纪嫁入欧洲王室要付出的代价。对于乔瓦娜来说，现在的情况就是一切还不错。这位棕发王后非常吸引人，身材姣好，而且值得开心的是，完全没有口臭。她并没有纵情吃喝，因此可能还保持着傲人的身材。但是，这些足够吸引年事渐长而又任性的英格兰国王吗？

对待这场潜在的王室婚姻，亨利七世像对待政治以及他最看重的国库情况一样，一如既往地小心翼翼。尽管热情的大使传来令人满意的答复，但他很快就放弃了候选人乔瓦娜[14]，原因是他发现她在那不勒斯的婚姻继承的价值3万达科特（约合1.4万镑）的遗产[15]很快就被没收了。此外，在1505年，斐迪南娶了法国国王路易十二的红发侄女富瓦的热尔梅娜（Germaine de Foix），因此从前的盟友也变得有些可疑。

婚姻在亨利七世的日程中非常重要。经过很长一段时间之后，他终于认为刚过13岁的虚弱长女玛格丽特足够成熟，适合前往苏格兰，与詹姆士四世举行婚礼并共同生活。1503年6月23日，在为她的新生活做准备时，亨利要求准备“足量的珠宝、餐具和其他苏格兰王后以及国王要用的东西”，并支付了一笔1.6万英镑的巨款（现价值超过700万英镑）。[16] 在一大队英格兰贵族随从的护送下，由财政大臣，和萨里伯爵托马斯·霍华德领队，玛格丽特于7月2日离开了里士满宫，开始缓慢地正式向爱丁堡行进，途中经过了她祖母位于科利维斯顿的豪宅。亨利王子看到姐姐远离他去开始新的生活，可能感到一丝窃喜：有人称，当发现作为苏格兰王后的玛格丽特将比他优先享受宫廷庆典时，亨利曾大发雷霆。

穿过位于贝里克的苏格兰边境后，玛格丽特在小村庄兰伯顿的苏格兰教堂见到了在《苏格兰之花》的歌声中迎接她的丈夫。盛装出席的第五代诺森伯兰伯爵阿尔杰农·珀西正式把她交给了詹姆士四世。[17]8月8日，在爱丁堡荷里路德宫的教堂里，玛格丽特结婚了，萨里负责把穿着华丽的金布礼服的新娘交给新郎。[18]

玛格丽特在婚后写给亨利七世的第一封信中，流露出些许可以理解的思乡之情。信中还流露出了她和弟弟都有的都铎家族的孩子共同的脾气，她觉得她的新婚丈夫过于关注萨里伯爵，而对她的魅力却不够关心：

> 父王，我没有什么新闻要告诉你，但是萨里伯爵在这里深受国王的喜爱，国王一整天都不能离开他的陪伴……
>
> 父王，看在上帝的分上，请您原谅我没有亲自给您写信，因为我没有闲暇时间，但我希望现在就在您身边，我希望能多陪在您身边。[19]

亨利王子这时怎么样了呢？由于他的父亲对于继承人的担心始终没有消退，亨利的生活发生了巨大变化。他现在紧紧地跟在父亲身边，主要是为了保证他的人身安全，也是为了让他学习如何当好一个国王。1504 年 8 月，惯于阿谀奉承的德 · 埃斯特拉达公爵报告说：

> 威尔士亲王总和国王在一起。以前国王不喜欢把王子带在他身边，怕影响他学习。
>
> 国王如此喜爱威尔士亲王，这真是太棒了。他完全有理由这样做，因为王子值得接受全部的爱。国王把王子带在身边不仅仅是因为爱他：他希望他变得更完美。
>
> 可以确定的是，世界上不会有更好的学校比得上亨利七世这样一位父亲的国家。
>
> 他是如此的明智，关心着一切——什么也逃不过他的观察。毫无疑问，王子的父亲是一位优秀的管理者。

大使以这样的评论结束了这段奉承“如果他能再活 10 年，那他将让王子养成良好的习惯，留给他巨大的财富，让王子成为世界上最幸福的人”。[20] 在这些描绘和谐的家庭图景的谄媚言语背后，隐藏着关于亨利王子未来的犹豫不决和不确定性。他与凯瑟琳进展缓慢的婚姻发生了什么呢？他们在教堂里的结婚仪式一直在推迟，直到她的另一部分嫁妆从西班牙到达英格兰才能举行。亨利对婚约正式提出异议明显只是一个开始，只是他父亲神秘的政治棋局迈出的一步。这其中一定有某些谜题。

就在亨利签署拒绝承认与凯瑟琳的婚姻声明几个月之前，亨利七世或他的继承人显然已经把一封相关信件送到了罗马，内容关于凯瑟琳的虔诚信仰，及其对她的健康产生的不良影响。教皇尤利乌斯二世写道，尽管西班牙公主追求斋戒、祈祷、节欲、朝拜的精神生活值得赞赏，但这并不为她的家庭所允许。因此他全权禁止她参加“对她健康有害的宗教仪式”。尤利乌斯强调，这种宗教热情会伤害她的身体，对她婚姻中的亲密关系有害，并危及她的生育能力。因为基督教信条认为生育是婚姻最重要的目的之一，教皇允许王子禁止凯瑟琳参加这些虔诚的宗教仪式，而且应该鼓励她按照她的告解神父建议的那样，少进行些耗费体力的活动。[21]

虽然这份有趣的文件上标注的日期是1505年10月20日，收信人却写的是威尔士亲王亚瑟。难道是梵蒂冈积压了太多的信件？这封信到达伦敦时，亚瑟已经被葬在伍斯特的坟墓里3年多了。或者这是一位粗心的官员，把信寄给了落满尘埃的厚厚记事簿里一个名字特别显眼的王子，标题却写成了“教皇婚姻赦免令”？[22]凯瑟琳否认她的虔诚伤害了她的身体，并将自己糟糕的健康状况归罪为间日疟，一种严重的疟疾。[23]

就在梵蒂冈官员写错收件人的同时，亨利七世正在欧洲宫廷为他的儿子及继承人寻找一位合适的公主做他的妻子。一开始他关注的一直是勃艮第大公腓力的女儿埃莉诺，他们之间的婚姻也在1501年首次被提出。她还不到8岁，或许比被他搁置在伦敦、孤立无援的20岁姨母凯瑟琳年龄更合适。1507年，在关于这场婚姻的外交上取得了许多重大进展。[24]

埃利诺的哥哥查理也非常适合都铎家族的小女儿玛丽，而国王本人也开始对勃艮第公主的姑母——玛格丽特女大公成为自己的新妻子产生了兴趣。亨利七世的议会中，还有一些人主张与法国联姻——或许王子应该娶阿朗松的玛格丽特？[25]

腓力大公突然出其不意地造访英格兰。他于 1506 年 1 月 6 日从低地国家起航，带着 3000 名德意志雇佣兵，前往西班牙宣称对卡斯蒂利亚王位的权利，他的妻子疯女胡安娜是阿拉贡的凯瑟琳的姐姐，在她们的母亲伊莎贝拉去世后，胡安娜就继承了王位。腓力的勃艮第舰队安全地渡过了英吉利海峡，但随后就被一阵“强大的风暴及恶劣的天气”驱散了。一些舰船丢失了，其余的船只“面临着遭遇海难的危险”。[26] 在伦敦，古老的圣保罗大教堂高高的针尖塔顶上，巨大的铜鹰风向标也被这场大风（从正午持续到夜半）刮飞，并最终落在教堂院子“向西 300 步远”处，掉落的过程中毁掉了一个画着一只黑鹰的书商招牌。有人认为这是不祥之兆：“因为腓力是神圣罗马帝国皇帝马克西米利安的儿子，马克西米利安的盾徽上有一只鹰，这一切都很具有说服力”，这一征兆预示着这个王室家族“很快就要经历令人痛苦的灾难”。[27] 迷信的伦敦市民们不知道，大公的大部分舰船只是被暴风驱赶回了东边，一些船只安全地在康沃尔郡的法尔茅斯（Falmouth）港口抛锚，而王室的船只和另外两艘船停在了多塞特郡的梅尔库姆雷吉斯（Melcombe Regis，现已并入韦茅斯）。

腓力“非常不适应海浪”，这让他“身体和心灵都感到精疲力竭”。毫无疑问，由于一直晕船，他的面色不是很好。他和妻子立即登上了一艘小船，在 1 月 16 日安全登陆英格兰，“以便恢复健康”。[28]最开始，多塞特贵族们担心一场国外侵略行动即将发生，并开始集合地方军队进行反抗。后来真相浮出水面，大公被冲上海岸的消息传到了威斯敏斯特，亨利七世异常兴奋，他终于得到天赐的良机，可以逮住萨福克伯爵了。

14岁的亨利王子盛装打扮，在“五位伯爵和许多议员、骑士”的陪伴下，带领着共500人的随行队伍，欢迎腓力以及他在温彻斯特的风暴中幸存的随从们正式来到英格兰境内。亨利深红色的骑行长礼服和装饰有黑色羊皮的红色天鹅绒夹克，都是裁缝们为这一场合辛苦赶制的。[29]第二天，欢庆队伍骑马前往温莎堡，亨利七世和白金汉公爵以接见骑士的礼节，在城堡外一英里（0.81千米）处接见了他们。[30]国王用流利的法语“以最大的荣耀、善意和礼节”欢迎了腓力。痴心于丈夫的胡安娜[31]不久也加入了这场王室盛典，迫不及待地见到了她的妹妹凯瑟琳。后来证明，这是一次特别短暂的相聚。公主后来写道“能够在这个国家见到你让我无比愉快，但几个小时后，由于你匆忙的离去，悲伤充满了我的内心”。[32]胡安娜要回到法尔茅斯，继续已经延迟的前往西班牙的航程。不过，至少在温莎堡，凯瑟琳还享受过一两顿体面的饭菜，而不必靠着他公公施舍的微薄津贴勉强度日。

天气异常寒冷——“这样天寒地冻，大雪纷飞，人们可以坐着推车渡过泰晤士（河）”[33]——亨利和大公在温莎和里士满的熊熊炉火前达成了外交协议。国王希望腓力把萨福克送到他面前，但一开始腓力否认他能做到，“即便他能做到，他也不愿意违背他的誓言，把萨福克交给他处死”。[34]亨利不愿意对多余的德拉波尔做出承诺，但“在（大公的）热切要求下”同意不将他处死，作为交换条件，腓力同意将他遣返。

在勃艮第和英格兰之间，达成了一份新的永久友好条约，2月9日，在温莎堡听过弥撒之后，亨利七世授予腓利大公嘉德骑士封号。公平交易并非巧取豪夺，作为回报，腓利将亨利王子封为金羊毛骑士，并用法语宣读了誓言。为了这一场合，他又一次定制了特别的服装——一件金布制成的紧身上衣，一条鲜红的裤子，以及另一件黄褐色缎子制成的外套。[35]

与此同时，萨福克于1505年10月被腓力转移到那慕尔的列支敦士登（在今比利时南部）囚禁。现在他看到了不祥之兆。萨福克独自派遣信使前往伦敦，表示如果亨利七世可以把他被扣押的土地归还给他，并让他重新得到王室的青睐，他就愿意回家。他许诺将忠于国王，并在国王去世之后忠于“我尊贵的王子殿下，国王的儿子”，同时请求让他的兄弟威廉，以及那些由于他而被囚禁的人恢复自由。[36]伯爵在3月16日在加来被交到英格兰人手中，在4月末被关进了伦敦塔。亨利的承诺似乎完全没有意义。

由于某种英雄情结，亨利王子对英俊健壮的腓力印象深刻。后来，他把腓力的画像放在格林尼治的一间寓所内，他承认，这间屋子“以他的名字命名为‘腓力的房间’，在宫殿里的所有房间中，我最喜欢的就是这一间”。[37]弗吉尔描述大公“中等个头，面庞英俊，体型健硕。他非常有才华，很慷慨，而且举止优雅”[38]，而且很有运动天分（他打网球），同时也是一位无可匹敌的骑士。在领导、勇气和魄力方面他是一位榜样，英格兰王位继承人日后也要效仿他。

1506年4月9日，王子在格林尼治宫用法文写信给身在西班牙的腓力。他父亲讲法语的大臣约翰·梅奥蒂斯（John Meautis）可能在文法方面为他提供了帮助，实际上这封信可能是约翰·梅奥蒂斯执笔的——只有一些诸如“您谦卑的亲属，威尔士亲王亨利（*Vostre Humble cousin, Henry Prince de galles*）”的文字以及签名是亨利粗壮生硬的字体。不过这封保存下来的亨利最早的书信可以确定是他的杰作，而且内容非常简洁，甚至有些过分热情。开头非常正式：“最崇高、最优秀的万能的王子”，接下来的内容则稍显随意：“我向您表达我最热情、最真诚的敬意。”亨利向腓力寻求帮助，让他协助佩德罗·曼里克（Pedro Manrique）在西班牙的生意。这个人是“我最亲爱的伴侣、我的妻子凯瑟琳公主的管家”——这样的描述与亨利不到一年前对婚姻的抗议不符。后来王子提出了孩子气的请求，希望大公

> 能够时不时向我告知，让我知道您是否健康，我发自内心地希望您能长寿，就像我对自己的期望一样。
>
> 至于我自己，只要我找到合适的信使，我就会给您写信。
>
> 此外，鉴于我们之间的亲密关系，如果我可以为您的荣耀和快乐做任何事情，我都会不遗余力地在我主的帮助下全心满足您，最为高尚、优秀全能的君主，我为您向他祈祷，让您的生活幸福长久。[39]

他的美好愿望并没有实现。9 月 25 日，腓力在西班牙布尔戈斯去世，享年 28 岁。亨利眼中的大英雄去世了。掉落的风向标预示的不祥之兆，迅速应验了。

正在威尼斯的伊拉斯谟写信给亨利王子，表达了对腓力过世的哀悼。[40]1507 年 2 月 17 日，亨利亲笔用拉丁文回信，这封信典雅的文风深深吸引了这位尼德兰学者。王子一开头就虔诚地呼喊“耶稣是我的希望”，接下来继续写道：

> 最雄辩的伊拉斯谟，我深受您来信的打击，在如此紧急的情况下您的信还能写得如此优雅，而这封信的简洁明了说明它并不是如此聪明的一位智者事先写好的……
>
> 对于您的赞美我没有任何可改动之处，这些赞美之词符合您至上的学识。因此我将传递您的赞美，我认为我最好保持沉默，而不是加一些多余的言辞。

随后他写下了他对于腓力之死的失落，也表达了对 4 年前母亲去世的失落，他请求伊拉斯谟“写信与我们联系，告知您知道的任何消息，但是希望您的消息能更令人开心，愿上帝带给我们一个值得互相传达的好消息，不管是什么都行”。

一段时间内，伊拉斯谟都把亨利的回信装在衣兜里，给他的朋友们看，但他怀疑有人帮亨利写了这封信。“我认识他的笔迹，”几年后伊拉斯谟写道，“但是，平心而论，当时还是有些怀疑有其他人在思想和表达方面给他提供了帮助。”然而，亨利的伙伴、拉丁文学者威廉 · 洛德 · 芒乔伊把亨利写的其他信件给他看，驱散了这些怀疑，这位哲学家还在一份信件副本旁做了批注：“这封附上的信件完全是他在青年时期亲笔写的”。[41] 伊拉斯谟要前往博洛尼亚，监督亨利七世的热那亚医生巴普蒂斯塔 · 博埃里奥（Baptista

Boerio）的两个儿子学习。其中一个孩子乔瓦尼在两本希腊演说家的著作上题了名字，并将它们作为礼物送给了威尔士亲王。这两本书是伊索克拉底的著作《论王权》（*De Regno*）的译本和琉善的《论诽谤》（*Calumnies non temere credendum*）的副本，后者是一本反对轻信谎言和流言的小册子。[42] 然而，在亨利之后的生活中，他并没有很重视这些重要的课程。[43]

威尔士王妃凯瑟琳成了被贫穷所困的无助人质，仍然穷苦地生活在达勒姆宫中。1506 年 4 月，她乞求斐迪南还清她的债务，“不需要奢华的东西，只需要食物。英格兰国王不会为任何东西付钱，尽管我已经哭着乞求他”。一直受金钱驱动的亨利，反驳她说西班牙承诺把剩下的价值 10 万斯库多 *（约合 2.5 万英镑）的嫁妆付清，但还没有实现。凯瑟琳现在

> 处于极度的痛苦中。我的随从们已经准备乞求救济，我自己也一无所有。我请求您为我派送一位忏悔神父，因为我不懂英语，而且已经在濒死的状态下度过了六个月。[44]

不同于父亲，亨利王子则对她更为挂念。但她每天几乎见不到他，正如她向父亲所说的，她不懂英语，所以他们之间任何亲密的交谈都可能引起麻烦。[45]

1504 年 4 月，西班牙大使德·普埃布拉在圣周的星期三拜访了亨利七世，发现他被关在自己的房间里，“患有严重的疾病”。

* 19 世纪以前的意银币单位。——编者注

他患上了扁桃体周围脓肿——一种症状类似于扁桃腺炎的喉咙感染——他已经“6天不能吃喝。他的生活已经没什么指望了，但现在感觉好些了”，国王同意见这位西班牙人。

在“许多不愉快的对话”之后，德·普埃布拉悲伤地报告说，亨利七世终于被说服，同意将支付嫁妆的时间延迟5个半月。作为现金的替代，他可以慷慨地按票面价值接受金银器，但宝石和饰品“价格要低得多”——与“在伦敦卖掉可以得到的”价格相比。大使请求他的西班牙君主不要把“珠宝的价值看得过高”，因为亨利“很讨厌这样”。

虽然生病了，国王还是写信给斐迪南，毫不隐讳地指出，“许多公主都想与威尔士亲王结婚，她们的嫁妆更多，甚至有人的嫁妆价值是凯瑟琳公主的两倍”。然而，亨利并没有接受这些诱人的婚约，因为他十分喜爱并欣赏斐迪南。也因此，他愿意将嫁妆的交付期延至9月29日圣米迦勒大天使节。[46]

几天之后，德·普埃布拉热情地写信给斐迪南，提出让英格兰国王娶他的女儿，过世的腓力大公的遗孀卡斯蒂利亚女王胡安娜。“作为英格兰国王……世界上再也没有人比他更适合做女王的丈夫，不管她头脑清醒还是已经疯掉。”德·普埃布拉还热诚地相信“她嫁给亨利这么好的丈夫之后很快就会恢复理智”——或许他对于金钱的狂热会让她受伤的精神平静下来？

如果女王的疯病无法治愈，或许让她生活在英格兰并不是明智之举。

英格兰人似乎并不在乎她的疯病，尤其是在我向他们保证，她混乱的思维并不会影响生儿育女之后。[47]

就在思考娶一个疯了的妻子是否明智时，亨利七世将他10岁的女儿玛丽许配给了腓力大公的儿子奥地利的查理。在凯瑟琳的教导下，玛丽在宫廷的宴会上演唱了西班牙歌曲作为纪念。[48]

斐迪南没能在规定时间之前付清嫁妆，而是在1507年3月15日给凯瑟琳写了一封信，保证“会安排好这些事情……让她不久就可以和丈夫在家中舒适的生活”。他请求她“不惜一切挽留亨利的善意、威尔士亲王的爱和英格兰人民的尊敬”。斐迪南补充说，国王一定会明白，“除了让他的儿子娶你，他没有更好的办法巩固他的王位”。[49]

但亨利七世并没有明白，而是继续把他的儿媳限制起来。次月，凯瑟琳告诉她的父亲，她需要卖掉她的金银器来换钱，而她的侍官和仆从“几乎全都衣衫褴褛，生活贫苦”。她请求他给她寄些钱。[50]随后，另一封信接踵而至，凯瑟琳表达了她的绝望和忧伤。她最大的抱怨是她“被残忍地对待，几乎见不到威尔士亲王，尽管他们就生活在同一个屋檐下”。她已经4个月没见过亨利王子，而亨利七世却“非常肯定地”告诉她“他认为自己和威尔士亲王都不受婚约的约束，因为嫁妆还没有付清”。[51]凯瑟琳请求派一位新的大使到伦敦，因为她已经对德·普埃布拉失去了信心，她对斐迪南说，他认为普埃布拉“与其说是您的奴仆，倒不如说是英格兰国王的走狗”。

今天看来，国王对凯瑟琳的行为似乎是冷酷无情的。约克的伊丽莎白去世之后，亨利七世的性格就变得冷酷。他变得阴沉，板着脸，而且更加贪婪，通过赋税和保证金制度压榨着英格兰和威尔士不幸的人们。或许这位冷酷的帝王对西班牙公主的无情举动，也出于其新性格的一部分。

除了失去心爱的妻子和长子，另一个导致亨利七世性格转变的原因可能是 1503 年 8 月，兰开斯特公爵的大法官，刚正不阿的雷金纳德 · 布雷爵士（Sir Reginald Bray）过世了。[52] 根据意大利史学家波利多尔 · 弗吉尔（Polydre Vergil）的记录，国王犯错误时，布雷会“勇敢地谏言”。[53] 失去了这只管控亨利的手，亨利感到获得了压榨子民的自由，直到榨干他们的每一个便士。

矛盾的是，随着年龄的增长，亨利变得越来越虔诚。在 1487 年斯托克战役打败约克党反叛者之后，国王向沃尔辛厄姆的圣母祠捐献了一座他本人的塑像，在他统治期间，他以一个谦逊的朝圣者的身份拜访了坎特伯雷的圣托马斯 · 贝克特的塑像。[54] 据称，1499 年年初时国王已经变得“非常虔诚”。西班牙的唐 · 佩德罗 · 德 · 阿亚拉说，他“在大斋节期间每天听一段布道，在其他时间也保持着他的虔诚”。[55] 在宫廷里，大斋节的斋戒受到严格的监督，甚至连自认为虔诚的凯瑟琳都感到严酷和压抑。“在国王的房间里，”1509 年时她告诉父亲，“任何人都不能吃肉，即便是将死之人。他们把吃肉的人视作异教徒。”[56] 国王最喜欢的一位圣人是英格兰守护者圣乔治。法国国王路易十二在征战意大利北部时抢夺的战利品中发现了一条腿骨，据说是圣乔治的遗骸，他将其作为给亨利的礼物送到了伦敦。1505 年 4 月 23 日圣乔治日，国王参加了游行以及朝拜圣保罗大教堂遗迹的活动，他把那条腿骨存放在教堂里供朝圣者公开参观。[57]

亨利在威斯敏斯特新建的礼拜堂于1500年奠基，次年，他的豪华坟墓开始修建。一开始他打算把墓穴建在温莎的圣乔治礼拜堂，但后来改到了温莎。国王和圣彼得修道院院长约翰·伊斯利普（John Islip）之间的一份协议[58]，不惧繁杂地描述了每天修道士们都要“虔诚地跪下”，为国王、约克的伊丽莎白和国王的母亲做祈祷和弥撒。威斯敏斯特新建的济贫院也要为13个穷人提供庇护所，其中有“一位无薪俸的牧师，一位年龄超过45岁的文法教师”（以及“其他没有妻子的人”），他们“为国王的尊贵身份和来世的灵魂”祈祷。[59]在他们黑色礼服的左肩下需要绣上一顶王冠，下面戴一枚红色的都铎玫瑰徽章。

1499年，亨利七世为他最爱的修会——方济各修会的一个分支——建造了6座房子，其中一 些分布在南安普敦、纽卡斯尔和坎特伯雷，还有一间在西恩宫旁边。此外，在1505年，萨伏依医院在伦敦斯特兰德大街上建成，用于纪念“赐福的耶稣，圣母马利亚和施洗约翰”，这座建筑用于为100名穷人提供食宿。[60]

他的内宫账单显示，在1504年后宫廷娱乐活动的数量有所下降，尤其是弄臣的数量在减少。或许，经历了这么多家族悲剧，肩上背负的责任和已高的年纪，让国王对于小丑或玩乐的兴趣消失殆尽了。[61]而且，从1502年之后，就没有关于“化装”舞会或假面舞会的记录，直到1507年圣诞节，温特沃思大师（Master Wentworth）才写下“莫里斯舞会的化装费用”。

他的儿子扩充了自己的内宫，仍然充满了女性气息：名单上有13位女性，包括以前为他摇王室摇篮的弗丽德丝维德·帕特纳姆，以及三位曾在埃尔瑟姆宫照顾她的保姆——伊丽莎白·贝利，亚维·蔡斯（Jave Chace）及艾维斯·斯基德莫尔（Avice Skidmore）。[62]其中有五位贴身侍从，领头的是爱德华·亨格福德（Edward Hungerford）和亨利·吉尔福德（Henry Guildford），他们为王子上酒、切肉并服侍王子。[63]他的老师和神父约翰·斯凯尔顿去世后[64]，代替他的是一位教育专家，来自西苏塞克斯郡奇切斯特（Chichester）的约翰·霍尔特（John Holt），他是托马斯·莫尔（Thomas More）的老师和朋友，也是一本拉丁文语法教科书的作者。[65]霍尔特于1504年去世，另一位拉丁文男教师威廉·霍恩（William Hone）接替了他的职位，他和霍尔特都是牛津大学莫德林学院的学生。再加上芒乔伊的指导，亨利精通拉丁文也就不足为奇了。他法语流利，懂意大利语，可能后来还从阿拉贡的凯瑟琳那里学到了一些西班牙语。王子还"在数学方面展现出的惊人才华"。[66]

在新人文主义教育中，音乐被视为重要组成部分。亨利当时已经拥有自己的小型鼓号队，在他进出时欢迎他。而他自己也成了一个乐器专家，他会演奏鲁特琴、风琴和小型键盘乐器，还会管乐器（"管乐器教师吉勒姆"教给他的。）教亨利鲁特琴的贾尔斯·迪尤斯也担任了"王子衣橱"的管理人，并在亨利成为国王之后担任他的图书馆馆长。[67]王子还是一位创作歌手。在他的一生中，对音乐的热爱让他受益良多，亨利成了一位宗教音乐和世俗音乐作曲家，尽管他的一些曲谱是对已有曲目的改编。[68]

1504年7月，威尔士亲王终于搬进了父亲的宫中。那年1月，国王珠宝库的管理员亨利·怀亚特（Henry Wyatt）列出了供13岁的亨利使用的珠宝，包括一个镶有5颗钻石的十字架，价值13镑

6先令8便士，在今天价值超过6000英镑。这份清单共有47个条目，截止时间是1509年年中，很多珠宝此后也一直被亨利保有。1528年，他的一份珠宝清单上写着“许多胸针和金属饰物（金属吊坠），在国王陛下还是王子的时候就属于他”，其中还包括一个同时期的镶有珠宝的衣领。[69]国王臭名昭著的敛财者之一埃德蒙·达德利，谄媚地送给王子一个红黑相间的珐琅戒指，上面装饰着一颗尖钻。但不久之后的1507年9月，在牛津郡伍德斯托克附近的兰利，亨利把它弄丢了。[70]

亨利已经到了可以享受更多成年男子活动的年纪了。除了狩猎和带鹰出猎，王子还擅长摔跤、剑术、投掷铁锭[71]以及用铁头木棒徒步战斗。[72]他一定经常想起1494年他获封约克公爵之后庆祝比武的壮观场面，这位少年也模仿那些骑士和贵族挑战者们的气势。1505年2月，国王为王子购买了一件黑色缎制战斗紧身上衣，穿在他的盔甲内，同时还购买了一双战斗用的马刺和鞋子。但国王很担心王位继承人的安全，他很了解骑士比武场上有多危险，他规定王子只能参加“争夺圆环”活动，在这项活动中，骑士的长矛尖端必须够到一个悬浮的金属圈——的确很难，但是几乎没什么危险。

他的祖母玛格丽特·博福特夫人可能比她儿子更骄纵小亨利。1506年3月，她给威尔士亲王买了一匹价值6英镑13先令4便士的马，并花10便士给他买了一个闪亮的新马鞍，以及一副黑色天鹅绒镶边，装饰有镀金花纹的马具，价格是10先令。1508年，她在亨利进行过“争夺圆环”活动之后，送给他一份慷慨的礼物。[73]

亨利还学会了如何穿着铠甲徒步战斗：王室中的托马斯·辛

普森是“战斧专家”，一定曾教过他在近身搏斗中如何使用短而致命的战斧。[74] 亨利的一位新搏斗伙伴肯特伯爵“浪子”理查德·格雷（wastrel Richard Grey），在1508年6月教亨利佩剑徒步搏斗的过程中折断了胳膊。[75] 他还有另外一位同伴查尔斯·布兰登（Charles Brandon），他是亨利七世的旗手威廉爵士的无赖儿子，威廉爵士本人在博斯沃思战役中被理查三世杀死。20多岁的布兰登是一个年轻的纨绔子弟；他在1506年前娶了玛格丽特·莫蒂默（Margaret Mortimer），但一年后这段婚姻就被宣告无效。1508年，在安妮·布朗（Anne Browne）生下了他的私生女之后，他们结婚了。

国王如此小心翼翼地保护他唯一在世的继承人并不令人惊讶。经历过1497年圣诞节给王室带来的巨大恐慌，即烧毁西恩宫的大火之后，1506年7月，他们又一次在新建的里士满宫死里逃生。一天深夜，亨利七世和他的儿子都在王室寝宫附近的一个新建的木质长廊里散步。不到一个小时之后的午夜，画廊就在一片喧闹中被彻底摧毁了。[76]

“神圣干预”如此明显地保护着他，让王子变得非常虔诚。2010年，大英图书馆以48.5万英镑的价格买下了亨利七世使用过的一卷超过13英尺（4米）长，写在薄羊皮纸上的祷文。在这份神圣卷轴的顶端装饰有两个都铎玫瑰徽章和威尔士亲王的鸵鸟羽毛，以及阿拉贡的凯瑟琳的剑束徽章。中间是展现圣三位一体、耶稣受难以及耶稣被钉在十字架上等意象的一系列插图，旁边用拉丁文写着相应的祷文，并用英文详细解释了这种献身如何让灵魂受益。在墓室前一个耶稣画面的下方，是用红色墨水写下的慷慨承诺：

所有在这幅充满怜悯的画前虔诚地念五段主祷文、五段万福马利亚以及一段信经的人，都会得到圣格列高利和其他圣人3712年零40天的赦免。

并保证，向耶稣背十字架像祈祷的人

不论在陆地上还是在水中，恶灵将对你无计可施，雷电不会使你受伤，你也不会因未做告解而死于七宗罪，不会被烧伤，也不会溺水。

它还会瓦解你敌人的力量，增加你在尘世的财富，如果有孕妇即将生产，把这幅画放在她的身体上，她在分娩过程中就不会有危险。

这些承诺确实非常慷慨且安抚人心，而且亨利明显很虔诚地相信它们。在耶稣受难像下，他写道："威廉·托马斯，我祈求您为我祈祷。爱你的主人：亨利王子。"托马斯是亚瑟的一个仆人，进宫之后就成了亨利的侍寝官，他一定跟这位王位继承人关系非常亲密，才能得到这份亨利亲手题写的特殊卷轴。

王子已经成长为一个强壮的年轻人，身体健康，精神饱满。毫无疑问，在一位年老多病的父亲的管制下，他像所有青少年一样经历过各种沮丧并且缺乏耐心。尽管各有各的房间，他们有时还是要生活在同一个屋檐下。

不同于1504年8月写给西班牙大使的那封热情洋溢的信，在亨利七世统治期的最后几年，他们父子之间关系可能并不好。许多年后，在1538年，王子的表亲蒙塔古公爵亨利·波尔（Henry Pole）在一次与他兄弟杰弗里爵士的私人谈话中鲁莽地说国王对他的继承人“毫无喜爱之情”。他因为这句话赔上了自己的脑袋。[78]

1508年年中，一位新的西班牙大使代替德·普埃布拉来到了伦敦，他有着响亮的名字和头衔——西班牙骑士指挥官古铁雷斯·戈麦斯·德·丰萨利达（Gutierre Gomez de Fuensalida）——他来负责拯救凯瑟琳停滞不前的婚约。[79]丰萨利达试图拜见威尔士亲王，但被禁止进入。他向西班牙报告了年轻的亨利近似隐居的生活：

> 他从来不被允许踏出宫殿，除了从一扇通往公园的门出去锻炼。
>
> 出去的时候，他身边跟着那些被国王特别指定为老师和同伴的人，没有其他人敢靠近他。
>
> 他一个人吃饭，大部分时间一个人在自己的房间内度过，他的房间只能从国王的寝室进入，没有其他入口。
>
> 他完全听命于他的父亲和祖母，从不在公开场合说话，除非是回答他们两人提出的问题。[80]

他写道，这更像是一位受到保护的年轻少女的生活，而不像一个充满男性荷尔蒙的青年王子。如果这些话语还不足以描述他戒律森严，受到管制的苍白生活，丰萨利达还称国王曾在一次争吵中“试图杀掉”他的继承人，还攻击了他的小女儿玛丽，原因是他被刚收到的一封神秘来信上的内容所激怒。不幸的是，关于这件事没有其他的详细记录可供查看。

当然，大使汇报的很可能是他在宫廷中或别处听到的不可靠的传言。作为外交界的新手，他还没时间去确定谁是他可靠的消息来源，谁只是为了换取客观的奖赏而告诉他他想听到的内容。此外，他需要一个能传达给西班牙方面的理由，解释为什么他没能和凯瑟琳的未婚夫讨论婚姻问题。不过鉴于国王关心着他继承人的安全，他对王子生活方式的汇报确实有一部分真实内容。尽管他和“浪子”肯特伯爵以及放荡的查尔斯·布兰登有交情，但似乎这种对于他生活的过分监视，保证了亨利王子还很遗憾地保持着他的处子之身。

大约在 1497 年，老国王的健康状况开始变坏，他可能患上了呼吸道疾病。据说 1503 年至 1504 年，国王在旺斯特德（Wanstead）新购置的狩猎屋内病得厉害。[81] 他的视力大约也在此时开始下降——这对于喜欢精读国家文献，尤其是他自己的国库账单的统治者来说是一种极其令人郁闷的情况。他使用茴香、白屈菜和玫瑰水制成的各种洗液清洗眼睛，但是收效甚微。虽然国王胃口依然很好，但他还是消瘦了许多，他的牙齿状况很糟糕——弗吉尔直率地描述他的牙齿“少得可怜，而且发黑”——无法帮助他进食。他的头发从红色变成了暗褐色和白色相间。[82]

1504 年，在温顺虔诚的王后伊丽莎白去世一年后，王子亚瑟去世两年后，亨利七世在埃尔瑟姆宫病危。他糟糕的健康状况不可避免地让他开始深入思考宗教问题。他发誓只任命虔诚的人做主教——首先就是让约翰·费希尔做罗切斯特主教——但是康复（像往常一样）很快让亨利忘记了对死亡的恐惧。[83]

几乎可以确定，亨利七世感染了慢性肺结核，因为他在春天，尤其是1507年和1508年春天咳得非常严重。[84]他丰盛的饮食和酗酒可能还导致他血液中尿酸超标，并在1507年引发了一次轻度痛风，正如后来培根描述的：

> 国王……开始受到痛风的困扰。但是胸腔中吸收的痰液，使他的肺逐渐衰竭，导致他一年三次（……尤其是在春天）经历严重的气喘。尽管如此，他还继续像健康时一样非常勤勉地参加活动。[85]

由于结核病影响了他的肺部，他的呼吸变得酸臭。亨利七世这次发病在1507年康复，当年10月，西班牙大使汇报说他每天都外出到森林和公园里骑马、猎鹿、带鹰出猎。德·普埃布拉说：

> 英格兰国王在过去20年里从来没有如此健康过，从没有像现在这样身体强健。看见他久病之后获得了比以前更好状态真是太神奇了。[86]

大使一如既往地乐观。尽管如此，亨利七世在1508年2月又一次发病，到7月时病情加重，他患上了他的医生所说的"消耗病"——在他们的术语里是一种严重的消耗性疾病，而在我们看来，就是肺结核。8月17日，威尼斯参议院收到了米兰传来的消息，称英格兰国王病重，情况危急。[87]然而，亨利又一次康复了。斐迪南写下了他听到康复消息时的快乐："你生病的消息让我非常焦虑。"[88]

但这种潜伏在他体内的疾病在8个月之后最终还是夺走了他的性命。按照惯例，圣诞节在格林尼治和里士满度过，随后国王在1月中旬搬到6英里（9.66千米）外米德尔赛克斯郡汉沃思（Hanworth）的一座小房子里。

突然之间，亨利七世感受到了危险，隐约出现的死神已经临近，而他的良心令他不安。

1509年2月21日圣灰星期三，国王召唤他的告解神父——"一个有着独一无二智慧、学识和美德的人"——来到他面前。在"怀着巨大的忏悔"进行告解之后，他告诉惊喜无疑又很高兴的神父，他向上帝许下三个诺言。第一个是"对他所有法定的官员和大臣进行真正的革新"，而且"从此在一切事务中，正义必须得到真正的、广泛的施行"。第二，教会人员现在必须由"有能力的人，如品德高尚，学识丰富的人"来担任。最后，因为过去存在司法不公的情况，他将"大赦天下"。

尽管他向告解神父发誓会保密，他还是告诉他最亲近的侍从"如果上帝愿意给他新生命，他们会发现他的新变化"。[89]

亨利不仅惧怕死亡，可能还担心自己会被诅咒下地狱。他为给自己的原罪寻求赦免，"声泪俱下地哭了45分钟"。两天之后，又是在里士满，国王"虔诚地在午夜和之后的复活节"迎接了宗教人士，"令所有出席的人感到惊讶"。[90]

被这些事情折磨得精疲力竭之后，亨利七世回到了他的住宅，赌博取乐，更加虔诚地请神父们吟唱《圣经》中的诗篇。[91]2月27日，罗切斯特主教约翰·费希尔和国王的一位神父托马斯·沃尔西在伦敦领了薪俸，为他的康复做2000段弥撒。两位方济各会修道士随后又做了2000段弥撒。亨利现在越来越虚弱，甚至虚弱到拿不动圣餐。因此，国王要求把“圣体匣”——一种用来装圣餐面包的容器——带给他。当他的告解神父交给他时

……他胸口起起伏伏，走到那里亲吻了……圣体匣的底部，旁观者几乎无法忍住哭泣和泪水。[92]

在寂静的宫殿之外，泰晤士河畔，新任威尼斯驻伦敦大使安德里亚·巴多尔（Andrea Badoer）写信给国王，打算呈递他的到任国书。安德里亚·巴多尔在经历了一连串意外事故之后[93]，终于在3月末，隐姓埋名、身无分文地到达了英格兰。亨利“表示满意并说等他身体更好时会接见他”。3月29日巴多尔写下：“国王病得非常重，生命垂危。”[94]

两天之后，亨利写了一份1.3万字、长达37页的遗嘱[95]，遗嘱很早以前就已起草好，但是最终版本又加进了他最近的悔罪声明[96]，字里行间流露出他的绝望和恐惧。他承认

我是有罪的，我的思想有罪，我的生活有罪，我很清楚我的功绩并不能让我获得永生，只有您热情的赐福和无尽的慈悲及荣光才可以……最神圣的母亲，永远的圣女，我们的圣母马利亚……现在是我最需要她无限怜悯的时候，她将用双手取走

我的灵魂，并呈递给她最亲爱的儿子。而最仁慈的圣母，完全的母亲和圣女，怜悯众生的圣人，所有有需要之人的避难所，我以最谦逊、最全心全意、最赤诚的心向您祈求。[97]

亨利七世挣扎了很久才死去——他忍痛做了27个小时的祈祷。[98]

亨利暴力、戏剧性的人生的终场始于4月20日，星期五的深夜。感觉到自己“已经完全不行了”的亨利，叫来他的告解神父，进行最后的教会仪式。神父用圣油轻拍他时，国王“依次露出了身体的每一个部分，每次都尽可能地翻动脆弱的身体，并以代祷（信友祷文）回应”。

在最后一天的某一时刻，亨利王子被召唤到濒死父亲的寝室里。国王靠在厚厚的垫子上，艰难地“对他说着慈祥而神圣的劝勉，把治理国家的繁重任务交给了他”。[99]亨利王子后来写道，他的父亲“在临死之前，除了提出很多其他的忠告，还让他遵守与西班牙的斐迪南和伊莎贝拉的旧约，娶他们的女儿凯瑟琳”。[100]

亨利七世在他在世的最后时间里听了“一段光荣的圣母、基督的母亲的弥撒”，在一生中他对基督有着异常独特的虔诚。一个十字架常被带到他身边，“他极虔诚地看着，尽可能高地抬起头，在十字架前举起双手拥抱着它……亲吻它，常常捶胸悲叹”。[101]

对于一个基督教君主来说，这是很好的结局。

我们可以看到一幅描绘亨利临死前场景的画像，作者是嘉德首席纹章官托马斯·赖奥思利爵士（Sir Thomas Wriothesley）。国王仍然戴着王冠，躺在一张天蓬床上，周围是等待他死亡的神父和侍臣。然后是王室内勤人员，通过他们的纹章可以辨别身份：乔治·洛德·黑斯廷斯（George Lord Hastings）；近身侍从及侍寝官理查德·韦斯顿（Richard Weston）；另一位侍从理查德·克莱门特（Richard Clement）；另一位近身侍从马修·贝克（Matthew Baker）；两位男性礼宾，约翰·夏普（John Sharpe）和威廉·泰勒（William Tyler）；以及国王最亲近的仆人休·丹尼斯（Hugh Denys）。还有许多拿着细颈瓶的医生，瓶子可能用于盛放药品或收集尿液——在都铎时代，尿液被用来检测疾病的症状，通过其颜色、气味，或（可怕地）通过品尝。最后，站在国王旁边拿着他权杖的是另一位男礼宾威廉·菲茨威廉（William Fitzwilliam）。画面中的他贴近国王的眼睛。[102]

4 月 21 日，星期六晚 11 时，亨利七世颤抖着发出了最后一丝呼吸。

都铎王朝的第一位国王，在位 22 年 8 个月之后去世了，享年 52 岁。

他那注定将成为英国历史上最伟大的国王的儿子，现在正在隐蔽处等待着，赢得他不朽的权力和荣耀。

第五章

国王万岁

"感谢上帝，我们的……国家秩序井然，和平安详，就像之前的国王，我已故的君主和父亲在世时那样。"

——1509 年 6 月 27 日，亨利八世写给尼德兰摄政王萨伏依的玛格丽特（Margaret of Savoy）[1]

亨利七世的遗体在里士满宫的密室里逐渐变冷，而在这寂静黑暗的房间之外，他的政府开始热闹地活动起来。正如精明的新任西班牙驻伦敦大使丰萨利达几天后所观察到的，那些亲眼看见他缓慢、痛苦地去见造物主的人，也非常清楚国王离世，留下了一个"危险重重的国家"。[2] 就残余的势力对王位的威胁而言，萨福克伯爵和他的兄弟威廉 · 德拉波尔已经被安全地监禁在伦敦塔中，他们的表亲理查德还在欧洲逃亡，威胁较远。然而，又一个潜在的王位觊觎者——野心勃勃的第三代白金汉公爵爱德华 · 斯塔福德，却傲慢地在英格兰享受生活，比任何一位贵族都拥有更多的财富。[3]

正因如此，亨利七世过世的消息暂时被封锁。直到一切安排妥当，国家才可以顺利地移交给 17 岁 10 个月大的亨利八世。新国王还在他里士满的寝宫内，大概沉浸在丧父的哀伤中，而在他身边，充满了幕后操纵者们的窃窃私语。

在王宫空阔的走廊里，人们用一种荒诞可笑的方式打着哑谜，继续假装老国王还活着。嘉德首席纹章官托马斯·赖奥思利坚持说，将消息封锁起来是为了让所有的议员有时间到达里士满宫讨论继位方案。但其实封锁消息有着更为阴险的用意。

在 44 个小时的紧张时间里，表面上看王室仍维系着日常活动，但其实党派官员们已开始为自己将在年轻新君的政府中任何职务争论不休。还有一些人开始悄悄在王宫内搜寻宝藏，他们知道前任国王把大量的宝藏"藏在了密室中，只有他有钥匙"。最终，共有 18 万英镑（现值 9300 万英镑）的钱币和金子被发现，它们被保护起来并进行了清点。[4] 同时，宫廷生活中的例行事项还在照常进行。热气腾腾的可口食物送到王室居室里时，鼓号手们会进行通报，但房间内只有一具僵硬的国王尸体，并没有活人吃这些东西。在 4 月 22 日星期日举行弥撒时，又按照惯例在祭坛上以亨利七世的名义进行了祭献。[5]

次日，在圣乔治日的早上，传令官高声宣布了亨利七世的"慷慨赠予"，如此一来"百姓们几乎不会怀疑国王已经去世了"。[6] 吃过饭后，侍寝官——对国王最忠诚人之一，曾在周六深夜见证了国王咽下最后一口气——理查德·韦斯顿"面带微笑"地请求大法官威廉·沃勒姆大主教陪他去和国王说话。不久后他们从寝室出来，仍然保持着开心的表情，"没有表现出他人可以察觉到的悲伤"。[7]

随后，在庆祝一年一度的圣乔治节时，王室内宫的侍臣们才向封为嘉德骑士的重要议员和贵族们宣布了国王去世的消息。那天晚上，新国王可能在与宫殿西墙相邻的方济各会教堂参加了晚祷。之后去吃晚餐。此时他的身份仍然是威尔士亲王。

亨利七世的死讯在宫廷内传开了。丰萨利达迅速从里士满宫内的一个眼线那里得到了消息，准确地报告了国王在周六晚上去世以及死讯被隐瞒的消息。鉴于他来到英格兰的目的，他还立即询问了国王过世是否会对阿拉贡的凯瑟琳饱受摧残的波折婚约产生影响，这不足为奇。一位大臣告诉不安的大使，现在看来，这桩婚事是不可能的，因为“就他们对亨利的了解，娶哥哥的遗孀会让他良心不安”。[8] 在伦敦的其他地方，国王去世的传言吓坏了外国商人，他们紧张地打包好贵重商品，藏在安全的地方。[9]

新国王在忧郁的气氛中享用过晚餐之后，便和父亲经验丰富的大臣们讨论至深夜。这是他第一次感受到国王的责任。大法官沃勒姆是这个杰出团体的领导者，在上一任国王统治期间，他被昵称为“国王的眼睛，国王的嘴巴和他的右手”。[10] 其他人包括萨里伯爵托马斯·霍华德（财政大臣）、温彻斯特主教理查德·福克斯（掌玺大臣）、赫伯特公爵查尔斯·萨默赛特（宫务大臣）和什鲁斯伯里伯爵乔治·塔尔博特（王室管家）。牛津伯爵兼伦敦塔治安官约翰·德·维尔，以及王室卫队队长托马斯·洛德·达西可能也被召见，商讨如何保护国家安全。[11]

几乎可以确定，亨利八世的祖母玛格丽特·博福特夫人也参加了这些私密谈话。在儿子去世前不久，她曾从伦敦冷港的家前往里士满宫去看望他。会议达成的决策之一是，在亨利 6 月 28 日 18

岁生日之前，由玛格丽特·博福特夫人担任摄政王，而且她坚持让孙子保留前任国王信臣们的官职。此外还有一项复仇性的决策被采纳（第二天一大早就开始实施），这一具有讽刺意味的决策使亨利八世受到了300万臣民的爱戴。

4月24日，伴随着喧闹的喇叭声，传令官在伦敦城宣布新国王继位："亨利八世，蒙上帝恩典，成为英格兰和法兰西国王及爱尔兰领主。"在上游的里士满，罗切斯特主教约翰·费希尔和副财政大臣约翰·卡特爵士（Sir John Cutt）参加了另一场由相同内阁团队召开的会议，开始策划亨利七世的盛大葬礼。嘉德首席纹章官根据以前国王的葬礼很快提出了一些方案。仔细考虑过这些提案后，一些初始安排达成了。

吃过饭后，王位继承人跨上马背，快马加鞭骑了12.5英里（22千米）来到伦敦城。当被层层保护的国王和他的护卫们飞驰而过时，两旁是衣衫褴褛的子民们的欢呼声。

队伍径直向伦敦塔前进，新国王的住所是白塔顶层的王室套房[12]，随后不久，最尊贵的贵族白金汉公爵和诺森伯兰伯爵阿尔杰农·珀西就加入了他。他们的仆人吹嘘说，这两位骄傲的贵族现在要掌控他们青年君主的政治和决策了。他们带着不祥意味吹嘘说，白金汉公爵认为自己是强大的"英格兰君主的守护者"。[13]在牛津，伦敦塔如往常一样处于最高警戒中，明智的亨利与他在塔内的议会委员仍然"亲近而神秘"。[14]玛格丽特夫人不久后也来到了这里。在这座堡垒的城墙外，市政官员们加强了对于伦敦各个方向（街区）的监视，以消除骚乱，防止暴乱发生。

新统治者即位后总会立即出现一段时间的停滞，令人紧张而又充满期待，子民和下属们期待着看见新君主展现出真正的勇气。在议员们的指导下，亨利八世很快开始实施铁腕政策。

为了将前一晚的决策付诸实践，亨利七世的两个臭名昭著的大臣，理查德·恩普森及埃德蒙·达德利清早就已被逮捕，并在国王到达后不久被带到了伦敦塔。同时，白金汉伯爵的哥哥亨利·洛德·斯塔福德，也因涉嫌犯有叛国罪被拘押，这很可能是精心策划好的，为的是给这个狂妄自大的公爵一个警告，因为国王加冕后斯塔福德很快就被释放了。[15]

达德利是亨利七世的议会主席，他被指控在 4 月 22 日召集他的房客及仆从到伦敦烛芯街区的家中密谋“控制、引导并管理国王和他的议会”。[16] 兰开斯特公爵郡大臣恩普森也被指控相同的罪名。

这是一个明智而出色的公共关系杰作。弗吉尔得意地说：“通过这一行动，民众的所有怨愤都被平息，每个人都感谢国王惩治了这对恶徒”。[17] 他们两人被捕让“许多被他们伤透心的民众振奋起来”。不足为奇，伦敦大街上开始了庆祝仪式。恩普森和达德利“不合理的敲诈，令贵族怀恨、吝啬鬼气愤、穷人伤心，传教士公开在保罗十字架[18]下及其他地方呐喊、指责、表达对他们的痛恨”。[19] 玛格丽特夫人很可能指认了恩普森和达德利无数罪行中的几件，并在逮捕他们的决定中起主导作用。他们在她儿子任期内肆无忌惮地敲诈和腐败很可能触犯了她的道德标准。[20]

在这次突然进行的大规模政治清洗中，许多小人物也卷入其中。那些在恩普森和达德利提起的法律诉讼中做伪证的人或被拘捕，或逃到了离他们最近的教堂或修道院的避难所里。弗吉尔写道："可以想象一下，每天都看见有许多这样的人被送往伦敦，一些做伪证的人被逮到市中心，受到无尊严的惩罚，他们几乎很快就在众人的羞辱中死去。"而大多数人则"因罪行更轻"被更仁慈地对待。[21]

很快，亨利又采取了第二项惠民措施，证明他的铁腕有时也可以藏在天鹅绒手套下。亨利七世曾在 4 月 10 日宣称将赦免悔过自新的犯人，但他去世后承诺就失效了。如今，亨利八世颁布了一项涉及范围更广，更加慷慨的赦免令，赦免"除债务以外的所有罪行和将因这些罪行被大法官起诉的每一个人"，其中也包括亨利八世继位前的所有罪行。"没有人可以干扰赦免令实施"，赦免令还警告，"任何被冤枉的人都可以根据普通法得到补偿"。

在亨利八世的法律中，国家的每一个人，不论身份高低贵贱，都被许诺享有绝对的司法公正。赦免令中宣称："从今以后，在国王正义、平等和自由的国家法律面前，所有司法官员及大臣，在执行或管理司法，以及在每个案件中执行和行使他们的司法权力时，都应自由、公正、无差别地对待他的每一位子民。"商人、裁缝和工匠可以继续从事他们的职业，不必担心"顾客(官员)、审计官和检察官"或"目前为止"从未执行过的旧法针对他们的不实指控。国王还承诺为那些"过去极度愤怒困扰的"人们所遭受的不公翻案。亨利八世颁布的赦免令是出于君主的"好心"，并且比他父亲两周之前的声明"更加充分、更加亲民、更加有益"。[22]

他对王室进行了清理，一举清除了他父亲在位期间的所有贪婪和不公，给了都铎王朝一个全新的开始。

赦免令的全文很快就交由国王颁发执照的印刷工人理查德·平森（Richard Pynson）印刷，副本四处分发，一开始在伦敦城内，后来被张贴在英格兰集市中。这是新君主在位期间第一次将印刷机作为一种政治宣传武器，由于他所受的教育，亨利八世非常了解印刷文字的力量，在之后数年中，他充分利用了这一方式，将其作为向子民宣传自身及政策的主要方式。[23]

丰萨利达记录下国王“释放了很多囚犯，逮捕了所有在他父亲在位期间犯有受贿及施行暴政罪行的人。百姓们非常高兴，几乎没有人为亨利七世感到难过，而是像自己从监狱中释放一样开心”。[24]

实施速度过快必将导致行政问题。5 天之后，亨利交给大法官沃勒姆一份从大赦中被除名的人的名单，其中包括所有被指控犯有叛国、谋杀及其他更严重罪行的人。在名单上的 77 个人中，排在最前面的是三个姓德拉波尔的人，他们的名字分别是埃德蒙、威廉和理查德，名单上还有威廉·考特尼，当然还有恩普森和达德利。这份赦免名单上还列出了一些身份不那么尊贵的人，如“前任服饰官员威廉·史密斯”；“前任男仆威根”；“贝里克郡守门人克里斯托佛·克拉彭”。在最下面，亨利还亲笔在名单上添加了一个名字——南安普敦的托马斯·托马斯（Thomas Thomas），他犯下了什么重罪我们不得而知。国王已经开始控制国家管理过程中的细节。[25]

亨利七世的去世使安稳的欧洲外交界陷入了困惑和不安。受到最直接影响的就是西班牙国王斐迪南，他担心凯瑟琳的婚约现在已经陷入最危险的境地，她和亨利八世从未举行过隆重的婚礼，他们的婚约也未履行。听到法国传来的关于国王去世的流言之后，他紧急派遣丰萨利达前往伦敦：

如果英格兰国王真的去世了，法国和其他国家将会使用各种阴谋诡计阻止新国王与凯瑟琳公主结婚……

（丰萨利达）必须……运用你的能力，用一切方法劝说新国王与公主完婚，切勿拖延。

这场婚姻不仅对于公主非常重要，对于整体政治环境也很重要……

去见新国王，给他附件里的信，向他详细解释其中的每一件事，利用你的一切口才和你能想象到的花言巧语以我的名义告诉新任英格兰国王，他的年纪已经不小，又是一个没有子嗣的国王，他必须立即娶一个妻子为他生下孩子，不能推迟。

斐迪南继续厚颜无耻地说道："如果你认为向国王的某些重臣行贿比较方便，你可以给他们钱。"他继续说："你要把你的所有天才和勤奋运用到促成这场婚事当中。其他所有事项都先暂停。"斐迪南可能后来又想了一下，补充说："嫁妆会准时送到，之前缺少的嫁妆最终也会送到。"[26]

这位西班牙国王还衷心地向亨利七世送去了他的哀悼：

听说您的父亲亨利国王去世的消息，我感到非常难过。

他这样的君主离世，是他家人和朋友的巨大损失。唯一安慰人心的就是他去世时是一个忠诚的天主教徒。我失去了一个兄弟，收获了一个儿子，我会永远把你当作我的儿子。

在这些假惺惺的话语背后是赤裸裸的政治野心。斐迪南由衷希望亨利八世已经

登上了王位，无人反对。如果情况并非如此并且你需要帮助，你只需要说一声，一支由重骑兵、步兵和炮兵、舰艇及战争所需装备组成的强大军队，将立即从西班牙前往英格兰协助您。

如果有必要的话，我甚至会亲自率领一支强大的军队来到英格兰，如同我自己国家的命运受到威胁一般与敌人作战。[27]

雄心勃勃的斐迪南还迅速给他在伦敦的女儿发了一封密信。她已经开始对嫁给王子感到绝望，甚至考虑余生都待在修道院的高墙内，忠心侍奉上帝。斐迪南向凯瑟琳保证，他把她的幸福，“尤其是她短暂的婚姻看得比世界上任何事情都要重要”。西班牙国王本想派他的一位高级教士作为特殊使者前往英格兰进行谈判，但现在看来“没有改换大使是明智的，因为换人就会造成延误”。[28]

经历亨利七世执政最后几年里的漫长拖延之后，西班牙终于准备付清缺失的嫁妆。写信给凯瑟琳后不到两天，斐迪南记录下他与西班牙银行家成功达成了 10 万斯库多的协议。他还听到流言说，英格兰驻西班牙大使约翰 · 斯泰尔（John Stile）“向英格兰传回了不利的消息”，“我已经和他谈过，并告诉他以后只写好消息”。[29]

威尼斯国内则遭遇了更为极端的问题：残忍的法国人成功袭击了他们的意大利领土。[30] 意大利人从流亡伦敦的商人那里听说了国王去世的消息，商人们还说亨利八世“登基后立即发誓（他将）对法国国王宣战”。商人们激动地说：“很快，我们就能听见他征讨法国的消息了。”[31]

抓住了这些纤细的风中稻草的意大利总督和元老院，命令他们在伦敦的大使安德里亚·巴多尔，让他要求亨利“立即向法国国王发起进攻……法国人现在就在前来英格兰的方向上，英格兰完全没有防备”。[32] 法国前进的脚步不断加速，增加了威尼斯政府内心的焦虑。他们决定直接利用亨利八世的虚荣心：“法国国王是如此傲慢自大……他不仅要当皇帝，而且要统治世界……因此（英格兰）国王应该立刻采取行动阻止他的计划。”一位明显局促不安的总督怂恿道。[33]

由于要埋葬父亲，策划加冕礼，在这种情况下他们期待亨利对法国进行任何形式的军事冒险都是极不现实的，而大使只能通过模糊地承诺在未来提供军事援助来安慰他们：“新国王非常伟大，”他告诉威尼斯元老院，“他很慷慨，是法国的劲敌，并会成为（你们的）朋友。”

亨利八世从父亲手中继承了巨额财富：有人告诉威尼斯人说前任国王“积累了太多金子，差不多要比所有基督教国家国王的金子还要多”。[34] 那么他更为巨大的遗产：英格兰、威尔士王以及爱尔兰统治者头衔呢？[35]1509 年，他的领土还只是欧洲西部边缘的一个潮湿的小国 [36]——与大陆激烈的政治斗争相比不过是个小插曲。

16 世纪初的一个威尼斯外交官为我们留下了一份生动的描述，

关于亨利统治下的英格兰的真实样貌，以及他的臣民们的整体性格——90% 的英格兰人还在乡下的田野中工作。在某些方面，这个国家的性格在 500 年里并没有太多改变。

> 英格兰人非常自恋，并且喜爱他们拥有的一切。
>
> 他们认为没有谁比他们自己更棒，没有什么地方比英格兰更好。他们一旦看见英俊的外国人，就会说“他看起来像是英格兰人”以及“他竟然不是英格兰人，太遗憾了”。
>
> 当他们与外国人共享美食时，会问外国人“这种美味是不是在英格兰制作的”？

英格兰人会在餐桌前坐很长时间享用自己的食物，但“他们自己付钱喝酒时就会非常节俭”，经常“三四个人用一个杯子喝酒”。英格兰人喜欢吃东西——尤其是肉——这虽然奇怪但尽人皆知，几乎是一种恶习。几年之后，邪恶狡诈的温彻斯特主教史蒂芬·加德纳（Stephen Gardiner）强烈建议在大斋节依然进行简单一些的宴饮[37]。“每个国家都会在某个独特的方面倾向于无礼，”主教写道，“英格兰和德意志的胃便是如此——一个倾向于吃肉，一个倾向于喝酒。”而法国男子普遍好色，“法国人无礼的部位在胃的下方；意大利倾向于虚荣和享乐。”“让英格兰人的胃向好的方向发展一下，”他警告说，“这不该被阻止。”[38]

几乎没有英格兰人会在自己家中贮酒，但当他们想大喝一顿的时候“就去酒馆，不仅男性这样，女性也会这样做”。因为英格兰不酿酒，大部分酒都是从法国、德意志及西班牙进口，但“麦芽酒和啤酒供应十分充足”，在娱乐活动中他们会喝掉“大量的酒”。[39]

> 没有什么比邀请别人一起吃饭或被邀请更令人感到荣幸。
>
> 他们宁愿付五六个达克特（约 10~12 英镑）款待一个人，也不愿花 1 银币（4 便士）帮助在困境中的人。

一些穿着精美的英格兰人“在讲话时极为礼貌”，尽管英语来源于“古日耳曼语”，但英语“光是发音就已经非常优美了”。谈话时，他们会礼貌地摘掉帽子——一种“不可思议的礼节”——而且通常“思维非常活跃”，尤其喜欢在商品交易方面费心。在伦敦的一条名为斯特兰德的大街上，“有 52 家金匠铺，充满了各式各样的银器，就算米兰、罗马、威尼斯、佛罗伦萨的所有店铺加起来，我想也不会找到伦敦这么多华美的东西”。[40]

威尼斯驻伦敦大使的一位下属在 1513 年描述了所有伦敦的房子都是木头建造的——后来在 1666 年伦敦大火中成了这个城市的灾难。房屋散发清新的气味：

> 他们在地上种上叫作“灯芯草”的杂草，很像芦苇，生长在水里。每八到十天就种上一层新的。
>
> 在窗台上，他们种上迷迭香、马尾草和其他药草。

女士们都

> 非常漂亮，性情温和：她们常穿的衣服是在内衬松鼠毛

或其他毛皮的直筒连衣裙外穿一件布衬裙。

（裙子）外面穿一件内衬精选皮毛的长袍。女士们将裙裾放在胳膊下：通常会把裙裾固定在胳膊后面或前面或一侧。

她们所戴的头饰是各种各样带有垂边（垂落下来的织物）的天鹅绒帽子，像两条头巾一样垂到肩上。在前面，还有另外两条内衬丝绸的垂边。

她们的袜子是黑色的，有各种颜色的鞋子，鞋底是双层的。[41]

英格兰人非常虔诚，每天都要参加弥撒。他们会“在公共场合念主祷文，女士们手里常常会带着念珠”。认识拉丁文的人会“随身携带圣母日课[42]，并和同伴一起在教堂里，在神父仪式结束后一篇一篇地小声地背诵”。

但是，在战争方面，英格兰人是很可怕的：

他们在武器方面享有盛誉，而且由于法国人对他们的巨大恐惧，有人认为这是理所当然的。

但是我认为最棒的消息是，当战争肆虐得最严重时，他们会寻找美食以及其他各种安慰，而不会考虑灾难可能会降临在他身上。[43]

在都铎时代，强烈的排外情绪像毒液一样渗透于各个阶层。英格兰人有着“对外国人的巨大憎恶，并认为自己永远不会踏上外国的土地，而是要成为其主人并篡夺其财产”——这或许源于对

1066年诺曼征服的民族记忆？5万伦敦人口尤其仇视外国人。大多数人认为生活在伦敦的外国商人——德意志人、西班牙人、伦巴第人、勃艮第人和威尼斯人——破坏了他们的贸易，并且从城市里辛勤的英格兰公民嘴里夺走了面包。有时这种仇恨蔓延开来，导致发生了针对外国人或他们财产的骚乱和暴力，如1517年发生的“邪恶的五朔节”大规模学徒骚乱。

英格兰的第二大城市是诺里奇，有着1.4万人口，但在1506年的灾难性大火中，这座城市“大部分”被焚毁，正在重建的过程中。[44] 布里斯托尔和纽卡斯尔也是两个大城市，分别有1万人口。在海峡对面，英格兰人在欧洲大路上还有一个立足点，即重兵把守着的加来及其附近的内陆——这是英格兰在法国的最后一处遗迹，在1337—1453年的百年战争中逐渐失去。再往北，威尼斯人认为苏格兰“就在世界的尽头”。[45]

一位威尼斯外交官认为，英格兰人对邻国表现出来的抵触情绪对本国人也存在：他们几乎没有真诚的朋友关系，因为“不论是一起谈论公事还是私事，他们都不相信彼此”。

那么爱情方面呢？16世纪的英格兰人对爱情也是如此冷酷吗？

> 尽管（他们）有些放荡，但我从未注意到宫廷贵族或是下层社会中的任何人陷入情网。
>
> 人们一定会得出这样的结论，英格兰人要么就是世界上最谨慎的情人，要么就是不懂得什么是爱情（着重强调）。
>
> 我这样说是针对男性，因为我发现女性完全相反，她们对于感情反应很强烈。

> 英格兰人充满妒意地保护着他们的妻子，尽管到最后钱能补偿一切。

在英格兰，对爱情的向往也强烈地体现在他们与孩子之间的关系上。

> 他们在家抚养孩子，直到……他们7岁，最多9岁，然后就让他们离开家门，不论是男孩还是女孩，去别人家里做工。我认为他们这样做是因为他们喜欢享受属于自己的舒适生活，被别人家的孩子服侍要比被自己家的孩子服侍感觉更好。[46]

那么天气——这个自古以来谈话的主要话题呢？

> 气候非常有益健康……冬天没有意大利那么寒冷，夏天的温度也很适中。这是因为在6月、7月和8月几乎每天都会下雨。他们这里从来没有春天。

另外一位外交官抱怨说英格兰总是刮风，而且“不论天气多么温暖，本地人都要一成不变地穿着毛皮衣服”。

人们惊异于大自然的奇迹，这里没有害虫和集约耕作。1508年的白色圣灵节，在加来“出现了数不清大量白色蝴蝶，像雪花（一样厚），导致（在城外）打猎的人们在下午4点时看不见城市，他们飞得太高太密了”。[47]

这就是亨利统治下的英格兰，充满了矛盾怪诞的壮丽景象。

他的臣民们尽管笃信天主教，却好战、暴躁、贪婪，爱喝啤酒而且并不浪漫——如果有好色的意大利人引诱他们的妻子，他们更乐意接受现金作为补偿。而现在亨利成了他们的统治者。但在亨利八世加冕礼开始之前，需要先埋葬他的父亲。

葬礼费用的支付令于5月11日下达。包括购买黑色的丧服（从56个商人那里购买——织布机一定在加班工作），运送国王遗体的马车的费用，以及付给送葬队伍中举火把的330名穷人的救济金和工资。清单的开头显示了批准支付的许可，签名是“玛格丽特·R”——国王的祖母。[48]

亨利七世的遗体经过防腐处理后放在铅质棺材中，随后从他的寝宫转移到了里士满宫“他的祈祷室或密室”之中，之后被送到宫殿教堂里，面对着教堂中庭的华丽大厅放置。从贵族中挑选出的哀悼者，在3天内轮班24小时不间断地守夜祈祷，每天都有一位高级教士为棺材做弥撒。[49]5月9日，棺材被恭敬地悬挂在盖着黑布的轮式战车上。车顶放着一尊已故国王的等身雕像。

> 戴着王冠，穿着华丽的议会长袍，右手拿着一只权杖，左手拿着一只金球。在他上方悬挂着一块华丽的金布，由4支木棍支撑……立在战车的角落里……战车由7匹骏马拉着，上面披着两侧都带有英格兰纹章的黑色天鹅绒。[50]

石膏雕像面部是一个连接在木质盔甲上的死亡面具，故意画成“代表……死亡的苍白色”。它的假发用“鲜艳的红色头发和灰色头发制成”，就像国王自己的头发一样。[51]

由1400名送葬者组成的送葬队伍，沿着泰晤士河岸向萨瑟克区的圣乔治广场行进。在那里，伦敦市长，大多数英格兰贵族，以及来自西班牙、法国、葡萄牙、威尼斯和佛罗伦萨的大使将和代表“东方人”（Esterlings）——富有的德意志汉萨同盟（Hansa League）的商人的人们一起迎接他们。这众人之中还有阿拉贡的凯瑟琳——她骑在价值25英镑的全新马鞍上，以及她内宫中的西班牙仆从，就连她的“洗衣妇”和马厩管理员“休和丹尼斯”都在其中。在其他某处，一位“沃尔西先生”淹没在国王的众多神父之中。

扩大之后的队伍随后穿过伦敦桥，走向圣保罗大教堂。第二天做过弥撒之后，罗切斯特主教约翰·费希尔在那里进行了葬礼布道。“我对死者的赞美并不是徒劳短暂的，”他开始道，“从他这位榜样身上，所有的国王和王子都能学到”，身外之物，是“多么的无用而易逝”。尽管亨利拥有

> 任何一个国王可能拥有的最多财富，他在治理国家时的政治智慧……是独一无二的；他总是反应机敏，准备充分，他的论点精炼充实，他的记忆明确清楚，他的经验值得注重；他的忠告经过深思熟虑，可以带来好运；他的性格友善和蔼……他强大的权力不仅令他的国家敬畏，也让其他国家敬畏。
>
> （国王）在与敌人的战役中所取得的成功是惊人的；他在应对危险的时候，头脑冷静清醒，而且非常果断。
>
> 如果有任何叛国阴谋，都会被他完全消灭；他的珠宝和

财富是无可比拟的；他的建筑都是最美丽的。

但是现在，这些对他来说都已是过眼云烟；我也并不应该因此而赞美他。[52]

玛格丽特·博福特被费希尔长达一个小时的训诫深深感动，她要求把它印刷出来，广泛传播，这成了16世纪英格兰葬礼出版物的唯一例子。[53]

1时许，国王的遗体开始了最后的行程，被运往威斯敏斯特埋葬。共102英镑的救济金分发给生活在两个大教堂之间的穷人，换得他们在当天为过世的国王祈祷。还有救济金发放给了萨瑟克区克林克监狱的犯人们[54]以及从纽盖特监狱（Newgate Gaol）及伦敦城其他监狱释放的39个恶棍。唱过安魂曲之后，亨利七世的蜡像被带到圣爱德华祠，而他盖有白色锦缎十字架的棺材，被放入地下室中，安置在他妻子约克的伊丽莎白旁边。在依惯例进行的闭幕仪式中，国务重臣们将他们的白色权杖掰成两半后将碎片扔到下面的棺材上。嘉德首席纹章官托马斯·赖奥斯利向前迈出一步，用拉丁语大声喊道："高贵的国王亨利七世去世了，"然后经过瞬间的停顿——"上帝保佑伟大的国王亨利八世万岁！"他的喊声伴随着焚香的烟雾回荡在大教堂内。[55]葬礼结束了，亨利七世动荡不安的统治也结束了。送葬者胃口大开，"动身前往（威斯敏斯特）王宫去吃一顿丰盛的大餐"。[56]

旧国王死了，新国王万岁。像往常一样，在这段时间新国王并没有参加父亲的葬礼：主祭是白金汉公爵。亨利八世脑海中还有其他事情——包括组织一场锦标赛——以及给那些为他扫清权力之路的人和称他心意的人颁发奖赏。

比如理查德·韦斯顿——他的侍寝官，在里士满时“面带微笑”假装国王还活着——他被提拔为格恩西岛（Guernsey）、奥尔德尼岛（Alderney）、萨克岛（Sark）及赫姆岛（Herm）组成的海峡群岛的“终身”海军上校。还得到了颇有利可图的职位：汉沃思公园管理员以及白金汉郡的马洛，伯克郡的斯特拉菲尔德、莫蒂默和布雷等地的王室管家。[57] 另一位近身侍从威廉·泰勒成了威尔特郡格洛雷森林护林人[58]，并被授予温彻斯特附近海德的本笃会修道院，以及苏塞克斯郡奇切斯特方济各修道院的“救济金”。[59] 一个不那么愉快的例子是托马斯·罗伯特从大赦名单中被剔除，他谋杀了已故国王的引见官罗伯特·阿普·詹金和约翰·罗伯特，国王在威尔士边界蒙茅斯郡阿斯克的“仆人”。另外 15 名“谋杀者”也陷入了相同的境地，国王在 3 座宫殿签署的一份文件中将他们从大赦中除名了。

1494 年和亨利一起被封为巴斯骑士的亨利·马尼爵士（Sir Henry Marney），在 5 月 12 日取代了托马斯·洛德·达西，成为护卫队长兼副宫务大臣。[61] 随后马尼很快就成为康沃尔公国王室管家，并最终接过因恩普森被捕而空缺的兰开斯特公国大法官职位。经验丰富的 52 岁老兵马尼已不是个一心向上钻营的年轻人，亨利提拔他可能是受到玛格丽特·博福特夫人的影响，因为马尼是她最喜欢的人之一。[62]

已经成为宫务大臣的什鲁斯伯里伯爵乔治·塔尔博特，在 5 月 13 日被任命为两位财政大臣之一。[63] 牛津伯爵约翰·德·维尔两天后被任命为英格兰、爱尔兰及阿基坦海军上将[64] 亨利七世早前曾确认，还将给他其他的晋升机会——包括伦敦塔王室动物园雄狮、雌狮和猎豹饲养员，日薪 12 便士，每头野兽另有 5 便士津贴。亨利的一位好友激进的爱德华 · 霍华德伯爵被任命为英格兰王室旗手，年薪 40 英镑。[65]

5 月 19 日，亨利将萨里的王室别墅即沃金庄园封给了他的祖母，1503 年她曾把这座房子让给亨利的父亲，换取位于赫特福德郡汉斯顿的一处房产。这座围有壕沟的房子经过大面积修缮，四周环绕着迷人的青葱花园和果园，是亨利七世最爱的一座房子。现在这处房产又被一位忠心的孙子交还给了它原本的主人。

还剩下一个难题，那就是阿拉贡的凯瑟琳。

5 月 1 日，亨利还在层层防卫的伦敦塔中，而国王议会却在里士满宫密谈。他们的议程是要报告亨利七世的葬礼安排以及落实前任国王冗长遗嘱中的条款。婚姻问题也被提起，大臣们非常明白，这不仅关系到英格兰与西班牙之间未完成的交易，以及拥有西班牙盟友的重要性，还关系到生下更多健康、强壮的男性继承人来巩固都铎王朝的王权。

在讨论中，一个恢复与西班牙公主沉寂已久、看似荒谬的婚姻的决议被采纳。

两天之后，掌玺大臣理查德 · 福克斯，以及国王的大臣托马斯 · 鲁瑟尔（1509 年初被任命为达勒姆主教），召见丰萨利达参加一场秘密会议。尽管斐迪南强烈要求他保住两国间的联姻，这位西班牙大使还是劝慰他，凯瑟琳的婚姻已经结束了——确实，他已经开始把她微不足道的财产运到低地国家的布鲁日。毫无疑问，他对议员的消息感到震惊。掌玺大臣告诉他：

你一定要记住现在国王已经不再是王子了。你要用另一种方式跟他讲话……直到现在，这件事都是跟他父亲讨论的，现在你必须把他当作国王对待。

福克斯还说他打算建议亨利“快些下决心娶凯瑟琳”，不然人们就会开始制造障碍。“国王议会，”他继续说，“目前支持这场婚姻。”[66] 这句话之中还是包含着强烈的暗示，即事情可能再次转变为对凯瑟琳最不利。福克斯其实是在含糊地暗示，威廉·沃勒姆大主教坚定地认为这场婚姻是不合法的。大法官没有参加里士满宫的会议，并且自始至终反对这段婚姻，因为他强烈怀疑已经颁发了 6 年的教皇赦免诏书的有效性。他还因为这些问题当众对福克斯表示反对。[67]

我们已经知道，亨利的父亲去世时让他与凯瑟琳完婚。或许他令人敬畏的祖母在这场政治争论中施加了压力，支持这场婚姻。我们并不知道，在亨利与他的大臣们讨论时，他是否提出了自己对于娶哥哥遗孀的困惑——或者说，他是否是被说服的。无论如何，无论自愿与否，他同意了个人的自由要给这场婚姻让步。

尽管大主教沃勒姆对这场婚姻明智与否感到良心不安，在 5 月 8 日他还是颁布了一份特许令，允许各个教堂及祈祷室隆重庆祝这场婚姻。这份文件用仅仅 9 行优美的拉丁文写成，废弃了 3 份婚姻禁令上的法律前提，并要求只能发表一次。[68]

斐迪南收到伦敦的消息后开始扬扬自得。5 月 18 日，他给凯瑟琳写信，表达了他因婚礼能够继续举行而对上帝的感激之情。他告诉她，他对她的爱多于其他 5 个孩子中的任何一个，她一直都是一个尽职、温顺的女儿……“你的婚礼非常盛大，非常荣耀。此外，在这个世界上除了你的丈夫，再也没有更适合你的人了。”像所有的父亲一样，当本就开心的父亲听说婚礼真正举行了时，他一定感到更加愉快。“英格兰将会知道我有能力维护你，你将受到英格兰的崇敬。”

斐迪南终于同意用钱币支付所有的嫁妆，并要求他的女儿——现在已经和丰萨利达闹翻——礼貌地对待大使，等到婚礼结束，就可以将他遣回西班牙，替换一位“任何事情都将听命于她”的大使。即将举办婚礼的消息使凯瑟琳胆量大增，她一定表现出了一些刚烈的西班牙精神，因为斐迪南还要求她对银行家弗朗西斯科·德·格里马尔迪（Francisco de Grimaldi）也客气一些——“因为他将支付她的嫁妆”。[69]

沃勒姆的特许令发布仅 3 天之后，亨利和凯瑟琳就举办了婚礼——6 月 11 日，在格林尼治宫外的方济各会教堂的祈祷室里，亨利出生几天后就是在那里接受了洗礼。或许因为时间仓促，这是一场私密而又非常安静的仪式；亨利希望自己和王后在施洗约翰节，也就是不到两周之后加冕。已知的婚礼出席者只有两位：宫务大臣什鲁斯伯里伯爵乔治·塔尔博特，以及国王的一个侍寝官——亨利在神圣卷轴上提到的威廉·托马斯。[70]凯瑟琳穿着一件闪耀的白色绸缎礼服，金红色的长发披散着，正是适用于处女新娘的发式，她坚称自己仍是处女。[71]

讽刺的是，主持这简短私密的婚礼的人正是沃勒姆。他问亨利：

最杰出的君主，您愿意履行您的父亲，已故英格兰国王，与威尔士王妃的双亲西班牙国王和女王定下的婚约，并遵照教皇为这场婚姻颁布的特许令，娶这位公主做你的合法妻子吗？

国王坚定地回答："我愿意。"沃勒姆随后按照主教的礼节转向凯瑟琳问了她相同的问题，开头是"最杰出的王妃……"。她回答道："我愿意。"[72]

他们在格林尼治宫度过了新婚之夜。亨利后来吹嘘说他发现他的妻子是个处女，尽管过了很多年，在他和许多女人发生过关系而且性情大变之后，他气愤地说他曾被"戏弄，作为一个男人，完全被许多虚假的话语戏弄"。但凯瑟琳有很多听他说过她是处女的目击者。[73]

她结婚时比她的新郎大差不多6岁，23岁的她个子矮小、面色红润，有些微胖但仍然美丽。然而，多年来遭受亨利七世经济和精神上的迫害，以及在达勒姆庄园度过的艰辛岁月，已经渐渐让她在纯洁端庄的外表下形成了钢铁般坚硬的内心。她还与她的丈夫在学习深度上相配——那些孤独无助的时光给了她机会广泛阅读，继续她很早以前在西班牙就已经接受过的人文教育。

6月16日，国王签署了5万克朗的收据（1克朗价值4先令2便士），这是丰萨利达交给她的最后一部分嫁妆。[74]作为回报，亨利给他的妻子一大笔寡妇所得遗产。长达8页的卷轴上详细地记录了750多英镑的收入，包括每年的租金、来自至少11个国家的99位贵族和庄园主的礼物，还有一些其他的收入，比如在"埃塞克斯蒂尔伯里港口"的泰晤士河采贻贝的所得。[75]

亨利与凯瑟琳的联合加冕礼正在全速策划着。国王宣称，在6月20日之前，“所有加冕礼上的服务人员都要到达威斯敏斯特宫的白厅”。由英格兰财政大臣、萨里伯爵及牛津伯爵带领的贵族们，将决定这些人是否符合标准。两天后，亨利要求26位“尊贵的人”到伦敦塔来和他一起用餐，并准备他们在6月23日的巴斯骑士受封仪式。这些人中，包括了他以前的拉丁语伴读同学“芒乔伊男爵威廉·勃朗特；他在比武场上的一位年轻的伙伴托马斯·尼维特爵士（Sir Thomas Knyvet）；从他成为约克公爵时就是他同伴的亨利·克利福德爵士；以及宫廷里一颗冉冉升起的新星，托马斯·博林（Thomas Boleyn）。[76]

按照传统，国王要在加冕之前守夜祈祷。6月22日星期五的伦敦塔，亨利在夜间穿着的是一件金布和素锻制成的紧身上衣，外面穿着一件装饰貂皮的紫色天鹅绒长袍。[77]

6月23日，星期六下午4时许，一支光彩夺目的骑行队伍从伦敦塔出发，向着威斯敏斯特行进。为了这场加冕礼，伦敦的主干道上装饰一新，极尽奢华，房屋、店铺都挂上了花毯和布幔，齐普赛街南侧还挂上了名贵的金布。鹅卵石街道加筑了围栏，防止人群挡住骑行队伍的道路。

为了获得观看游行队伍的最佳视角，玛格丽特·博福特夫人当天花了2先令10便士租金，租下了齐普赛街上的一间房子，当亨利和凯瑟琳骄傲地骑马走过街道时，她便可以俯瞰整个过程。她可不愿意跟下面街道上没洗过澡、臭气熏天的伦敦市民们在一起。在一扇格子窗后面，她看着下面的游行队伍经过，亨利的妹妹玛丽公主也在其中。不仅如此，亨利骄傲的祖母还为这一场合出人意料地脱掉了她每天穿着的黑白相间的圣袍，像她的女伴一样，穿上了特意定制的绸缎制成的黄褐色礼服，戴着一顶黑色天鹅绒软帽。[78]尽管表面上换上了这身随意的打扮，玛格丽特夫人圣洁的内心还是潜藏着一种不祥的预感。费希尔主教后来回忆说，这场加冕礼让女勋爵非常高兴，“她不允许有人说随后将有灾难发生”。[79]

在这支光彩夺目的骑兵队伍最前面的是穿着蓝色礼服，刚刚受封的巴斯骑士们。白金汉公爵爱德华·斯塔福德继承了世袭的英格兰治安官职位，拿着一支小小的银色指挥棒，作为警局的标志，他骑马走在国王前面。公爵穿着一件长袍，“绣花做工精细，价格不菲……他脖子上紧紧地戴着一条宽阔平整的项链……镶嵌着华美的红宝石和其他奇珍异宝”。[80]意味深长的是，授予白金汉公爵这一职务的特许证书上规定：“在6月23日，也就是举行加冕礼游行的这一天成为大治安官。”[81]亨利非常明白公爵的野心，他本人也对白金汉的虚荣心和地位进行了严格的限定。

当新国王在内宫成员的伴随下出现时，狭窄街道上的人群们的喧闹声开始逐渐加大，回荡在房屋上空。国王骑着一匹裹着金色锦缎和白色貂皮的骏马，按照传统，来自五港同盟的贵族们为他举着一顶金色的华盖。亨利穿着装饰貂皮的深红色天鹅绒长袍，里面的金色上衣上镶嵌着各式各样闪耀的钻石、红宝石、玛瑙及珍珠。他的衣领上镶嵌着巨大的、产自阿富汗北部的藕荷色“巴拉斯红宝石”。[82]作为人群中观众之一的霍尔，已经完全被这景象迷住，忘乎所以了，导致他的写作能力开始下降：

他的身材，他优秀的才华、和蔼的面孔、高贵的表情，以及作为王族高贵的品质，让所有人都知道，他不需要彩排。由于不够聪明，我无法表达出上帝赋予他的高贵天赋和个性。[83]

跟在亨利后面的是由议会和许多骑士及绅士组成的长长的队伍。然后是国王的马匹主管托马斯·布兰登爵士，他像他的君主一样戴着一个金色衣领（但没有那么奢华），穿着一件装饰着精致金玫瑰的上衣。他牵着国王送给他的富余的丝质缰绳，挽具由金匠用金银“精工”制成。

随后是凯瑟琳的队伍。她坐在一个“由两匹披着白色金布的驯马拉着的”轿厢里。她身着白色锦缎，光彩夺目。“她的头发非常长，垂在后背，非常美丽，她的头上戴着一顶装饰着大量华美的东方宝石的王冠[84]”。爱德华·霍尔激动地描述道。[85]在她后面是载着她的女伴及王公贵族的夫人们的马车，她们都穿着鲜艳的丝绸衣服。

负责殿后的是国王的300名护卫，他们仍然穿着“前任国王的仆从制服”，有些人配着弓箭，其他人带着火绳枪，一种肩抗的前装式手枪。

朗伯德街北侧的一个小酒馆的门前，挂着一块画着枢机主教帽子的木板，凯瑟琳的轿子经过时

突然下起了一阵大雨，王妃头顶的华盖都不够为她挡雨，她的斗篷和貂皮衣服都湿了……但她……被送到一个服装商

的货摊里，一直待到不久之后雨停下。[86]

后来，有一些伦敦市民一直记得凯瑟琳被这阵不合时宜的雨淋湿，并思索这件事发生的场所是否是个不祥的预兆。

亨利和凯瑟琳当晚住在威斯敏斯特宫的彩绘大厅里，他们的头顶是按亨利八世要求绘制的 1042 年“忏悔者”爱德华加冕礼的巨大壁画。[87] 第二天早上，也就是 1509 年 6 月 24 日，亨利和凯瑟琳在 8 点左右离开了威斯敏斯特宫，他们走过威斯敏斯特大厅，进入大教堂，有 38 位主教和修道院院长护送着他们。

为了给所有人准备参加加冕礼的长袍，服装商共提供了 1461 码（1500 米）大红布料和 2040 码（1865 米）红色布料，总共花费了 1307 英镑 11 先令 3.5 便士，这可忙坏了服装商们。还有大约 480 码（440 米）用于制作都铎制服的布料被用来给 150 位来自王座法庭和王室内务法庭监狱，负责在加冕礼上搬运法杖或担任接待员的人制作制服。这些丝绸和布料的总价值达 4781 英镑 6 先令 3 便士。此外，还有 1749 英镑 8 先令 4 便士用于给国王和王后制作礼服。

教堂里不仅满是达官显贵和一些仅仅出于好奇而来的人，还有几百位每天侍奉两位王室夫妇的仆从。在亨利长长的宫务侍臣及仆从名单上，排在最后一位的是皮普（Pip），他是国王的服装师（负责为加冕礼收集特殊的服装）。[88]

受邀出席的观众中，有两位亨利童年的好友——“国王的保姆安妮 · 卢克夫人”以及他上了年纪的法语老师“贾尔斯 · 迪尤斯，迪尤斯还带来了他的三位朋友”。[89]

沃勒姆大主教正式将国王介绍给他的子民们时，玛格丽特夫人坐在唱诗班里的特殊座席上，慈爱而骄傲地注视着这一切。上千人用拉丁语重复着四个响亮的音节，声音震耳欲聋——国王万岁！

那个施洗约翰节，在伦敦主教理查德·菲茨詹姆斯面前，亨利宣读了他的加冕誓言

> 我怀着善意和虔诚的灵魂，许下诺言……我将维持法律法规和神圣教堂的特权……而且我将……在上帝的恩典下，在我的国土内，在所有你们和他们效忠的教堂内，捍卫你们中的每一个人，每一位主教和修道士；所有这一切……我，亨利，英格兰国王，许诺将保护这一切，愿上帝助我，通过这些神圣的福音传道者，通过我的身体接触这个神圣的祭坛。

国王从爱德华一世的加冕王座[90]上站起来，走到教堂的主祭坛前，“在所有人的注视下，向祭坛上的圣餐庄严起誓”。[91]他涂了9次圣油——在手掌、脸颊、后背、每个肩膀和臂肘，最后涂在头上，每次都涂成十字架形状。随后，亨利接过“忏悔者”爱德华的金制球状皇家徽章、权杖及王冠，并恭敬地缓缓低下头，再一次坐在华丽的王座之上。[92]

另一个关于宣誓的记录，需要他发誓维护“神圣教会”的权利和自由，但亨利亲自修改了这一条，变成“维护不影响他的司法权及王室尊严的英格兰的神圣教会”的权利和自由。[93]有人称这是那年8月修改的誓言，但似乎这是国王在16世纪30年代自行修改的，那时他开始与罗马教廷决裂，试图重写历史。

在高级官员白金汉的带领下，贵族们向亨利致敬，他跪在君主面前，表示了自己的忠心：

> 我，爱德华·斯塔福德将终身作为您忠实的部下[94]及坚实的臂膀，我在尘世将对您怀有崇敬、信仰和信任，生死作为您的臣民，请上帝帮助我和他的圣人们。

在公爵之后，4 位伯爵和 21 位男爵也表示了他们的忠心。[95]

该为凯瑟琳加冕了。经历了这么多年孤独绝望的荒凉岁月，梦想一次又一次凋落衰败，并且在诡计多端的公公的掌控下受到残酷的对待，她终于迎来了自己的荣耀之日。她穿着装饰白毛皮（白鼬皮或貂皮）的长裙，和一件带有金色和白色流苏裙裾的斗篷。[96]大主教轻轻地将一顶王冠放在她头上，王冠的边缘镶嵌着蓝宝石和珍珠，然后将顶端有小鸽子纹案的金手杖交给她。[97]最终，她成为英格兰王后，但她永远也不会忘记自己痛苦的过去。

由于加冕礼严格按照先例举行——形式是按照亨利七世约 25 年前举行的加冕礼仪式修改的——有些事情注定会出错。波厄斯郡的格雷男爵爱德华·格雷荣幸地被任命为女王马车的牵马人，他的祖先以前也担任过这一职务，那时爱德华才 6 岁。规定中还详述了在王后的队伍中应由子爵负责拿着她的权杖和象牙手杖，但在 1509 年，英格兰已经没有在世的子爵了。[98]

接下来的星期二，威斯敏斯特举行了庆祝性的长矛比武，爱德华·霍华德爵士带领的挑战者们对阵约翰·佩基爵士（John Pechy）带领的守卫者们。一位匿名的伦敦历史学家在场，描述了这场奢华盛会的开场：

> 两位挑战者首领……被关在一座用一头闪闪发光的金狮装饰的，美丽而又奇特的假山里，他们从威斯敏斯特大厅外被传唤，进入宫殿内，直到他们来到国王和王后面前，假山打开了，两位挑战者首领骑马向前，全副武装……

守卫者的入场仪式也令人震惊：

> 约翰·佩基爵士……在一座银雌狮装饰的城堡里，城堡的前面有精雕细刻的石榴（凯瑟琳的个人徽章）树，并巧妙地展示在人们眼前，仿佛书上真的结着石榴。
>
> 城堡的顶端放置着绘有圣乔治纹章的旗帜。
>
> 城堡倾斜着，在碰到国王的营帐前时，城堡打开了……骑马出来的是守卫者，他向国王和女王表示了他的敬意。

第二天有一场“锦标赛”，参赛者徒步用剑作战，运用各种招式。历史学家感叹道，这场面看上去很可怕。

> 接着，几招之后，他们都急切地想取胜，而裁判的力量不足以把他们分开，直到国王喊他的侍卫来帮忙……这个过程中并没有人受到巨大的痛苦。[99]

一切都那么欢乐，但世上没有不散的筵席。加冕礼 5 天后，亨利的祖母突然去世，为狂欢画上了句号。玛格丽特女勋爵年初就开始生病，她的病情恶化到可以开始估算她葬礼的花费了，康复之后，她将一些日常琐事委托给费希尔主教和另外两个人，任命他们为遗嘱执行人。

加冕礼之后，玛格丽特·博福特夫人就住在切尼盖茨（Cheyneygates），威斯敏斯特修道院院长位于修道院内的一处住所内，[100] 在那里她突然生病了。她的斟酒仆人莫利男爵亨利·帕克（Henry Parker）认为，她生病的原因是吃了一只烤天鹅。[101] 当然，用药并没有改善她的病情，6月29日，她去世了。[102] 费希尔主教记录下在执行最后一次仪式时，她"全心全意地抬起身体……坚定地忏悔，在她的誓言中提到了耶稣·基督，为可怜的罪人们而死的上帝之子……她全心全意地相信他"。帕克注意到，她是在圣餐被恭敬地举起的那个特殊时刻去世的。[103] 枢机主教雷金纳德·波尔——后来成了亨利八世最讨厌的人之一——说玛格丽特夫人"眼含泪水"地祈求在她病床前的年轻国王，要首先遵循费希尔主教的意思，因为她担心亨利会背离上帝的旨意和基督教教义。[104]

7月9日，玛格丽特夫人被葬在了威斯敏斯特修道院。她的专职教士费希尔主教再一次被选中，作为她葬礼的布道者。他说她

> 对所有人都极为有礼，尤其是对她信任和喜爱的人非常温柔。
>
> 她不会对任何人不友善，也不会忘记任何人对她的善意和服务，高贵无小事。

她不记仇、不残忍，总是很快就忘记和原谅那些发生在她身上的不公平之事……

为她的去世，全英格兰的人都在哭泣。那些经常受到她救济的穷人们，总是得到她的怜悯和同情。牛津和剑桥两所大学的学生们将她视为母亲……她是所有善良的教士和圣职人员的真正守卫者。[105]

6 月 28 日，亨利庆祝了他的 18 岁生日。祖母的过世，斩断了最后一根限制他年轻天性的链条。

第六章

黄金时代

“如果您有幸见到君主高贵、睿智的举止，我相信你会迫不及待地来到英格兰。全英格兰都陷入了狂欢。压榨百姓的人被打倒——每一天都充满了自由。”

——1509 年 5 月 27 日芒乔伊男爵

威廉 · 布朗特写给伊拉斯谟[1]

亨利八世沉浸于婚姻生活之中——至少在他继位早期是这样。在加冕礼结束，平稳度过了几个星期之后，他热情地写信给他的岳父斐迪南，描述他和凯瑟琳的生活是多么有趣而迷人。1509 年 7 月 17 日，他描写了他们的加冕礼：“有许许多多的人前来协助，他们的快乐和掌声是最热情的。”

这是一段幸福快乐、无忧无虑的恋爱时光，他们漫无边际地追求着奢华享受，掌管国家的事情则交给了国王的大臣们，正如他们为他的父亲所做的那样。亨利给自己取乐的方式是“长矛比武、逗鸟（带鹰出猎）、狩猎，以及其他简单实在的消遣活动，并前往王国各地游览”。担心斐迪南会把他当成一个轻浮的年轻君主，他立刻又加上一句：“我并没有因此而忽略国家的政事。”[2]

出人意料的是，青年国王在内心对凯瑟琳竟产生了深深的爱意。9天之后，亨利又写了一封信，承诺说他与新娘之间的婚姻“现在联结得如此紧密，两人之间所有的兴趣都相同。我对凯瑟琳的爱就仿佛如果我还单身（这个词非常重要），我仍然会首先选择她作为我的妻子。”[3]他适时地忘记了他父亲最为中意的王妃人选——奥地利的埃莉诺，经过两年的婚姻协商之后，国王已经放弃了她。

为了取悦他的新娘，亨利发明了各种各样的娱乐活动，还给她买了很多礼物，比如在11月让王室服装部门送给“我最亲爱的妻子”“8个上好的枕头”。[4]10月，他还花了30先令“为王后购买薰衣草”。

淘气的弓箭手丘比特在英格兰王室异常活跃，6月30日，亨利告诉斐迪南，他一直以来的朋友及导师芒乔伊公爵威廉·布朗特，“我极为看重的一个人，和女王的一个女伴伊内兹·德·贝内加斯（Inez de Venegas）结婚了。我认为西班牙和英格兰家族通过（这种）纽带联结起来是非常令人满意的”。[5]

凯瑟琳告诉父亲，她爱上丈夫的主要原因是对斐迪南来说，“他是一个非常真诚的儿子”，亨利因此“完全把自己交由您掌控”。她说他们的王国“充满和平，人们极为爱戴国王——我的丈夫，和我”，而且“我们的时间在持续不断的庆祝活动中度过”。在附言中，她恳求斐迪南给她的丈夫买一份特殊的礼物：“我的丈夫想要一匹西班牙种小马，一匹那不勒斯马和一匹西西里马”，请斐迪南“派第一信使送来”。[6]

9月，西班牙国王记录下他巨大的喜悦之情，凯瑟琳“和国王幸福安康，他们彼此深爱着对方”。他热诚地希望幸福将“伴随他们一生”，并说道：

> 婚姻幸福是世上最大的福祉。幸福的婚姻不仅其本身是一件极好的事情，也是其他幸福的源泉。
>
> 上帝会保佑幸福的丈夫和妻子。

她的父亲将不幸的丰萨利达召回了西班牙，派路易斯·卡洛兹（Luis Caroz）到伦敦接任。在新大使到来之前的过渡时期，斐迪南告诉亨利“我所有关于英格兰和西班牙之间事宜的通信都将交由王后——你的妻子”，她将担任大使的角色。他请求他的女婿“给予凯瑟琳默认许可”，或为她颁发外交证书。在1510年3月卡洛兹终于抵达英格兰之前，她经常将宫廷中的事态写成密码信寄往西班牙。无论凯瑟琳这种利己的行为是否令亨利感到不安，爱妻心切的亨利都没有反对她这样做。[7]

事实上，亨利愉快地接受了斐迪南像父亲一样为他提出的建议，关于如何处理王权问题，以及背信弃义的法国带来的危险——这些都由他的妻子传达。斐迪南让凯瑟琳向亨利指出：

> ……欲成大事，隐秘和慎重总是非常必要的。
>
> 因此，英格兰国王以后写信时，只能写些法国人读了不会带来危险的事情。

其他的书信都必须通过凯瑟琳发出，用她的密码或（西班牙）大使的密码写成。

我一直都遵守着，将来还会继续遵守同样的规则，也就是只用普通文字写些可以给法国人看的话，重要的内容都用密码来写。[8]

亨利像个小羊羔一样，温顺地接受着这一切，甚至发誓要永远服从他的岳父。他恭敬地告诉西班牙国王，比起其他任何国家，他更愿意与西班牙结盟，而且会“为了保持与您的友谊拒绝其他所有国家”。不仅如此，他还许诺“像个尽职的儿子一样，服从您的命令，就像父亲在世时服从他的命令”。[9]

突然成为王后的凯瑟琳，内宫人员也增加到 160 名侍臣和仆人，主管者是宫务大臣第七代奥蒙德伯爵——80 岁的托马斯·巴特勒（Thomas Butler），他是一位头发花白的老兵，曾参加过 15 世纪玫瑰战争中的图克斯伯里之战。他在英格兰有 72 座庄园，在爱尔兰还拥有大量土地，是英格兰最富有的人之一。

在凯瑟琳的仆从中，只剩下 8 个西班牙人，其中包括一位侍女玛丽亚·德·萨里纳斯（Maria de Salinas），“她是王后最喜欢的人”。[10] 凯瑟琳傲慢精明的忏悔神父、方济各修士迭哥·费尔南德斯（Diego Fernandez），在凯瑟琳的日常精神生活和现实生活中扮演着主导者的角色。偶尔能感受到亨利对这位神父在宫廷中地位低下极为不满的卡洛兹，称他对王后产生了“不良影响”。

在王后的侍寝女官中，有一位名为伊丽莎白·博林（Elizabeth Boleyn），她的两个女儿玛丽和安妮，将在接下来的岁月中对凯瑟琳的健康和幸福产生灾难性影响。

后来，王后成了胡安·路易斯·维维斯（Juan Luis Vives）的赞助人[11]，他是人文学者伊拉斯谟的门徒。凯瑟琳将他带到英格兰，使他成为牛津大学基督圣体学院的博士。几年之后，当他们从位于米德尔赛克斯郡西恩地区的布里吉特修会修道院，沿着泰晤士河乘船回到下游的里士满宫时，他们真诚地讨论起命运的变幻无常。王后说她渴望平凡安静的生活，但如果让她在逆境和成功中选择，她仍然会选择前者，因为“尽管不幸者缺乏慰藉，但精神整体性的真正损失往往出现在成功之时”。这一信条可以用来慰藉她后来的婚姻生活。

亨利像他的父亲一样，对于保护都铎王朝的努力一刻也没有松懈。1509 年晚秋，凯瑟琳高兴地发现自己怀孕了，亨利写信告诉他的岳父“她腹中的胎儿很活泼”，亨利和整个王国都为之振奋。[12]11 月，斐迪南告诉女儿，他对于她即将成为母亲感到非常欣慰：

> 你能怀孕是天赐的巨大福祉，因为你和你的丈夫，还有所有英格兰人都在热切盼望着这件事。希望上帝保佑你顺利生产。我会继续为你向全能的上帝祈祷，请求他实现我的祝福，直到有人告诉我你已经生下孩子。

斐迪南请求凯瑟琳“保重身体”，并坚决要求她避免一切体力活动，“尤其是不要亲自动笔写字。女人生第一个孩子时，有必要比以后每次怀孕都加倍爱护自己的身体”。[13]

亨利并没有幼稚到完全沉溺于比武场和猎场中。由于接受过的人文教育，亨利一直保持着强烈的求知欲。他邀请朋友托马斯·莫尔来到他的内宫中，这成了他的（有时令人讨厌的）习惯。

> 亨利与他探讨至深夜，有时是关于天文学、几何学、神学和其他学科方面的问题，有时是关于他自己的一些俗事。
>
> 还有的时候，亨利会在夜里把他叫醒，到宫殿的屋顶上去，讨论星辰的变幻、轨迹、概念和运行。[14]

在那年5月与芒乔伊的一次对话中，亨利承认渴望自己变得更加博学聪慧。他年迈的老师说，这并不是一个君主真正应有的期待，作为一个国王，他应该通过慷慨地赞助哲学家们来促进知识的增长。亨利说："哦，当然了，没有他们，生命几乎无法成为生命！"芒乔伊激动地向还在罗马教学的伊拉斯谟复述这场谈话，并请他尽快来到英格兰，甚至给了他5英镑作为穿越欧洲的艰辛旅程的盘缠。"贪婪，"芒乔伊热情称颂道，"已经远离了这个国家。我们的国王不追求金子、宝石和珠宝，而是追求美德、荣耀和不朽的名声。"[15]

这是个极具吸引力的美好愿景。尼德兰人文主义者如期来到英格兰，对自己能够受到王室赞助抱有很高的期望——但是，尽管早前他曾与王子亨利进行过亲切友善的书信往来，现在却并没有受到国王亨利的慷慨招待。伊拉斯谟住在好朋友托马斯·莫尔，位于伦敦城齐普赛街巴克勒斯伯里的药店之间的家里，并在那里经受着剧烈腰痛的折磨。终于，在1511年8月，他被费希尔主教授予剑桥大学的教授职位，并在沃勒姆的安排下，在肯特郡阿什福德西南方的奥尔丁顿获得了一个不错的有俸圣职。

后来沃尔西的引见官乔治·卡文迪什（George Cavendish）回忆道，人们认为新国王“是一个纯真、年轻、健康勇敢的君主，正在进入如花般美好的青年时期”。随着他继位，英格兰进入了“黄金时代”。[16]

莫尔被年轻的亨利非凡的魅力和高贵的仪表所吸引。他对费希尔说：

> 国王让所有人感到自己受到他的特殊关照，就像伦敦的妇人们对着伦敦塔旁的圣母像祈祷，最后每个人都相信画像正对着她微笑。[17]

拥有这些品貌兼优的才华，亨利八世本该成为一位令人称道的成功政治家。

莫尔向国王和王后呈上了由5首拉丁文诗歌组成的《加冕礼组诗》(*Coronation Suite*)，其中将他的君主描述为“时代的光荣”，他的继位开启了“一个黄金新时代”。美德和学识将成为主宰，自由将驱散贪婪，黑暗将让位给光明。至于凯瑟琳，他预言说“她将像她的祖先一样成为后世国王的母系祖先”。[18] 约翰·斯凯尔顿，亨利曾经的拉丁文老师，也为了纪念加冕礼写下了热情洋溢的诗歌，预言国王将会公正而明智，保护英格兰百姓。[19]

备受感动的亨利并没有忘记他成长过程中的那些重要人物。“国王曾经的保姆”安妮·奥森布里奇，在第一任丈夫去世后，于

1504年嫁给了沃尔特·卢克，7月9日，她获得了20英镑的年俸。[20]1510年9月，支付给一位“奥森布里奇小姐”的50先令可能是书记员的笔误，也可能指的就是同一位女士。或许是给她的零用钱？[21]1519年12月，还有一笔6先令8便士的付款“为国王的保姆买奶酪”。

曾经在埃尔瑟姆宫王室育婴房里工作的“女主人”伊丽莎白·登顿，也得到了50英镑的终身自由年俸。她被封为冷港（玛格丽特夫人在伦敦的住所）看守人，每年可以获得一大桶[22]加斯科涅葡萄酒，由英格兰首席管家罗伯特·索斯韦尔爵士（Sir Robert Southwell）从伦敦港运来。[23]亨利的法语老师兼鲁特琴老师贾尔斯·迪尤斯也在那年9月被任命为里士满宫图书馆馆长，年薪10英镑，从布里斯托尔港的海关收入中支付。[24]

这位充满感恩之心的体贴君主，也没有忘记他祖母的仆人们对王室的服务。在祖母去世的次月，就有8个人“因曾为国王的祖母服务”而被授予一些闲职，其中包括她的警卫官威廉·普尔（William Pool），被调到凯瑟琳的后宫中担任相同职务。亨利还封他为北德文郡霍尔斯沃西（Holesworthy）的贵族及镇长。[25]

他父亲忠诚的仆从们也获得了奖赏：威廉·艾德巴斯顿（William Adbaston）获得了一座名为“波尔·米尔恩（Pole Milne）又叫希普顿·米尔恩（Shipton Milne）的磨坊，位于牛津郡的兰利庄园里”，每年可获得15先令年租，以感谢他“对亨利七世的服务，以及在亨利晚年时对他的帮助”。[26]威廉·贝里曼（William Berryman），“亨利七世厨房中一位品尝食物的仆人”，获得了一间名为“玫瑰之望”（*le Rose super le Hope*）的酒馆和伦敦万圣教区的一个啤酒厂的租约，以回报他为“仲夏红玫瑰”所付的微不足道的象征性租金。[27]

亨利签署了特许证书，允许玛格丽特夫人的遗嘱执行人——其中包括福克斯、费希尔和亨利·马梅爵士——获得剑桥圣约翰修道院的土地所有权。这座修道院“现在已经破败不堪”，将在这里建造一所学院，“供专家、研究员和学者们学习”，学院的名字叫作“剑桥大学圣约翰学院”。[28]

亨利年轻气盛的朋友们也受到了慷慨的恩惠。他的长矛比武英雄查尔斯·布兰登，在1509年11月得到了北威尔士公国管家这一颇有利可图的职位。

国王也没有忘记自己对父母应尽的孝道，批准了许多预算在威斯敏斯特教堂的新祈祷室里为他们加筑坟墓。[29] 最终这些计划都被废弃，1512年10月，佛罗伦萨雕刻家彼得罗·托列加诺（Pietro Torrigiano）受到亨利七世遗嘱执行人的委托，为亨利七世和约克的伊丽莎白修建坟墓，费用是1500英镑，在1511年11月，他曾签署协议，为亨利的祖母在祈祷室内建造纪念碑。[30] 这是英格兰最早的文艺复兴纪念碑之一。

亨利八世的国家并不像凯瑟琳认为的那样平静；许多高级贵族内心仍然潜藏着危险的叛国野心。曾经萦绕在父亲心头多年的焦躁不安，如今又继续笼罩着他年轻的继承人。

8月，北方贵族第一代达西伯爵托马斯[31] 警告掌玺大臣福克斯主教说，他的邻居第五代诺森伯兰伯爵阿尔杰农·珀西的仆人传出了许多叛国言论。6月初，达西曾取代诺森伯兰伯爵，成为西苏格兰军队的监狱长以及前线城市贝里克的海军上校。[32] 现在看来，以前那些“流氓、工匠和乞丐们”关于白金汉公爵和诺森伯兰伯爵野心的传言，在加冕礼后并没有消散。他们称：

> 我们的白金汉公爵大人应该成为英格兰守护者，而他们的主人（诺森伯兰）应该统治特伦特河以北所有地区，并统领贝里克郡和军队。
>
> 理查德·坦皮斯特（Richard Tempest）在从伦敦来到克雷文（北约克郡）时告诉我，他们说：“如果国王在北境和他的父亲一样没有立足之地，那他的统治就不会长久”。
>
> “我提到的大人”在伦敦圣马丁宅邸的仆人吉尔森（Gilson）、拉特克利夫（Ratcliffe）和蒂平（Tipping）说，一个名为里斯·阿普·托马斯的人（都铎王朝在南威尔士的主要军官）已经出海逃到了国外。[33]

达西伯爵警告说，福克斯也有可怕的叛国意图和言论：

> 市场上的每个人都说，没有萨里伯爵、什鲁斯伯里伯爵、达勒姆主教（和其他一些人）的帮助，掌玺大臣自己并不能掌控国王陛下。现在，他会同意用另一种方式……来帮助自己和白金汉公爵以及诺森伯兰伯爵共同掌控国王。毫无疑问，他们诅咒掌玺大臣，并说了他无数坏话。

达西表示，福克斯应该把他长达两页的警告信“给国王看或以其他形式传达给他”。[34]

亨利一定已经注意到这些叛乱言行。除了寻欢作乐，在 7 月 25 日，他设定了一系列条例，加强伦敦塔的防卫，以图为他在伦敦提供一个避难所——最后的堡垒——以防首都发生暴乱。按照这些新设定的条例，王室警卫和其他士兵应“寸步不离”地守在伦敦塔前，并且规定任何时候不得有超过三分之一的警卫离开这个堡垒。伦敦塔的大门也加强了警卫。[35]

11 月，他还加强了他的个人防卫。亨利七世曾组建了由 50 名弓箭手组成的保镖团队——这些人至今仍然作为王后的警卫人员，但他的儿子还想要更多忠诚的警卫，可以在紧急情况下召集他们。

在威廉·康普顿（William Compton，在亨利还是威尔士亲王时他曾是亨利的一名男侍，现在是国王的一名厕所侍从官，负责管理国王最私密的个人需求）的建议下，国王组建了一个武装团队专门担任他的贴身护卫。这只“长矛护卫队”是从“年轻贵族”之中招募而来，组成了一支行动迅速的军队，保卫王室家族。

其中的每一名警卫人员都全副武装，穿着盔甲。团队配有 4 匹马，供国王和他的随从骑行，还有另外一匹马给帮他拿酒壶或盾牌的长矛兵骑。每个小分队都要配上“两个优秀的弓箭手，骑着装配好挽具的良马”，并“在国王每月下达通知时到他面前集合”。没得到批准谁也不能擅离职守。这支军队的指挥官是埃塞克斯伯爵亨利·鲍彻，副官是约翰·佩西爵士，每个人都要宣誓绝对效忠于亨利：

> 我要成为一名真正忠诚的子民，服务于我的君主，英格兰国王亨利八世和他的继承人们，并且勤奋真诚地作为他的

> 长矛护卫队的一员。我将只作为国王的仆人，没有他的特殊许可，我不会在任何情况下服务于其他任何人或团体。[36]
>
> 今后我将不能容许或放任任何可能对最尊贵的国王造成伤害和偏见的事情，尤其是叛国的行径，我会用尽全力反对这些事情，向国王、长枪队队长或他的副官，或其他我所知的会向国王汇报的议会成员揭露这些事情。[37]

亨利在测试他作为国王的权力，而他日益膨胀的都铎式傲慢也从未从他脸上消失。8月，威尼斯大使安德里亚·巴多尔愉快地看到新任法国大使——肥胖的费康修道院院长，在威斯敏斯特做了简短的忏悔。被带进王室宫殿之后，修道院长宣布他来此的目的是回复亨利给他的主人路易十二写的“请求友好和平”的信件，而现在他正式确认两国之间是和平的。亨利立即生气了，并

> 转向他的客人说道：“谁写的这封信？我写信给法国国王请求和平？他都不敢正眼看我，何况和我开战？”

他生气地跺着脚“不再听下去了”。后来那天安排了一场“争夺圆环”展览赛，出于礼貌，法国大使也收到了邀请。巴多尔写道，“在看台上的宾客区并没有为法国大使预留座位，他愤怒地离开了。而国王把他叫回来，叫人给了他一个垫子让他坐下”。威尼斯大使总结说，“总之，国王亨利根本不拿法国当回事。”[38]

或许由于瘟疫在英格兰的一些地方盛行，亨利在里士满宫与世隔绝地度过了圣诞节，给了王室礼拜堂唱《荣归主颂》（*Gloria in Excelsis*）的孩子们 40 先令，又付给负责主持整场喧闹的狂欢晚会的主持人威廉·温斯伯里（William Wynnesbury）10 英镑。庆祝活动一直持续到主显节前夕（可能是 1 月 5 日傍晚），在大厅里演出了一幕戏剧，但对于国王来说，狂欢还在继续。

1510 年 1 月 12 日，他和康普顿一起匿名参加了里士满公园的一场私人长矛比武。这是他第一次以国王的身份参加长矛比武，尽管他努力隐藏身份，但他参加比赛已经成了公开的秘密。“许多长矛都坏掉了，人们赞美这两位陌生人，尤其是国王。”

灾难就这样降临了。

亨利的密友之一爱德华·内维尔（Edward Neville）[39] 和康普顿进行了一轮比赛，并且“严重地伤到了他，（康普顿）似乎要死了”。观众们开始惊慌，担心受伤的参赛者就是亨利，但当康普顿摘下头盔，“一个认识国王的人大喊‘上帝保佑国王！’，所有人都震惊了。后来国王现身了，带给人们极大的慰藉”。[40]

受到这一事件的鼓舞，亨利决定开个玩笑，他戴上罗宾汉的面具，逗怀有身孕的王后开心。圣诞节之后，王室回到了威斯敏斯特，一天早晨，国王和 11 位贵族伪装成舍伍德森林歹徒，突然冲进了王后的寝室，他们穿着

> 肯特人的肯德尔绿色粗呢短风衣[41]，头上戴着兜帽，穿着同样的裤子。每个人都拿着弓箭、刀和小圆盾[42]……都像是罗宾汉的朋友。
>
> 王后、侍女和其他人都因为这奇异的景象和这帮人的突然出现而被吓倒了。

在跳过舞并进行了一些娱乐活动之后，他们离开了。[43]

关于凯瑟琳如何看待她丈夫这种小男孩的恶作剧，历史并没有记载；毫无疑问，以她当时的情况，她的医生会反对任何突然出现的惊吓。

1月21日，亨利在威斯敏斯特召集了他的第一届议会——这也是六年来第一次召集议会。那天，所有贵族在王后的大厅中集合，列队走进大教堂，祈祷上帝保佑他们能深思熟虑。走在国王前面的是王国之剑和身份之冠，分别由斯塔福德勋爵亨利和他的哥哥白金汉公爵拿着。国王手持武器的士官和4个男引见官分列道路两旁，亨利代表着最高权威的形象，牛津伯爵拖着他长长的裙裾，赫伯特公爵查尔斯在中间抬着裙裾。经过父亲仍然放置在修道院唱诗班中的灰色木质灵柩后，由于人群拥挤，国王不得不延缓走过画廊进入议会大厅的时间。亨利坐在王位上，戴着王冠赞许地听大法官沃勒姆用《圣彼得书》（*Epistle General of St Peter*）第一章的内容来祈祷和布道——“敬畏上帝，崇敬国王”——他强调了忠诚和完备的法律的重要性。[44]两天后，在2月23日，国王又参加了一场议会。

会议上讨论的工作非常日常，诸如用于为国王内宫付款，以及为国王购买华丽服饰的必要收入。

这份收入非常重要：没有父亲强加管束的亨利八世，已经开始大肆挥霍。在他统治期的前两个月，即1509年5月和6月，他的内务支出，包括加冕礼花掉的一些杂费，共计3414英镑1先令1便士，相比之下，他的父亲在截至1508年9月29日的一年里共花掉了 12759 英镑。[45] 后来，国王热衷于花钱买乐的最初迹象——购买了许多漂亮的小饰品和贵重的金属制品——从 7 月开始显现出来，比如花费 6 英镑 6 先令 8 便士仅购买了 3 盎司多（372 克）纯金“用于制作国王的小项链”，而金匠亨利·沃尔西因“装饰刀具”获得了 43 先令的报酬。经历过多年贫穷的凯瑟琳，也开始无拘无束地花钱：那个月，司库获批替她支付了 1000 英镑的债务。10 月，有 223 英镑支付给一个住在克罗伊登的法国人购买珠宝；133 英镑 12 先令支付给金匠约翰 芒迪；超过 584 英镑支付给三位意大利商人购买金布。这 3 笔交易的总价值按照今天的购买力，价值超过了 49.5 万英镑。为了给国王制作新年礼物，共有 333 英镑 6 先令 8 便士支付给金匠。

议会所讨论的事务中还包含了都铎社会中的一些较为琐碎的方面，比如一项禁止验尸官在调查原因明显的意外死亡事件时收取费用的新法律，因为“他们坚持收费……常常会导致尸体长时间未被掩埋而引起不愉快”。[46] 另外一项法案旨在杜绝伪证 [47]；还有其他法律限制了硬币、金银器和珠宝的出口 [48]，而且颇具讽刺意味的是，它还限制了穿着“昂贵的服饰”。[49] 最后，议会还设立了一项法案，为 1504 年后被恩普森和达德利所操纵的虚假调查剥夺了财产的所有者提供法律补偿。[50] 然而，两名议员已经在平民院通过的剥夺公权法案，却直到贵族院 2 月末休会时也没有通过。

也许国王想为他之前的罗宾汉恶作剧给凯瑟琳一些补偿。在忏悔星期二——沉闷的四旬斋开始前的最后一天——亨利以王后的名义，在威斯敏斯特的议会大厅里，为外国使臣们举办了盛大的宴会。在彬彬有礼的掌声中，亨利亲自带领凯瑟琳来到他贵宾席前的豪华座椅下，头顶是金布制成的华盖。客人们都是“由国王安排的，国王不愿意坐下来，而是来回走动着，招待王后和陌生人”。

突然，国王消失了，然后和埃塞克斯伯爵亨利·鲍彻一起回到了宴会之中。两人都打扮成了土耳其风格，穿着涂着金粉的织锦（一种有很多图案的丝绸）长袍，戴着深红色的天鹅绒帽子，每个人都佩着宽刃的中东短弯刀。国王年轻的朋友们紧随其后，身着俄国和普鲁士风格的衣服，由身穿深红色缎子的火炬手护送，他们的脸被煤烟熏得黝黑。然后，所有的人都参加了一场哑剧——无声的表演或随着音乐跳舞。“这样，国王让王后、女士们和大使们都颇为欣喜。”爱德华·霍尔记录道。[51]

但是，亨利有趣的角色扮演还没有结束。他又消失了一小会儿，出现了

> 穿着白色的缎子，戴着绿色小帽的鼓手和横笛（乐手），后面跟着一些手持火把，穿着蓝色缎子的绅士……他们的穿着很像白麻布圣职衣[52]，头上戴着黑色圣带。[53]
>
> 在他们之后来了一群人……国王就是其中一个，他们都穿着一套蓝色的和深红色的天鹅绒长袖短外衣……都衬着金布。

接着是女士们——其中一位是亨利的妹妹玛丽公主——她们穿着华丽的衣服，有些戴着头巾“像埃及人一样……包在头上。她们的脸、脖子、手臂和手，都涂成了黑色……因此女士们看起来都像是非洲人或摩尔人”。所有人都“跳了一段时间舞”，然后“他们就把每个人送回了住处”。[54] 亨利完成了一场很好的表演——

单是丝绸就花掉了 133 英镑 7 先令 5 便士，而桌子上的金器则额外花费了 451 英镑 12 先令 2 便士。

1510 年 4 月底，一场嘉德社团大会在格林尼治举行。在第二间晚祷办公室内，“国王在他的座位上，其他的骑士（包括白金汉和诺森伯兰），也分别在自己的位置上”，鲁斯主教为闲置的座位（成员之间的空隙）寻找提名人。鲁斯是社团的代理注册人，这一职位的正式人选还没有确定。后来，亨利立即提名他的新施赈勋爵托马斯 · 沃尔西掌管办公室。[55] 沃尔西“满脑子都是小聪明和机智的政策”，他懂得吸引国王的关注，并迅速在宫廷中受到欢迎。当年，亨利把恩普森位于伦敦舰队街附件布赖德维尔的房子送给了他。[56]

1510 年年初，凯瑟琳在格林尼治流产失去了一个女孩。生产日期并不明确——有记录显示凯瑟琳是在 1 月 31 日流产的，但是在 2 月和 3 月有为生产做准备的付款授权书 [57]，而且她的流产似乎发生在春末，很可能是 4 月末。[58]

5 月 27 日，凯瑟琳告诉她的父亲，她的一个女儿胎死腹中，“这在英格兰被认为是不吉利的事情”，因此她没有很快写信给他。她恳求他“不要对她生气，因为这是上帝的旨意”。尽管发生了这样的悲剧，她的丈夫仍然保持着愉快的心情，凯瑟琳“（感谢）上帝让他嫁给像英格兰国王这样的丈夫”。

王后给父亲的信中还包含一个奇怪的请求。尽管生产过程十分痛苦，女王还是发誓要向殉道者圣彼得（方济各修士们最喜欢的圣人）[59] 献上她最昂贵的头饰之一。凯瑟琳将这封信交给跟随她时间最长的一位仆人佩德罗 · 莫拉莱斯（Pedro Morales，她的财务主管）的一个侄女[60]，送给位于伦敦城东边的圣母和圣方济各女修道院院长。[61]但莫拉莱斯留下了王后的信件和头饰，并向一位公证人宣布头饰属于他的女儿。凯瑟琳请求斐迪南斥责“对她如此不敬”的财务主管。[62]

王后的忏悔神父费尔南德斯报告说，王后“在没有任何痛苦的情况下早产生下了一个女儿，只是在前一天晚上，她的一只膝盖感到疼痛”。这件事一直保密，只有“我尊敬的国王，两个西班牙女人，一个医生和我”知道。就连西班牙大使卡洛兹也被凯瑟琳禁止谈论这件事。[63]

最令人震惊的消息是：“医生说，王后腹中还怀着另一个孩子，知道的人都相信这一点并保守着秘密。”王后试图隐瞒消息，但是

> 她的肚子肿胀得厉害，就连孕妇也没有这么肿胀的腹部。
>
> 王后陛下向所有人和国王否认自己怀孕，但我认为，她已经（说过）她怀孕三个月了。
>
> 所有的医生都知道并确认了这一情况，一位她寝室里的西班牙侍女也用她们的暗码告诉我同样的消息。
>
> 她非常健康，是世界上最美丽的人，有着前所未有的快乐和满足。
>
> 我最尊贵的国王深爱着他，她也深爱着国王。[64]

后来肿胀消退了——这可能是因为产后发生的子宫感染——凯瑟琳的月经又恢复了。虽然王后又伪装了一段时间的孕妇，但这

些都只是不实的希望，是一厢情愿的想法而已。

现在必须要面对的就是怀孕的谎言，如果这算谎言的话。卡洛兹严厉地抱怨着那些闲言碎语的人：

……一个月经来潮的女人怀孕了……并且公然离开公众视线准备分娩。

国王的枢密院成员对这个错误非常恼火——他们对我说过 虽然出于礼貌，他们把责任归咎于那些让女王误认为自己怀孕的侍女们。

我请求过他们……他们和国王应该去安慰王后，王后或许很伤心很郁闷，因为她想生下一个王子，让国王和子民高兴。

我知道很多的枢密院成员和其他人都在窃窃私语，他们认为既然王后没有怀孕，她可能没有生育能力……

我已经和国王谈过对于王后的分娩我们要说些什么。他们发现这件事解决起来十分困难，以至于他们也不知道该如何决定。[65]

卡洛兹痛苦地听到了更多关于凯瑟琳的坏消息，这些消息很可能是王后以前的一名女侍弗朗西斯卡 · 德 · 卡尔切雷斯（Francesca de Carceres）夫人透露给他的。[66]

凯瑟琳在幽静的格林尼治宫备产时，她丈夫的眼睛则开始色眯眯地关注起了宫廷里那些在他周围的年轻漂亮的姑娘们。

白金汉公爵爱德华 · 斯塔福德有两个姐妹，是王后的侍从女官。姐姐伊丽莎白嫁给了菲茨沃尔特勋爵罗伯特·雷德克里夫，27 岁的妹妹安妮是黑斯廷斯勋爵乔治的新婚妻子。[67]“她们中的一位，”卡洛兹向斐迪南的第一任国务大臣米格尔·德·阿尔马桑（Miguel de Almazan）说，“是王后的最爱，而另一个……颇受国王的喜爱，国王在追求她。”[68]不难猜到，亨利与安妮的风流韵事，是亨利决定在 2 月 3 日封她的弟弟亨利·洛德·斯塔福德为威尔特郡伯爵的原因。[69]

另外一个流传在宫廷中的流言是关于威廉·康普顿的，他有幸从长矛比武的事故中恢复过来，与黑斯廷斯夫人建立起一段不合法的关系。但似乎更有可能的是，作为亨利的密友，康普顿的私情只不过是一个障眼法，来掩饰亨利与美艳的黑发女孩调情。不幸的是，安妮的姐姐听到了风声，并与白金汉公爵和安妮的丈夫谈话，让他们做出适当的举动——也许伊丽莎白·菲茨沃尔特也偷偷地告诉了凯瑟琳他丈夫的不忠行为。卡洛兹激动地讲述事件的结局：

> 公爵在他被怀疑与国王有私情的妹妹的私人住所里时，康普顿来到这里与她谈话。
>
> 公爵拦住了康普顿，和他吵了起来，最后的结果是，公爵受到了许多严厉的责备。

白金汉激昂地对大臣们说：“斯塔福德家族的女性和康普顿没有关系，”接着又补充道，“和都铎家族也没有关系！”毫无疑问，公爵说这些愤怒的话语时拳头紧攥——他以暴力易怒而闻名。卡洛兹继续讲述了这个故事：

国王对此非常生气，愤怒地斥责了公爵。

就在当晚，公爵离开了王宫，很多天都没有回来。

与此同时，安妮的丈夫走了，把她也带走了并安置在一个 60 英里（96.5 千米）外的女修道院里，没有人可以见她。[70]

亨利极度愤怒——愤怒的程度不亚于被当场捉奸——并立即把伊丽莎白和她的丈夫赶出了宫殿。他怀疑身边有凯瑟琳的间谍，"国王本想把所有的人都抓出来，只是这桩丑闻对他来说太难看了"。

这是亨利和凯瑟琳婚姻期间第一次发生重大的争吵，据说她大哭了一场并对着她的丈夫咆哮。[71]

卡洛兹宣称，"几乎整个宫廷都知道，王后和国王被彼此惹怒了，因此一场风暴在他们之间展开"。她还经常用愤怒的伊比利亚语表示对亨利的挚友威廉 · 康普顿的敌意。

女王的忏悔神父费尔南德斯坚决否认发生过的一切，大使认为他"顽固不化""精神错乱"。此外，"因为国王内宫中的英格兰侍女，以及在王后身边的西班牙人都很单纯，我担心王后在这一纷乱中可能表现得不那么好"。[72]

对于这场"纷乱"的言辞和怒火，也许可以解释亨利在妻子流产后写给斐迪南的那封三心二意，甚至有些无情的信——这封信写于凯瑟琳告诉他流产的不幸消息的当天。国王解释说，他的信"写得不迟，因为没有什么事值得说"。他和王后"非常幸福，他的王国也享受着不受干扰的宁静"。亨利希望"像个好儿子"，从他在西班牙的"好父亲"那里得到更多的消息。这封信笔调阴郁，只是一个内疚的女婿出于责任写给岳父的一封信，几乎只是一种形式上的交流。

凯瑟琳刚失去了女儿，紧接着英格兰就与法国订立了新的盟约[73]，有人认为这是亨利八世宫廷对西班牙的又一重大打击。

卡洛兹认为，国王的大臣们都得到了法国的资助，他恳求亨利告诉他“这些大臣中最值得信任的是谁，因为到处都充满了怀疑”。国王沉思了一会儿，然后回答说：“有关法国的事情除了与温彻斯特主教（掌玺大臣理查德·福克斯）之外，不可以跟任何人说。”

卡洛兹问国王：“你信任他吗？”亨利回答道：“是的，但也有风险。英格兰人认为他像狐狸一样狡猾，正如他的名字。”

卡洛兹称，当英格兰人了解到“法国人的傲慢行为……以及他们是如何威胁和吹嘘自己与英格兰签订的条约时，英格兰人生气了”。但亨利的大臣们认为，他们别无选择，只能与法国签订和平条约，“因为国王年轻，没有儿子，与法国开战将是危险的”。然而，宫廷里的流言表明国王反对签署该条约，但是

> 他的一些最亲密的大臣坚持这么做……他终于让步了。白金汉公爵和其他许多人都是法国人的死敌。由于这些大臣的影响，条约才没有以一种更具攻击性的方式进行商定。

卡洛兹迅速寻求英格兰与西班牙之间的同样联盟，他问亨利：“陛下，我们为什么不缔结一个更紧密的联盟？”国王说他非常希望如此，并下令委派“三四个”大臣去商定新条约。[74]

这位大使精明地观察到，亨利“不喜欢花太多时间处理政务”。除非有他感兴趣的问题，否则在处理重要国事文件时他很难集中注意力。国王喜欢在听弥撒时、献祭圣餐之前和睡觉之前处理文件。大多数文件都要读给他，由他来口述相关决定。“国王，”他的大臣们抱怨说，“太年轻了，除了享乐之外不关心任何占用他时间的事情。他对其他所有事情置之不理。”[75]

随后，大使立即在第二次写信给西班牙时又强调了这一情况：

> 国王几乎一周内的每一天都在靠挑圆环、徒步长矛比赛和锦标赛取乐，比赛期间由单独一个人会与指定的对手作战。
>
> 一周中有两天用来举行这种比赛，会一直继续直到圣约翰节。战斗人员穿着铁甲，戴着特制的头盔。他们使用的长矛有 14 掌宽那么长，铁矛头并不锋利。
>
> 他们把长矛掷向对方，然后用双手剑进行战斗，每一名战士击剑 12 次。
>
> 他们通过绑在腰上的屏障彼此分开，以防他们互相抱住，扭打在一起。

他补充道：

> 有许多年轻人在这些战斗中表现出色，但其中最引人注目的、最乐此不疲的、对战斗最感兴趣的，是国王本人，他从不会忘记出席这些比赛。[76]

还有其他的娱乐活动。五朔节是宫廷日历中的一个重大节日。1510 年 5 月 1 日，亨利这位“不愿闲着的年轻国王，早早就起床去摘梅子和绿枝。”他给自己穿了一身“清新、华丽的服装”，并让他的寝宫侍从官穿上白色缎子制作的服装，他的护卫身上的白色薄绸（一种轻质丝绸）衣服，都是特意为了这个节日而穿的。

于是每一个人都带着弓箭，在树林里射箭，然后又回到宫廷，每个人的帽子上都别着一根断枝。

在（亨利）回来的时候，很多听说他去“进行五朔节庆祝”的人都想去看他射箭，因为在那时，国王的射箭能力已经和他的守卫一样强大，射程很远。

同行的一个弓箭手炫耀他的威力，射了一箭——这是很漂亮的一箭，直冲着目标飞出，不仅令国王，也令所有其他人叹为观止。[77]

亨利找回了他的快乐和婚姻幸福。凯瑟琳很快又怀孕了，那个夏天他们从温莎出发，沿着泰晤士河流域行进，并没有受到王室内部冲突的影响。

国王每天都在练习“射击、唱歌、跳舞和摔跤”。他对音乐的热爱也得到了满足——演奏直笛、长笛和小键琴，创作歌曲和民谣。作为一个虔诚的教徒，他还写了两首“虔诚的弥撒，每首分为 5 个部分，经常在他的教堂里唱诵，后来也在其他不同的地方唱过”。王室住在沃金庄园里，在那里举办了更多的长矛比武和锦标赛，直到 10 月才回到格林尼治。

国王不希望看到年轻人不擅长武力，他在格林尼治公园里为王后和（她的）女伴们准备了一个地方，让她们站在那里观看人们用战斧格斗。

而国王自己也全副武装和盖约特搏斗，盖约特是一个个子很高，拿着武器的优秀（德意志）绅士。

（后来）盖约特与爱德华·霍华德伯爵进行了格斗，盖约特被打倒在地。

第二天，王室聚会转移到了伦敦塔。因为担心前一天进行过搏斗的战士们互生嫌隙，亨利捐赠了 200 马克（123 英镑）在伦敦泰晤士街的鱼贩大厅为他们举行了一场欢快的宴会。[78]

在欢乐继续的同时，亨利七世不光彩的大臣埃德蒙·达德利和理查德·恩普森的仍然命运未卜，他们是去年 4 月底开始被监禁的。达德利不知道议会未能在 1 月通过对他的剥夺公权法案，他试图逃出伦敦塔，但是没有成功。

达德利被指控企图以武力夺取亨利的王位和他的议会，并召集了骑士、绅士和其他朋友“以好战的姿态”来到伦敦。在 1509 年 7 月 18 日，达德利在遗嘱里抱怨说“最近市政厅通过了一项针对我的不真实的判决，我被定为叛国罪”。[79] 在给他曾经的同事福克斯主教的一封请愿书中，他将自己描述为“最不幸、最悲伤的人，被国王的法律定了死罪”，并且长篇累牍地附上了他在亨利七世统治晚期参与的敲诈事件的真实情况。比如，在伦敦杂货商罗伯特·霍金斯（Robert Hawkins）的案件中，罗伯特在 1505 年 1 月支付了 100 马克（67 英镑）以求赦免一名“被指控为好色之徒的”男子的死刑。还有“被严肃处理”的亨利·弗农（Henry Vernon）先生，他先后被罚款100英镑和800英镑，因为他儿子先绑架了寡妇玛格丽特·凯伯尔（Margaret Kebell），又在1507年7月在违背她意愿的情况下与她结婚。[80]

1510年8月17日，达德利在塔丘被斩首，并被埋葬在黑衣修士教堂。他去世时财产估计有333英镑现金和价值5000英镑的货物。[81]1511年11月，他的遗孀伊丽莎白嫁给了爱德华四世的私生子亚瑟·金雀花（Arthur Plantagenet），亚瑟在1523年被封为利斯尔子爵（Viscount Lisle）。

恩普森从伦敦塔被带到了北安普敦城堡[82]，一名律师在1509年10月1日的特别法庭上为他的叛国指控辩护。虽然这一指控可能有误，但他应该意识到了自己是在白费口舌。他在塔丘和达德利一同被斩首，只留下价值200~300英镑的土地和价值100英镑的货物。

亨利八世曾向他的臣民承诺会立即施行正义。这两只替罪羊被杀就是用来安抚民意。是时候指出他们犯下的罪行了。在1509年7月，听审及结案委员会（*oyer et terminer*）[83]成立，调查恩普森和达德利犯下的罪行。在第一年的统治期间，委员会中至少45人的具结保证书被取消，接下来的5年里又有130人的被取消。其中51个人明确指出，具结保证书就是“不公平的勒索”。[84]

除了这些国内问题最终以血腥的方式解决，以及亨利持续不断的比武和狂欢，还有更可怕的迹象表明国王正准备发动战争，以满足他日益增长的对军事荣耀的渴望。1509年10月，他授权支付1000英镑购买金属，用于“制造一些属于我们的大炮和军火”[85]，12月，在伦敦的威尼斯商人悲伤地记录道，由于亨利要购买“大量的锡来制作 100 门大炮”，康沃尔的锡价飙升。此外，国王还“希望为（南）安普敦建造的 4 艘舰船购置武器”。[86]

1510 年新年刚过，亨利在低地国家的代理人托马斯·斯皮内利（Thomas Spinelly）就与著名的佛兰德斯军火商梅赫伦的汉斯签署了一项协议，运送 48 个重量在 35~40 磅之间（16~18 公斤），以铅或铁做炮弹的大炮。[87] 这些大炮都在当年的 12 月到 1512 年 6 月之间运到，每个大炮上都印有有爱国主义的名字或纹章：“玫瑰”“闸门”“约克”“大象”“龙”“蜥蜴”“蝎子”，还有描述性更强的“重击”。[88]

萨伏依公爵夫人兼尼德兰摄政王玛格丽特，承诺制作火炮的价格“对英格兰国王会与对卡斯蒂利亚君主一样便宜”，并已经帮忙截获了一门刚刚运送给苏格兰国王詹姆士四世的火炮。斯皮内利要求把 8000 或 1 万吨的锡送到他那里制造炮筒，“因为英格兰的锡比国外的锡要更好，也更便宜”。[89]

接下来在 5 月，亨利第一次进行了分期付款，支付了共计 400 英镑给伦敦弓箭制造商，让他们生产 1 万支长弓，次月又支付 15 英镑购买西班牙火药和硝石，后者是制作炸药的原料之一。11 月，支付给造箭匠沃尔特·亨迪（Walter Hyndy）67 英镑购买箭头和弓弦，13 英镑用来检查伦敦塔内的 1.5 万捆弓箭。

凯瑟琳产期将至，在 1511 年新年的早上，她在里士满宫生下一个健康的男孩。[90] 那天晚上，庆祝篝火照亮了夜幕下的伦敦街道，为了庆祝王子的健康和伦敦塔的坚固，葡萄酒免费分发，大炮发出震耳欲聋的致敬，激动的枪手用掉了 207 磅（94 公斤）的火药。[91]

4 天后，这个孩子在宫殿旁边的方济各教堂接受了洗礼。参加仪式的人，包括教皇，法国、西班牙和威尼斯大使，从宫殿大厅出来，沿着大厅里一条 24 英尺（7.32 米）宽的通道前进，这条路新铺了碎石，上面长出了灯芯草（一定是因为天气潮湿）。福克斯主教代表孩子的教父之一法国国王路易西十二（另一位是沃勒姆大主教），萨里伯爵夫人代表教母萨伏依公爵夫人玛格丽特。路易送给婴儿的礼物非常慷慨：51 盎司（1.45 千克）重的金盐和一个超过 48 盎司（1.37 公斤）的杯子，都是纯金制成的，此外还有一条价值 30 英镑的项链送给婴儿的保姆和 10 英镑现金送给王后的护士。[92]

婴儿被命名为亨利，用来施洗的银质圣盆[93]也是从坎特伯雷拿来的，正是他父亲大约 20 年前受洗的那个圣盆，新生儿也被浸入圣水中 3 次。

有了儿子和继承人的国王欣喜若狂。1 月，他去了诺福克的沃尔辛厄姆圣母祠，表达了他对上帝深深的谢意，随后极为谦逊地给出了 1 英镑 13 先令 4 便士作为祭礼。

相比之下，2 月 12 日或 13 日在威斯敏斯特举行的一场庆祝比武，则花费了 4000 多英镑。这场比武基于一个名气不大的寓言，一个名为“崇高声望”的王后，统治着一片名为“高贵之心”的土地，她发起了一项挑战。她听说了亨利王子的出生，“这对她和最负盛名的英格兰王国来说都是最开心、最值得欣慰的事情”。这位虚构出来的王后，深知亨利八世的价值、美德和高贵，她派出 4 名忠诚的骑士——“忠诚之心”“英勇的愿望”“巨大的勇气”和“快乐的学习者”，到英格兰去展示他们的搏斗技能。当然，在现实中，这些陌生的骑士分别是由亨利本人、托马斯·尼维特、威廉·考特尼和爱德华·内维尔扮演的。[94]

在开幕日那天，凯瑟琳和她的女伴们在一个铺着瓷砖的画廊里或大看台上观看了一场令人叹为观止的“车轮上的游行”，机械制造的金狮和银羚羊出现在她们眼前。在一片森林里，她们面前是“树木和人造的山楂树、橡树、枫树、榛树、桦树，以及野兽和鸟类”，还有两个穿着绿色缎子衣服的守林人，每个人都带着一张弓和一个猎号。一座由金纸制成的城堡，矗立在森林中，里面有一个“美丽少女”，正在亲手制作一顶丝绸玫瑰花环，以送给凯瑟琳王后。[95]森林里，国王和其他挑战者们骑马出现。

亨利在第一天的比赛中表现出色。他穿着银甲，骑着一匹深灰色的马，金制的马镫，马饰上面写着代表“凯瑟琳”的字母“K”，以及金字“忠诚”。国王进行了6场比赛，折断了4支长矛。

> 他英勇无畏，仿佛长矛碰到他的身体就会被折断，他就像没有感受到被击中一样接受进攻。
>
> 由于他的尊贵的身份和尚小的年纪，他内心还是有恐惧和担忧的……
>
> 观看过比赛和国王勇敢的比武之后……人们心情振奋……正如许多担心他的人一样，看过他的比武之后，人们感谢上帝，国王没有危险。

后来，亨利又参加了多场比赛，折断了更多长矛，“每个人都被他举世无双的高超武艺折服，因为没有一个挑战者或者守卫者比得上他那天成就的一半”。[96]

那天比武结束后，国王没能按捺住展示自己勇猛的激动心情。

他决定展示他无与伦比的骑术。

> 没有人能比他骑得好，没人能坐得更近、骑得更快，也不能如此坚定地踏着马镫，因为不论马在剧烈地跳跃、转身，还是快跑时，他都稳稳地坐在马上不动，后来他进行了一段轻柔平缓的小跑。

亨利在王后面前骑马，"他让马上下跳跃，表现得非常完美"。突然，他掉转马头，让马高高抬起后蹄，然后踢在此武场的本质隔离墙上，"敲击声听起来就像鸣枪一样"。国王骑回到王后的看台前，"殷勤地缓缓鞠了一躬"。没过多久，他又出现在凯瑟琳的帐篷里，"以最热烈的方式亲吻并拥抱她"。[97]

尽管有这么多人赞誉他的能力，亨利在第一天并没有赢得大奖——获奖的是托马斯·尼维特。国王决定在第二天和第三天表现得更好。

随着守卫者领袖查尔斯·布兰登华丽入场，比赛开始了。他骑马进入了一座塔内的竞技场，前面有一个狱卒手里拿着一把大钥匙。他入场时一片寂静，"没有鼓声和诗人的喧闹声"。当这座塔被推到王后面前时，狱卒打开了大门，布兰登骑马来到塔外，打扮成一个"隐士或宗教人士"，戴着一顶朝圣者的帽子，拿着一个叉状或锯齿状的朝圣者手杖，上面带着一封给凯瑟琳的信。这是一封颇具骑士风度的请求信，请求王后允许比武继续，王后自然同意了。他的挑战者中包括托马斯·博林爵士，在他的盔甲外穿着朝圣者孔波斯泰拉的圣詹姆士的衣服。

在接下来的长矛比武中，亨利取得了胜利，他进行了28场比赛，折断了12只长矛，击中了9个敌人的身体和1个敌人的头盔。[98]

那天晚上，亨利在威斯敏斯特的白厅宴请了外国大使。结束时，亨利允许使者们拿走一些他衣服、裤子和帽子上的共887个金质的“H”和“K”字母作为当晚的纪念品。然而

> 得到授意的人们，跑到国王身边，剥去了他和他同伴们的长筒袜和紧身上衣。托马斯·尼维特站在舞台上，尽管竭力抵抗，还是失去了他的服装。女士们也被同样对待。
>
> 国王的守卫立即出现，让人群退回，否则将可能会发生更多不愉快的事情。
>
> 国王和王后以及女士们回到了他的寝宫，在那里举办了盛大的宴会，这些所受的伤害都变成了欢笑和游戏。

经过一段“长期斗争”之后，负责管理宴会账目的巡官理查德·吉布森（Richard Gibson）设法收回了一些金字母。其中一些丢掉字母的后来被伦敦的一个穷羊毛制衣匠卖给了一个金匠，换了3英镑14先令8便士。[99]

有许多长者担心亨利痴迷于长矛比武影响他的安全。霍尔记录道：

> ……考虑到国王仍然年轻，战马和盔甲都可能出现各种状况，年长者们很担心（这样做是否明智）。人们都说，钢铁并不那么结实，也可能会被打破，也不会有一匹马能那么稳定，他也可能会摔下来。然而，尽管如此，这位充满活力的君

主仍然继续着他的挑战赛。[100]

与此同时，王室已经为小王子安排了一个成员规模庞大的内宫。他有自己的神父、仆人和内勤官，有自己的账房会计——甚至有他自己的监督官员，名为沃尔特·福斯特（Walter Foster）。更为实际的是，伊丽莎白·普安蒂斯（Elizabeth Pointes）成了他的保姆。

然而没过多久，他们就失去了工作。

1511 年 2 月 22 日，仅在世界上生活了 53 天的亨利王子夭折了，死因或许是现代才能诊断出的脑膜炎。

国王支付给沃尔西 35 英镑 13 先令 4 便士，用于在威斯敏斯特埋葬“我亲爱的王子”，并支付给安德鲁·温莎（Andrew Windsor）759 英镑 6 先令 1/2 便士举办了奢华的葬礼。4 月，经决定路易十二寄来的哀悼信将不给亨利或凯瑟琳看，而且“为了避免引起国王伤悲，暂时不会提起这件事”。[101]

国王通过打网球和赌博缓解伤悲，尽管

> 为了安慰王后，他把其他事情都（放弃了），并且并没有表现出巨大的伤痛。王后像每个母亲一样，非常伤心，（但）由于国王的好言劝慰和行为，她的伤痛缓解了，不过花费了很长时间。[102]

这时，亨利又有了新的想法。他的脑海中满是为战争做准备的激动之情。

第七章

军事荣耀

“上帝赐予托尔杀死 1000 个敌人的力量，赐予大卫杀死 10000 个敌人的力量，他也可以让我变得强壮。”

——亨利八世 1513 年 10 月写给罗马教皇利奥十世的信[1]

是时候停止伪装了。对亨利八世来说，壮丽的长矛比武仅仅是一场宏大的排练，他热切渴求的是战争的胜利，以及他在战场上英勇无畏的壮举。比赛和竞技使年轻人懂得了活力和自控的好处，以及骑士礼节的重要性。狩猎教会了他们复杂的战术，并在追逐中考验了他们的勇气。所有这些都是为了应对战争的混乱和屠杀而进行的英勇准备。[2] 历史学家波利多尔·弗吉尔敏锐地察觉到国王“没有忘记他有义务通过军事力量来谋求名望”。[3]

在亨利的脑海中，总是会出现一位光辉的榜样，那是他的祖先，他儿时的英雄——另一位亨利国王。就在一个世纪前，在阿金库尔战役中，亨利以少胜多摧毁了法国军队。[4] 可以预见的是，这位冲劲十足的年轻君主也期待并梦想着恢复祖先的遗产——英吉利海峡对岸的另一个王国，它在英法百年战争中被英格兰国王所丢失。国王决定，他的王国和他本人都命中注定需要对宿敌法国来一场压倒性的胜利。关于这一想法，他还受到了野心勃勃的施赈勋爵托马斯·沃尔西的鼓舞。

在亨利实现他的宏伟目标之前，有一个令人沮丧的困难需要克服。

我们已经知道，他父亲留给他的许多议员都有亲法倾向，企图说服并哄骗不情愿的亨利八世同意与法王路易十二签订新条约。其他大臣反对任何针对久经沙场的法国人发动冒险（且昂贵）的战争，他们认为英格兰应该远离纷争，且不应该与不重要的欧洲大陆国家发生争吵。[5]他们之中声音最强烈的是在财政方面非常谨慎的财政大臣萨里伯爵托马斯·霍华德。他非常懊恼地发现，他的二儿子爱德华"不可思议地"对法国的长期盟友苏格兰感到愤怒并煽动了亨利，导致"国王花了很多钱，更倾向于战争而不是和平"。[6]萨里越来越担心英格兰在两条战线上同时开战——北部与苏格兰开战，南部和东部与法国开战。他试图阻止国王跨过英吉利海峡入侵法国，但他的意见却以这样的方式被驳回了——（亨利）第二天就离开了家。[7]极度愤怒的萨里伯爵退回了他位于诺福克和萨福克的豪宅，意识到无处不在的沃尔西已经在政治上压倒了他，国王在国家议会中越来越关注沃尔西，甚至不理会其他人，萨里伯爵感到非常气愤。

亨利七世为他的儿子留下了一笔巨大的财产，应该足以资助他实现对于军事冒险的无限欲望，但任何一个值得重用的军事战略家都非常了解，愿望是一回事，有能力执行是另一回事。要建立起足够强大的军队，让远征敌方海岸有胜算，需要花费很长时间。

距离英格兰军队上一次在欧洲大陆征战已经过去了差不多20年，那时亨利七世在法国北部进行了一场简短的战役。他的儿子没有经过训练或经验丰富的常备军，也没有全套的军事装备来武装他们。1509年11月，国王发布了一道王室公告，警告拿得动武器的人准备战斗，[8]并开始从国内外的供货商那里购买长弓和野战火炮。亨利需要煽动他的军队实现他的战争野心——尤其是英格兰海军，他希望利用他们作为悬空舷墙保护自己的国家，并控制住分开英格兰与欧洲大陆的狭窄海峡。

因此，好战的亨利只好不耐烦地等待着开启自己作为一个欧洲勇士国王的生涯。他可以调动的资源有限，因此他必须从一个非常谦逊的规划师开始做起。

在老兵爱德华·波伊宁斯的带领下，1000名弓箭手和另外500名士兵在1511年6月离开了肯特港，前往低地国家。他们的任务是为马克西米利安大公提供军事援助，捉住路易十二的雇佣军盖尔德斯公爵埃格蒙特的查尔斯，他在路易十二的资助下公然蔑视哈布斯堡王朝神圣罗马帝国。亨利的外交目标是让这位飘忽不定的皇帝不受他所讨厌的法国影响，推动他与法国在欧洲的对手如英格兰结盟。[9]

一个月之后，达西公爵托马斯和另外1000人被派遣至西班牙加的斯，在斐迪南与北非摩尔人的战役中组成了一支小型分遣部队。亨利八世急切地希望单独行动，但是他的计划被谨慎的大臣们否定了，因为考虑到国王没有子嗣和继承人，他们担心英格兰王位的安全。达西被任命为远征军队长和总司令，受命在西班牙军队中寻找一位下属司令，“因为英格兰人的战争方式和规矩跟摩尔人不一样”。[10] 一位忧虑不安的驻伦敦法国大使，很快受到了能言善辩的官员们的安慰，说英格兰的军队“只攻打异教徒——因为国王已经和所有基督教国家的君主达成了和平协议”。[11]

1504 年，大法官沃勒姆大主教在达西离开祖国“踏上如此遥远凶险的旅程”前告诉他，经历越多痛苦的磨难和危险，他的名字就会越受到敬仰。[12] 不幸的是，达西经历了诸多苦难，却没换来什么赞美。

他的远征军的大部分资金来自他自己的口袋，力量很快就微弱下来。当他和军队到达加的斯时，在现在的摩洛哥，他们发现斐迪南已经放弃了与摩尔人作战的计划，因为他担心法国人会从北方突袭他的领土。就在他们等待西班牙国王的更多消息时，一些上岸的英格兰士兵

> 开始沉溺于喝热酒，并且几乎控制不住自己了。
>
> 有人跑到了妓院，有人打破了篱笆，破坏了果园和葡萄园，吃掉了还没成熟的橙子，还做出了许多其他的无耻行为。

达西不得不派宪兵司令上岸，以维持那些“激动而任性”的弓箭手们的秩序，把他们包围，然后送回到船上。然而违法乱纪的行为并没有就此结束。几天后，一名英格兰士兵想从一个年轻的女孩手里买一块面包，但被她拒绝了。他尾随她回家，女孩因为害怕被强奸而大声呼救。

> 加的斯市民们突然拉响了警铃，全城的人都全副武装起来，陆上的几个英格兰人都死在了他们的弓箭下。
>
> 西班牙人扔出长矛，重伤了英格兰人，而英格兰人也弄伤并杀死了很多西班牙人。

达西和军官们试图阻止骚乱，但在此之前，已有一个英格兰人和“几个西班牙人”被杀死了。斐迪南的代表和市民们受够了这些语言不通、肆意破坏、毫无秩序的盟友。他们告诉达西：“先生，我们请求您，因为您知道国王的愿望……您和您带来的人必须乘着你们的船离开，因为我们认为您让我们很不满意。”就这样，达西回到了英格兰，受尽了痛苦和屈辱，他们的远征一片混乱，并没有起到什么作用，不仅严重损害了他的名声，还花掉了他大量金钱。[13]

波伊宁斯对低地国家的进攻更成功一些，他占领了几个小镇和城堡，而这些不过都是加入欧洲阵营反对路易十二的庞大计划中的小插曲。

1511 年 5 月，法王路易十二召集分崩离析的天主教会理事会在比萨召开会议，讨论除掉前盟友，也就是现在正在积极反对法国的教皇尤利乌斯二世。尤利乌斯试图亲自吸引英格兰组成多国联盟，将法军驱逐出意大利北部。他甚至在 1511 年 8 月用许多奇珍异宝贿赂亨利——一朵 24 克拉纯金精雕细刻的玫瑰，还有 100 块帕尔玛干酪和许多桶酒——以赢得他的支持。[14]

不到两个月，一个由教皇国、西班牙、威尼斯和神圣罗马帝国（后来加入）组成的“神圣反法联盟”成立了。在一个月左右的时间里，英格兰都没有加入该联盟，只是因为信使在给亨利驻罗马大使克里斯托弗·班布里奇（Christopher Bainbridge）传递教皇诏书时延误了。约克大主教克里斯托弗反对法国，脾气粗暴，不久前刚成为枢机主教。

在伦敦，亨利被路易废黜教皇的计划激怒了。他召集议会成员，一致同意与法国开战。亨利八世愤怒地谴责"法国国王的巨大罪行"，即在比萨将四分五裂的理事会召集起来，这"撕碎了基督的无缝外衣"——基督教会——并且会"严重破坏"其统一性。他攻击那些犯下这一"最险恶的分裂教会罪"的人，说他们"残忍、不虔诚、有罪、心肠歹毒"。[15]

对于亨利来说，他可以开始一场圣战了。20多年后，鲁莽的达勒姆主教卡斯伯特·滕斯托尔（Cuthbert Tunstall）勇敢向国王提起过往，称他为了保护天主教会，因路易十二"协助分裂教会罪"而与之开战是多么勇猛。亨利咆哮着尖酸地回复道："我们只是太年轻，对于这个世界没什么经验。"[16]

在1511年11月17日签订的《威斯敏斯特条约》中，确定了两个神圣同盟盟友——斐迪南的西班牙和亨利八世的英格兰之间军事协助的外交框架。一支英西联军将进攻位于法国西南部地区，与大西洋和比利牛斯山脉接壤的阿基坦，并为怀着保卫神圣教会的正直愿望的亨利征服这一地区。他们还有另外一个战略目标。除了重新赢回英格兰在法国丢失已久的一个省份，这次侵略还充当一种牵制性战略——引诱法国军队撤出意大利北部去保卫自己的国家，以此缓解教皇和威尼斯军队的军事压力。

从1511年冬天到新年期间，为令人无法抗拒的战场荣耀和侵略部队做准备的节奏加快了。[17]1512年春天，英格兰做好了战斗准备，兰开斯特传令官托马斯·沃尔（Thomas Wall）在4月末到达了路易十二的宫廷，正式传达了亨利对法国宣战的声明。

再次被剥夺单独作战机会的愤怒的国王，不得不满足于在6月初从南安普敦出发之前，检阅第二代多塞特侯爵托马斯·格雷（Thomas Grey）指挥的1.2万名士兵。由于及时分发了教皇的赎罪券，并向每位士兵保证如果他们光荣地死在战场上，将会大大减轻进入炼狱的诅咒，士兵们的战争热情受到“极大的鼓舞”。[18]英格兰的战舰也霸气地装备上尤利乌斯二世的武器，由国王的画师约翰·布朗（John Brown）上漆。亨利告诉在罗马的班布里奇大主教，他相信

> 从来都没有一支比这更精良的军队，也没有一支敢于为了保卫教堂和教皇而牺牲的更好军队，赎罪券激起了他们反对敌人的信心。土耳其人、异教徒、无信仰者，他们都看作敌人。

国王认为

> 在上帝的帮助下，我们的军队会表现得英勇无畏，并打败那些反对上帝的教会，支持巨大的分裂教会罪的邪恶残暴的人们，在天主教君主的阻挡下，他们是不会成功的。

亨利庄严宣誓“他会用全部力量攻击教堂的敌人”，让“他们无法逃脱失败的命运”。[19]

他的盲目自信得到了威尼斯人洛伦佐·帕斯夸利戈（Lorenzo Pasqualigo）的回应，他在写给他兄弟们的信中提到，英格兰士兵是“非常优秀的人，拥有各种装备。在英吉利海峡，有 30 艘由英格兰人武装的大船，就算一只法国渔船出现在海上也会被抓住。”在极端爱国且惧外的伦敦街道上，人们对战争充满热情，“外国人生活在巨大的恐惧中，但是他们如果敢说这是在虐待法国人，哪怕只是不经意间流露出这样的想法，他们也会性命不保”。[20]

事实证明，这些远大希望完全没有根据。

舰队离开英格兰海岸之后，一切都开始朝着错误的方向发展。刚刚离开怀特岛西边的悬崖，舰队就被冲散了，主要是因为“水手们亵渎神灵的行为，他们在士兵们晕船时抢走了国王供给的食物”。[21]

6 月 7 日，军队到达了西班牙西北海岸，两天后到达了距离纳瓦拉不到 3 英里（4.88 千米）的雷音特里亚（Reinteria）附近地区。就战争的首要目标，多塞特侯爵立即和西班牙人争吵起来。他想要占领法国城市巴约那并将其作为他的前线阵地，以便进一步进攻阿基坦。而他的盟友拒绝了这一计划，斐迪南哄骗女婿派兵前往西班牙的险恶阴谋很快就显现出来。他的真正目的是将英格兰军队作为挡箭牌，只不过是用来分散敌军的精力，掩护他夺取独立王国纳瓦拉。[22]

在后勤方面也有许多严重的问题，西班牙对运输和军械做出的许多承诺都没能实现。“粮食没有按照预期送到；大雨一直在持续，令士兵们非常厌恶，他们几乎是躺在泥里。”英格兰大使威廉·奈特博士向身在英格兰的沃尔西如是抱怨。[23]

军队的长官之一霍华德伯爵托马斯，也因马匹和供给短缺而

发愁。他

这6天一直处于巨大的危险中，住在距离富恩特拉比亚（Fuentarrabia）1英里（1.61千米）的一片原野上[24]，就在距离我们瑞恩的圣母（Our Lady of Vryre）一箭之遥的地方，他们将在那里因疾病而死。今晚埋葬了5个西班牙人，但除了布鲁克勋爵的一位仆人，没有英格兰人死去。

我的同伴们还很健康。一旦出现疾病，将很难控制秩序。

我希望国王从来没有比他们更信任过（斐迪南），这样他们就永远不会被送到这个令人讨厌的国家，这里的人们喜欢金钱胜过自己的亲人。[25]

粮食的匮乏迫使一些人开始尝试不常吃的东西：

英格兰人就着大蒜吃各种肉类，在炎热的天气里喝热酒，吃各种他们能找到的热带水果，这导致他们胃里血液沸腾，有3000人患病[26]，1800人死亡。[27]

在圣母马利亚镇，他们还与当地居民发生了冲突。

一个西班牙人突然对一个英格兰人说了些不中听的话，于是英格兰人照着他的脸打了一拳，整个镇子都开始起身反抗这个英格兰人……他被杀死了。

镇上的德意志雇佣兵最终拉响了警铃，可以听到营地里的人全都尖叫着全副武装起来……

士兵们疯狂地跑向镇子，军官们根本控制不住他们，他们毫不留情地屠杀和抢劫人群。

7个英格兰士兵因抢劫和偷窃罪被处死。不幸的是，这一事件并没有留下什么教训，军队失去了最后的纪律，就像风吹净了大炮的余烟。接着，英格兰人烧掉了法国边境的圣让德鲁兹（St-Jean-de-Luz）港口，并“抢劫、杀死了当地居民，对其他城镇也进行了同样的破坏”。[28]

在写给亨利的密码信中，英格兰驻西班牙大使约翰·斯泰尔汇报了一片混乱的军队中日益加深的不满。他们抱怨说由于缺乏食物，“他们将无法依靠每天6便士的薪水度日”，希望再涨两便士，因为“他们的衣服已经破旧得不能穿了，钱也花光了”。西班牙对他们已经没什么吸引力了：他们现在都在计划着在米迦勒节（10月11日）之前回到英格兰，“因为没有人能忍受这里”。[29]奈特说一些人已经叛变：

军队无所事事——一大群人拒绝继续领着每天8便士的军饷服役。

叛军被平定下来，但是有一个人死掉了……

这些都是因为无所事事。军队没有坚持训练。他们什么也没有学到，也没有感受过战争的荣耀。

很多人被杀，一些人死了，一些人被抛弃了。他们忘记了自己的使命。

溃败的士气甚至影响到军队的战争委员会——奈特严肃而沉痛地抱怨说“我们很多委员会根本提不出意见”。[30]

接下来还有更糟的。1512 年 8 月 28 日，军队的领导成员（除了多塞特，因为他病得严重）确信军队应该回国，尽管他们没有在战场上取得任何胜利，手上没有奖赏和赎金，而且的确是没有任何成就。奈特和一位名为威廉 · 金士顿（William Kingston）的统帅被授权先行出发，他们要完成一项并不光彩的任务，即向国王和整个国家“解释”他们逃跑的原因。

一些人如威廉 · 桑兹（William Sandys）反对这一大使人选，声称沃尔西“是导致这一错误的全部原因所在；奈特是他的支持者，如果回到英格兰，将这些事情告诉国王，会导致他们继续留在那里”。尽管如此，奈特和金士顿还是从圣塞巴斯蒂安出发了，但在大西洋上经过 6 天的风暴之后，他们不得不返回西班牙港口。

军队委员会在艾伦特里亚（Errenteria）附近再次聚集起来，在那里，奈特恳求他们不要带军队回英格兰。

> 于是霍华德勋爵像个贵族一样说道……他会忍受这场冬季战争，并心甘情愿为了君主的，也为了他自己的荣誉而死，他不愿违背国王的命令，带着指责和耻辱回到英格兰。
>
> 但是有人偷偷溜出房间，告诉布鲁克勋爵的同伴说如果没有人反抗，他们都必须去法国。

紧接着发生了巨大的骚乱。奈特的生命受到威胁，他对沃尔西说“事情不受控制了”——他的意思是完全失控了。

我们的敌人都是经历过长期战争的人，对我们的所有行为都有充分的对策和了解，而我们却正好相反。

军队的纪律如此之差，我们随时可能被打垮。

我听亨利·威洛比（Henry Willoughby）说要 8000 张弓才够，而不是 200 张。

责备任何人都没有用，最后只会互相指控。

奈特警告沃尔西："小心点。伟大的英格兰子民说你才是战争的始作俑者，战争没有取得成功要归咎于你。"[31]

毫无疑问，对于他的军队大规模逃亡的行为，亨利非常气愤。他向士官们紧急下达严厉的命令，"你们要听斐迪南的指挥"，并请求他的岳父阻止他的军队离开西班牙领土，"不惜一切代价，杀掉每一个拒绝立即服从命令的人"。[32]

一切都太晚了。为了支撑归国的旅程，英格兰军队烘焙了大量的饼干，在那年 11 月破坏了营地并登上船、上了锁，带上一切东西，迅速向英格兰驶去，军队的荣誉被玷污了，军队的纪律被破坏了。在这场战役中，亨利没有得到荣誉。没有胜利收复阿基坦。战场上没有英勇的行为。在历史上从来没有一支英格兰军队那样大规模地逃离。

在这种情况下，就连卑鄙的斐迪南也比往常慷慨了许多。他在写给驻伦敦大使的信中给他年轻女婿的军事成就开出了一份令人不自在的期末成绩单，更确切地说，是他缺乏军事上的成就。在他礼貌的评论中，掩盖着许多尖锐的冷嘲热讽，这些一定让亨利愤怒沮丧到咬牙切齿。

斐迪南要求大使告诉英格兰国王，他的总司令（多塞特侯爵）“毫无疑问是一位非常杰出的贵族，但从他到达西班牙的第一天开始，他的行为就导致了他们计划好的伟大事业将会失败”。亨利应该意识到，如果多塞特侯爵没有违背斐迪南的计划，“如果两支军队没有延迟从潘普洛纳取道进入（法国西南部）[33]，这整个，至少半个公国，已经被占领了”。

西班牙国王继续淡淡地说道：

英格兰人在战争中坚强、勇敢、坚定，从来没想过逃走。

> 他们都是非常优秀的人，只是缺乏经验。英格兰没经历过战争——英格兰人不知道在战争中如何表现。因为他们如此不适应战争，表现出了对于这种大费周章的行为的厌恶，但这对士兵们来说是必须要做的。
>
> 他们更倾向于自我放纵而无所事事。
>
> 但是他们最大的错误，是在一场联合行动中，他们不愿协助盟军，也不愿和另一个国家的将军配合行动。
>
> 在常规战争过程中，杀死一部分人是合理的。

斐迪南充满信心地预言说，当他们进行过军事训练，获得了一些有用的战争经验之后，“英格兰军队会比任何国家的军队都更优秀”。然而，他认为亨利的军队需要更多配备长矛的士兵，“使其在战争中比现在更加高效”。斐迪南又补充了另一个有用的改进建议：为什么不把英格兰弓箭手和德意志长矛兵混在一起呢？德意志“步兵理所应当拥有更高的名声”，并且会让亨利的军队变得更加坚固。西班牙国王在最后给他令人醍醐灌顶的评价加上了一个总结，谴责了对阿尔比恩军事能力的控诉：非常感谢你，但是他不再需要英格兰军队协助他对抗法国了。[34]

其他人对于亨利毫无成效的军事探险并不是那么仁慈。尼德兰摄政王，皇帝马克西米利安的女儿，萨伏依的玛格丽特充满讽刺意味的评论让爱德华·波伊宁斯非常不舒服："你看，英格兰人太久没打过仗，军队由于弃置不用而缺乏经验。如果报告是真实的，他们几乎已经不战自败了"。[35]

亨利痛苦地意识到他在军事方面的名声，以及他军队的名声，在欧洲宫廷就像是一个笑话。

像那个年代的很多统治者一样，他希望通过大使们在海外给这场灾难发布一份精心粉饰过的版本，以此来勇敢面对自己的不幸。他命令他们说，斐迪南听说那些地方阴雨不断

> 我军队中的士兵们坚持待在那个寸草不生的国家，一直躺在战场上，痛苦不堪……他们没有违背任何允许他们回国的军事条约。[36]

当然他接下来要实施惩罚。11 月 9 日星期五，在伦敦，军队的士官们被召唤到亨利、他的大臣和西班牙大使面前。他们跪在国王面前，国王坐在一条长凳上，沃勒姆大主教要求他们解释在西班牙的不光彩行为。

他们为耻辱的失败提出了 3 条理由。首先，他们没有食物供给。其次，士兵们发生了叛变要求回国。最后，这场惨败都是多

塞特侯爵的错——“是他导致了这一切发生”。亨利传唤多塞特侯爵来解释发生的一切，他告诉军官们，“他想要知道事实，这样才能惩罚那些应该被惩罚的人”。

枢密院最终召开了秘密议会会议，并做出了英格兰士官“做错了，损害了他们的荣誉和国家的荣誉”的判决。他们让西班牙人说他们应受何种严厉惩罚，但令他们松了一口气的是，西班牙人礼貌地拒绝了。[37]

这次惨败之后，亨利开始迅速发展海军，重建英格兰的战争傲骨和军事名誉。

法国和苏格兰海盗在北海地区滥杀无辜，劫持并敲诈英格兰商船，包括一艘船籍港为哈特尔普尔（Hartlepool），名为“玛丽的臀部”的不幸运煤船。[38]1511 年 6 月期间，国王收到了关于苏格兰私掠船船长安德鲁·巴顿（Andrew Barton）愤怒的抱怨，他在英吉利海峡的东端抢夺商人。亨利向巴顿讨回了两艘船，分别是被“匆匆劫走”的“里昂号”和“普尔温的珍妮特号”（*Jenett of Purwyn*），私掠船船长作为普通海盗被逮捕。

船只最终被捉拿归案，巴顿和许多船员被残忍地杀害了。这些船被作为战利品送到伦敦，苏格兰囚犯被遣返回国。苏格兰的詹姆士四世——亨利的大舅子——愤怒地抗议这一“暴行”，要求将巴顿等“杀人犯和船只”送回国内进行审判。亨利友善地说，他已经对这个“狡猾的海盗”和盗贼实施了正义，直截了当地无视詹姆士专横的要求。[39]

然而，法国仍然坚定地留在亨利的视线之内，这是他在海上和陆地上的主要目标。1512 年 4 月，爱德华·霍华德被任命为海军中将，受命控制英吉利海峡（在法国布列斯特港和泰晤士河口之间）。几周之内，他就截获了 66 艘敌舰，并驱赶法国移动他们的海军。

8 月初，霍华德从朴次茅斯港驶出，旗帜飞扬在新任命的“玛丽玫瑰号”上，[40] 后面是 25 艘英格兰舰船。其中包括了比较古老但重新翻修过，重达 1000 吨的“摄政王号”，船长是霍华德的妹夫和亨利的长矛比武密友托马斯 · 尼维特。他们的目标是 39 艘坚固的法国军舰的大本营——布列斯特。

1512 年 8 月 10 日早上，敌舰停靠在贝尔托梅湾（Berthaume Bay）南面港口的通路上庆祝圣劳伦斯节[41]，就在这时，他们遭到了英格兰的偷袭。“摄政王”在重达 700 吨的法国大帆船[42]“科尔德利的玛亚号”（*Marie la Cordelière*）旁边，通过铁钩和铁链将两艘船绑在了一起。英格兰人登上了船，在甲板上开始了激烈的战争。尼维特被一只在附近爆炸的炮弹炸成了两半，他的副官约翰 · 卡鲁（John Carew）也因炮火受到了致命伤害。[43] 法国舰船着火了，一位疯狂的炮手走到了火药库中，点燃了火药库，选择了和敌方同归于尽，而不是耻辱地被俘。两艘船都爆炸了，“摄政王号”上面的 700 名船员中的大多数和敌军船上全部 1200 名船员都被杀死了。[44]

失去了一位至亲好友的亨利备受打击。在伦敦，沃尔西告诉福克斯主教英格兰舰船失事的消息。

> 在崇高的上帝面前，请把这些消息保密，因为除了国王和我，没有其他人知道同样的消息……暂时把事情保密是一

种权宜之计。

看到国王在处理这件事的过程中的表现，你会感到震惊……（震惊于）他的明智和坚韧。我发誓我还没有见过这样的人。

我带着沉重的心情和悲伤的笔触结束这封信。[45]

爱德华·霍华德发誓为他的妹夫复仇，他向上帝宣誓“在为死去的高贵英勇的骑士复仇之前，他不会见国王”。[46]

1513年3月19日，亨利任命霍华德继任牛津伯爵（他在9天前去世了），担任英格兰、爱尔兰及阿基坦海军上将，并为他的服役支付给他66英镑。

霍华德不仅急于实现自己的誓言，更渴望尽快给国王带来一场目前急需的胜利。不到8天，他就航行至布列斯特附近的水域，在4月12日遇到了15艘敌船。它们“像懦夫一样”逃向港口，后来霍华德的船堵住了他们。

在4月中旬，法国的增援部队——6艘超浅吃水船抵达并驻在布列斯特西边15英里（25千米）处的孔凯（Conquet），这里有强大的海边炮台防守。由于急于行动，没有耐心的亨利写了一封充满了讽刺和嘲弄的信，命令霍华德“完成属于他的任务”。

这个刻薄的刺激毁灭了这位海军上将。他做出计划，在4月25日鲁莽地与敌军的强大火力正面交锋。由于他无法在岸边的浅水区使用他的大型战舰，霍华德决定在当天早上利用15艘驳船进行攻击，并把他的旗帜改换到了80吨的“燕子号”上，让他的舰队继续保持海上封锁。

冒着炮火和弓箭猛烈而致命的攻击，霍华德来到了法国战舰的弓弩之下，他在船的两侧投掷了铁钩，并把一根绳子固定到“燕子号”的起锚机上。在16个人的陪同下，他越过前甲板登上了船，开始与甲板上的法国士兵进行战斗。

灾难降临了。要么就是法国水手用船上的斧子切断了将两艘船连在一起的绳子，要么就是绳子不知何故自己断了。

“燕子号”被潮汐冲走，只留下这位英格兰统帅孤立无缘地陷入甲板上数量众多的敌人之中。

在激烈的战斗和巨大的喧闹声中，霍华德面临着即将到来的死亡和任务失败的耻辱。他摘下了脖子上的海军上将金哨，平静地扔进了海里。随后他戴着级职章一起掉进了大海——要么是跳下去的，要么是在战斗中被打下去的。他被盔甲妨碍，而且很可能受了伤，他很快就沉入了波涛之中。[47]

霍华德的哥哥霍华德勋爵托马斯，一位在西班牙西北部不幸惨败的老兵，代替他成为海军上将。为了平复亨利失去了一位海军上将同时也失去了一场海上胜利的愤怒，他从安全地停滞在英格兰普利茅斯港的“玛丽玫瑰号”上写信给国王：

> 我的弟弟海军上将在溺水时（愿耶稣赦免）表现出这些高贵的真实壮举，我向您保证，不论如何，我都可以说，他们把自己当作为了国王实现荣誉的人。
>
> 这是我听说过的最危险的战争和最英勇的反抗。[48]

霍华德承诺惩罚两个“在我弟弟去世那天没有做好本职工作

的人……负责划船的王后的仆人库克（他是“燕子号”的船长），以及我弟弟的内勤仆人弗里曼”。

船上到处都是生病、受伤、沮丧的人们，他们完全失去了士气，荒凉地停在浅滩上。新任海军上将面临亨利重返战斗的急迫要求，他告诉沃尔西他从没见过“有任何一种恐惧大过他们惧怕法国人，他们恐惧到宁愿去炼狱，也不愿去特拉德”——Trade 是英格兰人为通往布列斯特的海上路径起的名字。[49]

在爱丁堡，詹姆士四世为亨利提供了一份半真半假的停战协定，借机嘲讽他失去了爱德华·霍华德。他告诉他的妹夫：“您的海军上将为了荣耀而失去生命，为人所称颂，这个损失远非战胜所有的法国战船和装备取得的功绩所能弥补。”几天之后，他决定派一艘战船去加强法国的海军实力。[50]

亨利早就开始尝试破坏法国和苏格兰之间的“老同盟”。他非常不真诚地向他的姐姐、苏格兰国王的妻子玛格丽特提出，他将在 4 年之后将父亲留给玛格丽特的遗产移交给她——但是必须要保证苏格兰不会在他远征时侵略英格兰。玛格丽特轻蔑地回复了这一请求：

> 按照您的想法和要求，我们处理父亲的遗产时是如此不友好，我们觉得难以置信……我丈夫知道这份遗产是因为他被扣留，最终会补偿给我们。我们什么都不缺——我丈夫的长寿对我们来说更有益。

这封信的署名是：“爱你的姐姐玛格丽特。”[51]

除了波伊宁斯在低地国家的小规模远征取得了胜利，亨利的所有军事探险都不光彩并且广为人知地失败了。他在战场上获得荣誉的梦想就像黎明的幽灵般消退了，他的野心化为灰烬。

不过他至少还获得了一项举世无双的荣誉。1512 年 3 月 20 日，他的盟友教皇尤利乌斯二世剥夺了路易十二的“最伟大的基督教国王”的称号和法国领土，不久之后就立即封给了亨利。他和他的继承人们得到了法国国王的头衔，这个头衔将一直保持，“只要他们保持对神圣罗马教会的信仰、忠诚和顺从”。[52] 亨利很高兴——“最伟大的基督教国家国王，英格兰、法国国王和爱尔兰领主”是一个光彩的头衔，他独一无二的继承权如今得到了教皇权威的支持。

他更加坚定地保护海岸对面的王国，不仅仅是说说。尽管詹姆士四世向斐迪南承诺“忠于英格兰”，但 1512 年 9 月他还是袭击了贝里克郡，英格兰军队被派往背面阻止进一步进攻。阿拉贡的凯瑟琳告诉枢机主教班布里奇，亨利“公开声明他不相信教皇和他的岳父西班牙国王会抛下他，如果他们真的这样做了，他本人不会停止战争，直到搞分裂的国王被铲除”。[53]

两个月之后，亨利向西班牙大使建议，英格兰军队应该入侵法国北部，而斐迪南应同时越过西班牙边境攻击阿基坦。亨利会再次向他的岳父提供援助，但这次只会派出 5000 名德意志雇佣兵在西班牙军队中服役。亨利还加强了外交上的努力，劝说马克西米利安从他领土的东部和北部发动攻击，亨利的国库会分期用金子向他支付大量的津贴。[54] 最终，尤利乌斯同意攻击法国省份的普罗旺斯和多菲内。[55]

英格兰南部整个成了一个巨大的兵工厂，回荡着铁匠和其他工匠忙着完成堆积如山的军械订单时敲击砧板的声音。战争付出的价格是巨大的：火药每磅（0.45 千克）价值高达 4 便士，肩抗式手枪每支 9 先令，一门大型黄铜大炮 35 英镑。12 门巨大的野战炮——昵称是“十二门徒”，上面刻有 12 个人的浮雕——在佛兰德斯铸成。每个野战炮发射重达 20 磅（9.1 千克）的钢制炮弹，并消耗同样重量的火药。

国王精力充沛的施赈人员，现在实际上已经成为首席大臣的沃尔西，是这一疯狂的活动的核心人员。5 月，在一旁观望的掌玺大臣福克斯主教从南安普教写信给他，担心他“过分花费和使用劳动力”。他警告沃尔西不要工作过度，“否则你会得胃肠感冒，失眠，面色苍白并饿瘦”。[56]

更多的战争物资是从外国商人那里买来的，例如，沃尔西从佛罗伦萨为步兵买了 2000 套轻盔甲，单价是 16 先令，包括带面罩的头盔；[57]1513 年 1 月，又以相同的价格从伦敦商人罗伯特·博尔特（Robert Bolt）那里订购了 3000 套挽具，在 4 月 30 日之前运送到伦敦塔。[58] 沃尔西还批准了 6 英镑 13 先令 4 便士的付款“作为给一位为国王制作某种神秘战争机器的工匠的奖赏”——神秘武器或许是一种木质发射器或投石器，用来发射石头，冲散试图进攻的围城军。[59]

亨利的军队穿着白色的束腰外衣进行战斗，在盔甲上骄傲地戴着圣乔治红色十字。他已经安排好购买“价格合适的小麦、麦芽酒、燕麦和其他食物”为他们充饥，并发布了一份禁止出口粮食和无执照供应物资的声明，违者以没收物资至国库论处。

作为经济竞争的手段之一，在那年 12 月，进口加斯科涅酒至英格兰也被禁止。[60]

亨利的“皇家军队”士兵再一次得到教皇尤利乌斯的赎罪券，前提是他们服役至少 6 个月，但这次所有为远征提供了金钱或祈祷其成功的人都可以得到赎罪券。[61] 不幸的是，1513 年 2 月，教皇因为高烧去世了，次月，乔凡尼 · 德 · 美第奇（Giovanni de Medici）被宣布成为他的继任者，称利奥十世。

1513 年的前几个月里，亨利政府对于法国入侵英格兰的担心使整个国家笼罩在危险的气氛中。这仅仅是政治宣传而已。官方消息激发了关于法国秘密登陆失败的流言。一位在伦敦的威尼斯人记录下：“最近许多在海上航行的法国舰船试图登陆英格兰，这本来就是非常困难的，但是他们又赶上了一阵飓风，导致他们全部被吞没了。”[62] 现在，有一份声明称国王有着“对于保护财富和他的英格兰领土及子民的一种热情……”，他已经了解到“他的老对手法国国王一直图谋不轨，准备了一支强大的海军入侵他的……领土”。因此，每一个年龄“在 16 岁到 60 岁之间的人都应该在一小时的警告时间内准备好自己的铠甲，去国王的特派员们所指定的地方”。[63]

截至 5 月，最后的入侵准备已经开始，军队的先锋已经越过了加来。在罗马的米兰大使评论说亨利“对于这场战事非常心急，除了全能的上帝，没有人能让他不去想这件事”。[64]

这次没有什么错误了。亨利将亲自带领他的军队，将王后留在国内，在他不在期间全权担任英格兰摄政王。

在兴致勃勃地奔赴战场之前，他还有一件事情要完成。萨福克伯爵埃德蒙·德拉波尔从1506年开始就被安全地关进了伦敦塔，现在亨利听说他逃亡的表亲理查德加入了路易十二的军队。难以置信，国王竟认为在戒备森严的高墙之内的萨福克还能参加任何造反活动。但是，这位伯爵毕竟代表了约克党的威胁，尽管一直保持着沉默，或者说被压制着，但宁可安全，也不要后悔，因此亨利在5月4日悄悄地砍掉了萨福克伯爵的头。[65]

这是第一次，当然不是最后一次，他手上染上了贵族的鲜血。

国王组建了一支由4万名精兵组成的强大的军队与法国作战。这只军队被分成3部分——先锋、中卫和后卫，后卫部队由亨利亲自指挥。这只分遣部队由超过9000人组成，包括了1000名从“长矛护卫队”（国王的贴身护卫）召集来的弓箭手，600名国王自己的侍卫，和500名由白金汉公爵雇用和任命的骑兵及长矛兵。[66]米兰的外交报告提到了这支“最可怕的军队”，连路易十二都承认亨利的军队可能会打败他分散的部队，因此法国国王决定在加来附近只“守卫城镇而放弃了乡村”。[67]

亨利的战舰将头两支小分队运送过英吉利海峡，但是在离开多佛港之前，国王还有最后一项军事委任要完成。他担心苏格兰的詹姆士四世会在他和他的部队离开家乡去法国时，从后方攻击英格兰。因此，他任命萨里伯爵托马斯·霍华德，这位经历过许多边境冲突的年迈老兵为北部军队将军。

他握着萨里伯爵的手对他说：“大人，我不信任苏格兰人，因此我请求你不要忽视他们。”萨里伯爵回复说：“我一定尽职尽责，国王陛下会发现我的努力，实现您的意愿是我的荣幸。”[68]7月末，伯爵一路向北，在途中集结军队。

亨利在多佛延迟了一段时间，等待着有利的风向送他和他的士兵们越过海峡去法国。他写信给外交官威廉·奈特，叙述了3万名英格兰士兵现在是如何包围了位于法国圣奥梅尔岛西南方向10英里（16千米）的设防城镇瑟鲁安，并催促他告诉斐迪南，“根据我们与他之间最近签订的条约”发动进攻。[69]

1513年6月30日，星期四的傍晚7点，国王的神父之一约翰·泰勒（John Taylor）站在加来的城墙上，观察22岁的国王的战舰到达。这是个激动人心的景象——一片由船上的桅杆组成的名副其实的“森林”，船上飘扬着色彩斑斓的旗帜，从北面靠近。满载400人的强大战舰停在了这座英格兰小镇的西边，让布伦附近的法国要塞完全进入了警戒状态，因为法国人担心自己会遭到攻击。他们的焦虑是可以理解的：舰队如此庞大——“就像未曾谋面的海神”——而且船上鸣枪致敬的声音，以及加来堡垒传来的枪炮齐鸣的声音如此巨大，“你可能认为世界末日到了”。[70]

亨利登陆时穿着一件工艺精细的德意志轻型铠甲，里面是一件金丝织物制成的白色束腰外衣，戴着一顶帽子，上面别着一枚有圣乔治像的胸针。在城市的圣尼古拉十字教堂听过一段弥撒和一段赞美诗之后，国王跟随队列来到了君主旅馆，在那里吃完了晚饭，度过了一夜。[71]

毫无疑问，已经有人立即告诉了他最近的军事情况。他们遇到了一些小挫折。在瑟鲁安的围攻中，防御者的炮火给周围的英军“造成了巨大的伤害”。4天前，一位英格兰将军埃德蒙·卡鲁（Edmund Carew）[72]被炮弹击中而死，埋在了圣尼古拉教堂的复活祈祷室。第二天，6月27日，一支由100辆马车组成的开往围攻

区运送食品的车队遭到伏击，200名同行护送的英格兰人被杀。泰勒在日记中记录下法国人

> 带走了尸体，死亡人数并不确定，他们脱去了尸体的衣服，划破了他们的脸，很难辨认出哪些是英格兰人，哪些是法国人。[73]

没过多久，亨利就在睡梦中被吵醒。大约11点，城内进攻警报的钟声敲响了。300个法国人在夜色的掩护下，从附近的渔港维桑（Wissant，被英格兰人称作“白沙港”）和布伦渗入了英格兰军队。落潮时，他们涉水越过了在加来港海峡上建起的利斯班堡垒[74]，准备烧毁军队供应的帐篷。警惕的哨兵发现了他们，他们被港口的弓箭手赶了出去，亨利在城墙上的有利地势赞许地看着他们。[75]经过等待之后，这是他在短暂人生中第一次感受到军事行动的快乐。

报复行动很快开始了。7月4日，在当地居民抢夺了一艘在附近失事的英格兰运输船，船员都成了布伦的囚犯之后，维桑“几乎完全被炮火毁坏”。

亨利和他三分之一的军队在加来停留了三个星期。有人抱怨说这次延误证明了他是一个没有经验的将军；正值盛夏，他浪费了这个战斗的季节。而且，他的军队脱离了大部队，因此要比法国军队更加脆弱。[76]然而，亨利必须面见前来拜访的帝国大使，而他的虚荣心也无法阻挡他给他们展示他在武器方面的才能。他的神父约翰·泰勒激动地讲述着国王如何“在花园里和他的弓箭手护卫训练弓箭手。他击中了中间的标记，超过了所有人，他在身高

和个人礼仪方面也超过其他所有人”。[77]

国王在加来市场上发布了管理军队在战场上行为的条例，这样就“没有人可以假装没注意”。他们被要求绝对服从国王和他的指挥官们，否则就会“受刑罚之痛”。同样的刑罚还适用于每一个“不敬地”触摸了教堂里的圣餐的士兵，和那些“强奸妇女、杀害信徒和其他人”的人。毕竟，这是一场圣战。赌博、去妓院是被禁止的，由于国籍（“不论是法国人、英格兰人、北欧人、威尔士人还是爱尔兰人，或者是其他国家的人”）和同伴争吵或“互相责备”都可能要坐牢。[78]

最终，在7月21日，亨利和2.8万人一起离开了加来，其中3500人在国王周围担任他的近身护卫。军队两侧是两支由弓箭手组成的护卫队[79]，队伍的前后是由野战炮兵组成的防护屏障。[80]

那天晚上，军队挤在潮湿的帐篷里，在小城弗雷蒂安（Fréthun）附近扎营，左边不可逾越的沼泽地是他们坚实的天然屏障，炮队守护在右边。泰勒记录道：“下午和晚上下了特别大的雨，帐篷几乎保护不了他们。”因为有意模仿亨利五世在阿金库尔战役前几个小时的行动，“国王没有脱掉衣服，而是在凌晨3点骑马进行慰问——他说，‘同伴们，既然我们一开始就经受了苦难，在上帝的护佑下，我们会有更好的运气。’”[81]这是又一次“你们可以在夜里窥见哈里的活动”。[82]

在英格兰，阿拉贡的凯瑟琳担心着她的丈夫。她写信给同行远征的沃尔西，求他汇报亨利健康的近况：“因为他离敌人那么近，除非我经常看到你们的来信，否则永远不能安心。”她很自信国王会“像每位君主一样，带着胜利”回到祖国。[83]

当然，亨利正全心全意地享受着战争的每一分钟。7 月 25 日下午，他进入了阿德尔（Ardres）附近的敌区，在第二天早上的黎明时分，营地被警报声吵醒，这是对于敌军接近的错误警报。国王的德意志雇佣兵“淘气地烧掉了”一些坚固的房子，而且“并没有尊重教堂”。亨利带领他的卫兵清理了他那发生暴动、四处劫掠的部队所在的城镇，并在当晚绞死了 3 个德意志人。

更严重的损失是失去了名为“福音传道者圣约翰”的火炮，这是全新的“十二门徒”火炮之一，翻进了一个池塘里。100 人被派去将这个 3 吨重的大炮挖出来或者去做其他工作，愚蠢地没有安排哨兵。他们受到了法军的突袭，法国人使用枪或十字弓，导致英军大多数人死亡或受伤，并缴获了英军的一门名为“红枪”的攻城迫击炮。[84] 英格兰一直以来的丑陋缺点，军队纪律差和训练不足，又一次显现出来。后来大炮被一队佛兰德斯马拖出水中，安全地放回了英军的火炮战线上。

几天之后，军队抵达托尔内姆城堡。军队的前进道路被湍急的赫姆河（River Hem）阻挡，当他的士官们犹豫要不要渡过的时候，亨利冲动地带领着队伍，渡过河流，爬上了远处的河岸。[85]

终于，在 8 月 1 日，国王到达瑟鲁安。迎接他的军队的是一场剧烈的暴风，飓风把城镇周围的田野变成了一片泥沼，士兵们不得不跋涉在“没过膝盖的泥土中”。亨利控制着围攻行动。

10 天后，苏格兰传令官，里昂纹章院长，因弗拉洛希的威廉·卡明（William Cumming of Inverallochy）抵达英格兰阵地，传达了他的主人詹姆士四世的最后通牒。苏格兰国王要求亨利：

停止继续侵略，停止伤害我们的兄弟和表亲（路易十二），对他来说，我们有责任有义务共同帮助对方御敌，就像你和你的同盟国有义务共同侵略和发动战争；为了向你证明我们将保护我们的兄弟国家……

我们会做我们相信可以让你停止侵略法国的事情。[86]

国王立即放弃了骑士精神和外交策略的一般礼节。他生气地扑向受到惊吓的传令官，大喊：

我才是苏格兰的主人——他掌管着我的苏格兰，应该保持敬意！他，居然向我索要我的权利和继承权！

他说法国国王是他的盟友，但他娶了英格兰国王的姐姐，更应该把英格兰国王算作是他的盟友。

告诉他如果他如此鲁莽地入侵我的国家或者踏进我的国土一步，我就会让他像任何一个做出这种事情的人一样铩羽而归。[87]

后来，亨利用更慎重的语气宣布他无法“轻易相信他在苏格兰的姐夫会违背他神圣的誓言（他向斐迪南发誓不会发动侵略），但如果真的打算这样做，毫无疑问他会后悔的”。[88]

第二天，他给詹姆士写了一封信，指出苏格兰与路易十二的联盟是“极其不光彩的”，但是他相信，和他的朋友一起，能够“通过将理事会逐出教会，阻止所有分裂者及其附庸的恶意”。亨利还预言詹姆士应该密切关注纳瓦拉国王的命运，他在帮助了詹姆士之后，“现在成了一个没有国土的国王”。[89]

8 月 15 日，英格兰军队和德意志雇佣军在军营爆发了一场动乱——原因很尴尬，只是因为皇帝马克西米利安到来，和国王一起参加会议。骚乱很快升级为激烈的打斗，德意志人拿起许多重型工程机枪，威胁地对着英格兰人。作为回应，一些弓箭手“对此事大为恼火”，射了很多箭，德意志人重新集结到他们由长枪组成的传统防御墙之中。高级军官试图立即恢复秩序：马克西米利安对他们的反应印象深刻，并且“很高兴看到他们谨慎处理”这些危险的军官们。[90]

法国人计划重新供给被围攻的城市，在一支骑兵队的保护下，通过马夫运送猪肉。英格兰人似乎得到了间谍的预先警告，让他们有时间准备一个致命的陷阱。急于行动的亨利决定“在午夜亲自袭击他们，他穿戴好装备，拿上长矛，皇帝马克西米利安也一样”。[91]

破晓时分法军还没有出现。盔甲上礼节性地戴着圣乔治红色十字的马克西米利安建议亨利在瑟鲁安南边的村庄奎因盖特（Guinegatte）附近的小山顶上放置一些轻型火炮，由下面的弓箭手掩护。下午 4 时，国王同意了，经过了漫长的无聊而焦急的等待，陷阱生效了。

法国骑兵队的领头人突然遇上了一队强健的英格兰骑兵，他们震惊地停了下来，结果只能是陷入炮火和弓箭手齐射的弓箭之中。由于害怕被包围，他们掉转了方向，几乎立即撞向了他们后方的同伴。混乱接踵而至，惊慌失措的法国人开始逃跑，立即“扔掉了他们的长矛、剑和钉头锤”。英格兰军队继续追击并逮捕了他们，他们共缴获 9 面军旗，抓住了 250 个俘虏，为首的有路易·德奥尔良（Louis d'Orleans）、迪尤·德·朗格维尔（Due de Longueville）、法国海军中将勒内·德·克莱蒙（Rene de Clermont），以及罗瑟林侯爵路易。法国人逃离的速度让他们获得了一个充满鄙视意味的名字——马刺之战——这也是英格兰人给这场短暂冲突起的名字。

那天晚上，亨利和蔼地与他的贵族俘虏们共进晚餐，“热烈欢迎”了他们，并且给罗瑟林侯爵穿上了一件昂贵的金质礼服。这位法国人听得懂这些宽宏大量的骑士精神的弦外之音，他拒绝坐下和敌人一起吃饭，但国王完全不介意，并粗鲁地对他说：“你是我的俘虏，你必须这样做。”[92]

尽管法国军队被击溃了，亨利也对这次行动表示称赞，但这场战斗与第二次克勒西战役或阿金库尔战役相去甚远。忠诚的王后也对她丈夫在军事上的功绩表流露出赞美之词：

> 这场胜利太伟大了，我从未见过如此伟大的胜利。
>
> 所有英格兰人都为这场战役感谢上帝，尤其是看到国王安然无恙——对我来说这就是最好的结局。
>
> 我认为在皇帝和他的优秀议员的陪伴下，国王可以不必像我以前担心的那样，亲自出征太多次。[93]

实际上，马刺之战只不过是一场小战斗，但最终无法给被围困的城镇提供补给还是导致法军在 8 月 23 日早上 9 点投降了。此后两周内，瑟鲁安的防御工事被完全摧毁，除教堂和神职人员住所之外的建筑物全部被烧毁。

亨利对于攻下城池感到非常开心。罗马的枢机主教班布里奇——他就是“谄媚”这个形容词行走的化身——称他主人的荣誉是真正“不朽的”。[94] 国王自信现在通往巴黎的路已经向他敞开，并宣布他打算去那里“戴上法国国王的王冠”。[95]

24 小时之前，詹姆士四世率领着 3.5 万人组成的军队，渡过了科德斯特里姆（Coldstream）的特威德河，入侵并掠夺了英格兰北部。

亨利决定把他的贵族俘虏朗格维尔“作为礼物”送给凯瑟琳，在她的后宫中生活，直到他交齐赎金，或者和法国签订和平条约。居家的王后忙碌地绣着战旗，对这个主意并没有感到很高兴，因为她正计划着带兵向北与苏格兰交战。她告诉沃尔西，“除了将要去加来的芒乔伊勋爵，没人能照顾他”，最好把他送到伦敦塔，“尤其是在苏格兰如此不安分之时，现在我随时可能离开”。她最后说道：“愿上帝在与苏格兰的战争中赐我们好运，就像国王在法国的好运。”[96]

与此同时，马克西米利安说服了他容易上当的英格兰盟友围攻图尔奈（Tournai），一个位于低地国家领土边境上的城市，而非攻打一些更合理的战略目标，比如布伦或蒙特勒伊（Montreuil），这些可以加强英格兰在加来附近的战略防御的地方。[97]

亨利在 9 月初抵达里尔——根据教士泰勒所说，这是“一个在沼泽之中有一块岛屿的地方”。英格兰国王礼貌地召见了萨伏依的玛格丽特，他的到来受到了当地大量人民的热烈欢迎。

> 女孩们献上王冠、权杖和花环。囚犯和坏人们手里拿着白

色的手杖寻求赦免。

尽管是明亮的白天，而且道路狭窄到骑士们几乎无法通过，在城门和宫殿之间的道路上，还是摆放着一排点燃的火炬。

马克西米利安送给亨利“一头公牛”作为礼物，泰勒认为这份礼物很奇怪，更不必说其“体形巨大”。[98] 米兰大使完全被这辉煌的场景震慑住了：

最祥和的英格兰国王进入宫殿，身后跟着200名武装侍卫……场面非常豪华。

他们的马上都有着纯银的装饰，它们的衣服一边是金色的，另一边是黑色天鹅绒，有无数的金色条纹和法国的百合花饰。

（萨伏依的玛格丽特）在宫殿的楼梯上接见他，在亨利向她深深鞠躬时，向他致以深深的敬意。

那天晚上，国王高兴地和玛格丽特共舞，“从宴会结束，直到差不多第二天，穿着他的衬衫，没有穿鞋子”。亨利还送给她“一颗价值不菲的美丽的钻石”。亨利“非常高兴”，推迟了和米兰大使保罗·德·劳德的谈话，“因为他急着去吃饭和跳舞。他舞跳得非常好，像只小鹿一样蹦跳”。[99]

调情还在继续。吃过饭后查尔斯·布兰登跪在玛格丽特面前，“从她的手指上取下一枚戒指戴在了自己手上”。他向她许诺，如果她可以“给他所有的荣誉和光环”，他将做她“谦逊的奴仆”。据说亨利推进了他的老朋友和玛格丽特之间的关系。后来关于他们即将结婚的流言让国王感到尴尬，他威胁说要杀死那些散播流言的人，尽管事实上可能正是亨利自己散播的流言。[100]

一周之后，英格兰和帝国的军队在图尔奈修筑了围攻所用的工事——在周围的城墙上挖掘了炮位和战壕。这里似乎比瑟鲁安更容易攻下；米兰特使报告说围城军“每天在城墙附近行走，国王本人偶尔每隔三个半小时也会这样做”。[101]

亨利在那里收到了妻子传来的消息，9 月 9 日，在诺森伯兰郡的弗洛登，詹姆士四世和他的军队被 70 岁的萨里伯爵率领的 2.3 万名精兵打败。

> 霍华德大人送给我一封信，您应该详细看看，萨里勋爵在您不在时，为您的子民带来的这场巨大的胜利。
>
> 这场战役为您和您的国家带来了巨大的荣誉，比您赢得法国王冠的荣誉都要巨大。
>
> 感谢上帝，我相信您不会忘记感谢上帝，这样做会让您取得更多巨大的胜利，我相信上帝会的。
>
> 我将在一位法国人的钱包里发现的账单送给您，法国国王让他买了这些东西送给苏格兰国王用于向您开战。

出乎意料，好战而嗜血的凯瑟琳送来了詹姆斯士四世血肉模糊的战袍，以及从他残缺的尸体上找到的手臂，作为送给亨利的傲人战利品。

> 您应该看到我是多么努力地遵守着（保护英格兰）的诺言，寄给您一件用旗帜做成的国王的外套。
>
> 我想把他本人送给您，但是英格兰人的心脏会受不了。
>
> 亲爱的亨利，亲爱的萨里勋爵……会知道在埋葬苏格兰国王的尸体时您有多么愉快。[102]

随后，王后前往沃尔辛厄姆圣母祠，为这次胜利表达谢意。在这场战争中，1.2 万名苏格兰人战死，大约一半的人在那天参与了战争。几乎每个苏格兰贵族家庭都失去了一位父亲、儿子或兄弟。

亨利得意扬扬地将弗洛登的消息告诉米兰大公马克西米利安·斯福扎（Maximilian Sforza）。马刺战役和弗洛登战役之后，他对于都铎王朝的骄傲已经无法被压制，淡化了苏格兰在一开始所取得的胜利的重要性：

> 苏格兰国王亲自带领一支庞大的军队入侵英格兰领土，首先占领了达勒姆主教的一座老旧的小城，这里几乎已经是一片废墟，没有防御……几乎空无一人。
>
> 随后他前进了 4 英里（6.4 千米）进入了我们的国土。在那里，我们已经任命贵族萨里伯爵抵制苏格兰……在一场漫长而激烈的战斗中遇到了他们。
>
> 在上帝的帮助下，怀着更高尚的目的，我们的军队取得了胜利，杀死了大量敌人……在剩下的战斗中，夺走了他们所有的大炮并抢夺了整个营地。

国王加上了一个附言："在写下这些时，我们已经收到了苏格兰国王被杀死的消息……他已经为他的叛国罪受到了比我们所希望的更多的惩罚。"[103]

亨利鸣枪庆祝，他精心安排了1000门火炮齐鸣，他宣称："我将用我的火炮声给他敲响丧钟。"

弗洛登战役的胜利者萨里获得了"重新得到诺福克公爵称号"的荣誉——他在博斯沃思战役与理查三世交战之后失去了这个头衔。他的长子代替他获封萨里伯爵。

在8天的围攻之后，图尔奈投降了。国王写信给利奥十世，指出弗洛登的新闻和这座城市的投降明显地昭示出"上帝在代表神圣同盟战斗"。他打算追击法国军队，"但是他们逃跑得太迅速了，我对于超过他们感到绝望"。

亨利宣布"冬天快到了，苏格兰战事紧急"，他将返回英格兰。他还计划在11月1日召开议会会议。

国王向利奥保证他会"尽快带着更大规模的军队回来，尽最大能力进行战斗"。

宫廷诗人伯纳德·安德烈写下了一些拉丁文短诗，赞美他"无敌的"主人，是"陆地和海洋上的神明，其职责是守护英格兰王冠"。对于亨利来说，"掠夺和流血都不是他的战争目的；他的目的是要他的领土在他的统治下回归"。[104]

但是在30多年的时间里，亨利都没有回到法国进行战争，也没有再次试图宣称他的继承权。

第八章

国家内外

“我对于拥有的一切感觉很满意，我只希望统治好我自己的子民。不过，我不会允许任何人有权利统治我……这是我永远不能忍受的。”

——1516 年 6 月亨利八世写给威尼斯大使塞巴斯蒂安·朱斯蒂尼安（Sebastian Giustinian）[1]

1514 年 6 月之前，亨利完全沉浸在再次攻击法国的念头中。在他脑海中首要的想法就是，除了占领了几个法国城镇他并没有完全消灭路易十二的军事力量，这一事实令他不安。他已经谦恭地将其中一个城镇瑟鲁安让给了皇帝马克西米利安，而另一个，图尔奈，被他暂时用作英格兰在法国北部的前哨阵地。[2]

因此，国王并没有比越过英吉利海峡参与耗资巨大的战争之前更加接近法国王位。[3]不仅如此，尤利乌斯二世将他称为“最伟大的基督教国王”，并愉快地承认他对法国王位继承权的声明，不知何故他的敕令并未能送达英格兰。尽管亨利尽最大努力得到它，但它还是被困在了梵蒂冈错综复杂的官僚机构某个落满灰尘的角落里，事实上再也没有出现过。

国王不是傻子。霍华德在弗洛登战役中取得的成功，沉重打击了苏格兰王位和整个国家，而且保证了英格兰北部边境的安全。但不幸的是，这也让亨利自己在马刺战役——更应该说是小冲突的战场上缺乏经验的行为显得有些不光彩。尽管亨利夸张地描述他的大臣们谄媚的赞美，但这场战争绝对算不上历史上的著名胜利。

不过至少，英格兰军队恢复了在欧洲宫廷的名声，为巩固盟友创造了机会。在法国战场上取得战术胜利后的第一个成果，就是与皇帝马克西米利安确认，他现年 17 岁的妹妹玛丽，将在 5 月于加来嫁给马克西米利安的孙子——14 岁的勃艮第公爵查理。举办过盛大的婚礼之后，皇帝和国王将穿上盔甲，拿起他们可怕的战争武器，再一次大胆进攻背信弃义的高卢人。[4]

亨利还收到了一些海外小国的统治者送来的精致礼物，作为友谊的象征。1514 年 6 月，曼图亚侯爵送给他两匹良马，名字分别为阿尔托贝洛（Altobello）和戈文托尔（Goventore）。骑了 6 天之后，国王称自己从来没有"骑过一匹比戈文托尔更称他心意的马"。他询问侯爵想要什么，得到的回答是"除了国王的关照什么都不要"。[5]

但是，尽管他在欧洲大陆的征战为他获得了这些微小的实际利益，亨利雄心勃勃的计划还是没有实现，因为他没有考虑到，欧洲政局会如流沙般变幻莫测。

优柔寡断的新任教皇利奥十世决定解散神圣同盟，与法国议和。他派使节吉安彼得罗·卡拉法（Gianpetro Caraffa）到伦敦商讨计划方案，但愤怒的亨利拒绝见他。利奥坚定地致力于统一基督教联盟的神圣事业，在 1513 年 12 月写了一封言辞流畅的信给国王，恳求他“消除所有仇恨”“种下和平的种子”。由于亨利想要通过战争实现的神圣目的“已经得到了保证”，教皇“希望他能听从建议，实现光荣的和平”。[6] 同一天，他向国王的大臣沃勒姆、鲁瑟尔和福克斯传去简函，试图“用真诚感动英格兰国王亨利，实现和平”。利奥没有忘记

> 他拿起武器是为了教会的自由，但因为他的敌人（路易十二）已经谦卑地来到罗马教会请求赦免，他自己也名利双收，教皇有责任阻止屠杀，更何况还有其他教会敌人（土耳其人）需要击退。[7]

他真诚地劝诫他们，要让国王相信，应该让广泛的和平再次主宰欧洲国家。[8]

为了给亨利施加压力，利奥送给他一柄昂贵的剑和一顶无檐帽（坚忍之冕）[9]，这是教皇送给欧洲主权国家的，作为他们尊贵身份的标志。[10]5 月 21 日星期日，圣保罗大教堂内进行了一场特殊的大弥撒来庆祝获得这份奖赏。国王穿着镶金的紫缎方格礼服跪在圣坛前，一柄护把和剑鞘镀金的长剑扣在他的腰间。他头上戴着那顶 1 英尺（30.5 米）高的“紫色绸缎帽子，很像阿尔巴尼亚轻骑兵戴的帽子”，“由于太长，帽子盖住了他的整张脸”。[11] 事实证明，接下来的盛大游行有些危险，因为国王几乎是摸索着在教堂内行走。

国王对教皇使节的斥责，可能并不仅仅是在不成熟地发脾气。约1513年12月，亨利感染上了天花，一种在16世纪时盛行于英格兰的疾病。病情很严重：国外流传的消息说他的医生“担心他的生命安全，但他却从床上起来，凶猛地与法国人作战”。[12]1月时，身在伦敦的伊拉斯谟打算送给沃尔西（现在已被任命为林肯主教）一份礼物，但是他的计划由于“他认为因为瘟疫的影响那里并不安全”而被推迟。他说：“我在里士满宫时国王生病了，但医生说他已经脱离了危险。”[13]值得庆幸的是，亨利并没有留下得过此病常有的印记——在脸上留下伤疤。

与此同时，玛丽公主正翘首期待着她的准新郎，据说是一个病恹恹的男孩，性格孤僻，甚至有些忧郁。[14]1514年6月，佛兰德斯地方议会议长热拉尔·德·普莱恩（Gerard de Pleine）在伦敦见到了玛丽公主，并向萨伏依的玛格丽特讲述了他对她的印象：

> 她是世界上最漂亮的女士之一。我觉得自己从来没见过比她更有魅力的人。
>
> 她非常优雅。她跳舞和谈话时的举止总会让人感到快乐。
>
> 在她身上，没有任何的忧郁和悲伤。
>
> 确实……她很喜欢查理王子，她有一张很难看的王子画像，据说她每天要看上十次。
>
> 她从来没有一天不会表达对他的祝福。
>
> 我曾想象她个头很高，但实际上她身材适中而且……在年龄和性格方面比我所听说的要更加适合王子。[15]

但这段婚姻却没能实现。1514 年 1 月 9 日，路易十二的妻子布列塔尼的安妮去世。出人意料的是，51 岁的法国国王竟向玛丽暗送秋波，要娶她做自己的妻子。

英格兰和法国之间还继续进行着零星的战争。次月，法国攻入英格兰南海岸，在紧急召集的弓箭手将他们驱逐出去之前，大火已经将布赖顿（Brighton）烧成平地（只留下圣尼古拉斯教堂耸立在那里）。[16] 为了复仇，亨利派出了一支远征军，在新任萨里伯爵的带领下到诺曼底进行征讨，烧毁了瑟堡附近的乡村并进行掠夺。[17] 法军还进攻了加来附近的村庄基尼斯（Guisnes），并威胁说将包围那里，“但英格兰人航行到那里，将他们驱逐了出去，杀死了许多人”。[18]

令人惊讶的是，法国国王的求婚并没有遭到拒绝，这主要是因为西班牙的斐迪南打算和法国签订单边和平协议，而皇帝马克西米利安退出了神圣同盟。[19] 因此，众叛亲离的亨利最初打算独自对抗法国，但后来开始向瑞士示好，将其视为潜在的盟友。然而，沃尔西和福克斯主教强烈建议与法国国王签订一份新的和平条约：亨利告诉沃尔西，他要求法国国王因“持有我的遗产”——法国王位——每年支付 10 万克朗，且“在付款之前”和平“不会出现”。[20]

随后，在 1514 年 8 月 7 日签订的条约中，路易同意支付给亨利 100 万金克朗（25 万英镑），分 10 年付清。最后的条款是，同意玛丽嫁给路易十二。[21]

在罗马，英格兰大使、约克大主教、枢机主教班布里奇突然于 7 月 14 日去世，可能是被他的神父雷纳尔多·德·摩德纳（Renaldo da Modena）下了毒，这名神父在被他残忍的老师打了之后一直愤愤不平。亨利正式要求教皇利奥批准沃尔西成为他所在地区的枢机主教，他在信中写道“他的品德如此高尚，我们敬仰他甚于最好的朋友，如果没有他，我们连一件小事都做不成”。而且，除了沃尔西“没有人如此尽心尽力地”关心英法之间的和平。[22]

路易对于玛丽毫无吸引力。他没有牙齿，受到梅毒和痛风的困扰，皮肤像坏血病患者，并且已经表现出早衰的症状。一些恶意的报告甚至说他已经患上了象皮病[23]或麻风病。他几乎不会成为任何一个憧憬着幸福婚姻的女孩的第一选择。

唯一的一点希望之光，就是他似乎不会活太久了。经过一番哄骗之后，不情愿的公主终于告诉哥哥她愿意嫁给路易，但是有一个条件，就是在路易去世后，她有绝对的自由为自己挑选下一任丈夫。她已经看中了在 1514 年受封为萨福克公爵的查尔斯 · 布兰登。7 月 30 日，她在埃塞克斯旺斯特德（Wanstead）王室庄园的一个小型正式仪式中，庄严宣布放弃自己与勃艮第的查理的婚姻，见证人有沃尔西、诺福克和萨福克公爵本人。[24]

8 月 13 日，代行婚礼在格林尼治举行，由法国人质朗格维尔公爵代表路易十二。随后进行了象征性的完婚过程，玛丽脱去衣服之后，“在众人的见证之下”爬到了床上。另外一名法国囚犯罗瑟林侯爵穿着一件紧身上衣和艳俗的红色裤子（只有一条裤腿）爬到被子下面，用赤裸的腿触碰她的身体。[25]在旁观者礼貌的掌声中，婚礼被宣布正式完成。玛丽真正的新婚之夜比这要无聊多了。

国王为她的嫁妆花费了近 1000 英镑，其中超过一半都用于刺绣品，包括付给一家珠宝店 233 英镑买了一些闪闪发光的镀金亮片绣在玛丽的礼服上。[26]

1514年9月30日，亨利和凯瑟琳目送他们无精打采的妹妹离开多佛，但她前往法国的旅程充满了意外事故，并不顺利。海军上将萨里伯爵在安全的英吉利海峡对岸精心安排了一场婚礼派对，但是暴风天气却让他们延误了四天，经受着晕船的痛苦折磨。[27]玛丽的船脱离了船队，在布伦港外的一片沙滩上搁浅了，于是她不得不坐在一只小船上，迎着汹涌的海浪划船回岸边。最后，克里斯托弗·加尼什（Christopher Garnish）先生把她扛在手臂上，在大浪中艰难地走回了沙滩。[28]作为一个血统纯正的都铎人，她愤怒地大声抗议这种危害她尊严的行为。她的侍女之一玛丽·博林（阿拉贡的凯瑟琳的侍女，外交官托马斯·博林的女儿）因法语流利，被选为随行人员之一。

在阿布维尔（Abbeville），新娘第一次见到丈夫就感到无比厌烦。脑子里显然满是淫秽想法的法国国王正“舔着嘴唇，咽着口水”，穿着更适合年轻人的滑稽衣服。由于垂涎玛丽的路易斯经历了一次严重的痛风，婚礼推迟了几个星期，但最终，在10月9日，他们的婚礼还是在阿布维尔大教堂举行了。新婚之夜过去后，新郎虚荣地吹嘘说自己“表现神勇”，尽管他的女婿及继承人昂格莱姆公爵弗朗索瓦不怀好意地说“除非我得到的是虚假消息……国王和王后不可能有孩子”。[29]玛丽的大多数英格兰仆人都立即被洗劫一空，让她非常气愤，但玛丽·博林仍然是的她的内宫侍女。

亨利派萨福克公爵去巴黎执行一项秘密任务，讨论报复破坏了与英格兰的联盟并且对待亨利极度傲慢的西班牙国王的计划。亨利希望与路易签订军事条约，将斐迪南驱逐出纳瓦拉国，同时换取路易声援他强调王后凯瑟琳有权得到卡斯蒂利亚，亨利坚称凯瑟琳本就是卡斯蒂利亚的合法继承人，让这种宣示听起来有一定道理。

就在公爵离开之前，在埃尔瑟姆宫，亨利让他在沃尔西面前庄严承诺，他在法国期间绝对不会引诱玛丽或者对玛丽有过分亲密的举止。[30]

在伦敦，斐迪南的大使路易斯·卡洛兹（Luis Caroz）感受到了亨利的愤怒，人们对待他像对待“一头人人冲它扔飞镖的公牛”——这是个形象的西班牙比喻。国王的行为现在“非常具有攻击性且没有礼貌”，而且“如果上帝不改变亨利的想法，他真的会实现他的意图——尽他最大所能伤害斐迪南”。卡洛兹悲伤地警告说，如果他的岳父不“捆住这批小马”，那将无法控制他。

阿拉贡的凯瑟琳在亨利宫廷中作为斐迪南私人信使的角色在很早以前就结束了。她似乎并没有察觉到丈夫渴望着报复她的父亲，而且由于一直没有男性继承人，她更担心的可能是自己脆弱的婚姻。西班牙大使哀叹说她的忏悔神父修道士迭戈·费尔南德斯（Diego Fenández）强烈要求她

> 应该忘记西班牙和西班牙的一切，以得到国王和英格兰人民的爱。她已经完全接受了这一想法，不会改变她的行为，除非有些她身边的人告诉她，做什么才对他的国王父亲有利。[31]

或许她已经听到了罗马的流言，亨利计划着否认与她的婚姻，将她送到远方的女修道院去。[32]

据推测，萨福克公爵在法国参加了玛丽的加冕礼，并在10月25日参加了在博韦（Beauvais）举办的结婚典礼。他发现路易躺着，玛丽害羞地坐在王室床边。法国国王拥抱了他“并且抱了很长一段时间，说真心欢迎我”。公爵说亨利“向自己介绍了他真心爱着的妹夫，并感谢他给他的妹妹玛丽王后如此大的荣誉和关爱”。作为回报，路易回答说，没有任何一个王后“举止如此明智得体”而且“非常可爱”。[33]

经过适当的考虑之后，萨福克交出了他的秘密信件，法国国王发誓他“非常愿意在他能力范围内提供一切帮助”。但是，和路易合作的最终总要付出一些代价：作为帮助英格兰对抗西班牙的回报，他要求英格兰给他20万克朗，并对他提供军事协助，在次年3月捉住米兰大公。[34]

就在一个月之后，玛丽在圣丹尼斯加冕成为法国王后。随后举行了3天的庆祝比武，玛丽“站着，所有人都能看见她，想要见识她的美貌”，但她的丈夫却“由于虚弱无力地躺在椅子上”。[35]

1515年1月1日，路易十二去世了，有传言说他的死因是在和年轻的新娘83天的婚姻期间过于疲劳。随着老国王的去世，亨利对于得到法国军事支持以打击西班牙的愿望也破灭了。

就在路易去世之时，玛丽宣布她没有怀孕，因此路易的女婿——20岁的昂古莱姆公爵弗朗索瓦立即继承了王位。他“极其英俊慷慨……他在11时起床，听弥撒，和他的母亲度过两三个小时，随后去拜访他的情人们，或者去狩猎”。

年轻的寡妇玛丽坐在寝室里，“穿着全黑的衣服，头上和下巴下面像修女一样系着一块白色的头巾。她从不能保持平静，头一直在动”。[36]显然，她的小动作表明她并没有为年老多病的丈夫默哀，而是正想着别的事情。

玛丽现在可以自由地嫁给萨福克公爵了——亨利之前曾许诺她自由择夫——但两个人都不可避免地惧怕亨利发怒。3月，公爵写信给沃尔西求助。

> 王后不允许我休息，除非我答应和她结婚。
>
> 因此，实话告诉你，我已经和她秘密结婚了，而且正如我所担心的……她怀孕了。

萨福克公爵承认他宁愿“去死”也不想让亨利“不满”。[37]“怀着悲伤的心情”，沃尔西给他写了回信，并说尽管萨福克希望他的信件保密，但还是给亨利看过了。

> 国王不相信，极其痛苦和不开心地接受了这个消息——不仅因为你的放肆，更因为你违背了在埃尔瑟姆宫许下的承诺。他不愿相信你违背了自己的承诺，要将你五马分尸。
>
> 那些让你走到这一步的盲目关爱和劝告都会受到诅咒的！

沃尔西还加上了一条不祥的警告：“你现在处在最危险的境地中。”[38]

所谓不入虎穴，焉得虎子。萨福克公爵鼓起勇气给他的老朋友和君主写了一封情真意切的悔过信。他请求“我对这段婚姻的冒犯”能够得到原谅，并祈祷“上帝垂怜，让你不会成为我的敌人”。

> 我愿意与全世界为敌，为之而死，做一切事情拯救与王后的爱情和婚姻，如果这让您不高兴，我向上帝祈祷我将以一种最不光彩的方式死去。[39]

玛丽也写信给她的哥哥，恳求他记住他曾向她许下的承诺。路易已经死了，萨福克是一个品德高尚的人——“我一直认为他非常好，你知道的”——玛丽“不需要他的任何请求或付出任何劳动”就嫁给了他。她现在一定要和他在一起，尘世间没有什么能改变她的心意”。[40]

萨福克公爵担心自己的生命安全，他怀疑亨利议会中的大多数人——除了沃尔西——都希望他被处死。他感到十分艰难——他对国王说，他过去曾帮助过他们所有人，但“现在遇到这么一点儿小困难”，他们都准备好要置他于死地。但公爵强调，他愿意接受亨利下达的任何惩罚。[41]

国王让这对恋人提心吊胆了一段时间，最终出于仁慈在 5 月赐予了他们皇家特许令——作为回报，他们要交出玛丽和路易婚礼花费的 2.4 万英镑，以及玛丽所有的金银器和珠宝。[42]1516 年 3 月 11 日，萨福克和他的王族妻子生下了一个儿子，施洗时由国王和沃尔西担任教父，阿拉贡的凯瑟琳担任教母。这个孩子被取名为亨利。[43]

路易并非唯一一个去世的欧洲君主。1516 年 1 月 23 日，斐迪南去世了，他的外孙查理作为卡斯蒂利亚和阿拉贡的联合统治者继承了王位，而查理的母亲“疯女”胡安娜很快就被锁进了一座偏远的西班牙城堡中。1519 年 1 月，查理的祖父马克西米利安去世，他又成了神圣罗马帝国皇帝，统治着欧洲中部、西部和南部，以及西班牙在美洲的殖民地。

1520 年 5 月末，查理中断了从西班牙返回勃艮第公国的行程，简短地拜访了英格兰。他停靠在多佛，和亨利一起前往坎特伯雷，在坎特伯雷大主教的宫殿里第一次见到了他的姨母阿拉贡的凯瑟琳。[44] 这是一次简短的会面，因为亨利本人还要去见法国的弗朗索瓦一世——他仍然是“大多数基督徒的国王”，令亨利厌烦——他们在基尼斯和阿德尔之间召开了一次会议，这个地方后来被人们称为“金缕地”。

两国的君主都试图在随行人员的规模和华丽程度上超过对方。这不是战场上的战争，而是两个老对手之间的文化之战。英格兰代表团由超过 5000 名官员和他们的随从组成。沃尔西为亨利在指定的会议地点瓦勒德奥尔组织建造了一个巨大的临时广场，地基由砖块铺砌，建筑由木头和帆布搭建而成。山谷的两侧已经被精心挖掘过，这样就没有一个国家能够享受比另一个国家更高的优越性。今天，这处遗址上有一处花岗岩石碑，位于巴兰盖姆（Balinghem）附近繁忙的 D231 公路附近，距离加来南部 10 英里（16 公里）。

这并不是会议全部内容。这场会议开了近两个星期，进行了长矛比武和各种比赛。亨利扭伤了手腕，所以几乎没有参加什么项目，而“长矛像芦苇一样颤抖的”弗朗索瓦被刺伤了一只眼睛，不得不在伤口上戴上黑色的眼罩。在天气不好的一天举行了摔跤比赛——也包括两个国王之间的较量，这是他们在亭子里喝酒时安排的。令亨利极其愤怒的是，弗朗索瓦使用一招布列塔尼式的摔跤术，将他摔在了地上。[45] 他从地板上跳起来，要求重新比赛，但是冷淡的高卢人礼貌回绝了。不过，亨利至少在和 24 名王室侍卫并肩进行射箭比赛时表现出色。

这场正式的外交表演在 6 月 23 日结束，沃尔西在英法两国的国王和王后都在场时做了庆祝弥撒。主题自然离不开和平，并在那里为一座教堂铺下了一块基石，名字叫作“友谊圣母”，教堂由两国的君主共同捐助。[46] 仪式开始时，英格兰人向营地上空发射了一支龙形烟花。[47]

这场伟大的文艺复兴式仪式并没有根除一种传统的民族特质，至少在某些英格兰人身上没有。在回英格兰的路上，多塞特侯爵的弟弟伦纳德·格雷勋爵嘲讽地对一个朋友说：“如果我体内流着一滴法国人的血液，我都会切开我的身体将其除掉。”另一个人回答说：“我也会这样做。”这就是英法协约的作用。国王逮捕了他们。

尽管亨利对外交阴谋和海军力量非常着迷，但对于探索大西洋彼岸的新世界却没什么兴趣。1517 年，一位名为约翰·拉斯特尔（John Rastell）的律师兼印刷商（也是托马斯·莫尔的姐夫），计划去“不久前发现的名为美洲的新大陆”进行殖民航行，亨利为他提供了给每一位他可能遇到的原住民国王的推荐信，但是资金却来自两个伦敦商人，莫尔作为担保人。[48]

1517 年 3 月 1 日，拉斯特尔带着两艘船从格雷夫森德（Gravesend）起航了，其中一艘名为“芭芭拉”，到达爱尔兰东南海岸的沃特福德之后，船员们觉得做海盗比去遥远陌生的海岸更有吸引力，就立即把他丢上了岸。他们航行至波尔多，卖掉了从他那里偷来的面粉、食盐和牛油等货物。[49]

1512年年初，伦敦工会受邀资助一支由五艘船组成的舰队，通过萧条的北极圈，去寻找一条通往富饶的中国和东印度的隐秘西北航道。这些英勇的舰船将由一艘王室舰船陪伴，这个计划得到了亨利和沃尔西的同意，但商人们不愿冒风险把钱花在去遥远未知的地方冒险。国王立即将他们召集到王宫之中，要求他们交出现金——"国王不允许说'不'，他尖锐地告诉市长，要充分利用他的权力执行探险计划。"[50] 几艘船得到了资助，但是舰队从未出海。

西北航道一直吸引着英格兰的冒险家们。1541年，家喻户晓的普拉特河（在今阿根廷和乌拉圭之间）发现者罗杰·巴洛（Roger Barlow）认为"上帝的为英格兰在北方保留了最短的路线"。1527年，布里斯托尔的商人罗伯特·索恩（Robert Thorne）——1494年他的父亲曾自称是第一个发现纽芬兰的人[51]——试图说服亨利在查理五世宫廷的大使爱德华·李博士（Dr Edward Lee），东方有无尽的财富等待着人们去发现。岛上，也就是现在的菲律宾群岛

> 盛产丁香、肉豆蔻、调料和肉桂……并且满是钻石、巴拉红宝石[52]、石榴石[53]和其他宝石及珠宝。大自然不是个小气鬼，这里有她给予的一切。

在他长达19页的信中，索恩没完没了地解释如何在海上寻找

航线："国王知道宇宙学家将地球分为360个纬度，以及多个经度，这样就可以理解地球是圆的。可怜的李博士！地球是圆的这一新概念已经够难理解了，更何况海上航行还有其数学复杂性。"

作为一名狂热的探险者，索恩立即向亨利提出远征北极探险，极力说明西北航道可以缩短航行至远东的时间，助他打败西班牙和葡萄牙。[55]尽管这个商人为了航行买了一艘船，但是并没有留下关于国王回应的任何记录。

同在1527年，国王确实支持了一位英格兰人去寻找航线。队长约翰·鲁特（John Rut）[56]是国王的一个侍卫，他有两艘船，其中一艘三桅船"玛丽·吉尔福德号"（*Mary Guilford*）重达160吨，[57]是一艘皇家舰船。[58]6月10日，他从普利茅斯港出发，但是由于大西洋的严重风暴，他失去了另一艘船"参孙号"。他勇敢地越过冰山，到达了拉布拉多海岸。在纽芬兰的圣约翰港抛锚之后，鲁特在1527年8月3日写信给亨利——这是现存最早的写自北美的信件：

> 同伴们都很健康。感谢上帝，"玛丽·吉尔福德号"和全体船员都安然无恙。
>
> 向北前进至北纬53°，我们发现了许多冰块形成的岛和深水区，我们听不见任何声音，由于担心冰块而不敢继续前进……
>
> 我们向南走……停在了德贝斯角（Cape de Bas），这是一个由许多小岛和一个大型淡水湖组成的港口，淡水湖一直向上延伸至大陆。岛上是一片荒地，有山和树木，没有人住在那

> 里。在森林里我们发现了各种大型野兽的脚印，但是却没有看见野兽，10 法里以内都没有。[59]

在港口内，他们发现了 11 艘来自诺曼底的船和一艘来自布列塔尼的船，还有两艘葡萄牙三桅帆船，全都在附近的鳕鱼场捕鱼。[60]

鲁特随后向南航行至佛罗里达，进入了加勒比海，在 11 月到达了伊斯帕尼奥拉岛上的西班牙城镇圣多明各（今天的多米尼加共和国）。由于当地人对他非常怀疑，又或许是因为船尾受到迫击炮的打击，鲁特在 24 小时内迅速离开了那里。西班牙人对这件事的记录是：

> 他们的航行远达北纬五十多度，有些人因寒冷而死，领航员去世了，一艘船失事了。
>
> 船定住不动了……在这座城市的堡垒上向它投射了装满石子的炸弹，炸弹在船附近爆炸，立即清理了通往卡斯蒂利亚的航道。
>
> 这艘船武装得非常好，有很多双重重型铜管炮，并且蓄势待发。[61]

尽管这趟旅程充满了浪漫和冒险，却最终也没能找到通往中国的航道，这让国王相信，他真正的宿命依然在欧洲。他仍然想得到法国王冠。

关于这一时期的傲慢得不可一世的亨利八世，我们可以看到生动的记载——栩栩如生地描写出了国王的光鲜亮丽。

一副在 1515 年专门为他制作的雕刻的银质铠甲显示出他的身高至少有 6 英尺 1 英寸（1.84 米），他肩膀宽阔，腰围经测量为 35.5 英寸（0.9 米）。这样的身材使得他比身边大多数人都要高。[62] 塞巴斯蒂安·朱斯蒂尼安在 1519 年 8 月作为威尼斯大使离开了伦敦，他为 28 岁的亨利画了一幅细腻的画像。国王

> 比基督教国家任何一位君主都要英俊——比法国国王英俊太多了。
>
> 他面庞英俊，整体身材也非常匀称。
>
> 听说弗朗索瓦国王留着胡子，他也让自己留起了胡子，他的胡子微红，看起来像金子一样。[63]

这时的亨利因为阿拉贡的凯瑟琳的严重反对，并没有留很长的胡子，显然凯瑟琳每天都要向她丈夫唠叨，直到理发师将其削去。[64] 在他统治期的前半期，亨利留着齐短发，但后来他的头发被剪得越来越短。

> （他）非常虔诚，狩猎时每天要听三段弥撒，其他时间有时要听五段，此外还要每天在王后的寝室里听晚祷。[65]
>
> 他极其喜欢狩猎，除非累坏八到十匹马，他绝不会分神。他把准备好要骑的马安置在活动范围内。

1520 年 8 月，亨利每天四五点钟起床“打猎到晚上九十点钟。他不遗余力地把打猎运动变成了受难”，一位筋疲力尽的大

臣抱怨道。[66]

朱斯蒂尼安描述了国王有多么喜欢打网球，看他打网球是世界上最美好的事情——他白皙的皮肤透过一件布料精致的衬衫闪闪发光。[67]1527年，他在一场激烈的比赛中伤到了脚，地点可能是威斯敏斯特宫，次月，他不得不穿着一只黑色天鹅绒拖鞋来缓解仍然困扰着他的疼痛。[68]

像他父亲一样，他也特别喜欢赌博，下注赌比武竞赛、网球和射箭比赛的结果，也玩掷骰子、卡牌和象棋等游戏。一位威尼斯大使说过，他"和法国人质赌博的钱数有时一天可以达到6000~8000达克特（2750~3680英镑）"。[69]骰子或卡牌通常是在宫廷舞会或戏剧之后的深夜玩，经常会玩到下半夜。大笔钱转手送人了：1511年，知道亨利爱好赌博的"狡猾的人们"，"带来了法国人和伦巴第人和他赌博，他因此失去了很多金钱，但是当他看破他们的计谋之后，他远离了这些人，让他们离开了"。[70]

亨利有足够的钱供他挥霍。朱斯蒂尼安坚信他非常富有：

> 他父亲给他留下了价值1000万英镑的黄金，他打算用其中的一半来和法国进行战争。
>
> 他每年的财政收入大约有35万达克特（16.5万英镑，现在价值6650万英镑）……而他的花销大约是10万达克特……其中有1.6万用于购买服饰，他是世界上最讲究穿着的君主。他的长袍都非常高贵华丽，每到节日他就要穿上新衣服。[71]

亨利非常明白怎样穿衣会令人印象深刻："他手指上戴着许多

戒指，脖子上戴着金领子，上面挂着一颗胡桃大小的钻石。”一位外交访客感叹道。[72]

另一位威尼斯人洛伦佐·帕斯夸利戈（Lorenzo Pasqualigo），回应了朱斯蒂尼安对亨利英俊的外表热情洋溢的赞美。他在1515年圣乔治日在里士满目睹了亨利的游行队伍：

> 国王是我亲眼见过的最英俊的人。（他）比一般人要高，有着极其健壮的小腿，他的面容非常英俊，法式短直的褐色头发非常明亮，圆圆的脸非常俊俏，像个美丽的女人。[73]

这位威尼斯人曾在巴黎见过弗朗索瓦一世，比他大三岁的亨利对这位比他小的兄弟国王很好奇。五朔节时在格林尼治附近的射手山丘，亨利（又一次）装扮成罗宾汉，他向帕斯奎利戈询问他的对手法国国王的外表：

> “法国国王有我高吗？”我告诉他比他矮一些。“他身材结实吗？”我告诉他不是的。
>
> “他的腿怎么样？”我回答说：“很瘦。”
>
> 于是，他敞开他的紧身上衣，把手放在大腿上说：“看，我的腿非常健壮。”[74]

国王保持着对音乐的热爱，经常弹奏各种乐器长达几个小时，继续他自己的音乐创作：“吃过晚饭后，他跳舞，演奏每一种乐器”，一位外交官在宫廷里度过了歌舞升平的一夜之后说道。朱斯蒂尼安的大臣尼科洛·萨库蒂诺（Nicolo Sagudino）本身并不是音乐家，在1515年6月参加了格林尼治宫的一场晚会，当时

两位音乐家为国王演奏风琴，但是演奏得很糟糕。他们抓不住节拍，按键力度微弱，演奏得不是很好。

在场的高级教士说国王一定想听我这么说，因为国王日夜练习这些乐器。[75]

亨利决定雇用一位老师，并引诱威尼斯圣马可大教堂的风琴师修道士迪奥尼修斯·梅莫（Dionysius Memo）在1516年9月来到伦敦，让他作为他的乐队队长和神父。朱斯蒂尼安向他在威尼斯的君主汇报：

（梅莫）花大价钱买了一件最棒的乐器。

国王……吃过饭后派人去请他，让他在大臣和所有艺术家面前演奏。

他的演奏赢得了每个人的赞许，他们都表示不可思议，尤其是国王。[76]

国王还总是无情地抢走其他大学和教堂声音甜美的唱诗班歌手，雇佣他们来扩充他自己的王室祈祷室。亨利嫉妒沃尔西的约克宫（他在伦敦的豪华宫殿）祈祷室中高质量的素歌演唱效果，1518年3月他的大臣理查德·佩斯（Richard Pace）警告这位枢机主教：

大人，如果不是出于对您本人的爱，国王一定会让孩子和大人们都离开您的教堂。

国王显然跟威廉·克伦威尔[77]说过，您的教堂要比他的好，他的证明原因是——任何形式的一首要被送到两个教堂里演唱的新歌，在您的教堂里听起来一定会比在国王的教堂里好。[78]

亨利在举办每一场华丽的表演之前总是会精心准备，他非常了解布景的华丽程度象征着英格兰在欧洲政坛日益增长的重要性。1517 年 6 月，教皇驻英格兰使节弗朗西斯科·基耶雷加托（Francesco Chieregato）被国王的外表深深吸引，他“穿着白色绸缎衣服是土耳其式的，穿着一件镶有依照他的徽章用红宝石和钻石缀成的玫瑰的长袍”。

听过弥撒之后，皇家派对进入比武环节，40 位来自长矛近身护卫队的成员参加了开场仪式，他们穿着丝绸制服，戴着首字母 H 和 K 组成的金链子。这些链子有“五根手指”宽，每一条在制作时熔铸了 2000 达克特。他们都骑着白马，马身上也装饰着金质的首字母，这“花费了国王一笔巨款，在最后 4 个月，全伦敦的金匠除了制作这些马饰，什么都没做”。缰绳、马鞍的鞍桥都是纯银做的。

那天亨利和萨福克进行了比武：

他们都是如此的英勇，观众们以为自己正在看赫克托和阿喀琉斯之间的比武。

国王骑着一匹高高的白马，从头到脚都装饰着小铃铛……他头上戴着一支满是珠宝的大羽毛。

他在王后和女士们面前展示自己的能力，向空中跳了一千次，一匹马累了之后，他走进帐篷，骑上了一匹侍从骑的马，继续这样做，然后重新回到比武场上，直到比武结束。

随后设置了自助餐，桌子30英尺长、20英尺高（9.14米×6.01米），“上面摆放着价值巨大的金银花瓶。所有用于上餐的小盘子和高脚杯都是纯金的”。上餐和用餐共花费了7个小时：

整个过程中一直不停地移动和更换食物，房间里餐桌的各个方向都摆满了新鲜食物。

王国里所有可以想到的肉类餐桌上都有，从各种鱼肉到虾肉馅饼都有，但最多的是果冻，有二十多种。

它们被制作成城堡和各种动物的形状，要多漂亮有多漂亮。

教皇的使节用一段结束语总结了他对于亨利令人叹为观止的豪华宫廷的赞美——亨利非常喜欢听这些赞美之词：

全世界的财富和文明都在这里，那些说英格兰人野蛮的人对我来说才是最野蛮的。

我在这里见识到了优雅的举止、完美的礼节，受到了极大的礼遇。

这里有无与伦比的国王，他学识广博、品质优秀，我认为他比任何一位国王都要优秀。

正如这个国家的人自己所说的，有如此的杰出一位君主，国家受到保佑，充满幸福。[79]

亨利的宫廷是一个辉煌宏大、秩序井然的机构。他的两位侍寝官总是睡在王室卧室内的一张简陋的床上，所有人都要在早上7点准备好服侍他，帮他穿衣打扮——“以一种虔诚、谨慎并严肃的方式”。没有国王的特殊命令，没有人能碰他神圣的身体。典章规定内宫成员要

互相之间保持友好，对于那里发生的一切保密；国王不在时不许询问他去了哪里，也不能说起他打发时间的方式，如果有人说了对国王不合适的语言，必须立即上报。

他们绝不能利用职务之便帮别人请求特别待遇：“越接近国王的人，就要越懂得表现谦逊。”一位名为彼得·马尔沃西（Peter Malvesey）的仆人是专门招聘来“打网球”的——或许是亨利的教练？

王室理发师彭尼（Penney）

在亨利起床时去参见他，准备好他的水、毛巾、脸盆、刀片、梳子、剪刀，为他修剪头发和胡子。他必须小心翼翼地保持自己的个人卫生和外表整洁，不与恶人或不良妇女为伍，否则就会失去自己的地位，并且按照国王的意愿受到进一步

的惩罚。

内宫必须保持

干净整洁，没有人打扰国王休息。因此，除了那些被召见的人和大臣委托参加的代表，没有人能够进入。

骑士将军和他的官员们被要求拒绝接纳“男孩们及卑贱的人们，惩罚流浪者和乞丐”，如果他们经常在宫廷附近闲逛，寻求施舍食物。宫廷里所有人都不许“养灰狗或其他犬类，除了女士们可以养几只西班牙猎犬”。[80]

亨利必须被保护起来避免分心，因为他现在成了一名作家。在1517年末，德意志教士马丁·路德（Martin Luther）抨击了教会的赎罪券体系，宣称仅仅通过金钱无法买来上帝对原罪的赦免。教皇利奥十世和查理五世要求路德收回他的说法，但路德拒绝了。结果，他被逐出了教会，成了一个亡命之徒。没有人知道这件事，但这就是宗教改革的序幕。

在英格兰，虔诚的亨利立即写下了对于路德观点的反驳，这些内容在1521年作为他的新书《七圣礼的辩护》（*Assertio Septem Sacramentorum*）的前三章问世。那年4月，他的大臣理查德·佩斯写信给沃尔西，提到了国王沉浸于“写作反对路德，据我推测”。[81] 他的著作得到了一些神职人员的帮助，托马斯·莫尔非常有帮助地整理了王室的观点，“把其中的主要观点分类整理了出来”。[82] 莫尔自己也没有忘记斟酌语言描述路德，他在自己的著作中将路德生动地形容为“一个猿人、笨蛋、酒鬼、讨人厌的修道士、一块头皮屑、一个令人憎恶的小丑、一个不诚实的骗子”。[83]

与此同时，利奥十世要求沃尔西烧掉伦敦所有路德的书，并禁止人阅读。[84]5 月 12 日，在伦敦大教堂旁边的保罗十字举行了一场轰动一时的焚烧异教徒作品的事件。罗切斯特主教约翰 · 费希尔做了一段布道，反对路德的错误言论。[85]

1521 年 10 月，亨利的书的一份副本被包裹在金布里呈递给了教皇。国王本人亲自在扉页题写了赠诗（由沃尔西尽职尽责地提供），他的拉丁语秘书理查德 · 佩斯注意到他用一支非常小的钢笔写字：“……我知道教皇视力非常不好，我本应把诗句大声读出来，但是教皇把书拿走后立即开始看那些诗句，并称赞写得非常好。”[86] 六周之后，利奥终于赐予亨利他梦寐以求的头衔“真理的守卫者”[87]——但没有加上“著名的”或是“最忠诚的”等一些枢机主教提到的词语。[88] 这个头衔本打算长期用于个人，但在 1543 年议会法案通过后，这个名字变得与英格兰王冠密不可分。[89]

尽管这个称号有些勉强，但国王还是很高兴。后来有一段不确定是否真实的历史，那就是亨利的弄臣发现他由于“教皇对他的赞美比对任何一位祖先都要慷慨”，而“超乎寻常地高兴”。这位弄臣大胆地说：“噢，亲爱的哈利，让你和我互相守卫彼此，让真理守卫它自己吧。”[90]

沃尔西在亨利的宫廷中地位越来越高，掌控着英格兰的所有事务。朱斯蒂尼安 1519 年对他的描述是“大约 46 岁，非常英俊、博学，极富口才，有很强的能力和韧性”。他灰白的头发显示了他的荣誉和特权：1514 年 9 月成为约克大主教；1515 年 9 月成为枢机主教；1518 年 5 月，被任命为英格兰教皇使节。1515 年平安夜，亨利任命继任沃勒姆的大法官之位。

威尼斯大使回忆起他刚到伦敦时，沃尔西曾对他说：

> 国王陛下会这样这样做……后来，在某种程度上，他忘记了自己的身份，命令道“我们应该这样这样做”。后来他甚至到了这样一种程度，直接说：“我必须这样这样做。”[91]

不尝试三四次，没有人能见到沃尔西——之后还必须穿过他工作的宫殿中的 8 个房间，才能到达接见室。

这位枢机主教的内宫中大约有 500 人，其中之一乔治·卡文迪什（George Cavendish）描述了这位教会领袖每天前往威斯敏斯特大厅，在大法官法院聆听法律案件：

> 他会按照枢机主教的习惯穿全红的衣服，要么是鲜红色，要么是深红色的缎子……他用钱可以买到的最好的衣服。他头上有一颗圆珠。[92]
>
> 他脖子上围着一块上好的黑貂皮披肩，手里拿着一个非常漂亮的橙子，里面被掏空，放进了醋和其他清除有毒空气的糖果，通常，每当穿过拥挤的人群或是被起诉者跟随时，他就会闻一闻。

他的队伍由一位捧着英格兰印玺和他的另一顶红色的枢机主教帽子[93]的男侍引导，后面跟着个子比较高的教士，扛着两个大的银色十字架，一个象征着沃尔西的约克枢机主教身份，另一个是洛林区十字那样的双重十字架，象征着他的教皇使节身份。后面的教士扛着两根沉重的银质柱子，然后还有枢机主教的纹章院官员，拿着一根“镀银的华丽权杖”。沃尔西本人非常谦逊地骑着一头骡子，但骡子上也装点着深红色天鹅绒和镀金的马镫，他的个人侍卫环绕着他，武器是镀金的战斧，制服上绣着金质的“枢机主教托马斯”的首字母缩写 T. C.。

1521 年 12 月 1 日，利奥十世去世了，沃尔西本来有希望成为他的继承人，成为第二个英格兰教皇[95]——国王确实让他去参选。但在教皇选举会议上，他只得到 5 票，全部是在 1523 年 1 月 3 日的第五次审查时得到的。在这次会议中，63 岁的阿德里安六世[96]当选，但 1523 年 9 月 14 日他就过世了。当克雷芒七世当选为教皇时，沃尔西可能松了一口气，他更喜欢对英格兰事务上的控制权，而不是梵蒂冈错综复杂的阴谋诡计。[97]

亨利喜欢有能力的人。很多年来，他一直让沃尔西招聘托马斯·莫尔进入王室服务。在这位律师代表利奥十世，在 1514 年于星室法院出席了一起有关教皇的货物明矾（用于给水果蔬菜保鲜）被萨福克非法没收的案件的审理，加快了努力的脚步。[98]莫尔的朋友伊拉斯谟承认国王不会罢休，直到把（他）拖进宫廷里，用“拖”这个词是因为尽管人们都费尽心思地想要进入宫廷，他却一直在避免。[99]

莫尔在一封现已丢失的信中承认，他“极不情愿地”加入了亨利的宫廷，“因为国王经常出现在我面前”。他被任命为小额债权法院院长，倾听“穷苦人民的法律案件”，一个月之后的 1518

年，他进入了枢密院。[100] 亨利警告莫尔“他处理一切关于国王的事务时，都要首先尊重上帝，然后才是尊重他的主人——国王”。莫尔在 1521 年被封为骑士。

1519 年 5 月，宫廷内清除了亨利的一些最为喧闹、行为最不端正的密友——他的比武好友以及深夜赌博活动中的好友。他内宫中的 6 个人——独眼的弗朗西斯 · 布莱恩、尼古拉斯 · 卡鲁、爱德华 · 内维尔、亚瑟 · 波尔、亨利 · 诺里斯及威廉 · 科芬（William Coffin）——被驱逐了，原因是他们与亨利“过于亲近”而且“没有为了国王的荣誉承受苦难”。

这样做的原因不仅是因为亨利的赌债日益增加。尽管有人为这次大清洗指责沃尔西，但是似乎更有可能的是这些人的行为冒犯了一些在宫廷之中更为保守的人。1518 年秋天，他们中一些人完成一项疯狂的外交任务后从法国回来了，其间

> 他们乔装打扮骑马走过巴黎，向人群扔鸡蛋、石头和其他让他们看下来很蠢的东西……
>
> 当这些年轻人再次回到英格兰时，他们的饮食和着装都变成了法国式的，而且还带着法国人的恶习和骄傲，他们嘲笑所有英格兰贵族。[101]

还发生了更为严重、也更为重要的意外事故。

骄傲强势的第三代白金汉公爵爱德华 · 斯塔福德爵士，也被君主疏远了。直到现在，他一直是和比他更年轻的亨利经常一起活力充沛地打网球比赛的伙伴（1519 年他曾在打赌时输给国王 19 英

镑)，而且在1518年8月，他曾在肯特郡彭斯赫斯特（Penshurst）的家中款待国王。

但亨利有意让他与一切政治权力隔绝。公爵可能曾经是国王议会中的议员，但他参加会议的频率并不高。[102]1520年，王室不再喜爱白金汉，出于对他财富和巨额财产的嫉妒[103]，以及对他婚姻关系的不满[104]，更重要的是，因为他的祖先曾做过的事情。

虽然公爵一直保持沉默，但亨利无法完全从脑海中消除他从伍德斯托克的托马斯那里继承的，极具说服力的英格兰王位继承权。托马斯是爱德华三世的第八个儿子，也是年纪最小的一个。由于亨利没有在世的男性继承人，白金汉的继承权威胁着都铎王室——在这种情况下，威尼斯大使认为“很受欢迎的”公爵“很容易得到王位”。[105]毫无疑问，国王还回忆起那些在他继位时流传的不祥的流言，关于白金汉公爵放肆的野心，以及他和公爵妹妹之间尴尬的私情。

也许，公爵已经意识到国王对他的反感，便开始采取措施表达自己的忠心。可能是在1517年，他找借口拒绝了在一场比武中与国王对战，因为“冒着和他本人比武的危险，我宁愿服从他的命令去罗马，也不愿这样做”。[106]

脾气火爆的白金汉公爵还和沃尔西成了敌人，他像许多英格兰旧贵族一样，将沃尔西视为出身卑微的暴发户，觉得沃尔西不仅给亨利造成了很深的影响，还插手了太多地区和教堂事务。公爵为不得不“向如此低贱无礼的同伴卑躬屈膝”而感到耻辱。他还认为沃尔西对贵族怀有敌意，他说：“枢机主教大人对贵族如此尖酸，如果国王陛下对他不满，他们都将成为他的上级……如果他有能力的话，可能会废黜所有贵族。”[107]

在宫廷里，公爵看到了沃尔西在吃饭之前，放肆地用国王仪式上的洗手礼时用的水来洗手，因此对沃尔西，那个“卑鄙而纠缠不休的人”感到愤怒。他抓起水盆，愤怒地把水泼在了沃尔西身上。全身湿透的沃尔西愤怒地发誓他很快就会“坐在白金汉的裙子上”，或者把他打倒在地。第二天早上，白金汉出现在宫廷中，厚脸皮地穿着一件短上衣，向国王解释说这样的衣服可以避免沃尔西向他复仇。[108]

听到这句有趣的妙语的人们亲切地笑了起来，但枢机主教一点也没忘记报仇，并且可能记仇一两个季度。1520 年沃尔西秘密警告白金汉，尽管他知道公爵经常向国王抱怨他，但他应该当心“自己在国王陛下面前是如何表现的”。

1520 年年末或 1521 年年初，亨利秘密写信给沃尔西，表达了他对白金汉公爵和他的一些贵族同僚的怀疑。国王在这个敏感问题上不信任他的办事员或信使，因此尽管“发现写信乏味而痛苦”，他还是采取了一种罕见的方式，亲自在短信上写了一句“除了你我之外，任何人不能看到信件的内容”。国王吩咐他的大臣

> 仔细监督白金汉公爵，诺森伯兰勋爵、德比勋爵，威尔特郡勋爵（白金汉的弟弟）以及其他你认为可疑的人，看看他们对于这个消息如何反应。
>
> 除了这几句明智的话语之外没有什么更多的消息要告诉你。
>
> 爱你的国王亲手书写。[109]

很不幸，我们无法知道这则神秘的“消息”内容是什么，但在1518年出现了关于有人密谋谋杀沃尔西的传言，白金汉被认为是罪魁祸首。最重要的是他对于王位的野心。1520年年末，公爵请求得到亨利的允许，去参观他位于威尔士边界地区的地产，他的请求遭到了蛮横的拒绝，因为国王担心他会带领他的租户和侍从造反。

公爵有着强烈的爱国情怀，非常不理智地仇视法国人；他对于自己出资参加金缕地会议感到憎恶。他还笃信宗教，在1514年8月在格洛斯特郡南边的索恩伯里（Thornbury）出资建造了一所大学，1511年起开始修建一栋美丽坚固的房子[110]，就在为他的鹿群建造的1000英亩（404.69公顷）的公园内。

1520年，白金汉告诉他的大臣罗伯特·吉尔伯特，他罪孽深重，他肯定自己缺乏恩典。尽管他能得到造物主的原谅，却无法得到亨利的宽恕。

尽管当代史学家认为沃尔西对公爵展开了一场报复行动[111]，但并没有与此相关的文献证据。国王现在对于公爵的活动高度重视，以至于在1520年11月，白金汉担心他自己内宫的某个人向亨利“错误地汇报”他的行为。

这场秘密监视活动，以及收集关于公爵的情报的活动，最终收获了有毒的苦果。

1521年4月8日，亨利召见了正在索恩伯里的公爵，要求他立即赶到格林尼治宫，不得延误。一贯慷慨大方的白金汉奖励给王室信使1马克（13先令4便士），并顺从地动身前往伦敦。幸运的是，他并没有意识到，他的小型随从队伍被远处一队亨利的侍臣及武装军官跟踪，指挥官是国王的护卫队成员之一威廉·康普顿爵士。

白金汉公爵在雷丁附近的埃顿暂停下来，只是为了虔诚地拜访一下圣母祠，随后在温莎的一家客栈过夜。在客栈里，他认出了跟踪他的队伍中的一人托马斯·沃德（Thornas Ward），他是亨利宫廷内的一名传令官。公爵一如既往地直截了当，要求知道为什么他会在那里——但沃德回答说他没有在帮国王做事。白金汉在某个惊心动魄的瞬间突然猜测到了他真正的任务，随后立即按照这个可怕的逻辑得知自己现在已经性命不保。面如死灰的公爵“知道自己不能逃跑。他的精神受到了巨大的打击，吃早饭时吃不下肉”。任何一个知道自己的旅程将结束在伦敦塔里，生还机会渺茫的人，都会失去食欲。

然而，公爵非常坚强。他勇敢地骑马向威斯敏斯特旁边的托西尔菲尔兹（Tothill Fields）[112]出发。4月16日，他在威斯敏斯特登上了船，按计划开始了前往格林尼治宫的最后一段旅程。几分钟后，他路过了沃尔西的宫殿约克宫，他要求划船人在那里靠岸，想要当面与枢机主教对峙，这或许是他最后一次当面说出自己对沃尔西的真实想法的机会。然而，他被礼貌地告知，沃尔西“生病了”，不能见他。白金汉公爵一定感觉到了复仇女神的黑云正在他周围聚集，但他还是留给了沃尔西的厨师20先令小费。

公爵说，好吧，但是在离开之前我要喝一杯沃尔西大人的美酒。然后沃尔西的一位仆人恭敬地带公爵来到了酒窖，公爵在那里喝了酒。

当他发现没有人向他敬酒后，脸色大变，于是就起身离开回到了船上，对他的仆人说："我很惊讶大法官去哪了，他并没来找我。"[113]

幼稚的白金汉！他的大臣吉尔伯特已经被紧锁在伦敦塔内。

虽然公爵乘着一艘华丽的船沿着伦敦桥顺流而下，但他的船在中途被另一艘载着100名国王侍卫的船拦截了。他们的船长亨利·马尼爵士跳上甲板以国王的名义逮捕了公爵。狱卒和护卫在附近的干草码头登陆，沿着泰晤士街道前进了很短的一段距离，到了伦敦塔门口。像吉尔伯特一样，公爵的忏悔神父约翰·德拉古（John Delacourt）和一位名为尼古拉斯·霍普金斯（Nicholas Hopkins）的加尔都西会修道士已经被捕。他船上的仆从被要求去往公爵在伦敦的家，位于圣劳伦斯波尔特尼教区的玫瑰庄园。[114]

同一天，国王的大臣理查德·佩斯写信给沃尔西，延迟了已经计划好的对达勒姆主教托马斯·鲁瑟尔的拜访，因为"国王不能忍受他这样做，而是要求他留在格林尼治，检查白金汉仆人的一些东西"。鲁瑟尔按照亨利的要求，寄出了一封写给那些照看白金汉房屋的人的信。[115]（这封信没有保存下来，不过根据国王在这种场合下的习惯，信中很可能包含让他们清点公爵的财产并为其估价的命令。）

起诉状很快起草好，17人参加了对白金汉公爵的审判，主持人是他的老友第二代诺福克公爵托马斯·霍华德。审判在5月13日星期一上午8时于威斯敏斯特开始。[116]刽子手的斧子——斧头后来不再使用——在白金汉被带进法庭，站在审判席之前就已送到，放在伦敦塔治安官托马斯·洛弗尔爵士和他的副官理查德·乔姆利之间。法庭书记员开始了审判程序：

> 白金汉公爵爱德华，举起你的手。
>
> 你被指控犯有严重的叛国罪，因为你的反叛阴谋以及你缩短我们至高无上的国王的生命的企图。[117]
>
> 对于这一叛国罪行，你将如何为自己开脱？

白金汉公爵庄重地回答道："通过我的同伴们。"[118]随后是宣读对他的指控，公爵插嘴道："这是虚假的、不真实的，是置我于死地的阴谋，我会证明的。"[119]

沃尔西和吉尔伯特、德拉古及查尔斯·尼维特（白金汉公爵的一位远房亲戚，早前曾作为白金汉的测量员被他解雇）站在一起，在接下来的3天作为白金汉公爵的目击证人。萨默塞特郡欣顿（Hinton）加尔都西会修道院的一位修道士尼古拉斯·霍普金斯被多次提起，他因神秘的预言而闻名，而这些预言令白金汉公爵受到了诅咒。这位修道士曾多次预言白金汉"将拥有一切，而且他应该努力获得整个国家的爱戴"；"国王的身体问题可能会导致他没有男性继承人"；而且"如果国王遭遇不测……公爵将是下一个继承英格兰王冠的人"。

白金汉曾经慷慨地赠予加尔都西会修道士许多财产，并警告他的神父对这些预言通过忏悔印保密，并预言般说道："如果国王知道这件事，我就完全毁了。"[120]

尼维特证实了公爵的计划：

做出像他的父亲曾经在索尔兹伯里想要对理查三世所做的事情，当他获准面见国王时，他会秘密携带一把刀子，这样当他在国王面前下跪时就可以立即站起来刺杀国王。

公爵说起这个计划时，手掌叛逆地放在了他的匕首上，并说如果他受到如此不公正的对待，他将尽最大努力实现他的目标。

关于这一点他以上帝之血的名义发誓。

还有更多恶毒的证词。尼维特听说过霍普金斯的预言，并警告说这位修道士可能被恶魔欺骗了，“而且参与这些事情是邪恶的”：

公爵说这对他无害，并且对修道士的这些话语感到开心，犯下了重罪。这位修道士还说如果国王病入膏肓，这一切都发生了，公爵应该砍掉枢机主教大人、托马斯·洛弗尔爵士和其他人的脑袋，他还说自己宁愿死也不愿像以前一样被人命令。

后来，白金汉和他的女婿阿伯加文尼勋爵（Lord Abergavenny）乔治·内维尔走在他在萨里郡的宅邸的画廊里。他声称如果国王死了，他“应该获得英格兰王位，不论谁反对”。如果阿伯加文尼反对，白金汉宫爵“会与他争斗，发生口角，并用剑击打他的头。对这一点他发下重誓确认”。[121]

吉尔伯特的证词称，公爵相信都铎家族处在诅咒之中，因为1499年时亨利七世处死了沃里克伯爵，上帝会惩罚他们，“通过让国王无法后嗣繁盛，他的儿子亨利王子会死掉，他的女儿们也无法后嗣繁盛，他将不会有男性继承人”。

> 大臣听白金汉公爵说过几次，沃尔西是个盲目崇拜者，他领导议会时只是在想如何继续获得国王的青睐，他就是国王的老鸨，给国王找最漂亮的女人，他的生活如此糟糕，上帝不会允许他继续下去。

而且他还听到公爵抱怨说“他和其他人做得一样好，却没有得到奖赏。国王宁愿把小费和官职赏给那些小男孩，也不愿意给贵族”。[122]

证人们随后被带到了伦敦塔，白金汉无法诘问他们，但诺福克告诉审判席前的囚犯：

> 国王……要求你遵守他的法律，这对你有利。
> 你所说的一切都会被听到。[123]

白金汉当然这样做了，他愤怒地滔滔不绝地说了一个多小时，以令人惊讶的口才反驳了指控。[124] 他宣称在所有人中，诺福克的继承人即其女婿萨里伯爵“是最恨国王的，而且对国王陛下的伤害最大”。[125]

尽管陪审团成员争辩了“很长一段时间”，但其实 5 月 16 日下达的裁决是早就决定好的。

国王明显认为白金汉有罪，而且我们有一些有趣的证据可以证明这一说法。在早前从罗马寄给理查德·佩西的信件的背面，亨利的大臣写下了一些他自己的备忘录。在这句话的顶端用拉丁文写着："国王相信他会查明白金汉是有罪的，并被贵族们定罪，为了这件事和爱尔兰事宜，会召集一次议会。"还有其他记录——公爵的忏悔神父和修道士霍普金被送到了伦敦塔；"亚瑟·玻尔（白金汉的表亲）从宫廷中被驱逐"；以及最后的"关于索尔兹伯里伯爵夫人（伯爵的儿子亨利·斯塔福德娶了他的女儿），鉴于她的贵族出身和种种美德，还没有对她进行裁决"。[126]

当陪审团成员们回来之后，诺福克公爵问每一个人："你们怎么看白金汉公爵和爱德华勋爵关于这些严重的叛国罪行？"从爵位最低的男爵开始，每个人都庄严地将右手放在胸前重复道："我认为他有罪。"每一次，诺福克都在一小页羊皮纸上，用他狭窄难辨的书法潦草写下他们的裁决："有罪（*Dicit quod et culpabilis*）。"[127]

白金汉从附近的一座名为"天堂"的宅邸回到法庭中等待判决。诺福克安静地坐着，情绪激动，汗如雨下。他试图让自己镇定下来，向法庭深鞠一躬，然后严厉地盯着罪犯。随后，他做了个深呼吸，宣布道："爱德华勋爵，你已经听到了关于你的严重叛国的指控。你不认罪，就让发现了你罪行的陪审团成员对你进行裁决。"诺福克突然大哭起来，情不自禁地抽泣起来，就在他能够控制住自己，宣布他的好友白金汉被判叛国罪之前。作为一个叛国者——

> 你将被处以绞刑，你的器官将被切除并用火焚烧，你的内脏将在你面前被烧掉，你的头将被打碎，你的身体将按照

国王的意愿被大卸八块。上帝会悲悯你的灵魂。阿门。[128]

斧头掉转过来，刀锋面对着他。白金汉否认自己是个叛国者。“我从来都不是叛国者，但是大人们，我从未因你们对我所做的事情而诽谤你们，但永生的上帝原谅你们将我杀死，我也是。”随后他被带上一艘游艇。洛弗尔想让他坐在垫子上，并提供了毯子，但公爵拒绝了，他说：“去威斯敏斯特时我还是白金汉公爵，但现在我只是世界上最可怜的囚犯。”他们踏着神殿的台阶上岸，白金汉公爵被带着走过城市，人群“大哭着表达悲恸之情”。[129]

次日早上大约 11 时，白金汉在伦敦警长约翰·斯卡温顿（John Skevington）和约翰·库迈（John Kyme）的护卫下离开了伦敦塔，走向了塔丘的公共行刑台。白金汉坚定地走上台阶，让人们为他祈祷，“记住，即将死去的是国王真正的勇士，只是因为疏忽和行为失当，他冒犯了国王”。他阴郁地警告他的贵族朋友们以他的命运为诫。

为表现仁慈，亨利将刑罚减为只有斩首。不过刽子手还是用了三次才切断他的头颅。六名奥古斯丁修会修道士抬起了白金汉血迹斑斑的尸体和头颅，放在了一个粗制的木头棺材里，并带到了奥斯丁修士教堂埋葬。

国王在格林尼治度过了那一天。他坐在宫殿画廊里的一把椅子上，刚从一场疟疾中恢复，沃尔西强烈要求他送“慰问信”给白金汉的遗孀和儿子。亨利拒绝回应，几天之后，沃尔西重复了他的请求，并说：“如果您觉得方便寄信，我会替您寄的。”我们无法知道这些信件是否被送出，亨利不久之后就离开了格林尼治，前往白金汉郡北马斯顿（North Marston）的约翰·肖恩神殿朝圣，感谢自己能够康复。[130]

沃尔西向国外的英格兰使节提供了这一事件的细节：

国王知道公爵图谋不轨有一段时间了，最近公爵被查处犯有叛国罪，反对国王本人和他的继承权，尤其是反对国王令他最不满意的法国盟友。这些都被证实，而且最终他自己也供认不讳，他已经因自己的罪行被处斩。[131]

正如所有叛国者一样，白金汉被剥夺了公民权利，按照 1523 年 7 月 31 日的一份议会法案，他的财产和土地被王室没收。[132] 然而不久后，一些财产就被返还给公爵的儿子威尔特郡伯爵亨利·斯塔福德，但直到 1547 年，他才恢复了全部头衔。那位做出预言的修道士被驱逐出了位于欣顿的修道院，并将被“送到其他修道院，因他的冒犯行为而受到惩罚”。[133] 人们相信他死在了伦敦塔内，被他主人的命运伤透了心。

对都铎王位而言，还剩最后一个在世的直接威胁。

1487 年被亨利七世斩首的林肯伯爵和 1513 年被亨利八世斩首的萨福克伯爵最小的弟弟理查德·德拉波尔，曾叛国为法国服务，试图为约克党人夺取英格兰王位。

1514 年，他带领 1.2 万德意志雇佣兵防守布列塔尼，但这只是一场从未离开过圣马洛的侵略行动。1523 年又一次侵略计划流产，两年之后，理查德·德拉波尔在伦巴第中部城市帕维亚的城墙外为法国国王弗朗索瓦一世战斗。查理五世的帝国军队大胜法军，德意志雇佣兵在理查德·德拉波尔周围大开杀戒时，将他杀死。[134]

在伦敦，亨利得知了大屠杀及法国国王被俘的消息。他询问信使："理查德·德拉波尔呢？"信使回答："白玫瑰在战斗中死去了……我看到他和其他所有人都死了。"

国王高兴地大喊："上帝饶恕他的灵魂！英格兰所有的敌人都消失了。"[135]他下令给这位信使送上更多美酒。

第九章

“良心有愧”

“如果我们的婚姻注定违背上帝的律法，并且显然是无效的，那么我不仅要为离开这样好的一位女士及爱侣而伤心，更要为我不幸的运气而悲伤哀痛。长久以来我一直生活在令上帝极为不悦的通奸罪行中，并且没有生下一位真正合法的继承人来继承这个国家。”

——1528 年 11 月 8 日，

亨利八世在布赖德维尔向伦敦市长及议员发表演讲[1]

从 1510 年 1 月到 1518 年 7 月，阿拉贡的凯瑟琳共怀孕 6 次。我们已经知道她起初流产失去一个女孩，随后在 1511 年新年生下了一个男孩，洗礼时取名为亨利，但这个孩子仅仅存活了 53 天。有一些未经证实的记录表明，在弗洛登战役胜利之后不久的 1513 年 9 月，她曾产下一名男婴，但即便这些记录是真实的，这个婴儿也一定在几个小时后就夭折了。[2]1514 年 11 月或 12 月，凯瑟琳又生下一个死产男婴，当时她正因愤怒地谴责亨利对她父亲的

“不忠”和背叛，并感到心烦意乱。[3]

1516年2月18日星期一，凌晨4点，凯瑟琳在格林尼治宫又生下一个女婴，婴儿经历了都铎王朝原始而危险的产后护理后存活了下来。6天之后，国王自信地向威尼斯大使塞巴斯蒂安·朱斯蒂尼安宣布：“我们都还年轻。既然这次生下的是女儿，那么仁慈的上帝很快就会赐予我们一个儿子了。”[4]

在2月20日星期三举行的施洗仪式中，这个孩子被取名为玛丽——与亨利的妹妹同名。仪式在一处临时搭建的建筑中举行，地址就在与格林尼治宫毗连的方济各会守规派托钵修士教堂外面，墙上悬挂着阿拉斯挂毯。由于亨利并不想因为让某一位欧洲君主当她的教父而得罪其他人，便选择沃尔西成为她的教父。[5]

在埃塞克斯郡博勒姆（Boreham）附近的比尤利（Beaulieu），国王新建了一座豪华宅邸，门楼的正面放置的纹章就是亨利坚信自己终会有一个儿子的实际证明。[6]放置在都铎龙和猎狗上方的纹章，是亨利的红玫瑰和凯瑟琳的石榴，石榴的种子破壳而出，代表着凯瑟琳多子。而一个开出都铎玫瑰的石榴，则代表着对男性继承人诞生的希望。[7]

14个月后，王后再次怀孕了。1518年7月1日，国王从牛津郡的伍德斯托克写信给沃尔西：

> 我相信我的妻子，也就是王后，怀孕了。我不想修缮伦敦市区，因为这时正是她的危险期，所以我现在会尽可能不让她走动。
>
> 大人，我信中所写的这件事情尚未确定，只是我认为这

件事情的希望和可能性很大。[8]

4 天之后国王回到了狩猎屋，他的拉丁语秘书佩斯报告说“王后挺着大肚子欢迎他”。[9]10 月，朱斯蒂尼安告诉威尼斯总督：“王后已经临近人们迫切期待的预产期了。”[10]但 11 月 10 日，妊娠期满一个月之后，凯瑟琳产下了一个胎死腹中的女婴，“这令所有知道这一消息的人感到苦恼，”朱斯蒂尼安说道，“因为全国子民都期待着一位王子的诞生。”[11]

亨利与凯瑟琳生下许多健壮的都铎王子的愿望从未实现过。如果他的愿望实现了，那么英格兰国接下来的政治和宗教历史将会朝着一个完全不同的方向发展。

有人猜测，悲惨的王后之所以会流产 1 次，死产 4 次，是因为亨利患有染色体平衡易位。他的精子中可能有多余的——或是缺少——遗传物质，有时会导致流产。经过了大约 5 个世纪之后，一切都已无法证实，即便是现代医学研究也很难精确判别经常性流产或自发性堕胎发生的原因。由于都铎时期的卫生条件较差，饮食不健康，凯瑟琳可能患有李氏杆菌病，引发这种疾病的是常见于溪水或某些食物中的李斯特菌，同时会导致流产或死产。这种病在新生儿身上表现为脑膜炎或肺炎，这可能就是导致凯瑟琳在 1511 年和 1513 年生下的两个男婴死亡的原因。[12]鉴于都铎时代几乎达到了 1/5 的极高婴儿死亡率，凯瑟琳不幸的分娩经历并不令人吃惊。[13]

频繁的怀孕让王后的身体付出了巨大的代价。1519 年 10 月，几乎没见过凯瑟琳的朱斯蒂尼安无礼地形容她“尽管有着非常美丽的面容，却无精打采。她极度虔诚，品行极为端正”。[14]另一位威尼斯大使更不礼貌——他记录下亨利“本人仍然年轻英俊，却有一个年老丑陋的妻子”。[15]

女王此时已经33岁了，在都铎时代这个年龄对于生育来说已经非常大了。她身材矮胖，而且由于临近更年期，为亨利不安定的王位提供继承人保障的概率似乎越来越小。绝望的国王向上帝许诺，如果他能在婚姻中得到一个男性继承人，他将讨伐信仰异教的土耳其。

令国王越发沮丧和失望的是，他和伊丽莎白（或贝茜）布朗特〔Elizabeth（or Bessie）Blount〕生下了一个儿子，但他却是不合法的私生子。18岁的伊丽莎白是亨利的“长矛护卫队”成员约翰·布朗特（John Blount）的女儿，有一头金色的秀发。她的堂兄是亨利童年时的导师、1512年成为王后宫务大臣的芒乔伊勋爵威廉·布朗特。可能是由于他的影响，或因为伊丽莎白的家族以前曾与亚瑟王子在拉德洛的宫廷有联系，她作为凯瑟琳的侍女[16]之一进入了宫廷。伊丽莎白的活泼开朗和她在唱歌跳舞方面的天赋吸引了亨利，她出众的美貌也吸引着他。她还接受过良好的教育，并且拥有一本诗人约翰·高尔（John Gower）的著作《情人的忏悔》（*The Lover's Confession*）的影印本，这首诗是诗人于1386—1393年在理查二世的要求下写成的。[17]1514年10月，远在法国执行秘密外交任务的萨福克公爵狡黠地让亨利向“布朗特小姐”表达他最好的祝愿[18]，那时她可能已经成了国王的情妇。[19]我们可以想象到萨福克公爵写下这些文字时脸上浮现出的狡诈笑容。

在罗马，流传着很多关于国王的无礼言论，说他只不过“是个除了女孩、狩猎和挥霍父亲的遗产之外什么都不关心的年轻人”。[20] 后来，第三代诺福克公爵托马斯·霍华德赞美王后对于“总想偷情”的国王表现得“极为稳重耐心”。[21] 凯瑟琳上一次怀孕期间，亨利常常与她发生性行为（在孕期纵欲可能危及胎儿的生命），在 1518 年她最后一次怀孕时也不例外。伊丽莎白·布朗特的情况导致她在 1518 年 10 月 3 日最后一次出现在宫廷。6 月 15 日，在埃塞克斯郡英盖特斯通（Ingatestone）附近布莱克莫尔（Blackmore）的圣劳伦斯奥古斯丁修道院，远离了窥探私事的人们和一群好色之徒，她在教堂墓地旁边一间名为“杰利科”（Jericho）的房间里生下了孩子——据说这是专门给国王使用的一间“娱乐室”。[22] 这个名为亨利·菲茨罗伊（Henry Fitzroy）的孩子得到了王室级别的照料，后来还拥有了自己的内宫。1522 年，贝茜安全地嫁给了吉尔伯特·塔尔博伊斯（Gilbert Tolboys），并且根据一份由贵族院和平民院顺利批准的议会法案，得到了位于林肯郡和约克郡的丰厚地产及房产作为嫁妆。[23]1522 年 6 月到 1539 年 1 月期间，她一直收到代表王室喜好的礼品，并在 1531 年的新年那天收到了亨利送给她的礼物，即一个重达 35 盎司（992 克）的镀银水杯。

几年之后，沃尔西内阁的一个批评家嘲讽地评论道：

> 贝茜·布朗特嫁得这么好，我们应当开始鼓励王国里的年轻贵族女士们成为我们的妻妾，我们还可以使个障眼法娶个比她更好的人，为此只需要给她改个名字。[24]

但亨利并不像一些小说作家让我们以为的一样，是一个思想放荡，永远无法满足的只知玩乐的人。他所做的大部分出格的行为只不过是轻浮的调情，而不是严肃的婚外恋；只是浪漫的宫廷爱恋，而不是低俗的情欲。

在欧洲所有的王室中，论好色亨利只能排在他的兄弟君主之后。法国的弗朗索瓦一直在变换他的"甜心"，还在宫廷中有两个正式的情妇。夏多布里昂伯爵夫人深发色的朗索瓦丝·德·法克斯（Françoise de Foix）在 1519 年得到了法王的青睐，但 7 年之后就被艾坦斯公爵夫人金发的安妮·德·皮瑟鲁·德海利（Anne de Pisseleu d'Heilly）所取代，后者掌控了文艺复兴时期法国的政治大权。1514 年，玛丽·博林作为玛丽·都铎的陪嫁侍女到达巴黎，弗朗索瓦很快就开始向她示好，并在 1536 年 3 月粗鲁地称她为"一名名扬四海举世无双的妓女"——这句话因其低俗下流在欧洲宫廷流传。[25] 查理五世也有固定的情人，其中包括为他生下一个女儿的胡安娜·玛丽亚·范·德尔·盖恩斯特（Johanna Maria van der Gheynst），以及为他生下儿子的芭芭拉·布隆伯格（Barbara Blomberg）。因此，"国王的甜心"在 16 世纪的王室宫廷中有着一种显耀的而且并非毫不光彩的地位。

至少亨利现在知道自己在生理上是能够生下男性继承人的，而且他一定经常思索自己与凯瑟琳的婚姻，他们的婚姻似乎受到了诅咒。

亨利的姐姐玛格丽特的第一任丈夫苏格兰的詹姆士四世在弗洛登被杀之后，她嫁给了"年轻痴呆的傻子"第六代安格斯伯爵阿奇博尔德·道格拉斯（Archibald Douglas）。1519 年，在离开安格斯伯爵 6 个月之后，玛格丽特决定抛弃他 [26]，正直的亨利对于她风流的行为感到震惊。他寄给玛格丽特一封严肃的信件，抗议他们离婚以及她“可疑的生活”，并派一位名为亨利·查德沃思（Henry Chadworth）的守规派修道士去纠正她的道德观。[27]1526年，她在一个教会法庭开始进行离婚诉讼，好嫁给风度翩翩的年轻大臣亨利·斯图尔特（Henry Stewart），国王训斥她“一定会被诅咒”。他警告玛格丽特，除非她放弃“与不可能成为她合法丈夫的伴侣通奸”，否则她的灵魂岌岌可危，“因为你的良知将永远被上帝的愤怒所束缚”。[28]

所以说，亨利是一个近乎精神分裂的、性格复杂的国王，一直担心着都铎王朝的未来。除了易怒且后来变得残酷无情，他性格中最畸形的一部分就是惊人的伪善。他很喜欢对挺着大肚子的凯瑟琳为所欲为，但如果那些和他比较亲密的人做出任何伤风败俗的行为，他又会一本正经地批判他们。比如他的朋友威廉·康普顿，1527年时因与一个已婚妇女通奸而被教会法庭传唤，而那名妇女正是亨利以前的情妇安妮·黑斯廷斯。[29]1536年，他将他20岁的外甥女玛格丽特·道格拉斯小姐[30]关进了伦敦塔，因为她秘密嫁给了第三代诺福克公爵同父异母的弟弟托马斯·霍华德爵士。随后她的准新郎也被关进了塔里，第二年就去世了。玛格丽特小姐后来得到了赦免——“考虑到他们并未发生任何关系”，但她被遣送至米德尔塞克斯郡艾尔沃思的圣母修道院中的布里吉特修会女修道院生活，遵守着清规戒律，以改善精神健康。[31]

玛丽·博林于1515年4月从法国返回英格兰，可能通过其外交官父亲托马斯·博林爵士（Sir Thomas Boleyn）的影响，她在阿拉贡的凯瑟琳的内宫中获得了一个职位。（事实证明，凯瑟琳很不擅长评判她侍女的道德品质。）1520年2月4日星期日，玛丽嫁给了亨利的一个贴身侍从威廉·凯里（William Carey）[32]，那时她刚刚20岁出头。亨利作为贵宾送给新婚夫妇一份并不慷慨的结婚礼物，仅价值6先令8便士。1522—1526年间，凯里收到了一系列礼物（一些财产曾属于白金汉公爵），这表明亨利已经把他的妻子带到了自己的床上，而这位被戴了绿帽的丈夫因为他的沉默和谨慎获得了丰厚的奖励。凯里收到的最后一份王室礼物就是被任命为格林尼治宫宅邸、花园及塔楼看守人。[33] 有记录表明，亨利“乘着游艇从威斯敏斯特来到格林尼治，拜访他钟爱的一位淑女，她就住在公园的塔楼里”——这位女士可能就是玛丽·博林。[34] 国王也并非总是如此谨慎：1523年9月，他明目张胆地以情妇的名字给一艘船命名。

玛丽有两个孩子，一个是在约1524年出生的名为凯瑟琳的女儿，还有一个儿子在1526年3月4日出生，张扬地取名为亨利。鉴于亨利对于他的性伴侣必须忠贞于他的精神要求[35]，有人认为这两个孩子都是他的。[36] 几年后，在1535年4月，那时玛丽的妹妹已成为王后，年迈多病的艾尔沃思牧师约翰·黑尔（John Hale）回忆说“年轻的凯里大人”曾告诉他，由于“王后的姐姐为我们的君主、国王生下了儿子，王后不会在宫廷中受苦”。[37] 圣母修道院附近的一位神父约翰·利克（John Leek）还称亨利与玛丽和安妮的母亲伊丽莎白·博林女士也“纠缠不清”。[38] 这一定成了一桩众人皆知的绯闻，因为在1533年，在亨利王朝一个典型的戏剧性场景中，乔治·斯罗格莫顿（George Throgmorton）很不明智地对国王说：“我担心如果你真的娶了安妮，你可能会和她的母亲和姐姐都发生关系。”国王说：“她母亲不可能！”站在一旁的托马斯·克伦威尔（Thomas Cromwell）说：“也不可能和她姐姐有关系——所以你就别想这事了。”

1528年6月23日，凯里死于汗热病，随后国王立即将玛丽的儿子亨利的监护权交给了安妮·博林，警告安妮，她的姐姐“非常需要”她的帮助，而支持玛丽是她们父亲的职责。[40]这听起来有些冷酷无情，但事实就是这样——亨利正在讨好安妮，并觉得是时候加强他与博林家族之间的关系了。[41]

1520年年初，尽管专门从西班牙请来的医生还在努力，国王却已经放弃了任何与凯瑟琳生儿育女的希望。虽然亨利继续将凯瑟琳视为王后，并对她以礼相待，但到1524年，在他们结婚15年后，他可能已经不再定期与她同床了。亨利在帝国宫廷的大使1525年6月写信给他，委婉地向他指出了一个事实，那就是，9岁的公主玛丽是

> 您目前唯一的孩子，鉴于王后殿下很久没有怀孕，您延续后代的一切希望都在她的身上。
>
> 尽管上帝还可能赐予王后更多子女，但她已经过了大多数妇女怀孕生子的正常年龄。[42]

这种看法在1525年6月18日被公之于众（有人可能认为很羞耻），在伦敦西边角落新建的布里德维尔宫的一场奇怪的仪式中，亨利6岁的私生子被封为里士满公爵（亨利七世夺取王位之前曾是里士满伯爵）。[43]亨利身边围绕着沃尔西、诺福克、萨福克

及王国的其他贵族，他们站在会客厅的华丽天蓬之下，看着小男孩被侍女们带进大厅内。国王轻轻地将公爵长袍披在小男孩的身上，并将剑带挂在他的肩膀上。[44] 这位溺爱儿子的父亲还赐予这天真单纯、头发蓬乱的孩子许多其他的封号：诺丁汉伯爵，萨默塞特公爵，以及可能效仿国王童年的封号五港同盟总督、爱尔兰总督及北部边境副摄政。菲茨罗伊还得到每年可获得 4845 英镑收入的房产。接着，沃尔西尽职尽责地祈求“最受喜爱的儿子，亨利 菲茨罗伊公爵”身体健康。[45] 同一天，托马斯·博林爵士受封成为罗奇福德子爵。

亨利的私生子在达勒姆宫有自己庞大的内宫——那里曾是凯瑟琳在亚瑟去世后，嫁给国王之前孤独地度过那些痛苦年月的地方——后来以名义上的北境枢密院议长及苏格兰戍边大臣的身份搬到了谢里夫哈顿（Sheriff Hutton）的约克郡城堡。年幼的他生活被小心翼翼地安排好，菜单经过精心准备，衣橱里挂满了衣服。例如，每年从复活节到米迦勒节之间的主餐菜单，第一道主菜有：牛羊肉、鹅肉、烤阉鸡和烤小牛肉。第二道主菜有半只小羊羔或小山羊、烤鸡肉、乳鸽、野味和一个“果味馅饼或烤肉馅饼”。饮品包括 4 加仑麦芽酒和两壶葡萄酒。花费：不超过 17 先令 1 便士。[46]

著名的希腊学者理查德·克罗克（Richard Croke）[47] 和第一位用英文撰写法文语法书的约翰·帕尔斯格雷夫（John Palsgrave）被任命为亨利·菲茨罗伊的导师。男孩在约 1526 年 3 月 4 日写给沃尔西的一封信，可能就是他的一次写作练习。这封简单易读的短信是按照要求用当时流行的意大利斜体字写成的，信中用不甚流畅的文字许诺道：

如系天意，我将尽我所能将时间花费在学习上，这样我今后就能更好地为国王效力，令国王开心。[48]

1528年，9岁的他写信给亨利索要一副他自己的铠甲“用于进行武器练习，根据我对恺撒大帝的学习，我希望继续提高自己使用武器的能力”，他还向沃尔西寻求支持。[49]

母亲收到关于儿子学习进步的报告是非常开心的，即便在一封帕尔斯格雷夫的来信中，有对老师的贫穷和不幸的抱怨。1529年7月，他告诉伊丽莎白·塔尔博伊斯“我亲爱的里士满公爵天性善良，举止端正且品德高尚，如同所有天真无邪的孩子”。国王曾在任命他时对他说：“我把我的珠宝送给你。你，帕尔斯格雷夫，必须教他学会美德和知识。”[50]孩子的母亲也给送来了礼物：一份1531年的财产清单上，记录着伊丽莎白赠予他的一件紧身上衣和两匹马。

这些关于国王私生子的小题大做的公众宣传，自然加重了阿拉贡的凯瑟琳的痛苦。威尼斯大使说道：

王后憎恨国王的亲生儿子获得的伯爵爵位和公爵爵位，而且据说在她的首席顾问——三位侍女的煽动下非常不满。

因此国王将她们遣离了宫廷——这是个强硬的措施，王后许诺将顺从于他并保持耐心。[51]

她确实非常需要坚忍顽强的品质。

凯瑟琳勇敢地面对公开的失败给她带来的创伤——毕竟，生育男性继承人是王后的第一要务——她非常明白，自己的不育成了整个欧洲宫廷的话柄。享受过她丈夫统治早年那些荣耀和光环之后，她又成了孤独的存在，与公众事务隔绝，失去了丈夫的喜爱，很长一段时间不能在宫廷内见到丈夫。如果她犯下骄纵之罪，那么发生的种种事件就是在残酷地密谋着，无可挽回地重伤她的自尊和信仰。

凯瑟琳未老先衰了，她矮小的身形更加重了身材的变形，而且她经常生病。王后轻柔甜美的嗓音仍然带着浓厚的西班牙口音。她已经变得非常坚强，最重要的是，她表现出源自她世代高贵的家族的平和高贵的气质。[52]她仍然会花时间给亨利制作（或修补）衬衫，小心翼翼地在领子上绣上精致的黑色刺绣。她残留的爱意大部分都倾注给了她唯一存活下来的女儿玛丽公主，一个有着金红色长卷发的漂亮女孩。可能由于患有鼻窦炎，玛丽经常头痛。王后教她学习拉丁语，这个小女孩还精通法语、意大利语和西班牙语。

但是如今，凯瑟琳连每天见到女儿的快乐也被禁止。根据命令，凯瑟琳必须和女儿分开。作为威尔士公主，玛丽立即被亨利送往拉德洛城堡治理她的公国和边境乡村，正如凯瑟琳的第一任丈夫亚瑟一样。索尔兹伯里伯爵夫人玛格丽特·珀尔（Margaret Pole）被任命为她新成立的宫廷的女官。1525年10月，王后写信给玛丽，倾诉她的分离之苦：“国王和你长期不在身边使我困扰。我的健康状况还算可以。”她要求女儿继续学习拉丁语，并让她送来她的学习作品：“看到你继续学习拉丁语和你漂亮的书法，对我来说是巨大的安慰……爱你的母亲。”[53]

受到王后赞助的西班牙人文学者胡安·路易斯·韦斯（Juan Luis Vives）专门为玛丽写了一本书，名为《天主教妇女教育》(*De institutione feminæ Christianæ*)，其中包含了两百多条准则，保护孩子的思想不受危险世俗的干扰，并“比任何长矛步兵或弓箭手都要安稳”地保护她。[54]

即便是跟自己的外甥皇帝查理五世联系，凯瑟琳也不能避免被孤立。1526 年 11 月，她写信谴责他对她视而不见：

> 至高无上的陛下——我无法想象是什么原因让您如此气愤，以至于完全忘记了我，我已经有两年没收到西班牙的来信了。
>
> 我很确定不应遭受如此待遇，因为我对您怀着真挚的感情，并随时准备好为您效劳，我应该得到更好的奖赏。
>
> 我情不自禁地履行我认为应尽的义务——一有机会就给您写信，并让那些从这里前往西班牙的人送过去，我很想知道……您宝贵的身体健康状况如何？[55]

尽管只有一个婚外出生的男性继承人，亨利还是尽力忘记自己对于他王朝的担心。1520 年年初，他开始疯狂地追寻单纯的快乐，一路在英格兰南部狩猎，将政治、外交和管理英格兰的无聊日常活动都留给了沃尔西和他的议会。他似乎已经完全退出了公共生活。他的一位大臣说道：“我收到一包寄给国王的信件，收到后就立即拿给了国王，但因为忙着去猎鹿，他让我把信留到晚上再看。”[56]瘟疫的暴发也使得惧怕疾病的亨利不停搬家。新任威尼斯大使洛伦佐·奥里奥（Lorenzo Orio）1526 年 1 月记录道：

> 由于瘟疫，国王在岛上搬来搬去，只带着几个侍从。其中两个侍从在他的住所因为瘟疫去世了。
>
> 他把一切事务都留给枢机主教沃尔西掌管，沃尔西控制着巨大的宫廷，上演着各种悲喜剧。[57]

那些和国王亲近的人仍然是他的旧友和同僚——威廉·康普顿、独眼的弗朗西斯·布莱恩（Francis Bryan）、尼古拉斯·卡鲁（Nicholas Carew），以及亨利·诺里斯。1525年7月，理查德·温菲尔德爵士（Sir Richard Wingfield）去世，亨利提拔托马斯·莫尔爵士为兰开斯特公爵领大法官。国王很欣赏莫尔的机智、健谈、博学和谦逊。

> 为了开心，国王成了他的伙伴。国王会突然来到莫尔在切尔西的住所，和他一起玩乐。
>
> 不论什么时候，他都会不合时宜地与他共进晚餐，晚餐过后在他的一个漂亮的花园里和他散步一个小时，手臂搭在他的肩膀上。

年轻律师威廉·罗珀（William Roper）[58] 在1521年娶了莫尔和他第一任妻子的女儿之一玛格丽特[59]，他对于国王的幸福生活和他与自己岳父的亲密关系感到非常开心。但莫尔警告说，亨利的恩惠是非常善变的：

> 感谢上帝，我发现国王陛下确实非常友好，我相信他对

> 我的恩惠正如他对王国的所有子民一样。
>
> 尽管如此，我的儿子罗珀，我要告诉你，我没有理由因此而感到骄傲，因为如果我的头颅可以在法国为他赢得一座城堡……那么他不会吝惜这样做的。[60]

他的话语成了不幸的预言。一股淫荡的权力将会影响他们的生活，毁灭每一个人——不论是王后、莫尔、公爵夫人还是其他人——现在它已经来到宫廷。

玛丽·博林的妹妹安妮，在1522年3月1日的忏悔星期二第一次出现在一场宫廷盛会中，为了欢迎来伦敦参观的帝国大使而演出。当时她大约23岁。

这场盛大的化装舞会，在沃尔西位于约克广场的宫殿中举行的，主题是宫廷爱情。工人们辛苦劳动了12天，建起一座带有城垛和三个塔楼的巨大木制城堡。由于用绿色锡箔纸装饰，这座仿真城堡得名绿色城堡（Chateau Vert）。8个戴着面具的女士站在塔楼之上，穿着白色的绸缎衣裙，戴着镶嵌威尼斯黄金的米兰帽子，象征着高贵、善良、坚强、富足、美丽、同情、坚定和仁慈的女性美德。鉴于玛丽·博林在亨利生活中扮演的新角色，毫无疑问由她代表“美貌”，而安妮扮演“坚强”。[61] 每座塔楼上都挂着一面旗帜，上面绣着代表暗恋之苦的纹章：三颗破碎的心；女人的手抓着男人的心；女人用手将男人的心翻转过来。

相应地，亨利领衔扮演具有讽刺意味的男性特质，毫无疑问，他扮演着“多情”。他和7个演员戴着帽子穿着金丝和金箔织成的衣服，身披蓝色锦缎织成的斗篷。

女士们由 8 个来自王室礼拜堂的唱诗班男孩守护着，他们穿着印第安女人的奇怪衣服，代表着人们所认为的女性缺点——鄙视、嫉妒、轻蔑、恶毒，等等。他们被要求向城堡投降，但当“鄙视”和“轻蔑”用三重唱快速表达他们的拒绝时，大臣们开始戏谑地侮辱城堡，向城堡上的人扔橙子、枣和“其他用来取乐的水果”，女士们坚强地用玫瑰香水作为防御，并朝进攻者投掷蜜饯。在最紧张的时刻，唱诗班男孩们笨拙地穿着礼服撤退，但有三个人丢掉了帽子，为此狂欢者们的主人理查德·吉布森（Richard Gibson）不得不悲伤地为每顶帽子付 11 便士。[62]

女士们成了迷人的囚犯，然后两组盛装打扮的演员“一起开心地跳起了舞”，让大使们“非常开心”。“当他们跳到尽兴”时，他们摘掉了面具，露出本来的面貌，一起加入了昂贵的宴席之中。[63]

法国宫廷的迷人美女安妮回到了英格兰。按照现代审美，她算不上非常美丽：个子不高，甚至有点儿矮，面色蜡黄（如果不算黑色的话），有着“不够丰满的胸部”、一张狡猾的大嘴和长长的脖子。她骄傲于自己棕色的长发，闪亮的黑色杏仁眼非常吸引人，甚至使人着迷。安妮引起了人们的强烈反应，其中有些人对她的外貌不甚满意。伊丽莎白的反抗者尼古拉斯·桑德（Nicholas Sander）后来称：

> 她上唇下有一颗龅牙，右手有 6 根手指。
>
> 在她的脸颊下患有甲状腺肿大，为了掩藏其丑陋她穿着高领连衣裙盖住自己的喉咙。[64]

也有人据此说安妮·博林的左手上多出了一根可怕的手指，迷信的人认为她是个女巫或女魔法师，有着邪恶的魔力，用来对付国王。事实上，根据乔治·怀亚特的考证，她确实多长出了一小截手指：

> 据那些见过她的人所说，在她的一根手指上指甲的一侧，隐约显现着另一个指甲，但是非常小……她通常会将它藏起来。[65]

到 1527 年，安妮·博林已经在亨利宫廷中从万众瞩目退回到了一个不受关注的位置。凯瑟琳犯下了致命的错误——接受她成为自己的侍女。安妮的舅舅第三代诺福克公爵要求她和一个名为詹姆斯·巴特勒（James Butler）的目无法纪的爱尔兰贵族进行政治联姻，但博林家族并没有对这场婚姻表现出很大的热情。她和诺森伯兰伯爵的继承人亨利·珀西有过一段短暂的恋情，随后又多情地玩弄诗人老托马斯·怀亚特（Thomas Wyatt the Elder），他的住所离博林家在肯特的赫弗城堡很近，而且他们生活在宫廷中同样的圈子里。

亨利是如何在 1526 年的某个时间与她相识并陷入情网的，我们并不清楚。有一个未经考证的故事具有一定的真实性，其中既有典雅的宫廷爱恋，又有模糊的象征意义。根据安妮的仆人安妮·盖恩斯福德（Anne Gainsford）的叙述，怀亚特从他的情妇那里偷来了一小块珠宝，并系上带子挂在了自己的脖子上。几乎同时，国王“也从她那里得到了一个戒指，并戴在了自己的小拇指上”。几天后，亨利正在与怀亚特玩保龄球时，大臣们称他扔球时打中了靶子。他指着自己戴着戒指的小拇指说：“怀亚特，我跟你说过这是我的！”诗人拿出安妮的珠宝，用它的绑带测量靶子和木头之间的距离，说道：“如果您愿意让我去测量一下的话，我认为它是我的。”国王立即生气了，打断了他的话，“如果是这样的话，那么我就是被欺骗了”——他不祥地强调了最后一个词。国王大步离开去见安妮，安妮立即解释说她绝对没有参与怀亚特的偷窃行为。[66]

在亨利的私生子被封为贵族大约18个月之后，亨利就决定请求教皇克雷芒七世宣判他的婚姻无效。[67]他曾简单地考虑过宣布菲茨罗伊是他的继承人，而非玛丽公主，但是由于这个想法在政治上所冒的风险太大而放弃了。让玛丽在他去世后统治英格兰的想法也不被重男轻女的都铎王朝所接受，因为他们太过了解英格兰历史留下的教训。[68]

国王还很年轻，朝气蓬勃。他相信自己有另外一个妻子之后，就可以生下许多他期待已久的男性继承人。否则其他选项都可怕到不敢想象——把玛丽嫁给一位欧洲盟友，让英格兰和一个异邦国王结合，或者更糟糕的是，回到分裂战争时的混乱状态，正如这个国家记忆犹新的，持续了32年的血腥玫瑰战争。

还有一些事情的发生提醒着亨利，他自己也会死去。1524年3月10日，亨利从一场危险的长矛比武中生还，他在与萨福克公爵查尔斯·布兰登竞赛时发生了事故。国王骄傲地穿着“按照他自己的设计制作的时尚”新铠甲，但却突然摔倒在比武场上，他自大地掀起了头盔上的面板，导致面部没有了防护。观众大叫着警告他：“小心！小心！”但马继续跑，骑士们危险地抬起了他们的长矛。爱德华·霍尔可能是目击者之一：

> 人们看到公爵的长矛刺向国王的头盔时，是多么的悲伤。
>
> 公爵刺向国王右边的眉毛，刚好有头盔的保护，头盔变成了碎片……国王的整个头盔都变成了碎片。

亨利很幸运，脖子没断，头骨也没碎。带着典型的都铎家族的勇敢，他又继续进行了6场比赛表示自己没有受伤，尽管他的脸上还带着疼痛的淤青。但后来在1527至1528年间，他的头痛变得更为严重，这表明他的大脑受到了损伤。[69]

在那一年的王室游行中，亨利因为"腿上有伤"被迫躺在坎特伯雷的床上——人们认为是因为他的左腿上有一处静脉曲张性溃疡。这可能是他为了时尚在膝盖下穿着紧身吊带袜所致，也可能是在长矛比武中受到的严重创伤。当地的一位外科医生托马斯·维卡里（Thomas Vicary）尽快治好了溃疡，使其相对来说不那么疼痛。[70]

1525年，亨利在赫特福德郡的希钦（Hitchin）附近带鹰狩猎时，又一次死里逃生。国王像往常一样招摇，撑着一支竹竿矫健地跳过一个满是水的壕沟，但竹竿突然断了，"因此，如果不是仆人埃德蒙·穆迪（Edmund Moody）跳进水里抬起他快要陷进黏土里的头，他可能会被淹死"。[71]

3年之后，汗热病第四次席卷英格兰——单是伦敦就有4万人感染，超过2000人因病去世。[72] 沃尔西和诺福克公爵都染上疾病并痊愈了，王室内宫有5个人染上了疾病，包括国王的药师。三位与亨利非常亲近的大臣去世了——威廉·康普顿、威廉·凯里和弗朗西斯·波因茨（Francis Poyntz）。为了躲避横行肆虐的“汗热病”，国王从格林尼治逃往埃尔瑟姆，后来又搬去了更远的宫殿。安妮·博林被派去赫弗的隔离区，亨利向她保证那里“几乎没有女性或者说没有人得这种病”。[73] 她和她的哥哥乔治确实感染了一场小病，国王贴心地派他第二好的医生威廉·巴茨（William Butts）成功地治好了她。[74]

“仁慈的上帝”再一次留住了国王的性命，但是死神是否会在他拥有男性继承人之前就夺走他的生命呢？离婚，娶一个新妻子，这件事在亨利的眼里日益紧要。

皇家图书馆里的一份手稿，为我们提供了支持取消婚姻的一个颇具说服力的论证。这是一份 13 世纪的圣经《利未记》副本，制作者是坎特伯雷圣奥古斯丁修道院的修道士们。在对开本第 159 页的左页是用拉丁文书写的第 20 章第 21 节的诗句：

> 人若娶弟兄之妻，这本是污秽的事，羞辱了他的弟兄，二人必无子女。

在页边的空白处，有一个“段落标记”，是随意用墨水画的一只小手，长长的食指指向这一段落，强调其重要性。[75] 这就是他缺少儿子的隐藏原因，现在终于被揭露出来——他娶了哥哥的妻子，完全违背了上帝和他的神圣教会的法令。国王几乎不会动摇的“谨慎的良知”突然之间受到严酷的现实的打击：长期以来，他一直与凯瑟琳生活在不可饶恕的大罪之中。

很多人都相信是沃尔西把这样的思想植入国王的脑海中。他通过林肯主教约翰·朗兰（John Longland），在国王进行秘密忏悔时告诉他。[76]比如，据新任西班牙大使伊尼戈·德·门多萨（Íñigo de Mendza）称，“在他忏悔完所有的罪恶之后，枢机主就谋划提起与王后离婚的事情。”[77]但沃尔西的脸皮可能比他表现出来的要薄，他总是拒绝这一提议，并且之后让亨利公开宣布“我是不是煽动国王的主使者或推动者，因为我严重怀疑这里的每一个人”。国王回答道：“枢机主教大人，关于这件事我可以详细解释……您没有反对过我，也没有试图推动这件事。”[78]还有一次，沃尔西说当他听说离婚这件事时，他谦卑地跪在国王面前，“在他的寝宫里花了一两个小时的时间，劝说他改变意愿，但是从没能成功劝服他”。[79]对朗兰来说，是国王先提起了离婚话题，“并且一直在不停催促他，直到得到他同意”。[80]

所以说这都是亨利的主意，当他想要什么的时候，没有人能够阻止他或与他争抢。《利未记》中那些可怕的话语就是上帝本人现身，而他爱上了另一个女人的事实是不相关的——只不过成了巩固他的王朝安全这一最重要结局的方法之一。

1527年2月，罗马枢机团写信给沃尔西，热情地赞美他鼓励亨利维护神圣教会。这是一封热情洋溢的表扬信：

> 您在如此遥远的距离之外，偏远的基督教国家，您对教会的虔诚和忠心比许多距此更近的人还要强烈。
>
> 只要亨利还在统治英格兰并拥有这样一位建议者，教会的舰船就能安全地驶过风暴。[81]

人们说骄兵必败。对于梵蒂冈和沃尔西来说，他们马上就要面临历史上最为严重的失败之一。

正如大多数毁灭性灾难一样，一系列小因素的积累加速了其转变为大灾难的节奏。

在枢机主教沃尔西收到赞美两个月之后，热情已被浇灭的他派官员前往温彻斯特，就1501年至1505年发生的事件调查理查德·福克斯主教。这位78岁的前大臣已经非常苍老，双目失明，而且他的记忆也不是很清晰。他们与他争吵了两天，质问他凯瑟琳与亚瑟是否曾圆房，以及亨利是否真心想要与哥哥的遗孀结婚。随着他们循序渐进地问更多令他为难的问题，可怜的老人结结巴巴地回答着，对他的答案犹犹豫豫。官员们汇报说：

> 他也说不清自己知道的事情，但他认为亨利渴望这段婚姻，并且他因为凯瑟琳高尚的品德而喜爱她……他不记得当时正值青春期的亨利表达过对婚姻的同意或反对，但他认为他进行过一场抗议……这些还有待向议会执事赖登先生取证。

福克斯还是一如既往地机智，拒绝为他的证词签字，但是他的一个质问员律师理查德·沃尔曼替他签了字。[82]

这并不是个吉利的开端。沃尔西没得选择，只能于5月17日在约克广场召集他的使节法庭，对亨利与凯瑟琳婚姻的真实性进行审查。77岁的坎特伯雷大主教威廉·沃勒姆，作为评审员表达了对于1509年婚姻的怀疑。他晚年生活在对于国王的极度恐惧之中：“国王的愤怒意味着坟墓，”他警告凯瑟琳，“惹国王生气就等于找死。”[83]——准确地说，这句话是后来在1534年，诺福克公爵在与托马斯·莫尔爵士的私人谈话中说的。

作为教皇使节，纠正违犯婚姻法的行为是沃尔西的职责。然而，这并不是普通的婚姻，因此也并不属于普通的违法行为。亨利就坐在沃尔西的右手边，烦躁不安的他迫不及待地想要得到自己渴望的结果。他不敢告诉王后这些完全用拉丁语进行的诉讼程序。

审判开始，枢机主教沃尔西陈述婚姻事实。教皇尤利乌斯颁发的允许亨利与他已故哥哥的妻子结婚的特许令的真实性受到质疑。国王对于这件事感觉到严重的“良心上的责备”，并担心上帝的惩罚，那些违背上帝的人都不能免于他的惩罚，他希望使节法官对婚姻的合法性进行评判。[84]国王任命沃尔曼为他的法律顾问。

法庭未做出宣判。沃尔西的决定有一个致命弱点：他意识到，鉴于这一案件人尽皆知，影响到整个国家，他的审判很快就会被罗马取消。而且，秘密批准离婚几乎是不可能的。为了向更多人确认安全性，他询问了英格兰最博学的神学家们，其中包括罗切斯特主教约翰·费希尔、林肯主教朗兰，以及伦敦主教卡斯博特·滕斯托尔（Cuthbert Tunstall），询问他们关于这件事的看法。费希尔坚定地回答说没有任何合理原因能够证明为什么婚姻要被禁止，而且“考虑到上帝赋予教皇的完全权力，就算出于再严重的原因，谁能否认教皇的特许令呢”？[85]毫无用处。

因此，这并不是个已成定局的案件。而在6月1日，一个意想不到的新闻震惊了伦敦。在意大利国土上永无休止的一场战争中，罗马被帝国军队洗劫了，教皇克雷芒七世和他的枢机主教们安全逃到了台伯河上的圣天使城堡（Castello St Angelo）。一位目击者写道：

> 哥特人、汪达尔人、土耳其人何时像这支帝国军队一样犯下如此亵渎神灵的罪行？他们让土地上布满了基督徒的神圣的尸体，将圣人的残骸践踏在脚下，偷走他们的装饰品。没有教堂或修道院得以幸免。他们强奸了修女，她们的母亲大声地哭喊着。[86]

这在梵蒂冈绝不是经常发生的事情。

6 月 22 日，亨利最终鼓起全部勇气，向王后承认他计划与她离婚，原因是他们已经背负着大罪生活了 18 年。这是他所咨询的教会人员的意见，他说，她可以指名去英格兰的任何一所修道院，优雅地隐退，这样还可以保护她的尊严。

期待王后安静隐退的希望破灭了。凯瑟琳大哭起来，“太过激动而无法回答他”，在离开她的住所之前，亨利试图通过“一切都会被安排到最好”的虚弱承诺来安慰她，语气中充满懊悔。西班牙大使门多萨听到了更多他们对峙的内容：

> 国王请求她对他告诉她的事情保密。英格兰子民并非不了解国王的目的，因为这桩丑闻已经人尽皆知，似乎被公告员宣布过一般，但他们无法相信，他会将如此不道德的目的付诸实践。

凯瑟琳希望她的外甥查理五世利用“一切可能的努力让教皇夺去枢机主教的教皇使节头衔”——这是一种机智的做法，因为教皇雷莱芒七世实际上已经在查理五世的掌控之中了。门多萨痴心妄想粉饰这次派遣活动：

关于王后离婚的事件有太多人想要表达他们的感想……大约有6000或7000人在康沃尔岸边登陆支持王后，4万名英格兰人立即加入了他们的队伍……

现实的冷水很快浇灭了他正义的火苗，他又加上了一句警示性话语“……尽管大众的支持在经受检验时往往会失败”。[87]

离开了那个曾令他困扰的“蜂巢”的亨利带着一种奇怪的超然感，去赫特福德郡和埃塞克斯郡狩猎了，并在比尤利的家中举行了盛大的宴会。王室财务主管威廉·菲茨威廉爵士绝望地写信给沃尔西：

国王家中的开销极为高昂，这里住着诺福克公爵和他的夫人，萨福克公爵，埃克斯特侯爵，牛津、埃塞克斯和拉特兰伯爵，菲茨沃尔特和罗奇福德子爵以及其他人。

我和其他官员想要降低这个夏天的开销，但是我认为这是不可能的。

国王非常开心，身体健康，每天狩猎。[88]

由于克雷芒已经丧失了战斗力，沃尔西被召集去参加在阿维尼翁召开的逃亡枢机主教们主持的教会会议，企图重新组织教会政府，但没有成功。在逃至法国之前，他建议国王“温柔顺从”地对待王后。[89]骑马时，他“无时无刻不在思考”亨利的“伟大而隐秘的恋情”，以及如何为了“您的健康得以延续，并保障您的国土和继承权”，让国王从“悲伤忧郁的生活中”解放。他在阿布维尔气喘吁吁地暂停，只是为了匆忙给国王写一封信，他写道：

> 我认为如果王后要拒绝我的审判权，必须要得到教皇的同意，或者得到枢机主教们的准许。
>
> 首先，教皇的判决是很有必要的，此外，就是枢机主教在法国的教士会议。
>
> 如果教皇已经判决，我怀疑他不会轻易被劝说去做任何满足您的意图和目的的事情。[90]

与此同时，亨利与安妮的恋情也走向了高潮。亨利写给她的17封情书留存至今，最早的一封保存在梵蒂冈图书馆中，时间可能是1527年1月，这封信用法文写成，其中有一些拼写错误。国王对于她赠送的新年礼物感到非常开心，这是一个定做的小饰品——一只上面只有一个女孩的小船模型——送这个礼物的目的可能是缓解两人之间的争吵。亨利满怀希望地写道：

> 你的这些爱的证据实在……它们让我永远地困在对你真诚的尊敬、爱护和服务之中……
>
> 我也向你祈祷，如果我曾有任何对你冒犯的行为，你都

会给予我你曾向我要求的同样的宽恕，我保证从此以后我的心里只有你一个人，我非常希望我的身体也能只属于你一个人，只要上帝应允。[91]

现在这已经远不止是宫廷恋情了。

但亨利并不确定他与安妮·博林的关系发展到了哪里。在一封早期的信件中，他祈求她

向我明确地证明，你全心全意地想着我们之间的爱情。我必须确认这个问题的答案，在一整年的时间里，爱情的飞镖击中了我的心，但我不确定它是没有击中你，或是也在你的心中找到了它的位置……

这最后的困惑让我有一小段时间没有称你为我的情人，如果你对我并没有超于普通感情的爱恋，那么这个称谓就不应该属于你，因为它代表了一种独一无二的爱情，远非普通的感情。[92]

国王这时还没有提出结婚——而是仿照法国宫廷的时尚，说她是官方的王室情妇。[93] 但这并不能解决他想要男性继承人的问题；在他的记录册上已经有了一个王室的私生子。

在慷慨赠予黑发女孩安妮大量的贵重珠宝之后，和她结婚就成了亨利不顾一切最想实现的愿望。那年 8 月亨利停留在比尤利期间，赠送给安妮一枚镶有绿宝石的戒指。在接下来的几个月里，他又送给安妮一系列诸如此类的昂贵饰品：“一枚布伦圣母钻石

胸针”“19 颗头饰钻石”、两条镶嵌 10 颗钻石和 8 颗珍珠的手链、“两个心形钻石头饰”，等等。[94]

在另一封写给安妮的情书中，亨利抱怨说与她分离的短暂时光令他感觉“像是整整过了两个星期”，而且“由于头痛”，他的信比平常要短。他最后甜腻地写道：“特别希望在某一个夜晚我能躺在爱人的怀抱里，我相信很快就能吻到她美丽的双乳。”[95]

在王室礼拜堂祈祷时，他在他的祈祷书中将耶稣描绘为“经历悲哀的人”的一页，潦草地用法文给安妮写了一封信：“你在祈祷时是否记得我对你的爱，像我无法忘却的对你的崇敬一样强烈，因为我是你的。永远爱你的，亨利 R。”安妮用匆匆写成的英文对句回答：“通过每一天的证明你就会发现 / 我对你爱意满满。”或许经过深思熟虑，她的这封信是写在一幅《圣母领报》的插画下面，画面中描绘的是天使加百利告诉圣母马利亚她将生下一个儿子。[96]

1527 年夏末的某个时间，国王不顾沃尔西的建议，派经验丰富的外交官威廉 · 奈特（William Knight）前往罗马，完成三项秘密任务。首先，他要获得教皇对于他与凯瑟琳的婚姻的废止令；第二，获得对亨利与她作为夫妻共同生活而犯下的罪过的赦免。第三个任务更有争议性，并被许多人暗中咒骂，那就是亨利承认他早期的通奸行为，并渴望尽快与安妮 · 博林结婚。讽刺的是，作为他以前的床伴玛丽 · 博林的妹妹，安妮被认为是“他的直系亲属”，因此为了能与她结婚，他要求教皇为他的第二次婚姻再颁发一张特许令。当然，奈特交给克雷芒七世的信件中的内容是保密的，“除了他们没有人知道信中的内容……他们永远不会向任何一个为枢机主教沃尔西或其他人的诡计效力的人透露。”[97]

在沃尔西远在法国时背着他所做的这些事，表明了亨利对安妮的渴望。沃尔西很快听到了有关这个计划的风声，宫廷中有流言称国王认为沃尔西在离婚事件上拖了他的后腿。在返回英格兰的途中，他从贡比涅写了一封言辞凄苦的奉承信给亨利：

> 如果不是作为您最谦逊、忠诚、顺从的奴仆，我永远不会被人发现，我每时每刻都忍受着痛苦，毫不考虑我的生命和健康，只因为信任您的喜爱和支持，我的生命和健康才得以延续……因此我想要离开，继续为您效劳的旅程，只要我老朽的身体能够承受，我就会继续如此勤勉。
>
> 在您的所有王室贵族中，再也没有人比我更渴望见到您的妻子。[98]

当沃尔西回到宫廷时，他发现国王和安妮在一起，而且只有当安妮同意时国王才愿意面见他。[99] 这预示了未来的事态发展。

克雷芒七世逃离了监禁，但他仍然痛苦地被捆在神圣罗马帝国的靶子上：他应该根据之前的教皇开出的并不完美的特许令而批准亨利——他的“信仰捍卫者”的一切愿望，还是应该反对离婚，与凯瑟琳的外甥——强大的查理五世皇帝和解呢？和往常一样，教皇选择以支支吾吾来应答。尽管英格兰和帝国的间谍都在进行紧张激烈的外交竞争活动，但梵蒂冈只松散地成立了一个使节委员会来评判亨利婚姻的有效性，任命患有痛风病的枢机主教罗伦佐 · 坎佩基奥（Lorenzo Campeggio）一瘸一拐地前往欧洲，和沃尔西一起处理伦敦的诉讼案。坎佩基奥是英格兰在梵蒂冈的官方“守护者”，也是一直不在当地的索尔兹伯里主教。他是个笨重、迟缓的疲惫老人，留着长长的胡子，他的外表让他看起来并不像个精通教会法的人。[100] 亨利很快任命他为达勒姆主教——这是个有利可图的职位——以激励他做出正确的判决。然而，坎佩基奥要完成教皇的三个秘密计划：第一个是让国王忘记离婚的想法；第二个是劝说王后进入女修道院；第三个是尽可能慢地进行裁决。[101]

很明显，作为一个被冷落的王后，凯瑟琳受到了民众的声援支持，1528 年 11 月 8 日星期日，亨利召集他的议员，带领伦敦市民前往布赖德韦尔，听取他对这一事件经过润色后的解释：

> 尽管全能的上帝仁慈地赐予我们一个美丽的女儿，让我们感到非常欣慰和快乐，但很多神职人员也告诉我们，她并不是一个合法的女儿，她的母亲也不是我的合法妻子，我们共同生活是可怕的公开通奸。
>
> 大人们，你们认为这些预言能不刺激到我的身体和灵魂，我每时每刻做的这些事能不让我的良心不安，让我的精神困扰吗?
>
> 凯瑟琳作为一个女人
>
> 有着最温柔谦逊的性格、最美丽的身材，确实，她拥有一切美好的品质，通过我这 20 年的检验，她是无与伦比的。如果我再次结婚，如果这婚姻是受到允许的，我还是会首先

> 选择她，而非其他任何女人。
>
> 但如果经过法官的检验，我们的婚姻是违背上帝的律法而且明显无效的，那么我不但要为离开这么好的一位女士及爱侣而伤心，更为我不幸的运气而悲伤哀痛。长久以来我一直生活在令上帝极为不悦的通奸罪行中，并且没有生下一位真正合法的继承人来继承这个国家。
>
> 这些都是令我思绪混乱的创伤。这些都是让我良心不安的折磨。我希望为这些痛苦寻找治疗的方法。

国王没能赢得他们的同情，仍然很少有人支持他。史学家霍尔记录下亨利的一些听众

> 什么都没说，只是叹气。其他人听到国王如此良心不安感到很难过。另一些支持王后的人难过于这件事被公开，而每个人都发自内心地说要为国王效力。[102]

坎佩基奥终于在 1528 年 10 月抵达伦敦。安妮 · 博林在格林尼治宫获得了一个精美的套房，便利地与国王的寝室相邻。但亨利考虑到面子问题，仍然与凯瑟琳共同吃饭，有时也与她同床。根据法国大使让 · 杜贝莱（Jean du Bellay）的说法，她“像是获得了最大的胜利一样开心；看到他们在一起没有人能看出有什么事情发生了”。[103] 到 12 月 2 日，亨利已经厌倦了这种客气的礼貌，凯瑟琳被耻辱地送离了汉普敦宫廷。[104]

为了分散人们对于离婚事件的关注，他求助于一场民粹主义

运动，第二天发布了一个委任状，调查有多少外国人在伦敦经商。每一个行业只允许 10 户外国人经营，其余外国人都必须关掉他们的生意，为英格兰人工作或离开英格兰。法国大使估计这一措施将 1.5 万外国人赶出了伦敦，但西班牙大使认为被遣离的人数应该是法国大使估计的两倍多。[105]

随着事件月复一月地拖延，克雷芒七世在罗马的大臣乔瓦尼 · 桑加（Giovanni Sanga）告诉坎佩基奥，教皇对于国王的婚姻感到非常沮丧，被搞得筋疲力尽：

> 枢机主教沃尔西在 1527 年的使节法庭上允许审判按正常程序进行，是因为如果国王在没有教皇允许的情况下做出决定，不论是对的还是错的，都无法逃脱教皇的指责和偏见。

桑加继续说道：

> 如果能劝说王后进入某个女修道院，教皇会非常开心。
>
> 尽管这种做法非常不祥而且不合常理，但他很愿意接受这种想法，因为这样做只会伤害一个人。[106]

但凯瑟琳并不会仅仅为了讨好教皇而同意被发配到修道院里。王后在上帝面前进行的正义事业，她自己的尊严，她女儿玛丽的合法性及其作为国王的合法继承人的地位都危在旦夕。

处在阴谋诡计的旋涡之中的坎佩基奥，经受着“无止境的思绪混乱”，同时膝盖受到严重痛风病的困扰。对于他这个意大利人来说，即便是英格兰的夏天也太冷了，他抱怨说“必须像过冬一样穿着冬天的衣服，使用火炉”。他还很害怕瘟疫：“瘟疫一直盛行，非常担心患上汗热病。”据说，亨利坚决要废除他的婚姻，为了处理他的案件，在某种程度上他甚至克服了一直以来对于瘟疫的巨大恐惧。

沃尔西在一天黎明拜访了坎佩基奥，那时他还躺在床上讨论案件。随后，凯瑟琳在 9 点钟到达进行了忏悔，坚定地称自己嫁给亨利时是一个“纯洁无瑕的处女”。王后希望“遵循上帝的召唤，与这场尊贵的婚姻共生死”并且“尽管她应该被碎尸万段，但没有什么能够劝服她改变自己的决心”。[107]

随着文件的数量增加，案件一天天拖延，亨利极为恼火。[108]最终，在 1529 年 5 月 3 日，他失去了耐心，授权沃尔西和坎佩基奥对他和凯瑟琳的婚姻执行公开审判。两位枢机主教拒绝了凯瑟琳向罗马上诉的请求，并要她在他们面前现身。[109]

审判选择的地点是位于伦敦城西角的多米尼加修道院议会大厅的一层，也就是人们所熟知的黑衣修道院的内侧回廊上方，通过一条横跨弗利特河的长廊，这里与布赖德韦尔宫相连。在这个 110 英尺（33.53 米）长的房间的南端，为教皇委员会提供的一张桌子和两张椅子摆放在一个台子上。在右侧，亨利的王座就在金布天蓬之下，与之呼应的左边也有一个位置给王后。[110]前面是给律师和主教们坐着的长椅。

6 月 21 日早上，法庭所有人员都出席了。在人群和王后支持者的欢呼声中，亨利和凯瑟琳从布里德维尔宫进入。亨利试图让叫喊声安静下来，但没有成功，他愤怒地命令他的侍卫确保“不再有人再被准许进入宫殿”。[111]

审判程序以一位传令官的喊声开始。“英格兰国王哈里进入法庭，”亨利立即专横地从王座上站起来，“请到这儿来，陛下！”传令官随后对王后说了相同的话语，但是她并没有正式回答，而是站起身来，缓缓地在主教们面前走过，跪在了她丈夫的脚下。她无法压抑的感情让她又充满了西班牙口音：

陛下！我以我们之间曾有过的爱情和上帝的仁慈祈求您，让我得到公平和正义。

请给我一些怜悯和同情，因为我只是一个可怜的女人，一个出生在您国土之外的异乡人。除了冷漠的法律顾问之外，我没有可靠的朋友。

我因为您是这个国家的正义领袖而逃到您这里。

当被他抛弃的妻子的言语回荡在寂静的大厅里的时候，亨利沉默地坐着，表情冷漠。凯瑟琳继续滔滔不绝地攻击着他对于离婚的希望与梦想：

啊，陛下！我哪里冒犯到您，让您如此不悦？

难道我曾谋划过反对您的意愿，试图违背过您吗？

我曾是您真实、谦逊、顺从的妻子，完全顺从于您的意愿，总是对于您的开心和快乐感到欣慰，对一切感到满意……

我只为您的缘故，爱所有您爱的人，不论是否有利于我，也不论他们是我的朋友还是敌人。

20年来，我都是您真诚的妻子，我为您生下了很多孩子，尽管上帝将他们召离了这个世界，但这并不是我的错。

凯瑟琳说到了她的论证的关键点：

当您第一次与我同床时，上帝作证，我确实是一个未被男人碰过的处女，而且您的良心也知道如此。[112]

王后暂停下来。她曾告诉西班牙大使，亨利经常吹嘘她嫁给他时仍是处女，她相信他永远也不会否认这一点。现在凯瑟琳将问题公之于众，并且不惧怕他做出回答。

他没有做出任何回答。国王惊呆了，坐在王座上一动不动，在不出所料的寂静中，时间在巨大的大厅里一分一秒地过去。[113]

凯瑟琳继续坚定地说道：

我以我的贞洁和上帝的慈爱，最谦逊地请求您，将我从这个新的法庭的绝境中赦免……如果您对我如此冷漠，不肯给予我帮助，那么您所希望的就可以实现，而我将向上帝求助。

她站起身来，向国王行了一个深深的、庄严的屈膝礼，转过身，扶着她的税务长格里菲思·理查德（Griffith Richard）的手臂，坚定地走下大厅。

关于与凯瑟琳争辩，亨利后来受到了安妮·博林的警告。“无论何时你与王后争辩，”她言辞犀利地对他说，“她肯定总是占上风。”[114] 这次也不例外。国王愤怒地命令传令官将她召回，理查德向她的女主人耳语道：“夫人，你又被召回了。”凯瑟琳直视前方，继续离开。“继续走，继续走，”她坚持说，“没关系，法庭对我并不冷漠，因此我不会逗留。”随后她回到了贝纳德城堡附近的住所。

审判因为一系列技术性细则而被迫中止，不断召开幕后会议，发布了大量的文件。坎佩基奥处在争论的中心。他写了一封密码信给朋友贾科莫·萨尔维亚蒂（Giacomo Salviati），教皇的第二大臣：

> 我发现我正身陷巨大的麻烦和焦虑之中，如果您看见我躺在床上，全身受到7处痛风的残酷攻击，伴随着高烧……处于极度的痛苦之中，身旁是15位律师，拿着两叠书，证明他们的结论都是根据法律得出的，此外没有其他事情能做或者应该去做，我很确定你会同情我的……
>
> 我本应该亲自出现在审判举行的地点，天知道在上下楼梯时，以及在泰晤士河边从船上上岸时我有多么难受，危险正在临近。
>
> 我向上帝祈祷我不会永远被留在英格兰。[115]

他承认：“我知道，教皇希望我们不应宣布评判结果，我应该尽可能拖延审判。”经过了一场非决定性会议之后，亨利悲伤地用拉丁语恳求坎佩基奥和他的大臣："对我友好一些，可怜可怜我。"

国王不知道的是，克雷芒七世迫于帝国的压力，已经废除了使节委员会和坎佩基奥，7 月 23 日他们被充满疑心的亨利监禁在法庭大厅隔壁的画廊里，因为罗马正常的夏季法庭审判结束之后，法庭休会，开始了漫长的假期。最早要等到 10 月才会恢复审判，但实际上，离婚问题已经被交回罗马。忧愁气愤的国王气鼓鼓地回到了布赖德韦尔，而在楼下大厅里的萨福克公爵用拳头敲着桌子称："一片混乱！现在我知道那句谚语说的是对的了！只要我们身边有枢机主教在，英格兰就永远不可能快乐。"

沃尔西承诺用一只金盘子将教皇的废黜诏书呈递给他的国王，但梵蒂冈官方的拖延和口是心非让他无法实现。所有人都能看见王室发出的不悦警告。法国大使杜贝莱说："枢机主教沃尔西处于极度痛苦之中……诺福克和萨福克公爵以及其他人让国王相信，他并没有尽心尽力地推动婚姻的进展。"安妮·博林的表兄弗朗西斯·布莱恩曾在罗马公开"不择手段"地执行国王给他的任务，他对亨利说："不论是谁让您相信教皇在这一案件上没有按照您的意愿做，我都认为他没有尽心地为陛下您服务。"[116]

接着，在 10 月，沃尔西垮台了。一位在伦敦的威尼斯商人写道，枢机主教

> 最终突然发现，他面对着无法计量的愤怒和敌意，安妮·博林利用这些方式毁灭了他。
>
> 他失去了王室的喜爱，并引起了国王的极度愤怒，他至高的权力变成了他的束缚和灾难。

> 他的教皇使节身份被废黜，他失去了大法官、温彻斯特主教、圣奥尔本斯修道院长的职位，以及其他所有财产和房产，只保留了约克大主教职位。[117]

所有港口都严格加强了的监管，以防沃尔西将他的巨额财产偷渡至海外，亨利本人则觊觎着他的财产。

不幸的是，筋疲力尽的坎佩基奥满怀感恩地启程回罗马，却成了一个偏执狂。在去海岸的途中，他在路中被拦了下来，在多佛他发现无船可用，这明显是将他扣留在英格兰的借口。[118]

最终，他的行李箱被多佛海关官员取走。他被气得怒发冲冠，拒绝交出箱子的钥匙，因此箱子的锁是被强制撬开的。当官员们大笑着拿出他的待洗衣物时，坎佩基奥因为这个对于他教皇使节尊严的冒犯忍无可忍，愤怒到抓狂，他大叫：“你们对待我如此不公，不要指望枢机主教沃尔西会使一个像我这样的人腐化——有人证明我已经拒绝了国王数不清的礼物。”[119]

当然，按照命令搜查者们要找出的是坎佩基奥从教皇那里领受的秘密任务——以及任何他的秘密回信的副本。根据都铎王朝的拥护者爱德华·霍尔的说法，他们非常伤心沮丧，“因为只有少量的信件被发现……箱子里有很多旧短袜、旧大衣和诸如此类高贵的人不会携带的低廉物件”。[120]

毫无懊悔之心的亨利回应了枢机主教的劝谏。国王的耐心已经被这位顽固的意大利老人磨没了。他用拉丁文言辞犀利地写了一封一页长的信，全然不顾坎佩基奥对于他“表现出来的对教皇尊严的不尊重以及对教皇使节权威的破坏”的抱怨。亨利不诚实地补充说：

我认为聪明的您夸大了这一点儿小小的冒犯，并犯下了可怕的罪行——好像我有能力预料到民众的鲁莽，或其他人在履行职责时会过分多管闲事似的。

国王在枢机主教的伤口上撒了把盐，并且无法忍住利用最后的机会降低他的威望：

关于您的使节身份，我和我的国民都没有做错什么，鉴于您的权利在我的案件结束之后就终结了，而且教皇已经下令撤销了您的使节身份，它……已经过期了。

我和我的子民都不知道您还有其他什么权利。

鉴于您是这里的一位主教[121]，而且受到最神圣的职责约束，要服从并尊重我的王权、司法权和特权，我认为你过度忽视了英格兰的法律，以至于在教皇使节的头衔已失效后还堂而皇之地利用它。

亨利勉为其难地安抚枢机主教受伤的自尊心：

关于港口发生的事情，在您返回意大利之前很久他们就收到了命令，不允许任何人放过任何有嫌疑的人，即便有我们的特许公文，也要检查他们的行李。

我们并没有意识到这会冒犯到您，也不想阻拦您的旅途，或为您造成损失，我们希望您对此不要见怪。

我们对于负责这一职责的官员们没能表现得更小心谨慎而感到懊悔。因为他们是在完成他们宣誓过要履行的职责，我们相信您不会认为他们应受惩罚。

如果您把事件想象得更糟糕那您就误解我们了。[122]

对于坎佩基奥来说，这就是他得到的全部道歉了。两周之后，在多佛，他终于在1529年10月26日抵达了法国国土。人们只能希望他至少不会再受痛风病的痛苦困扰了。[123]

亨利发现他不能原谅凯瑟琳在黑衣修士教堂里上演的戏剧性一幕。在11月30日，圣安德鲁斯日，这对王室夫妻共进晚餐，王后向他抱怨到自己“长期经受人间炼狱的痛苦”。她抱怨自己“被非常糟糕地对待，他拒绝与她共同就餐，也不愿意拜访她的寝室”。亨利回击道“她没有理由抱怨受到不公正待遇，因为她是自己内宫的女主人，她可以做任何她想做的事情”。至于和她共同就餐，“他忙于公务，因为枢机主教将纷繁复杂的治理国家的政务都留给了他，他有太多的事情需要夜以继日地完成，才能让一切都回到正轨”。而且，他不与她共同就寝是因为他并不是她的合法丈夫。如果教皇不宣布他们的婚姻无效，亨利“就会像异教徒一样抨击教皇，娶任何他喜欢的女人”。[124]

亨利不顾托马斯·莫尔的意愿，让他继任沃尔西担任大法官，枢机主教不光彩地被流放到了约克郡北部。察觉到自己将被杀害，敌人正在逼近，11月4日星期五，在考伍德宫殿正坐下吃饭的他因叛国罪被捕。11月29日，在返回伦敦的途中，他在莱斯特的圣玛丽奥古斯丁修道院去世，死因可能是痢疾，但也有人认为“他服泻药自杀”。[125]他去世时大约60岁。

亨利并没有立即放弃获得教皇废黜令的努力。1530年6月30日，英格兰官员给克雷芒七世送去了一封信，请求他完成国王的愿望，避免“因延迟离婚引发的罪恶”。这张盖有85个红色蜡封的羊皮纸，至今仍保存在梵蒂冈的秘密档案馆中。[126]

这仍然没起到什么作用，就连凯瑟琳都对罗马不能给出一个裁决而感到绝望，不论是正义的还是非正义的裁决。1531年10月中旬，她伤心地告诉她的外甥查理五世“天知道我因为这些人经受了什么；这足够杀死十个男人，更何况一个手无缚鸡之力的疲惫女人”。[127]

亨利一直是个行动派。“上帝派在人间的代表”这一头衔表现了他对王位的自我见解。由于被教皇、枢机主教和主教们激怒，这位“信仰捍卫者”决定断绝与罗马的所有联系，迈出在英格兰建立独立教会的第一步——由他作为教会的最高领袖。在他精明能干的新任顾问托马斯·克伦威尔的领导下，通过由议会操纵的一系列法律程序，这一目标很快就实现了。托马斯·克伦威尔本身就有改革英格兰教会的愿望。[128]

国王还得到了托马斯·克兰默的支持，他继任1532年去世的沃勒姆成了坎特伯雷大主教。克兰默对“国王的大事”的支持无可指摘：他曾是安妮·博林的父亲的私人神父，现在晋升为威尔特郡和奥蒙德伯爵。

1532年9月1日，安妮本人也晋升为贵族，她被封为彭布罗克女侯爵，有着1000英镑的丰厚年俸。亨利随后带她参加了与弗朗索瓦一世在法国布伦和加来举行的豪华会议，她穿戴着无情地从阿拉贡的凯瑟琳那里夺来的各种闪耀的珠宝。

国王的情妇在英格兰仍然不受欢迎。克伦威尔的告密者军团汇报了大量关于她的公共诽谤，有宗教方面的也有世俗方面的，流传在英格兰的酒馆和集市中。兰开夏郡律师詹姆斯·哈里森（James Harrison）许诺：“除了凯瑟琳王后我不承认其他的王后！是谁他妈的让什么博林，那个贱人，当王后的？”[129] 科尔切斯特修道士约翰·弗朗西斯称，当亨利见到弗朗索瓦一世时，安妮“像条狗一样跟在他身后”。[130]

不久之后，安妮第一次同意亨利与她同床共枕。大约在1533年1月，她发现自己怀孕了，激动喜悦的亨利秘密地于25日在他位于威斯敏斯特的宫殿的霍尔拜因门（Holbein Gate）上方的一间房子里与她结婚了，犯下了重婚罪。

她的怀孕也表明为了控制公共丑闻，有必要加快结婚的速度了。克兰默在安特希尔（Ampthill）附近贝特福德郡的邓斯特布尔（Dunstable）召集了他的教会法庭，在那里，凯瑟琳和她规模已经非常小的内宫被国王放逐了。她坚定地拒绝露面。1533年5月23日早10时，大主教宣布她的婚姻“违背了上帝的律法”，同时“国王陛下与尊贵的凯瑟琳女士离婚”。[131]

最终，亨利摆脱了他不育的妻子。他的情妇怀着他的第一个孩子，上帝保佑是个男孩。

1533年6月1日的圣灵降临节，安妮得意扬扬地在威斯敏斯特修道院由克兰默加冕，这场华丽的仪式花费了亨利约10万金币，外加伦敦城捐赠的奉承国王的20万金币[132]——在今天的价值超过 5500 万英镑。无论在任何人看来，为了获得继承人这都是一笔巨额花销。

在 1532 年 5 月作为大法官辞职的托马斯·莫尔爵士，其缺席格外显眼。

尽管穿着足够宽大的长袍，安妮怀孕的事实还是很明显。亨利的医生们都一致同意这个孩子是个男孩。像他父亲曾经做的一样，国王也咨询了占星师，占星师自信地预测出了国王最期待的结果。

宣布男性继承人出生的通知函已经被小心翼翼地写好，一旦安妮生下亨利和全英格兰未来的希望，通知函就会立即发布。

1533 年 9 月 7 日星期六下午 4 时，在格林尼治宫，安妮生下一个女婴。为了纪念亨利亲爱的母亲，她被取名为伊丽莎白。

在那个寂静、失落的宫殿里，一位书记员叹了口气，拿起笔，在一叠通知函的第一份上，吃力地在“王子”（prince）一词的末尾挤进了两个 s（princess 意为“公主”）。

亨利的梦想仍然没有实现。他的都铎王朝，成了永不会被人们遗忘的昙花一现。

尾　声

亨利与罗马教廷的决裂，以及在宗教事务上的至高权力，奠定了他日后执掌英格兰王位近 40 年的血腥基调。很多人由于他的王朝野心，在一系列审判中被处死，使得英格兰国各个城市的绞刑台成了屠夫血肉模糊的砧板。

第一批死去的人中，就包括他祖父最喜爱的罗切斯特主教约翰·费希尔，他坚决反对废除国王的婚姻，并拒绝向赋予亨利英格兰教会控制权的《至尊法案》宣誓。经过几个月的残忍监禁后，这位年迈的高级教士于 1535 年 6 月 22 日在塔丘被处死。

新任教皇保罗三世决定任命他为枢机主教，这导致他的行刑时间被提前，由于年纪太大不便行走，他坐在椅子上被人抬到了行刑台上。虽然拖延搪塞已经被磨练成一项精致的技能，但守时并不是梵蒂冈的特长。国王气愤地宣称，他会“把费希尔的头颅送到罗马去戴上枢机主教的帽子”。

之后，就轮到了国王的朋友托马斯·莫尔爵士接受亨利严酷的审判。事实证明，王室对于就婚姻问题赦免他的承诺不过是空口谎言，而他于 1532 年 5 月 16 日辞去大法官职位的行为也没能救他。由于聪明地避免了宣誓承认安妮·博林是国王的合法妻子以及他们的孩子是王位的合法继承人的继承权，他被判终身监禁。任何拒绝宣誓的人都被判叛国罪，而莫尔作为代表国家形象的重要人物，亦无法避免入狱。1535 年 6 月 6 日上午，经过一场虚假的审判，最终斧头落下——他被斩首。

1536 年 1 月 7 日，凯瑟琳在亨廷顿郡的金博尔顿（Kimbolton）城堡孤独无依地死去，死因可能是心脏肿瘤。她最后一次见到亨利和女儿玛丽是在 1531 年晚夏。

安妮·博林没有实现她的座右铭：做最幸福的人。经历过几次流产之后，亨利开始对她感到厌倦，他日益觉得她脾气暴躁、专横自负，并认为是她“通过巫术和魔法”欺骗自己与她结婚，“因此，他要取消他们的婚姻”。

他的首席大臣托马斯·克伦威尔是帮助他远离这个泼妇妻子的理想人选。在四处寻找可疑证据之后，她被指控与国王的 5 名朝臣通奸，并谋划暗杀亨利。其中一名受指控的同谋是她的哥哥，罗奇福德子爵乔治，他被指控与王后乱伦。2000 名吃惊不已的观众见证了她在伦敦塔的审判，一份文件中记录了安妮对于她丈夫在床上的糟糕表现的确凿描述：“国王不善于和女人性交，他既无美德也无力量。”不说别的，这就足够为她定罪。

罗奇福德和他的同僚大臣们于 1536 年 5 月 17 日被处斩，两天之后安妮被斩首。砍下她头颅的双手剑是法国刽子手特意花费 24 英镑从圣奥梅尔铸好并带来的。

里士满公爵——国王与贝茜·布朗特的私生子亨利·菲茨罗伊——与第三代诺福克公爵的女儿玛丽·霍华德结婚了。他们尚未圆房，亨利·菲茨罗伊就于1536年7月23日上午，在圣詹姆斯宫去世了，死因可能是肺结核，去世时他仅17岁。

埃克塞特子爵亨利·考特尼，亨利·洛德·蒙塔古，爱德华·内维尔爵士及玛丽公主年迈的女官索尔兹伯里伯爵夫人玛格丽特·波尔都被逮捕了。前3个人于12月9日在塔丘被处死。67岁的伯爵夫人被囚禁在伦敦塔内，最终在1541年5月27日被带上了绞刑台。她拒绝把头放在行刑台上，并说道："对叛国者应该这样做，但我不是叛国者。"刽子手是一个经验不丰富的笨拙的年轻人，懒洋洋地告诉她这是"一种时尚"。他反复砍着她头发花白的头颅和肩膀，终于血肉模糊地完成了他的工作。蒙塔古的继承人亨利在伦敦塔内消失了，并在1542年9月之后的某个时间去世。埃克塞特子爵12岁的儿子爱德华被关在伦敦塔内，直到玛丽在1553年继承王位他才被释放。

1536年5月30日，亨利娶珍·西摩为妻，她在国王与安妮的秘密婚礼中曾是安妮的侍女，这次他们的秘密婚礼在威斯敏斯特的王后贮藏室举行。

1537年10月12日星期五凌晨两点，亨利日思夜想的男性继承人终于成了现实。在艰苦分娩了30个小时之后，珍·西摩在汉普敦宫生下一名男婴，取名为爱德华。但12天之后，28岁的珍就去世了，死因可能是产褥热和败血症。

通过分析亨利的特征，以及他的肖像画中所展现出他外表的变化，可以发现从16世纪30年代末期开始，亨利可能就患上了库欣氏综合征（Cushing's syndrome），一种罕见的内分泌异常症，会导致身体严重肥胖，并增加脖子周围的脂肪，同时导致骨质疏松和糖尿病。在某些病例中——亨利可能就是一例——病情会导致患者患上偏执型精神病。亨利晚年几乎无法行走，要用一种被称作“国王的缆车”的轿子抬着在王宫内行走。

国王又娶了另外 3 个妻子——克里维斯的安妮，凯瑟琳 · 霍华德和端庄的凯瑟琳 · 帕尔——但那时他可能已经不能生育了。

1547 年 1 月 28 日星期五约凌晨两点，亨利在威斯敏斯特宫的秘密寝宫中去世，他无法说话，没有一个朋友，孤独地躺在豪华的精雕细刻的胡桃木床上。

像他的父亲一样，他去世的消息也被保密了 3 天，伦敦的街道都设置了路障，英格兰的港口关闭，整个国家与欧洲隔绝。

国王的合法男性继承人，9 岁的爱德华在 1 月 31 日继承了王位，礼炮在伦敦塔的城墙上和泰晤士河边停靠的舰船中齐鸣。

都铎王朝安全了——至少暂时是这样。

年　表

1457 年 1 月 28 日	亨利 · 都铎（后来的亨利七世）出生于彭布罗克城堡（Pembroke Castle），他的母亲是第一代里士满伯爵埃德蒙 · 都铎的遗孀——14 岁的玛格丽特。他的父亲埃德蒙 · 都铎在 3 个月前死于瘟疫，当时他正被约克党人囚禁在南威尔士的卡马森城堡内。
1471 年 6 月 2 日	兰开斯特党人在巴尼特和图克斯伯里战役中获胜，亨利逃离布列塔尼，结束了 14 年的流亡生涯。
1483 年 6 月	爱德华五世及爱德华四世的幼子约克公爵理查在进入伦敦塔后消失。人们认为他们被谋杀，主使者是格洛斯特公爵——“护国主”理查，即后来的理查三世。
1485 年 8 月 7 日	亨利 · 都铎在南威尔士的米尔福德港登陆，3000 名法国雇佣兵及英格兰和威尔士支持者跟随着他，前来夺取英格兰王冠。
1485 年 8 月 22 日	亨利在莱斯特郡的博斯沃思原野打败并杀死了理查三世，成为都铎王朝第一位君主即亨利七世。
1485 年 10 月 30 日	亨利在威斯敏斯特加冕成为国王。他将沃里克伯爵、10 岁的爱德华 · 金雀花囚禁于伦敦塔，原因是其对王位构成威胁。 伦敦第一次暴发汗热病。

1485 年 11 月 9 日	亨利七世在位期间召集的第一届议会在威斯敏斯特召开会议。
1485 年 12 月 16 日	阿拉贡的凯瑟琳出生于西班牙埃纳雷斯堡。
1486 年 1 月 18 日	亨利七世与爱德华四世的女儿，“塔里王子”的姐姐约克的伊丽莎白结婚。
1486 年 9 月 20 日	亨利七世与约克的伊丽莎白的第一个孩子亚瑟出生于威斯敏斯特。
1487 年 5 月 24 日	兰伯特 · 西姆内尔，10 岁的英格兰王位觊觎者在都柏林大教堂加冕称王。
1487 年 6 月 16 日	反叛的约克党军队支持西姆内尔称王，林肯伯爵约翰 · 德拉波尔在诺丁汉郡的斯托克原野战败。林肯伯爵被杀，西姆内尔得到赦免，在王室厨房中工作。
1487 年 11 月 25 日	约克的伊丽莎白在威斯敏斯特修道院加冕成为王后。
1489 年 11 月 29 日	亨利七世和约克的伊丽莎白的第二个孩子玛格丽特出生。
1489 年 11 月 30 日	亚瑟在威斯敏斯特受封成为威尔士亲王及切斯特伯爵。
1491 年 6 月 28 日	亨利王子（后来的亨利八世）出生于格林尼治宫。
1491 年 11 月	“王位觊觎者”珀金 · 沃贝克到达爱尔兰西南部的科克市。
1493 年 4 月 5 日	亨利王子成为五港总督及多佛城堡治安官。
1493 年 8 月	沃贝克在维也纳参加神圣罗马帝国皇帝腓特烈三世的葬礼，被“罗马人民的国王”马克西米利安一世承认为“英格兰国王理查四世”。
1494 年 9 月 12 日	亨利王子受命成为爱尔兰副总督。
1494 年 10 月 31 日	亨利王子被封为巴斯骑士。
1494 年 11 月 1 日	亨利王子被封为约克公爵。
1495 年 2 月 16 日	亨利七世的继父的弟弟威廉 · 斯坦利爵士及其在博斯沃思的支持者因叛国罪被处死。
1495 年 3 月 18 日	约克的伊丽莎白在萨里的西恩宫生下玛丽。

1495 年 5 月 17 日	约克公爵亨利成为嘉德骑士。
1495 年 7 月 3 日	沃贝克的入侵舰队在迪尔登陆，军队中 150 人被杀，另有 160 人被捕入狱。
1496 年 9 月	在苏格兰的协助下，沃贝克率领 1400 人越过边境在诺森伯兰郡进行了一场小规模入侵。
1496 年 9 月 21 日	亨利王子处理第一份公务——在位于萨默塞特的格拉斯顿伯里的一座修道院见证王室特许状的颁发。
1497 年 6 月 17 日	布莱克希思会战发生在今天的伦敦东南部：康沃尔叛军被王室军队打败。亨利王子和他的母亲躲在伦敦塔内。
1497 年 7 月 18 日	阿拉贡的凯瑟琳与亚瑟王子定下婚约，规定她将在亚瑟 14 岁时来到英格兰，同时还规定了西班牙将分期支付她价值 20 万克朗的嫁妆。
1497 年 9 月 7 日	珀金 · 沃贝克在康沃尔登陆，召集了一支由康沃尔反叛者组成的军队；进攻埃克塞特并向汤顿进发。
1497 年 10 月 5 日	珀金 · 沃贝克在汉普郡的博利厄修道院投降。
1497 年 12 与 21 日	大火烧毁了位于萨里西恩宫的王室住所。
1499 年 7 月	对王位存在潜在威胁的萨福克伯爵埃德蒙 · 德拉波尔从英格兰出逃，但是后来主动返回了英格兰。
1499 年	荷兰人文学者德西德里乌斯 · 伊拉斯谟在埃尔瑟姆宫拜访亨利王子和他的姐妹们。
1499 年 11 月 23 日	珀金 · 沃贝克在泰伯恩刑场被处死。
1499 年 11 月 28 日	沃里克伯爵爱德华 · 金雀花在塔丘因叛国罪被斩首。
1501 年 8 月	萨福克伯爵埃德蒙 · 德拉波尔再次和弟弟理查逃离英格兰。
1501 年 12 月 12 日	阿拉贡的凯瑟琳正式进入伦敦，约克公爵亨利担任她的护送人——这是他第一次见到凯瑟琳。
1501 年 12 月 14 日	15 岁的亚瑟王子和 16 岁的阿拉贡的凯瑟琳在伦敦的圣保罗大教堂举行婚礼。亨利王子将新娘交给新郎。
1502 年 4 月 2 日	亚瑟在什罗普郡的拉德洛城堡中去世。

1503年2月11日	伊丽莎白王后过世，她在2月2日刚刚生下一个女儿。随后女婴在约2月14日夭折。
1503年2月18日	约克公爵亨利受封为威尔士亲王。
1503年6月25日	亨利王子和阿拉贡的凯瑟琳在索尔兹伯里主教的主持下正式订婚。
1504年秋	理查·恩普森爵士和埃德蒙·达德利获权成为亨利八世的联合代理人。
1504年11月	教皇尤利乌斯二世发布特许状允许亨利与其哥哥的遗孀结婚。
1505年6月27日	亨利王子在父亲的指示下，在萨里郡里士满宫秘密抗议与阿拉贡的凯瑟琳结婚。
1506年1月	舰队在英吉利海峡被风暴吹散之后，勃艮第的腓力大公抵达英格兰。
1506年4月2日	萨福克伯爵埃德蒙·德拉波尔被关入伦敦塔。
1509年4月21日	亨利七世因肺结核在里士满宫去世，享年52岁。他过世的消息被保密了两天。
1509年4月24日	英格兰公开宣布亨利八世继位，在他度过18岁生日前由其祖母玛格丽特·博福特夫人摄政。恩普森和达德利被捕。
1509年6月11日	亨利八世和阿拉贡的凯瑟琳在威廉·沃勒姆的主持下，于格林尼治宫旁边的守规派修士教堂结婚。
1509年6月24日	亨利八世及其妻子的加冕礼在威斯敏斯特修道院举行。
1509年6月29日	亨利八世的祖母玛格丽特·博福特夫人在威斯敏斯特去世。
1509年11月	“长矛护卫队”成立，作为亨利八世的个人贴身护卫队。
1510年1月21日	亨利八世召开任期内第一届议会会议。
1510年8月7日	恩普森和达德利被处死。
1511年1月1日	亨利与阿拉贡的凯瑟琳的儿子在里士满出生，受洗后命名为亨利。这个孩子只存活了53天，就在2

	月 23 日去世。
1511 年 5 月	英格兰远征军在北非协助西班牙国王斐迪南对抗摩尔人的战役中失败。
1511 年 6 月	在爱德华 · 波伊宁斯的带领下，1500 名英格兰士兵离开桑威奇前往低地国家远征。
1511 年 11 月 17 日	《威斯敏斯特条约》中规定了“神圣同盟”国家之间的军事协助框架。
1512 年	沃尔西成为亨利事实上的首席大臣。
1512 年 6 月—11 月	英格兰远征军在西班牙丰萨利达损失惨重。
1512 年 8 月 10 日	由托马斯 · 尼维特指挥的“摄政王号”战舰在布列斯特附近海域失事。
1513 年 4 月 25 日	海军大臣爱德华 · 霍华德爵士在勒孔屈埃附近的一次鲁莽的海军行动中丧生。
1513 年 5 月 4 日	萨福克伯爵埃德蒙 · 德拉波尔在伦敦塔内被斩首。
1513 年 7 月	亨利入侵法国北部，留下凯瑟琳担任英格兰摄政。
1513 年 8 月 16 日	“马刺战役”在吉内加特展开，法国增援部队被打败。
1513 年 8 月 23 日	法国城镇瑟鲁安投降。
1513 年 9 月 9 日	在萨里伯爵托马斯 · 爱德华的指挥下，英格兰军队在诺森伯兰郡的弗洛登原野打败苏格兰。苏格兰的詹姆士四世及 1.2 万名士兵战死。
1513 年 9 月 23 日	法国城市图尔奈落入亨利之手。
1513 年 12 月	亨利八世感染天花。
1514 年 10 月 9 日	亨利的妹妹玛丽在阿布维尔嫁给法国国王路易十二。
1515 年 1 月 1 日	法国国王路易十二去世，弗朗索瓦一世继位。
1515 年 2 月	萨福克公爵查尔斯 · 布兰登在巴黎与玛丽秘密结婚。
1515 年 12 月 24 日	沃尔西受命继任威廉 · 沃勒姆大主教成为大法官。
1516 年 1 月 23 日	西班牙国王斐迪南去世，他的外孙查理及其被锁在西班牙城堡内的查理的母亲“疯女”胡安娜继位成为联合统治者。

1516年2月18日	玛丽出生于格林尼治，她是亨利八世与阿拉贡的凯瑟琳唯一存活下来的孩子。
1518年	托马斯·莫尔进入王室服务，担任小额债务索赔法庭法官。
1518年5月	沃尔西成为教皇特使。
1519年1月12日	马克西米利安一世去世，西班牙的查理五世被选为神圣罗马帝国皇帝。
1519年5月	王室进行人员大清洗。
1519年6月15日	亨利八世与他的情妇伊丽莎白·布朗特的私生子亨利·菲茨罗伊出生。
1520年5月	查理五世皇帝访问英格兰。
1520年6月4日—24日	亨利八世与法国的弗朗索瓦一世召开金缕地会议。
1521年5月17日	白金汉公爵爱德华·斯塔福德在塔丘被处死。
1521年11月24日	亨利八世被教皇利奥十世封为“信仰捍卫者”。
1522年	玛丽·博林成为亨利八世的情妇。
1522年3月1日	安妮·博林首次在宫廷出现。
1523年8月	萨福克公爵查尔斯·布兰登率领1万人组成的英格兰军队第二次入侵法国北部，但由于天气糟糕影响了他向巴黎前进，他撤退至佛兰德斯。
1524年	亨利不再定期与妻子阿拉贡的凯瑟琳合寝。
1524年3月10日	亨利在与萨福克公爵查尔斯·布兰登的长矛比武中受伤。
1525年	亨利在赫特福德郡的希钦附近狩猎时险些溺水身亡。
1525年2月24日	站在法国一方的理查德·德拉波尔在意大利的帕维亚之战中被杀。
1525年6月18日	亨利八世的私生子亨利·菲茨罗伊在布里德维尔受封成为里士满公爵。
1525年7月	托马斯·莫尔爵士受命成为兰开斯特公爵郡大臣。
1525年10月	玛丽公主离开母亲被送往拉德洛城堡。
1527年5月17日	沃尔西的使节法庭试图质疑亨利的婚姻，但没有发

	表关于其有效性的声明。
1527 年 5 月	德意志雇佣兵服役于帝国军队，在意大利实施了“罗马之劫”。
1527 年 6 月 22 日	亨利八世告诉妻子他打算与她离婚，因为他们已经“背负着大罪”生活了 18 年。
1527 年 8 月 3 日	约翰·鲁特从纽芬兰的圣约翰港写信给亨利八世——这是现存最早的写自北美的信件。
1528 年 5 月	汗热病第四次肆虐英格兰。
1529 年 6 月 21 日—7 月 23 日	使节法庭在布莱克法尔斯开庭，处理亨利八世和阿拉贡的凯瑟琳的婚姻，但没做出裁决就暂停了。
1529 年 10 月 18 日	沃尔西在约克宫将英格兰国玺交给诺福克和萨福克公爵。
1529 年 10 月 26 日	托马斯·莫尔爵士在威斯敏斯特宣誓效忠成为大法官。
1530 年 11 月 4 日	沃尔西因叛国指控被捕，可能由于痢疾于 11 月 29 日在莱斯特去世。
1531 年 3 月 8 日	主教会议承认亨利八世为英格兰教会领袖，“只要上帝的法律允许”。
1531 年 7 月	亨利与阿拉贡的凯瑟琳分居。
1532 年 5 月 16 日	大法官托马斯·莫尔爵士辞职。
1533 年 1 月 25 日	亨利秘密与怀孕的安妮·博林在威斯敏斯特宫荷尔拜因门上的一间房间内结婚（重婚）。
1533 年 5 月 23 日	坎特伯雷大主教托马斯·克兰默在贝德福德郡登斯特布尔的一个教会法庭上宣布亨利八世与凯瑟琳离婚。
1533 年 6 月 1 日	安妮·博林在威斯敏斯特修道院被克兰默加冕成为王后。
1533 年 9 月 7 日	安妮·博林在格林尼治宫生下一个女婴，施洗后起名伊丽莎白。

本书人物

英格兰王室

理查三世（1452—1485） 理查 · 金雀花在 1460 年 12 月 30 日的韦克菲尔德战役中被杀死时，约克公爵理查年仅 8 岁，受封成为格洛斯特公爵。1472 年，他与威尔士亲王的遗孀、沃里克伯爵“造王者”理查 · 内维尔的女儿安妮结婚。1483 年 4 月 9 日，爱德华四世去世，理查被指定为王位继承人，12 岁的爱德华五世的护国主。爱德华五世和他的弟弟约克公爵理查在进入伦敦塔后消失。1483 年 7 月 6 日，他在威斯敏斯特修道院获得国家大权，加冕称王。1485 年 8 月 22 日，在博斯沃思战役中他的军队被亨利七世率领的侵略军打败，他本人被杀死。理查是最后一位在战争中被杀的英格兰在位君主。

亨利七世（1457—1509） 母亲玛格丽特 · 博福特是第一代里士满伯爵埃德蒙 · 都铎的妻子。在他出生前 3 个月，被约克党人囚禁在南威尔士卡马森城堡的埃德蒙 · 都铎死于瘟疫。1471 年兰开斯特党在玫瑰战争中胜利后他被流放，在布列塔尼公爵弗朗索瓦二世的保护下生活了 14 年。1485 年 8 月 22 日，在博斯沃思战役中打败理查三世后夺取了英格兰王冠。10 月在威斯敏斯特加冕为都铎王朝第一位君主，并在 1486 年迎娶爱德华四世和伊丽莎白 · 伍德维尔的女儿约克的伊丽莎白。

玛格丽特 · 博福特，里士满伯爵夫人（1443—1509） 第一代萨默塞特公爵约翰·博福特的女儿。1455年11月1日，她在12岁时嫁给第一代里士满伯爵埃德蒙·都铎。1457年1月28日，在被囚禁的丈夫去世三个月后，她生下他们两人的独子，即后来的亨利七世。1462年1月3日，玛格丽特嫁给她的表兄亨利·斯塔福德，他是1471年去世的第一代白金汉公爵汉弗莱·斯塔福德的儿子。1473年6月，她嫁给第三任丈夫斯坦利男爵托马斯·斯坦利，他与他的哥哥威廉在博斯沃思决定改为支持亨利七世并帮他取得了胜利。成为"国王母亲"的玛格丽特不仅成了英格兰最富有的女人，还是最虔诚的人。1499年，在获得丈夫的准许后，她宣誓将保持贞洁并离开了斯坦利。1505年，她重建了贫穷的剑桥大学上帝学院，将其更名为基督学院，6年后她的遗嘱执行人在剑桥大学建立了圣约翰学院。她在亨利八世继位后的几周内作为摄政王，1509年6月29日在威斯敏斯特去世。

约克的伊丽莎白（1466—1503） 爱德华四世（1483年去世）和他的王后伊丽莎白·伍德维尔的长女。1483年理查三世的《王室权利法案》宣布他们的婚姻无效，使得他们的孩子都成了私生子并且无权继承王位。亨利七世在博斯沃思夺取王位之后，《王室权利法案》被废止，他在1486年与伊丽莎白结婚。1487年11月25日，她加冕成为王后。这对夫妇共有8个孩子：威尔士亲王亚瑟；出生后很快即夭折，据说名为爱德华的儿子；玛格丽特，后来的苏格兰王后；亨利，后来的亨利八世；伊丽莎白（1495年去世）；玛丽，后来成为法国王后；萨默塞特公爵埃德蒙（死于1500年）以及凯瑟琳（1503年出生几天后便夭折）。伊丽莎白本人也在生下最后一个孩子几天后去世。

亚瑟·都铎，威尔士亲王（1486—1502） 亨利七世和约克的伊丽莎白的第一个孩子，出生于温彻斯特，早产一个月。3岁时受封成为威尔士亲王和切斯特伯爵。1501年11月14日，他在圣保罗大教堂与阿拉贡的凯瑟琳结婚，随后他们搬往什罗普郡的拉德洛宫，亚瑟的身份是威尔士亲王和威尔士及边区法院主席。1502年4月2日，他可能由于肺结核去世，死后埋葬在伍斯特大教堂。

亨利八世（1491—1547） 亨利七世和约克的伊丽莎白的次子。父亲去世后他继承了王位，并于 1509 年 4 月 24 日正式加冕。在他和阿拉贡的凯瑟琳的婚姻中，只有一个女儿玛丽公主存活下来，他声称他们的婚姻违背了上帝和教会的法规而想要与凯瑟琳离婚。他至少有一名私生子：出生于 1519 年 6 月 15 日的亨利·菲茨罗伊，其母亲亨利的情妇伊丽莎白·布朗特。教皇利奥十世赐予他“信仰捍卫者”称号，但后来他与罗马教廷决裂，成了英格兰教会首脑。他的妻子有：他曾经的情妇安妮·博林，后来因通奸和乱伦被斩首（他们有一个孩子——伊丽莎白）；珍·西摩（一个孩子——爱德华）、凯瑟琳·霍华德（被斩首），克里维斯的安妮（被废），以及比他寿命更长的凯瑟琳·帕尔。

阿拉贡的凯瑟琳（1485—1536） 亨利的第一位王后。她是阿拉贡的斐迪南和卡斯蒂利亚的伊莎贝拉在世的孩子中最小的一个，她是西班牙的查理五世，即神圣罗马帝国皇帝的姨母。她在 1501 年 11 月嫁给了亨利的哥哥亚瑟，但在 1502 年 4 月 2 日亚瑟去世后成了寡妇。1509 年 6 月 11 日她嫁给亨利。她怀孕六次但只有玛丽公主一个孩子存活下来。1536 年 1 月 7 日，她在汉丁顿郡的金博尔顿城堡因心脏病去世。

安妮·博林（约 1501—1536） 威尔特郡及奥蒙德伯爵托马斯·博林的二女儿，亨利八世的第二任妻子，1533 年 1 月 25 日她与国王秘密结婚。1533 年 9 月 7 日，她生下唯一的孩子伊丽莎白。1536 年 5 月 19 日，她因被指控通奸和乱伦被捕，在伦敦塔被处死。

玛丽公主，后来的女王玛丽一世（1516—1558） 亨利八世和他的第一任妻子阿拉贡的凯瑟琳唯一存活下来的孩子。1533 年 7 月 19 日正式成为女王，将天主教重新引入英格兰。1554 年 7 月 25 日，她在温彻斯特嫁给了西班牙查理五世的儿子腓力。1558 年 11 月 17 日，她在圣詹姆士宫去世，死因可能是子宫癌或胃癌，她没有子嗣。

伊丽莎白公主，后来的伊丽莎白一世（1533—1603） 亨利八世和他的第二任妻子安妮·博林的女儿。1558 年 11 月 17 日继任玛丽一世成为女王。她捍卫新教作为国教。1603 年 3 月 24 日死于里士满宫，死因是肺炎及牙齿脓毒症，终生未婚。

爱德华王子，后来的爱德华六世（1537—1553） 亨利八世和他的第三任妻子珍·西摩的合法儿子。1547 年 1 月 31 日在伦敦塔正式成为国王。1553 年 7 月 6 日在格林尼治宫，他因肺结核及麻疹以及服用各种偏方导致的并发症而去世。

亨利·菲茨罗伊，里士满公爵（1519—1536） 亨利八世与阿拉贡的凯瑟琳的侍女伊丽莎白·布朗特的私生子。1525 年 6 月 18 日在布赖德威尔的受封成为里士满公爵。第三代诺福克公爵托马斯·霍华德负责照顾他。1533 年 11 月 26 日他与诺福克公爵的女儿玛丽·诺福克结婚，他们并无婚姻之实。1536 年 7 月 23 日死于肺部感染。

玛格丽特·都铎，苏格兰王后（1489—1451） 亨利七世与约克的伊丽莎白的长女。1503 年 8 月 8 日在爱丁堡嫁给苏格兰的詹姆士四世，1504 年 3 月加冕。1512 年，她生下一个儿子，在父亲于 1513 年在弗洛登被杀后这个孩子继位成为詹姆士五世。次年，玛格丽特生下詹姆士四世的遗腹子罗斯公爵亚历山大，他在 1515 年去世。1514 年 8 月，她嫁给了第六代安格斯伯爵阿奇博尔德·道格拉斯，并失去了摄政权，以及对詹姆士四世的儿子的监护权。1527 年与道格拉斯离婚后，玛格丽特嫁给了受封为梅斯文公爵的亨利·斯图尔特，并于 1541 年 10 月 18 日在梅斯文城堡去世。

玛丽·都铎，法国王后（1496—1533） 亨利七世和约克的伊丽莎白的二女儿，亨利八世的妹妹。1508 年她与卡斯蒂利亚的查理即后来的查理五世订婚，但后来婚姻计划被废止，取而代之的是她在 1514 年 10 月 9 日嫁给年迈的法国国王路易十二，11 月她加冕成为法国王后。1515 年 1 月 1 日，路易十二去世，玛丽与萨福克公爵查尔斯·布兰登秘密结婚，令亨利八世非常愤怒。在他们同意退还玛丽的嫁妆并交出她的金银餐具和珠宝之后，亨利的怒火被平息。1515 年 5 月，他们在格林尼治正式结婚。他们共有 4 个孩子：幼年即去世的亨利；弗朗西丝，后来成了北安敦顿子爵亨利·格雷的妻子及珍·格雷女士的母亲；埃莉诺；另一个名叫亨利，12 岁去世的儿子。玛丽在萨福克的韦斯索普去世，并被埋葬在伯里圣埃德蒙的修道院内，但后来修道院解散后，她的遗体被迁移到那里的教区教堂。

英格兰王位觊觎者

爱德华·金雀花，第十七代沃里克伯爵（1475—1499） 第一代克拉伦斯公爵乔治的儿子，索尔兹伯里公爵夫人玛格丽特·波尔（玛丽公主的女家庭教师，但在1541年5月27日被亨利八世处死，终年67岁）的弟弟。理查三世的儿子爱德华在1484年去世后，沃里克伯爵被提名为王位继承人，但后来林肯伯爵约翰·德拉波尔被宣布为继承人，他便失去了继承权。亨利七世在博斯沃思夺取王位之后，沃里克被囚禁在伦敦塔内，原因是他对王位构成威胁。根据他的同龄人的描述，他有些愚笨，"分不清鹅和鸡"。作为金雀花家族的最后一名男性，他于1499年11月28日在塔丘被处死。

兰伯特·希姆内尔（约1477—约1525） 一位牛津工匠或风琴制作师的儿子。由于外貌与10岁的沃里克伯爵爱德华·金雀花相似，一位来自牛津大学的神父理查德·西蒙斯将这个男孩带到了爱尔兰，并宣称他就是真正的沃里克伯爵。1487年5月24日，他在都柏林的基督教大教堂加冕成为"理查四世"。他与基尔代尔伯爵吉罗德·菲茨杰拉德召集的爱尔兰军队，以及另一名王位觊觎者林肯伯爵约翰·德拉波尔带领的德意志雇佣兵组成的叛军在当年6月登陆了坎布里亚郡。6月16日，他们在斯托克原野被王室军队打败，但西姆内尔获得赦免并被发配到王室厨房负责洗完和旋转烧烤架，后来成了一个训鹰者。

约翰·德拉波尔，第一代林肯伯爵（1464—1487） 第二代萨福克公爵约翰·德拉波尔和伊丽莎白·金雀花的长子。曾是理查三世的爱尔兰总督及北英格兰议会议长。博斯沃思战役后，他向亨利八世投降，但仍试图夺取政权。他与王位觊觎者兰伯特·西姆内尔结盟，1487年6月16日在斯托克原野战役中被杀死。他的弟弟第六代萨福克伯爵埃德蒙·德拉波尔是约克党王位争夺的领导人，但于1513年5月4日被亨利八世处死。他们的弟弟理查德延续了他的事业，直到于1525年2月24日死于帕维亚战役。

埃德蒙·德拉波尔，第六代萨福克伯爵（约1472—1513） 第二代萨福克公爵约翰·德拉波尔的次子，第一代林肯伯爵约翰的弟弟，理查德·德拉波尔的哥哥。1499年，他被指控谋杀，并在7月逃往英格兰，但后来被劝返。听说马克西米利安皇帝与亨利八世为敌之后，他于1501年和他的弟弟理查德一起，再次前往欧洲大陆。三年后，他被剥夺了财产权，勃艮第的腓力大公同意将他送回英格兰，1506年4月24日他被关进了伦敦塔。1513年，国王亨利八世离开英格兰入侵法国之前，下令将他斩首。

理查德·德拉波尔（死于1525年）　第二代萨福克公爵约翰·德拉波尔（1442—1491）的第五个儿子，约翰和埃德蒙的弟弟。他与哥哥一起逃离了英格兰，1504年留在亚琛作为埃德蒙日益增加的债务的抵押人质。后来他逃跑了，路易十二在法国与英格兰军队作战时，承认了理查德的王位继承权并任命他为法国军队的指挥官。1514年，他得到了1.2万名德意志雇佣兵尝试入侵，但受到了和平条约的妨碍。在弗朗索瓦一世的支持下，他在1523年又谋划了一次入侵，但也没能实现。1525年2月，他在帕维亚战役中为法国战斗时被杀。

珀金·沃贝克（约1474—1499）　出生于图尔奈，法国城市审计官约翰·德·沃贝克的儿子，但却被称作约克公爵，丢失的“塔里王子”之一。1491年11月，他从英格兰上岸，希望找到支持者，随后勃艮第护国者——爱德华四世的妹妹约克的玛格丽特成了他的支持者。在勃艮第的现金资助下，他1495年7月3日在迪尔登陆，但是他的部分士兵被杀死或逮捕，最终他不得不来到了苏格兰詹姆士四世的宫廷寻求庇护。在那里，他与詹姆士的表妹凯瑟琳·戈登结婚，并发动了一次越过苏格兰过境入侵英格兰的计划，但没有实现。他的剩余军队逃跑并于1497年9月在康沃尔登陆，沃贝克联合了8000名康沃尔反叛者进行他的事业。进攻埃克塞特失败后，他在王室军队靠近的时候逃离了军队，并于1497年10月5日在比尤利修道院投降。1499年11月23日在泰伯恩刑场，他在宣读自己的忏悔之后被施以绞刑。

爱德华·斯塔福德，第三代白金汉公爵（1478—1521）　第二代白金汉公爵亨利·斯塔福德的长子，第二代白金汉公爵于1483年因叛国罪被理查三世没收财产并处死。亨利七世登基后，保留了对他的财产剥夺，爱德华的土地和他的监管权都转交给玛格丽特·博福特夫人，即新任国王的母亲。尽管渴望得到王位，但白金汉公爵在 1510 年 11 月 20 日宣誓成了枢密院议员。1513 年 6 月到 10 月，他担任驻法英格兰军队的首领，并在了 1520 年参加了金缕地会议。他成了沃尔西的敌人，并受到亨利八世的深刻怀疑。他因叛国罪被他的同僚审讯，并于 1521 年 5 月 17 日在塔丘被斩首。

亨利八世的情妇

安妮·黑斯廷斯，原姓斯塔福德（约 1483—1544） 第一代白金汉公爵亨利·斯塔福德最年轻的女儿，爱德华·斯塔福德的妹妹。她在 1509 年 12 月嫁给了乔治·黑斯廷斯即后来的汉丁顿伯爵，并有 8 个孩子。1510 年他与亨利八世有过私情，并被丈夫送去了一座修道院。安妮后来和威廉·康普顿爵士生活在一起。她的丈夫也在 1544 年去世，留下了 9466 英镑的债务，大部分都因为他在宫廷中挥霍无度的生活而产生。

伊丽莎白·（“贝茜”）·布朗特（约 1500—约 1541） 什罗普郡金利的约翰·布朗特爵士的二女儿。她是阿拉贡的凯瑟琳的侍女。从 1514 年到 1519 年是亨利八世的情妇，并在 1519 年生下了他的私生子亨利·菲茨罗伊。1522 年她嫁给吉尔伯特·塔尔博伊斯，根据议会法案她将从 1517 年去世的发疯的父亲遗留下的财产中获得丰厚的收入。她和丈夫共有 3 个孩子。塔尔博伊斯 1530 年 4 月去世，1533 年后的某个时间她嫁给了她在林肯郡的邻居，第九代克林顿和塞伊男爵爱德华·克林顿（1512—1585）并育有 3 个女儿。其中名叫安妮的女儿被任命为克里维斯的安妮的侍女，但因为疾病离开了宫廷并于约 1541 年死于肺结核。

玛丽·凯利，原姓博林（约 1499—1543） 托马斯·博林和他的妻子——第二代诺福克公爵托马斯·霍华德的女儿伊丽莎白的长女，安妮·博林和乔治·博林的姐姐。1514 年她参加了玛丽·都铎与路易十二的婚礼，并留在了法国宫廷，并以不道德闻名。她在阿拉贡的凯瑟琳的内宫中有着稳定的地位，并于 1520 年 2 月嫁给了枢密院中的一位绅士——威廉 · 凯利，有一个儿子和一个女儿。1522 年至 1525 年，玛丽一直是亨利八世的情妇。1528 年凯利死于汗热病，1534 年她秘密嫁给了威廉 · 斯塔福德爵士（约 1512—1556），加来卫戍部队的一员。怀孕后她的婚姻暴露，她的妹妹将她逐出了宫廷。玛丽的女儿凯瑟琳在 1539 年 11 月被任命为命途多舛的克里维斯的安妮的侍女。

安妮 · 博林 见英格兰王室。

都铎宫廷

理查德 · 福克斯（1448—1528） 在亨利的侵略战争中陪伴着他并参与了 1485 年的博斯沃思原野战役。后来成为国王的大臣并在 1487 年被任命为掌玺大臣和埃克塞特主教。1491 年在格林尼治为亨利王子施洗。1501 年成为温彻斯特主教。亨利八世统治期间继续担任掌玺大臣并提拔了过往青睐的托马斯 · 沃尔西，到 1513 年，沃尔西的重要程度已经超过了福克斯。三年后，掌玺大臣福克斯主教辞职，退出了政治舞台。到 1518 年，他几近失明。

威廉 · 沃勒姆（约 1450—1532） 1494 年被任命为大法官，1502 年 8 月成为掌玺大臣。次月被封为伦敦主教并在 1504 年 1 月成为大法官。1505 年 3 月他成为坎特伯雷大主教。他和亨利八世的关系一直不亲密，并可能在 1515 年 12 月被革除了大法官的职位，尽管托马斯 · 莫尔相信他对于远离政治非常开心。

理查德 · 恩普森爵士（约 1450—1510） 1478 年被任命为兰开斯特公国司法大臣，但是在理查三世统治期间失去了职位。亨利七世对他进行了重新委任，并在 1491 年将他选为平民院发言人。1505 年，他被任命为兰开斯特公国大法官，并且和埃德蒙 · 达德利一起负责施行国王的压榨国民政策。亨利八世继位后将他逮捕，于 1510 年 8 月 17 日以叛国罪将恩普森和达德利处死。

埃德蒙·达德利（约 1462—1510） 1504 年被任命为平民院发言人，两年之后成为议会主席。他和理查德·恩普森爵士共同负责实施亨利七世的压榨国民政策，方法是强行发售以良好品行作为担保的债券。同恩普森一样，达德利在亨利八世继位后被捕，并在 1510 年 8 月因叛国罪被处死。

托马斯·沃尔西（约 1473—1530） 萨福克郡伊普斯威奇的屠夫、客栈老板及牲畜商贩罗伯特·沃尔西之子。1507 年成为亨利七世的神父，1509 年 2 月，成为林肯郡王室施赈官及座堂神父。1514 年受封成为林肯主教，并在同年 9 月成为约克大主教。1515 年 9 月，沃尔西成为枢机主教，并在 1515 年平安夜接任威廉·沃勒姆成为大法官。1518 年 5 月成为教廷使节。1529 年 10 月 9 日，根据《侵犯王权法》，他受到指控并被没收财产。1530 年 11 月 29 日，在因叛国罪被捕后，他在莱斯特去世。

托马斯·莫尔爵士（1478—1535） 声名显赫的法官约翰·莫尔爵士的儿子。帮助亨利八世撰写了反对马丁·路德的有关七大圣典的书籍。1523 年，成为平民院发言人，1525 年成为兰开斯特公爵领大法官。托马斯·沃尔西没落后莫尔成为大法官，但拒绝宣誓就职。1535 年 7 月 6 日，经过伪证审判后，莫尔因叛国罪被处死。

托马斯·克伦威尔，后来的埃塞克斯伯爵（约 1484—1504） 伦敦西南部一位名为帕特尼的客栈老板、铁匠和漂洗工的儿子。枢机主教托马斯·沃尔西的法律顾问；他还是一名律师和放债人。后来成为掌玺大臣和管理宗教事务的副摄政。他是埃塞克斯伯爵和英格兰宫务大臣。1540 年 7 月 28 日，他在塔丘因叛国罪被斩首。

王室内宫

威廉·斯坦利爵士（1435—1495） 托马斯·斯坦利的弟弟，后来的第一代德比伯爵。他们兄弟二人在博思沃斯的介入保障了亨利七世的王位，威廉成为宫务大臣。根据历史学家波多利尔·弗吉尔的记载，斯坦利“会对自己给予的恩惠更留心，而不太注意自己得到的恩惠”。1495 年，他被指控叛国，并因为扬言支持英格兰王位觊觎者珀金·沃贝克而被处死。

威廉·康普顿爵士（1482—1528） 沃里克郡康普顿的埃德蒙·康普顿的儿子和继承人。1501年后成为亨利王子的男侍。亨利八世继位后，他们继续保持着亲密的友谊，康普顿在1510年成为国王的厕所侍从官。一直到1526年他一直在王室内部服务，经常负责执行国王最敏感最谨慎的任务——包括作为亨利与安妮·黑斯廷斯的私情传话人，以及逮捕白金汉公爵。1513年夺取图尔奈之后康普顿成为骑士，十年后被沃尔西派遣至边境地区。1526年他成为财政部收据的护送者，并获得了可以在国王面前戴帽子的许可。约1519年他开始与安妮·黑斯廷斯有联系，并在一个基督教法庭中被证实与她共同生活，犯有通奸罪。1528年他死于汗热病，在遗嘱中留下了关于安妮的条款。

查尔斯·布兰登，萨福克公爵（约1484—1545） 亨利七世在杀死理查三世的博斯沃思战役中的掌旗官威廉·布兰登爵士之子。他在亨利七世的宫廷中长大，由于擅长长矛比武，成为亨利八世最喜欢的人之一，并在1513年被任命为骑兵长官。1506年2月之前，他与本姓内维尔的玛格丽特·莫蒂默结婚。但第二年他们的婚姻就被判无效。1508年，他娶英格兰掌旗官安东尼·布朗尼的女儿安妮·布朗尼（死于1511年）为妻。1513年5月15日，布兰登受封为莱尔子爵，与受他监护、本身即为莱尔女子爵的伊丽莎白·格雷定下了婚约。但是她到达法定年龄后拒绝与他结婚。那一年，他成为英格兰入侵法国军队的元帅，并在1514年被封为萨福克公爵。次年2月，他秘密与法国孀居王后玛丽·都铎结婚，导致他和亨利八世产生嫌隙，但当这对夫妇交出玛丽的嫁妆以及她的金银餐具和珠宝之后，他们之间的裂缝也弥合了。由于玛格丽特·莫蒂默仍然在世，1528年，他得到了来自克莱芒七世的教皇特许令，确保他与玛丽的婚姻合法。1533年玛丽去世后，他第四次结婚，妻子是他的被监护人凯瑟琳·威洛比，并与她育有两个儿子，但这两个孩子都在1551年死于汗热病。布兰登在1523年指挥了一场并不成功的英格兰入侵法国战争，并在1544年再次指挥军队进攻法国。1545年8月24日，他在萨里郡的吉尔福德去世，并由亨利出资埋葬在温莎的圣乔治礼拜堂。

别国君主

约克的玛格丽特，勃艮第护国者（1445—1503） 约克公爵三世理查·金雀花的女儿，爱德华四世和理查三世的妹妹。她是1477年在战役中死去的勃艮第公爵“大胆的查理”（Chales the Bold）的第三任妻子。由于在婚姻中无子，玛格丽特随后作为公爵遗孀统治勃艮第。她的继女玛丽在1477年8月18日嫁给了马克西米利安一世，后于1482年在一场狩猎事故中去世。

奥地利的玛格丽特，也称萨伏依的玛格丽特（1480—1530） 马克西米利安一世的女儿，1507—1515年摄政，1519—1530年再次摄政。1497年，她嫁给阿拉贡的斐迪南二世和卡斯蒂利亚的伊莎贝拉的儿子及继承人阿斯图里亚斯亲王约翰。然而，约翰6个月后即去世，她在1500年初返回了低地国家。一年后嫁给萨伏依公爵费利佩二世，1504年公爵去世。她在两段婚姻中都无子嗣，因此指定外甥查理五世为唯一继承人。

勃艮第的腓力（1478—1506）。从母亲那里继承了勃艮第最大面积领土的马克西米利安一世的儿子，并因与胡安娜女王的婚姻短暂继承了卡斯蒂利亚王位。查理五世是他们六个孩子中的第二个。1506年9月25日，腓力可能因伤寒在西班牙布尔戈斯去世，据说他的妻子在很长一段时间内拒绝埋葬他的尸体，也不愿与尸体分离。

阿拉贡的斐迪南二世（1452—1516） 阿拉贡的胡安二世与他的第二任妻子胡安娜·恩里克斯的儿子。1469年10月，他与卡斯蒂利亚的恩里克四世的异母妹妹兼继承人伊莎贝拉结婚。1497年斐迪南继承父亲的王位成为阿拉贡国王，和他的妻子一起统治阿拉贡和卡斯蒂利亚。他们征服了伊比利亚半岛最后一个被摩尔人统治的国家格拉纳达王国，并与法国和意大利进行了一系列战争。阿拉贡的凯瑟琳是他们四个女儿中年纪最小的一个。伊莎贝拉死后他以他发疯的女儿胡安娜的名义统治卡斯蒂利亚，并在1505年10月娶法国的路易十二的侄女弗瓦的杰曼为妻。

卡斯蒂利亚的伊莎贝拉，卡斯蒂利亚及莱昂女王（1451—1504） 卡斯蒂利亚的胡安二世和葡萄牙的伊莎贝拉的女儿。她与自己的表弟斐迪南的婚姻遭到反对，但教皇西克斯图斯四世的为他们颁发了特许令。

路易十二，法国国王（1462—1515） 奥尔良公爵查理和克里维斯的玛丽的儿子。由于他的表兄查理八世的四个孩子全部夭折，路易在查理于 1498 年去世后继承了法国王位。他的第一任妻子是法国的让娜，他的另一位堂兄路易十一的女儿，但是继任之后婚姻就被取消，以便他娶查理的王后布列塔尼的安妮为妻。1514 年安妮去世，他娶亨利八世的妹妹玛丽·都铎为妻。不到三个月之后他就去世了。

弗朗索瓦一世，法国国王（1494—1547） 布列塔尼的安妮的儿子在 1512 年去世后，他被称为"法国王太子"。路易十二的女婿。1515 年在兰斯市加冕。1520 年，爱德华·霍尔称他"面容高贵，性情欢快，棕色的肤色，大眼睛，高鼻梁，大嘴巴，胸部和肩膀轮廓优美，腿短脚大"。他在距离巴黎西南 30 英里（48 千米）的朗布伊埃城堡去世，他的儿子亨利二世继承了王位。

奥地利的马克西米利安一世（1459—1519） 1493 年开始成为罗马国王，1508 年被选为神圣罗马帝国皇帝。他通过第一任妻子玛丽（约克的玛格丽特的继女）统治勃艮第公国，1482 年玛丽在一次骑马事故中去世。1490 年 12 月他与布列塔尼的安妮举行了代行婚礼，但两年后他们的婚约被教皇解除，安妮嫁给了法国的查理三世。最终在 1493 年他与比安卡·玛丽亚·斯福扎结婚，让他获得了米兰公国的总主权。他以节俭闻名，教皇尤利乌斯二世轻蔑地称他"轻浮善变，总是跟别人要钱，而他把钱都挥霍在猎羚羊上"。

查理五世，西班牙国王及神圣罗马帝国皇帝（1500—1558） 勃艮第的腓力和他的妻子——斐迪南和伊莎贝拉的女儿"疯女"胡安娜——的儿子。因为家世，他是亨利八世的第一任妻子阿拉贡的凯瑟琳的外甥。1516 年他继承西班牙王位。1556 年为了支持儿子腓力（英格兰女王玛丽一世的丈夫）退位。退隐至尤斯特修道院中，两年后去世。

苏格兰的詹姆士四世（1472—1513） 1496 年支持过英格兰王位觊觎者珀金·沃贝克。1503 年娶亨利七世的女儿玛格丽特为妻。他与法国的路易十二签署了一份协议，约定为法国提供军事协助对抗亨利八世，并在亨利在法国北部时入侵诺森伯兰郡。1513 年 9 月 9 日，在弗洛登原野被萨里伯爵托马斯 · 霍尔打败并被杀死。

罗马教廷

英诺森八世（1432—92） 自 1484 年起至去世一直任教皇。他为亨利七世与约克的伊丽莎白的婚姻颁发了特许令，以帮助英格兰内战的各个党派“终止长期以来的严重分裂和争辩”。特许令中还强调了亨利 · 都铎对王位的合法继承权。

尤利乌斯二世（1443—1513） 1513 年，在持续了几个小时的教皇选举会议结束后，他继任庇护三世成为教皇——他是历史上任期最短的教皇。1513 年他就因汗热病去世。1506 年 1 月 22 日，他设立了保护教皇安全的瑞士禁卫军。1504 年 11 月尤利乌斯发布了允许亨利八世与他哥哥的遗孀阿拉贡的凯瑟琳结婚所需要的特许令——后来亨利对这段婚姻的有效性提出了质疑。1511 年，他促成了斐迪南、马克西米利安、亨利八世和威尼斯方面结成“神圣同盟”，以对抗法国。

利奥十世（1475—1521） 从 1513 年开始直到因感染疟疾去世，他一直担任罗马教皇。1521 年 1 月 3 日，他将散布异端邪说的宗教改革者马丁 · 路德逐出了教会，同年 11 月 24 日，因亨利八世攻击路德教义的《七大圣典护卫》赐予亨利“信仰捍卫者”的荣誉称号。这一称号的目的是供国王个人使用，但后来与英格兰王位密不可分。

克雷芒七世（1478—1534） 1523 年 11 月继任生命短暂的阿德里安六世成为教皇，并在 1527 年 5 月见证了因未付薪资而发动兵变的王室军队引发的罗马大劫乱。他逃往圣天使城堡并在那里被囚禁了七个月，最终伪装成小商贩逃往奥尔维耶托。1529 年 7 月克雷芒返回罗马，正赶上亨利八世要求终止他与阿拉贡的凯瑟琳的婚姻。教皇的搪塞导致英格兰议会于 1534 年发布了《至尊法案》，在英格兰建立了独立的教廷。克雷芒宣布将亨利逐出教会，并宣布克兰默对于离婚的判决无效。1534 年 9 月，他死于误食了一种名为“鬼笔鹅膏”的毒蘑菇。

保罗三世（1468—1549） 1534 年至 1549 年任教皇。他将罗切斯特主教约翰 · 费希尔提拔为枢机主教，并在他被处死后告诉法国的弗朗索瓦一世亨利八世“继承了他祖先的狡诈”。“在枢机主教的持续恳求下”，保罗被迫“宣布剥夺亨利八世的国家和王权”。

枢机主教洛伦佐·坎佩基奥（1474—1539） 最早在博洛尼亚和帕维亚法律界任职。1510 年妻子去世后他加入了教会，1517 年成为一名枢机主教。他在罗马元老院中担任英格兰护卫者，亨利八世任命他为索尔兹伯里主教。由于坎佩基奥（和沃尔西）的废除亨利的婚姻的使节听证会没能成功，他从其受保护国以及索尔兹伯里教廷被革职。

注　释

序言：不安定的王冠

1　《亨利七世在位期间书信集》（*LP Henry Ⅶ*），第 239 页。1503 年亚瑟王子去世，这里指的是亨利王子。

2　*PROME*，第 15 卷，第 93 页，及《克罗兰编年史续篇》（*Crowland Chronicle Continuations*），第 194–195 页。

3　卡维尔（Cavill）所著图书的第 23 页。

4　选自《亨利四世》（*King Henry Ⅳ*）下篇，第三幕第一场。

5　1498 年 6 月 16 日，亨利七世在诺丁汉郡的斯托克原野打败了约克党最后的残余势力，并于 1497 年 6 月 17 日在伦敦东南部的布莱克希思打败康沃尔叛军。1536 年 10 月，亨利八世需要面对林肯郡叛军，1537 年 1 月又面对更危险的，遍及英格兰北部的“求恩巡礼事件”叛军。1549 年，亨利八世的儿子爱德华六世最终在西诺福克及南米德兰镇压叛军，在只有德意志雇佣兵协助的情况下，并不艰难地取得了胜利。1554 年，亨利的女儿玛丽一世受到反对她与西班牙的腓力的婚姻的叛军威胁，叛军一直攻打至伦敦城西门才被打败。最终，伊丽莎白采取了严厉的措施，惩罚参加诺森伯兰及威斯特摩兰郡伯爵在 1569 年 11 月发动的失败起义的人，并时常需要应对支持苏格兰女王玛丽的天主教反抗者的阴谋，由于玛丽是亨利八世的姐姐玛格丽特的直系后裔，她对英格兰王位也有着一定的继承权。

6　玛格丽特是第一代萨默塞特公爵（1403—1444）约翰 · 博福特的女儿，据说约翰 · 博福特在被逐出宫廷之后即自杀。他的父亲是第一代萨默塞特伯爵约翰 · 德 · 博福特（约 1371—1409），他是冈特的约翰与凯瑟琳 · 斯温福的 4 个孩子中最年长的一个。因此，玛格丽特是冈特的约翰的曾孙女。

7 威尔士文为 *Owain ap Maredudd ap Tewdwr*。

8 霍尔所著图书的第 421 页。

9 不足为奇，一些在博斯沃思战役或其余波中作为战败方死去的人的纪念碑上，并未提及他们参与了战争。比如，在德比郡莫利，为理查三世战死的约翰·萨谢弗雷尔的黄铜纪念牌约 1525 年才建起，也就是在战争结束 40 年后。在北安普敦郡的阿什比圣莱格斯，威廉·凯茨比（William Catesby）（即关于理查和他的首席顾问的著名打油诗中的“猫”）的纪念碑上所写的去世日期是 1485 年 8 月 20 日，即战役发生两天之前。实际上，他是在战役结束三天后在莱斯特被处死的。他的黄铜纪念牌是按照他的儿子乔治于约 1507 年立下的遗嘱中的指示建立的。见西蒙·培冷（Simon Payling）所著的《凯茨比家族及阿什比圣莱格斯的黄铜纪念牌》（*The Catesby Family and the Brasses at Ashby St Legers*）中的“15 世纪凯茨比家族的兴衰”，杰罗姆·伯特伦（Jerome Bertram）编，伦敦，2006 年，第 12—13 页。

10 《佩斯顿书信集》（《佩斯顿书信集》），第 6 卷，第 82 页。

11 *PROME*，第 15 卷，第 97 页。The Act, 1 Henry Ⅶ cap.1, 写着：“在现有议会的权力下，对于英格兰和法国王位的继承权……属于最尊贵的，我们现在的君主亨利七世国王和他的合法继承人，永远与上帝的恩惠同在，这将永远持续下去，不会赐予他人。”（*RP*, 第 6 卷，第 270 页）

12 这里的依据是爱德华四世与第一代什鲁斯伯利伯爵约翰·塔尔博特的女儿，埃莉诺·巴特勒（Eleanor Butler，1468 年去世）的婚前协议。

13 *PROME*，第 15 卷，第 133—134 页；*RP*，第 6 卷，第 288—289 页。另见卡维尔所著图书的第 30 页。新法案要求交出所有《王室权利法案》的影印本，并在次年万圣节销毁，违者将按照国王意愿被处以监禁或罚款。其中还宣布，“上述法案被取消并完全销毁，并利用同样的权力将相同的法令和记录从议会记录卷中提出，取消和焚毁，使之被永远遗忘”。不过，文本还是留在了 1484 年的议会记录卷中（见 *PROME*，第 15 卷，第 13—18 页）。议会的其余时间被用来撤销对于国王朋友们公民权利的剥夺，并强行剥夺曾经支持过理查的贵族的公民权。见盎格罗（Anglo）所著《盛大活动》，第 18 页。

14 在理查三世的短暂统治期内，婚约曾得到爱德华的王后伊丽莎白·伍德维尔和亨利的母亲玛格丽特·博福特女勋爵的同意。

15 他已经被任命为财政大臣。

16 *RP*，第 6 卷，第 278 页及“资料”，第 1 卷，第 209—210 页。

17 利兰所著图书的第 4 卷，第 196、198 页。另见克赖姆斯所著图书的第 66 页及卡维尔所著图书的第 31—32 页。1486 年 3 月 2 日经过了教皇英诺森八世确认，很明显教皇完全不知道婚礼已经在 1 月 18 日举行。

18 两年后的 1494 年，温金·德·沃德（Wynkyn de Worde）重印了教皇诏书，1497 年再次重印。见盎格罗著《盛大活动》，第 19 页。

19 他于 3 月 30 日在肯特郡塞文欧克斯附近诺尔的庄园中去世，并被埋葬在坎特伯雷大教堂。他被认为过于体弱多病，无法在亨利的加冕礼中尽到坎特伯雷大主教的职责，只负责为新任国王涂油并为他戴上王冠，伦敦主教托马斯·肯普执行了其他职责。

20 见《纪念碑》，第 39 页。

21 霍尔所著图书的第 425 页。

22 大英图书馆 Cotton MS *Cleopatra E Ⅲ*，fol.123.

23 大英图书馆 Royal MS 2A *XVIII*，f.30v. 玛格丽特·博福特 240 页的《祈祷书》是她用来记录重大事件的，可能是她在 1399 年之前为第一代萨默塞特公爵约翰·博福特起草的。

24 马登所著图书的第 279 页。圣尤斯塔斯是公元 2 世纪的一位传奇基督教受难者，现已被移出天主教圣人历。

25 1488 年 5 月 30 日，医学博士史蒂芬·贝雷沃斯获得了 40 镑的年薪，“因他对国王的亲切感情和良好的服务，以及他对国王的长子亚瑟王子的医疗护理而获得奖赏”。亚瑟是一个虚弱的婴儿吗？见“资料”，第 2 卷，第 319 页。

26 大英图书馆 Lansdowne MS 978, f.26.

27 例见大卫·斯塔基著《亚瑟王文学》（*Arthurian Literature*）中“亨利国王和亚瑟王”，J. P. 卡利和 F. 罗迪编，第 16 卷（1998 年），第 171—196 页及第 177 页—178 页，及斯塔基著《亨利——高尚的君主》（*Henry-Virtuous Prince*），第 41—42 页。

28 培根所著图书的第 18—19 页。

29 霍尔所著图书的第 428 页。

30 见盎格罗所著《图片》(*Images*)第 51 页。

31 比如伯纳德 · 安德烈，他试图将这个孩子的外貌与古亚瑟王的形象联系起来，从而进行阿谀奉承。见西德尼 · 盎格罗(Sydney Anglo)著《都铎早期政治宣传中的英国历史》(*The British History in Early Tudor Propaganda*)。《约翰 · 赖兰兹图书馆公告》(*Bulletin of the John Rylands Library*)，第 44 卷，1961 年，第 29—30 页。

32 第一代彭布罗克伯爵及贝德福特公爵贾斯珀，1485 年 11 月 7 日娶爱德华四世的王后伊丽莎白 · 伍德维尔的妹妹凯瑟琳 · 伍德维尔为妻。凯瑟琳 · 伍德维尔是第二代白金汉公爵亨利 · 斯塔福德的遗孀，亨利 · 斯塔福德 1483 年 11 月 2 日在叛变失败后在索尔兹伯里被理查三世处死。

33 见《邦普顿书信集》(*Plumpton Lorrespondence*)第 50 页。1486 年 10 月 14 日，由于托马斯 · 亨特利“和他的威尔士叛军”进行的反叛活动被国王镇压，国王将夺取的赫里福德郡马奇马克尔和斯特雷顿两座村庄的养兔场和土地赠予了托马斯 · 阿克顿(*CFR*, 第 60—61 页)。

34 见勒基特所著图书的第 166—168 页。

35 爱德华 · 金雀花(1475—1499)是被野心害死的第一代克拉伦斯公爵(1449—1478)乔治的长子。乔治是爱德华四世和理查三世的兄弟，1478 年 2 月 18 日左右被爱德华四世指控犯有叛国罪，并在伦敦塔被秘密处死。相传他在一桶马姆齐甜酒中溺亡，并有一具被认为是克拉伦斯公爵的尸体随后被挖掘出来。他并没有被斩首。见米歇尔 · 希克斯(Michael Hicks)著 *False, Fleeting, Perjur'd*: *George Clarence, Duke of Clarence*，Bangor，1992 年，第 184—186 页。

36 班尼特所著图书的第 63 页。

37 1996 年戈登 · 史密斯认为希姆内尔可能是爱德华五世，即在伦敦塔中消失的两个王子中年长的一个——或曾宣称就是他(见“兰伯特 · 西姆内尔和都柏林的国王”，*The Ricardian*, 第 10 卷，第 498—536 页)。相传希姆内尔蛋糕——一种在大斋节期间食用的松软的杏仁蛋白糖浆水果蛋糕——就是以这位年轻的王位觊觎者命名的，但是这个词语在中世纪英语文学中已经出现，早于他生活的时代。

38 利兰所著图书的第 4 卷，第 212 页，及斯塔基著《亨利——高尚的君主》(*Henry—Virtuous Prince*) 的第 55 页。

39 牛津伯爵曾在博斯沃思战役中带领亨利的先锋部队。或许是国王在这场战役中的经历——他和他的近身侍卫不得不抵挡愤怒疯狂的理查三世，及他的内宫骑士的进攻——说服亨利在前线后方指挥战斗。见哈钦森所著图书《叛逆的家族》，第 16 页。

40 1728 年，在牛津郡威特尼附近的敏斯特，洛弗尔家中的地下室被打开，桌子旁边有一具男性骷髅，被认为是消失的子爵（布鲁克斯所著图书的第 273 页）。

41 关于这场叛乱更详尽的讨论，见班尼特的著作。

42 大英图书馆 Royal MS 2A XVIII, f. 30v。

43 利兰所著图书的第 4 卷，第 216 页。参加加冕礼的有 15 名主教，17 名修道士，2 位公爵，12 位伯爵，2 位子爵，20 位男爵，3 位公爵夫人，4 位伯爵夫人，7 位男爵夫人，31 位方旗骑士及 105 位骑士和他们的妻子及其他女士。

44 见霍尔斯特德所著图书的第 177 页。

45 在随后于威斯敏斯特大厅举行的宴会上，亨利和玛格丽特女勋爵从建筑左侧墙边立起的一个看台上观看游行队伍，看台“装饰着华丽的花毯，他们可以愉快地欣赏这场皇家盛典”（利兰所著图书的第 4 卷，第 227 页）。

46 出处同上，第 236 页。

第一章　暗淡童年

1 托马斯和索恩利所著图书的第 254 页。原文中的“courser”指的是一种大型战马。

2 利兰所著图书的第 4 卷，第 179—183 页。

3 见“皇家手册”，第 304—306 页及第 333—338 页。

4 一种亚麻和棉花制成的斜纹粗纺布。

5 利兰所著图书的第 4 卷，第 179—180 页。

6 大英图书馆 Royal MS 2A. XⅧ, f.30v。亨利的出生是按照罗马历记录的。玛格丽特女勋爵记录下了亚瑟和他的姐姐玛格丽特出生的准确时辰，但却没有记录亨利的。《伦敦编年史》(*Great Chronicle of London*) 中所记录的出生日期要晚于实际日期，并且记录的年份有误。见斯塔基著《亨利——高尚的君主》，第 373 页。

玛格丽特女勋爵在 15 世纪末常出现记录不准确的情况。托马斯·莫尔的律师父亲约翰·莫尔在他的一本蒙茅斯的杰佛里（Geoffrey of Monmouth's）的著作《不列颠诸王史》(*Historia Gegnum Britannice*) 中的一页记录下了亨利的出生日期是在 1477 年，后来改为 1478 年，之后又改回了 1477 年。真实日期很可能是 1478 年 2 月 7 日（见阿克罗伊德所著图书的第 4 页）。

7 教堂的修建开始于 1482 年，3 年之后，亨利七世与一位典狱长和 12 位改革后的方济各会旧友在那里建立了守规派修士修道院（见威廉·佩吉（编者），《肯特郡维多利亚史》(*Victoria History of Kent*)，第 2 卷，伦敦，1926 年，第 194 页）。修道院的玻璃上镶嵌有圣人们、亨利七世、玛格丽特·博福特女勋爵和约克的伊丽莎白的肖像。（见大英图书馆 Egerton MS 2,341）。

8 1485 年 1 月，理查三世中止了福克斯在伦敦北部斯特普尼区教区牧师的职务，原因是他与“大叛徒亨利·都铎”勾结。38 年后，福克斯回忆了他为亨利进行洗礼的经历（《亨利八世在位期间书信集》，第 4 卷，第 2588 页）。

9 见斯塔基著《亨利——高尚的君主》，第 11 页—12 页及多兰所著图书的第 19 页。

10 TNA E 404/81/1-1491 年 12 月 31 日。

11 朗塞林家族的纹章是红底的银白色鸢尾花。他的祖父约翰在 1423 年任贝特福德郡治安法官（见威廉·佩吉（编者），《贝特福德郡维多利亚史》(*Victoria History of Bedfordshire*)，第 3 卷，伦敦，1912 年，第 238 页）。

12 查尔斯·库珀所著图书的第 35 页。

13 弗莱兹怀德可能是 1501 年封爵的白金汉郡佩恩地区的乔治·帕特纳姆的五个女儿之一。

14 都铎家族一直对保姆非常慷慨。1490 年 4 月 28 日，亚瑟王子的前任乳母凯瑟琳·吉布斯获得赏赐，“从上一个圣诞节”开始享受 20 英镑的年俸

（*CPR Henry Ⅶ*，第 1 卷，第 306 页）。就在杰弗里·奥森布里奇的遗孀安妮完成在王室的工作后不久，国王以 20 英镑的租金，将温切尔西镇的法警办公室授予了她，"除国王每年给安妮的 10 英镑工资之外，只要她持续付租金，她就可以一直保有法警办公室"（*CPR Henry Ⅶ*，第 2 卷，第 11 页）。1504 年 3 月 5 日，她与第二任丈夫沃尔特·卢克获得了每年 100 先令的生活费，支付这笔费用的钱出自温切尔西"一艘名为'陷阱'（一种钓鱼线）的捕鱼船的停泊费，以及木材、鲱鱼、大麦、麦芽酒、盐、豌豆、乳酪、木料及羽毛褥垫的小额关税"（出处同上，第 345 页）。1505 年 7 月，卢克还和其他四个人受命调查贝特福德郡的土地所有权（出处同上，第 422 页）。后来他被封为爵士，并被任命为王座法庭法官。1538 年 9 月 9 日，安妮去世，六年后卢克去世。这对夫妇有一座波白克大理石坟墓，黄铜纪念牌上描绘了他们跪在考普尔诸圣教堂圣坛上的祈祷桌前的画面。铭文骄傲地称安妮是"君主的保姆"。关于这块黄铜纪念牌的详细解释见威廉·莱克（William Lack），H. 马丁·斯塔奇菲尔德（H. Martin Stuchfield）和菲利普·惠特莫尔（Philip Whittemore）所著的《贝特福德郡黄铜纪念牌》（*Momumental Brasses of Bedfordshire*），伦敦，1992 年，第 25 页。

15 襁褓（swaddling）或"缠带"（"swathing" bands）的说法在 17 世纪已经过时了，但显然现在又开始流行起来了，因为有些人认为限制婴儿的行动可以降低婴儿患猝死综合征的风险（见艾利森·西姆著《都铎主妇》，魁北克，1998 年，第 26 页）。很多出生后很快就去世的婴儿的纪念碑都表明婴儿死在缠带中。比如 1516 年在萨里郡斯托克达贝尔农、约 1520 年在白金汉郡切舍姆林地，以及同一时期在肯特郡克兰布鲁克都有这样的纪念碑。诺福克郡布利克林的安妮·阿斯特利（1512 年去世），将两个孩子放在缠带中，一手抱着一个——两个孩子都悲惨地去世了。这些纪念碑根据一种用于出生后一个月内去世的婴儿的白色洗礼巾命名，被称为"洗礼巾"纪念碑。

16 见《皇家手册》，第 337 页；利兰所著图书的第 4 卷，第 302 页。

17 利兰所著图书的第 4 卷，第 310—312 页。

18 斯塔基著《亨利——高尚的君主》，第 63 页。

19 TNA E 404/81/3-1493 年 9 月 17 日。

20 她是位于萨福克郡洛斯托夫特附近的萨姆雷顿的约翰·杰明汉姆（John

Jermingham）和他的妻子艾格尼丝（Agnes，约翰·达雷尔爵士的女儿）的长女。这对夫妇共有 7 个孩子，其中有 3 个女儿都成为修女，在 1473 年存活下来。1517 年伊丽莎白嫁给了一位名为约翰·丹顿的人，并成为亨利八世与他的第一任妻子阿拉贡的凯瑟琳的女儿玛丽公主的女管家。一年后她去世。

21 见弗拉热尔（Flügel）著《人之本性》（*Men and Their Motives*），第 277 页，及“关于性格……”第 124 页之后。亨利有两位妻子在结婚时都是他的近亲——他的第一任妻子阿拉贡的凯瑟琳之前嫁给了他的哥哥亚瑟，而他的最后一位妻子凯瑟琳·帕尔曾计划嫁给他前妻的哥哥托马斯·西摩尔。见哈钦森所著《亨利八世最后的日子》第 59 页。

22 本特利所著图书的第 95 页。

23 1494 年 5 月 29 日，国王花五先令为“我的哈里大人买一顶帽子”；见本特利所著图书的第 98 页。

24 这幅下方写着“英格兰王子亨利”的素描画像见 Bibliothèque de Méjanes MS 442 Res MS 20。关于这幅画像的真实性存在质疑，尤其是关于他的着装和帽子的样式，按照约 1515—1525 年的流行样式来看过于正式。见多兰所著图书的第 17 页及海沃德所著图书的第 89 页。

25 都铎王室的后厨员工工作时，要么就是裸着，要么就是穿着满是油脂的令人窒息的衣服。见彼得·布莱尔思（Peter Brears），“亨利宫廷的食物和饮品”，莱莫等人编著图书第 85 页。

26 爱德华四世共有 10 位合法子女，其中只有 7 人存活下来，此外他还至少还有 1 个情妇，共生下 6 个私生子。

27 沃贝克后来坦白他是图尔奈审计官约翰·沃贝克的儿子。见 S. J. 甘恩著，“珀金·沃贝克”，ODNB，第 57 卷，第 246 页——第 248 页。

28 他的王冠制作于 1461 年，上面装饰有许多珍珠，其间是代表约克家族的搪瓷白玫瑰。这是唯一现存的中世纪英格兰王冠，现藏于德国的亚琛大教堂。这件中世纪英格兰王冠残余的珠宝在 17 世纪英国内战期间被破坏。

29 来源于古法语 *morée*，指桑葚的紫红色。

30 沃劳所著图书的第 141 页。

31 腓特烈在 77 岁时因为左腿截肢死于林茨。

32 沃劳所著图书的第 134—136 页。

33 伯纳德·安德鲁著 *De Vita atque getis Henrici Septimi Historia*, 在“纪念碑”一章中，第 49—52 页。

34 亨利写信给第四代什鲁斯伯思伯爵乔治·泰尔伯特，告诉他“一个出生在皮卡蒂的图尔奈的，名叫珀金·沃贝克的王位觊觎者”的消息。见埃利斯所著图书中“原版信件”，第 1 辑，第 1 卷，第 20 页。

35 培根所著图书的第 13—15 页。根据培根的记录，斯坦利在索要切斯特伯爵爵位时对亨利七世非常失望：他“不仅诉求被拒绝，而且还遭到厌恶”。1489 年 11 月 30 日，亚瑟王子被封为切斯特伯爵。

36 *CPR Henry* Ⅶ，第 1 卷，第 407 页和第 438—439 页。亚瑟有权在这些国家“为了保护他的子民并对抗图谋不轨的人……同时为了施行法律”而“安排士兵、弓箭手和其他防卫兵”。

37 伍斯特郡的德罗伊特威奇镇购买了弓箭用以武装新招募的士兵，武器“要在王子殿下来到威尔士时送到”（罗切斯特郡档案局，261.4/BA1006/31b/319）。

38 见 J. B. 史密斯（J. B. Smith），“亨利·都铎统治时期北威尔士公国王权及社会”（“Crown and Community in the Principality of North Wales in the Reign of Henry Tuddor”），《威尔士历史评论》（*Welsh History Review*），第 3 卷（1966 年），第 163—171 页。

39 *CPR Henry* Ⅶ，第 1 卷，第 423 页。

40 爱德华·波伊宁斯爵士在 1509 年继任亨利成为五港总督。后来担任这一职位的还有威灵顿公爵（1829—1852），温斯顿·丘吉尔爵士（1941—1965）以及伊丽莎白王太后（1978—2002）。这一职位现在由前海军参谋长和国防参谋长、皇家海军元帅博伊斯担任，他于 2004 年 7 月上任。每年这些港口须容纳 57 艘舰船及其船员服役 15 天，这些舰船被用作战舰或用于王室运输。

41 波伊宁斯（1459—1521），军事行政官，带领远征军征服爱尔兰并在爱尔兰施行英格兰法律。一项被称为《波伊宁斯法》的法令（10 Henry Ⅶ cap. 9），规定，未经国王同意，不得在爱尔兰设立任何议会。只有事先经过伦敦枢密院批准的议案才会予以考虑。他的私生子托马斯也是都铎王室的一位大臣。

42 《亨利七世在位期间书信集》第 2 卷，第 374 页。

43 TNA E 404/81/4；大英图书馆 Cotton MS Julius B. XII, ff.91-110。如果不能出席会被罚款。

44 有些不雅的是，据我们所知，这种一次性陶制尿壶的一种可能用途，就是亨利八世的枢密院成员后来在 16 世纪，用这种东西来防止因为上厕所而打断议会。根据他的药剂师的记录，这种尿壶每个 3 便士。见哈钦森所著《亨利八世最后的日子》第 207 页。

45 在都铎时期，“正餐”时间在早上 10 点左右。

46 大英图书馆 Cotton MS Julius B. XII, ff. 91—110。

47 哈灵顿公爵托马斯 · 格雷是第一代多塞特侯爵托马斯 · 格雷的儿子和继承人，也是爱德华四世的一个继子。多塞特侯爵在兰伯特 · 西姆内尔起义期间的 1487 年被捕入狱，并被要求由亨利七世监视他的继承人，同时向都铎王室宣誓忠心。见 T. B. 皮尤（T. B. Pugh）著《亨利七世和英格兰贵族》，本文在 G. W. 伯纳德编辑的《都铎贵族》一书中，曼彻斯特，1992 年，第 49—110 页。

48 见乔斯林 · 帕金斯（Jocelyn Perkins）著《最尊贵的巴斯勋章》，第 2 版，伦敦，1920 年，第 7 页。

49 这个两层的礼拜堂在 1348 年建成，但在 1834 年伦敦大火中被烧毁。供王室内宫成员使用的下层即为现在的圣玛丽教堂（Chapel of St Mary Undercroft）。1547 年后，在亨利八世的儿子爱德华六世统治期间，这座教堂被改为俗用，成为众议院的辩论厅，议员的座椅摆在曾经的圣坛台阶上。

50 1494 年 10 月 31 日，诺森伯兰公爵收到一笔 2 英镑 6 先令 8 便士的付款，用于为一位巴斯骑士购买仪式中穿着的长袍。见本特利所著图书的第 99 页。

51 这一仪式最后一次举行是在 1661 年 4 月查理二世的加冕礼上。这间修会祈祷室可能就是现在的威斯敏斯特修道院亨利七世祈祷室。其现任主席是威尔士亲王查尔斯，1975 年由女王伊丽莎白二世任命。

52 威斯敏斯特大厅于 1097 年建成，当时可以说是英国乃至全欧洲最大的大厅。其长 250 英尺，宽 67 英尺（73 米 ×20 米），拥有 14 世纪的椽架屋顶。

53 大英图书馆 Cotton MS Julius B. XII, ff.91-110。在很长一段时间里，亨利都没有穿戴他的马刺。不到一个小时左右的时间，国王的主厨宣称那马刺是他在漫长仪式期间的补偿服务费。

54 出处同上，ff. 92v-93。

55 牧师托马斯·林写信给诺福克的约翰·帕斯顿爵士（他在斯托克战争中被封爵），描述了威斯敏斯特大厅里的景象："国王和王后在万圣节被加冕，什鲁斯伯里爵士怀中抱着亨利，10个头戴主教法冠的主教，在那天来到国王面前，威斯敏斯特大厅里还有其他贵族们。"他可能将几位修道院长当成了主教，因为只有8位主教参加了仪式。见《帕斯顿书信集》，第6卷，第152页。

56 《亨利七世在位期间书信集》，第1卷，第393—394页。

57 弗吉尔所著图书的第73—75页；托马斯和索恩利所著图书的第256页。

58 见托马斯和索恩利所著图书的第257页。

59 1495年2月27日，亨利花费了15英镑19先令的国王私用金，用于斯坦利在米德尔萨克斯郡艾尔沃斯附近西恩的布里吉特修会教堂的葬礼。11天前，有一笔给"被处刑的威廉·斯坦利爵士"的10英镑账单被记录下来——可能是按照传统给刽子手的报酬，希望能干净、迅速地了断。见本特利所著图书的第101页。

60 1495年1月20日，这500英镑由亨利的大臣雷金纳德·布雷爵士送给了克利福德（见本特利所著图书的第100页）。他虔诚地使用了这些钱——可能是因为良心受到打击？——他在赫特福德郡的阿斯潘登的教区教堂新建了一条侧廊。

61 他1508年去世后被埋葬在阿斯潘登教堂中一座昂贵的坟墓中。坟墓的南门廊建造于1508—1526年间，是他的遗孀伊丽莎白出资捐助的，上面有克利福德家族的纹章和她第一任丈夫约翰·拉尔夫·乔斯林的纹章。

62 霍尔所著图书的第472页。

63 培根所著图书的第142页。

64 沃贝克让詹姆士四世"仁慈地躬下身"，侧耳"倾听一个年轻人的悲剧，按照法律他应该掌握王国的命运之球，但是命运却让他本人像只球一样，被人从一个悲剧扔向另一个悲剧，从一个地方扔向另一个地方"（见培根所著图书的第148页）。

65 中世纪英格兰与苏格兰进行边境战争期间，贝里克曾易手13次。1482年，格罗斯特公爵理查，也就是后来的理查三世，夺回了这座城市。

66 越过国境之后，沃贝克发布了一份声明，向英格兰人保证他并没有“打算伤害他们，或是破坏什么，也没有打算向他们开战，而是要让我们自身和他们远离保证和压迫。因为我们不共戴天的敌人亨利·都铎，是一位虚伪的英格兰王位掠夺者，（我们对英格兰王位有着与生俱来的嫡系继承权）……但亨利不仅夺走了我们的国家，还使用各种卑鄙下流的手段背叛我们，夺去我们的生命”（培根所著图书的第 14—60 页）。

67 沃贝克激动地向詹姆士四世抱怨，说他的军队在诺森伯兰郡很不光彩地被击垮，他们回来时“溃不成军”，他宣称“在他的脑海中没有其他王冠如此可爱，为了夺取它他不惜付出鲜血并破坏这个国家”。苏格兰国王是一位老兵，他轻慢地回答说他怀疑是否“他关心那本不属于他的王冠，而且他还没有优秀到能推翻他的敌人”（培根所著图书的第 160 页）。

68 《亨利七世在位期间书信集》，第 2 卷，第 57 页。

69 一种用山羊的毛发和丝绸编制的织物。

70 海沃德所著图书的第 90 页。

71 TNA E. 404/82——1495 年 10 月 26 日，支付葬礼花费的委任状。关于对葬礼的描述见大英图书馆 Egerton MS 2,642, f.185v。

72 纪念碑盖石上的一角有一处青铜铭文，在雕像的下方也有一处三角形的刻印，这些现在都已丢失——可能是在 1548 年，伊丽莎白的侄子爱德华六世进行宗教改革，“清洗”威斯敏斯特修道院的过程中被拆掉。

73 *CPR Henry* Ⅶ，第 2 卷，第 72 页。

74 斯凯里斯布里著《亨利八世》，第 4 页。

75 霍尔所著图书的第 479 页。

76 霍尔，出处同上。圣凯弗恩的约瑟夫因参与起义活动被判死刑，当他被一只羊拖往行刑地点时，“他说由于这种极恶劣的恶作剧行为，他应该留名青史，永垂不朽”。如今人们也怀着同样的希望参加才艺表演节目。

77 培根所著图书的第 182 页。

78 本特利所著图书的第 114 页。

79 从 1061 年起，沃尔辛厄姆就成了一处朝圣地，撒克逊贵妇里奇尔迪斯·德·法维奇（Richeldis de Faverchies）是当地庄园主的妻子，她曾三次看见圣母玛利亚要求在这座诺福克村庄中复制拿撒勒的天使报喜圣宫。这座中世纪圣祠于1538年，在亨利八世统治时期被毁。1931年，在小沃尔辛厄姆村重新建立了一座英国国教圣祠，至今每年仍有超过3万人参观，其中1万人是当地居民。那里还有一座1934年建造的天主教圣祠。

80 沃贝克被南安普敦市长约翰·戈弗雷和他的心腹侍从逮捕。约翰·戈弗雷因"珀金·沃贝克的事情"获得一大奖赏，共有482英镑16先令8便士（沃劳所著图书的第317页）。

81 霍尔所著图书的第845页。

82 霍尔所著图书的第486页。

83 *CSP Spain*, 第1卷，第185页。

84 波利多尔·弗吉尔询问为什么这个"不幸的男孩自己没有犯任何错误，却要因为家庭原因被判刑；为什么把他关押在牢狱中如此之久，这位杰出的年轻人在监狱中究竟做了什么，导致了他的死亡——很明显，很多人都无法理解这一切"。但不幸的是，答案非常明显："许多约克家族的人都遭遇了不幸，在这个浪潮中爱德华伯爵也必须被杀死，这样他的家族中就不再有存活的男性继承人了"（见弗吉尔所著图书的第119页）。

85 阿图尔松（Arthurson）所著图书的第209页。

86 陷入争吵的还有萨福克的约克党人，威廉·考特尼，托马斯·内维尔爵士和威廉·布兰登。亨利七世终止了对萨福克的普通法诉讼，为这些脆弱的约克党支持者赢得了一些政治优势（Cunningham, ODNB, 第44卷，第697页）。

87 *CSP Spain*, 第1卷，第206页。

88 作为一个外国人他无法受到叛国罪指控，因此没有受到绞刑等针对叛国者的刑罚。泰伯恩绞刑台遗址在今天伦敦的大理石拱门处，这里根据泰伯恩溪命名，泰伯恩溪在沃克斯豪尔桥附近流入泰晤士河。那里最后一次行刑是在1783年。

89 "方济各会编年史"（'Greyfriars Chronicle'），第26页。亨利共为沃里克在伯克郡毕萨姆修道院的葬礼花费12英镑18先令2便士（本特利所著图书的第120页）。

90 *CSP Spain*, 第1卷，第213页。

91 *CSP Milan*, 第322页。

92 2月24日，他在格林尼治的灰衣修士教堂接受了洗礼。约翰·戴维获得6

先令 8 便士骑马去坎特伯雷取银制的洗礼盘，提供洗礼盘的坎特伯雷获得了 2 英镑奖赏（本特利所著图书的第 120 页）。

第二章 候补储君

1 尼科尔斯（Nichols）著《伊拉斯谟书信集》（*Epistles of Erasmus*），第 1 卷，第 201 页。

2 RCIN 73197. 在“笑逐颜开的孩子的头像”和“一个德意志侏儒的半身像”目录下分别有描述。

3 出自艺术史学家莱昂内尔·卡斯特爵士（Sir Lionel Cust，1859—1929）1925 年作为国王的画师及艺术品鉴定师时的资料。至 1494 年，亨利七世开始规划自己的坟墓，一开始他想建造在温莎圣乔治修道院的圣母祈祷室中，但 4 年后他的计划埋葬地点改为了威斯敏斯特；见塔顿·布朗和莫蒂默所著图书《威斯敏斯特修道院》（*Westminster Abbey*）中第 60 页康登所著的“天佑吾王”（*'God Save the King'*）一文。

4 本特利著《历史摘要》，第 105 页。

5 斯塔基著《亨利——高尚的君主》，第 118—119 页。

6 赫伯特著《国王亨利八世的生活和统治》（*Life and Raigne of King Henry the eighth*），第 2 页。

7 牛津大学基督圣体学院（Corpus Christi College）MS 432. 见多兰著《男人和君主……》（*Man and Monarch*…），第 30—31 页。这本书现在名为《兰斯吟游诗人故事集》（*Récits d'un Ménestrel de Reims*），1511 年斯凯尔顿将其带给亨利。

8 纳尔逊著《约翰·斯凯尔顿……》（*John Skelton*…），第 15 页及甘恩和芒克顿著《亚瑟·都铎》（*Arthur Tudor*），第 8 页。亚瑟的一些书籍是英文的，包括一本弗吉尔的《埃涅阿斯纪》（*Aeneid*）译本，1498 年由威廉·卡克斯顿（*William Laxton*）印刷出版，献给“我即将诞生的君主”。见：W. J. B. 克洛奇（编者），《威廉·卡克斯顿的序言和尾声》（*The Prologues and Epilogues of William Caxton*），EETS 原版 176（伦敦，1928 年），第 110 页。

9 现藏于剑桥大学伊马纽学院；MS 5.3.11. 亚瑟的画像见 f.1., 卡利，《亨利八世的书籍……》(*Books of Henry Ⅷ*…)，第 49 页。色彩鲜艳的首字母见第 51 页。

10 希腊的一座山，曾奉献给缪斯女神，16 世纪的作家们经常将这座山与阿伽尼佩和赫利孔山上的灵泉搞混。

11 斯卡特古德（编辑）《胡安二世 · 斯凯尔顿》，第 132 页。

12 萨尔特著《斯凯尔顿的"君主之镜"》，第 25—37 页。这部道德论著的现存副本可追溯到亨利在任期间，见大英图书馆 Add. MS 26,787，是一部小型八开本图书，开头的一些内容丢失了。这本书此前曾保存在林肯大教堂中。

13 波拉德所著《亨利七世》，第 15 页。

14 1496 年莫尔获得律师资格，并被林肯律师学院（Lincoln's Inn）录取。1501 年他成为一名大律师。

15 尼科尔斯著《伊拉斯谟书信集》，第 1 卷，第 26 页和第 201—202 页，最初收藏在伊拉斯谟的《著作集》中，是他早年的诗作集。亨利写给伊拉斯谟的信已经失传。

16 印刷出版于 1500 年，上有献给亨利的赠言。

17 大英图书馆 Egerton MS 1,651, f.1.

18 本特利著《历史摘要》(*Dress at the Lourt of Henry Ⅷ*)，第 116 页。

19 海沃德著《亨利八世宫廷着装》，第 90 页。

20 TNA E 36/219 f.8v 和 12 v.1498—1499 年，亨利七世共花费 134 英镑 8 先令 6.5 便士用于为王室子女购买服装。见海沃德所著图书的第 90 页。

21 关于亨利七世 1505 年的画像，最近的一份研究表明，认为画像表现了国王的吝啬和狡诈是"误解了艺术家的意图"。见弗雷德里克 · 赫本（Frederick Hepburn）所著《亨利七世 1505 年的肖像画》(*The 1505 Portrait of Henry VII*)；《考古杂志》(*Antiquaries Jnl*)，第 88 卷（2008 年），第 245—246 页。

22 弗吉尔，《盎格鲁历史》(*Anglica Historica*)，第 145 页。

23 波拉德所著《亨利七世王朝》的第 1 卷，第 204 页。

24 埃德蒙死于伊利主教位于赫特福德郡哈特菲尔德的住所中。他的尸体 6 月 22 日被带到伦敦，并"被很多贵族人士恭敬地带过舰队街，白金汉公爵（他的教父之一）是主祭"，葬礼于当天在威斯敏斯特修道院举行；见波拉德所著《亨利七世》的第 1 卷，第 215—216 页。埃德蒙的葬礼共花费 242

英镑 11 先令 8 便士。

25 *CSP Spain*，第 1 卷，第 177—178 页。古老的英国童谣《唱一首六便士的歌》（*Sing a Song of Sixpence*）最初是描述亨利和他的王后约克的伊丽莎白："国王在他的金库里 / 清点他的财富 / 王后在大厅里 / 吃着面包和蜂蜜……/"

26 TNA E 101/413/2/3, ft.1-4.

27 1499 年 3 月 26 日斐迪南和伊莎贝拉的来信；*CSP Spain*，第 1 卷，第 206—207 页。

28 见霍洛维茨著《亨利七世的宝藏》，*HR*，第 82 卷（2009 年），第 562—563 页。这并不是一笔一次性付款：同年 2 月 25 日，另一笔 24 万便士的款项被支付，两天之后又支付了 48 万便士的贷款。见霍洛维茨的著作，出处同上，fn. 第 563 页。

29 剥夺公民权利包括因叛国被没收财产及 / 或被褫夺头衔。

30 J. R. 兰德著《债券、压迫和恐惧》（*Bonds,coercion and fear*），第 339 页。

31 他受到威胁，将被处以每个仆从 5 英镑的罚金——共计 7.05 万英镑——罪名是非法保有穿制服的仆人和支持者。亨利七世试图遏制贵族们的仆从组成的"私人军队"，1487 年和 1504 年分别立法宣布这种行为非法，但 1504 年的立法中提出了一种执照制度。见 A. 卡梅隆（A. Cameron）著《亨利七世统治期内赐予侍从的及留存的物品》（*Giving of livery and Retaining in Herry Ⅶ 's Reign*），《理论、文化和批评》（*Culture, Theory and Critique*），第 18 卷（1974 年），第 17—35 页。

32 克赖姆斯著《亨利七世》，fn. 第 215 页。格雷是个挥霍无度的人，最终负债累累，主要原因是赌博。他被迫放弃财产，大部分最终都为亨利七世所有。

33 groat 是古时英国的四便士银币。

34 弗吉尔著《盎格鲁历史》，第 127—129 页。达德利和恩普森获得他们所收缴的现金中的 1% 作为"成功奖金"。

35 G. R. 埃尔顿著《亨利七世：贪婪和悔恨》（'Henry Ⅶ：Rapacity and Remorse'），*HJ*，第 1 卷（1958 年），第 21—39 页；及相反观点见 J.R. 库珀著《重议亨利七世的最后几年》（*Henry Ⅶ's Last Years Reconsidered*），出处同上，第 2 卷，1959 年，第 103—129 页及埃尔顿著《亨利七世：重述》

（*'Henry Ⅶ; A Restatement'*），出处同上，第 4 卷（1961 年），第 1—29 页。

36 见 C. J. 哈里森著《埃德蒙 · 达德利的请愿书》（*Petition of Edmund Dudley*），*HR*，第 87 卷（1972 年），第 82—99 页及克赖姆斯著《亨利七世》，第 309—311 页。1501—1509 年期间，亨利七世平均每年收到的保证金有 101 份，比爱德华四世统治期间高出 16 倍，比理查三世统治期间高出 5 倍（霍洛维茨著《亨利 · 都铎的宝藏》，同前引，第 574 页）。

37 培根所著图书的第 230 页。

38 霍洛维茨著《亨利 · 都铎的宝藏》，同前引，第 577 页。

39 《方济各会编年史》（*Greyfriars Chronicle*），第 26—27 页。在亨利重建之前，这里曾两次作为王室住宅。第一次在 1395 年被理查二世毁坏，第二次是亨利五世 1414 年开始建造的，亨利六世完成。里士满宫在 17 世纪已经破败，且大部分都被拆毁。1720 年左右，建筑遗迹被分成了公寓区。今天，地面上几乎已经没有遗迹，只剩 15 世纪的"老城门"（Old Gate）；18 世纪的老警卫室；1708 年建造的"小号手之家"（以前是卫兵室，现在是私人住宅）；18 世纪初的衣橱（以前是马厩，现在是私人住宅），这一建筑中使用了督铎时期的砖瓦；最后还有"老宫殿"，也是 18 世纪的建筑，现在是私人住宅。

40 托马斯和索恩利著《编年史》（*Great Chronicle*）的第 286 页。亨利七世支付了 20 英镑"作为给那些发现了国王珠宝的人的奖赏"。本特利著《历史摘要》，第 115 页。

41 霍恩斯和安德伍德著《国王的母亲》，第 76 页。1501 年一位拜访者描述了新建的三层宫殿："在墙上和大厅侧壁的窗子之间，是英格兰的国王们穿着铠甲和金袍的画像……祈祷室的右边是一个漂亮的国王私人房间……类似地，另一边是王后殿下、王子们、国王的母亲和其他贵族和贵妇的私人房间。"见 G. 吉卜林（Kipling）（编者），《凯特琳女士的新生活》（*Receyt of the Ladie Kateryne*），第 71—73 页。

42 贝纳德城堡最初由征服者威廉修建，用于从西边守卫伦敦的河流。1423 年被大火毁坏，但格洛斯特公爵汉弗莱将其重建，成为一座王室宫殿。1666 年 9 月伦敦大火期间，宫殿几乎完全被毁，只留下一座塔楼，一直使用到 1720 年。其他宫殿旧址新建了房屋和码头。在 1972—1974 年的考古发掘中，工作人员发现了宫墙和一座塔楼的地基。

43 格林尼治宫是约克的伊丽莎白最喜欢的宫殿，她在设计新建筑时起了主导作用。罗伯特·弗图（Robert Vertue）从1499年到1504年掌管着建筑工作，他因“执行建造王后设计的格林尼治新宫”而获得薪酬（大英图书馆 Add. MS 59,899, f.24）。见瑟利著《王室宫殿》，第35页。

44 培根，同前引，第243页。又见S. 甘恩，“使臣”，第24页。这个蜘蛛猴属动物一定来自美洲中部，可能是西班牙送来的礼物。

45 本特利著《历史摘要》，第98页。

46 *CSP Milan*，第1卷，第375页。

47 *CSP Spain*，第1卷，第439页。

48 TNA E 101/414/6 f.25v. 在给母亲的一封信中，亨利七世提到了他退化的视力：“母亲，我的视力真的不像从前那么好了。我知道它将日益恶化。因此我相信，尽管我不经常亲笔给您写信，您也不会不悦，因为我的意念三天前就完成了这封信”；埃利斯所著图书中的《原版信件》（*Omginal Letters*），第1卷，第1辑，第46页。

49 本特利著《历史摘要》的第102页和第133页。

50 TNA E 404/86/1 f.28. 又见S. 甘恩著“侍臣”，第26页。

51 大英图书馆 Add. MS 7,099, f.129. 基利曾在1495年3月17日在斯塔福德郡的里奇菲尔德做一份公正文据的证人。见大英图书馆 Stowe Charters 625. 又见R. 爱德华著《国王理查在莱斯特的坟墓》（*King Richard's tomb at Leicester*），文章载于《李嘉图学派》（*The Richardian*）第3卷（1975），第8—9页。

52 本特利著《历史摘要》（*Excerpta Historia*）的第105页。在解散修道院活动期间，1538年11月10日方济各会修士投降后，这座坟墓被毁。理查三世的尸体被移走，根据当地的传说，尸体被扔进了附近的索尔河。并没有证据支持这一传说，但1862年有人在拱桥附近的河床上发现了一个骷髅。这具头盖骨看似因中剑而受伤，立即有人怀疑是被废黜的国王的尸骸。这个头骨被安置于它的发现地——莱切斯特郡牛顿哈考特村庄的戈达德家族中。

53 例如在1495年3月8日，“由于国王输掉了网球比赛”，支付给厕所侍从官休·丹尼斯14先令，12天后又“在（射箭的）山丘上付1英镑给侯爵大人

（多塞特侯爵，可能是托马斯·格雷）”。本特利著《历史摘要》的第101—102页。

54 沃劳所著图书的第155页。

55 根据记录，这个游戏被称作“cleke”，盛行于16—18世纪。

56 盎格罗著《宫廷节日》，第14页。

57 本特利著《历史摘要》的第126页。

58 1720年，科利维斯顿的房屋大面积被毁，但在1741年的一份说明中提到了大厅、一座塔楼、一座地牢（原文如此）和厨房的残骸（*Associated Architectural Societies' Reports and Papers*）第28卷（1903年），第569—574页。这一遗址今天（国家遗址记录中心 SX 90 SE 6）是一系列土木防御工事，仍有11英尺（3.5米）高，有花园露台、两个由天然喷泉填满的鱼塘，以及支离破碎的低矮分界线将公园分隔开来（地图索引：SK 9945 0287）。

59 霍恩斯和安德伍德著《国王的母亲》，第154页。1506年，住宅已有其自己的祈祷室和法医室，一个图书馆，大厅，会客厅以及玛格丽特自己的卧室，包括一个起居室和她的内宫人员使用的房间。其中还有珠宝室，甚至有牢房。

60 霍恩斯和安德伍德著《国王的母亲》，第81页。

61 最初提到冷港的是伦敦的金匠兼律师威廉·德·赫里福德，时间是1287年。这里是15世纪埃克塞特公爵们在伦敦的住所，1483年被理查三世封赏给英格兰纹章院。亨利七世在统治早期取消了这一封赏，并花费88英镑修缮了建筑，之后在1487年3月将其赠予了他的母亲。1509年7月4日，他的儿子亨利八世将冷港终生封赏给什鲁斯伯里伯爵乔治·塔尔博特。这座建筑1666年毁于伦敦大火，但地基和楼梯的底座一直保存到1843年。到19世纪末，冷港街的名字保存了下来。这一地点现在是上泰晤士街89号的一座办公大楼（金斯福德，第94—95页、第97页及第99页）。

62 大英图书馆 Harley 7,039，f.34.

63 大英图书馆 Cotton MS, *Vespasian F XIII*，f.60，重印见埃利斯所著《原版信件……》，第1卷，第1辑，第46—48页，及波拉德所著《亨利七世王朝》，第1卷，第127页。

64 波拉德所著《亨利七世王朝……》，第1卷，第129页。

65 2009年7月27日，这座学院其建立者逝世500周年举行了纪念仪式。

66 霍尔斯特德著《玛格丽特·博福特的一生》(*Life of Margaret Beaufort*),第221页。

67 为死人、病人和穷人举行的祈祷仪式。

68 库珀所著《玛格丽特·博福特的纪念碑》的第75页。伍斯特主教乔瓦尼·德·吉利呈递给玛格丽特女勋爵一本薄薄的册子,是用意大利语写的圣徒传。在扉页(f.20)上,有一首主教写的哀悼诗,次年主教即去世。见大英图书馆 Add. MS 33,772。

69 霍尔斯特德著《玛格丽特·博福特的一生》(*Life of Margaret Beaufort*),第196页。

70 霍恩斯和安德伍德著《国王的母亲》,第157—158页。

71 1496年春天,玛格丽特女勋爵写信给王后的管家奥蒙德伯爵,感谢他送来的礼物——一副法国手套,说其"非常精致,只是对我的手来说太大了,上帝保佑,国王、王后和所有可爱的孩子们都健康。王后曾有些生病,身体脆弱,但现在已经好了,感谢上帝。"霍尔斯特德所著图书《玛格丽特·博福特的一生》,第190页。

72 *CSP Spain*, 第1卷,第164页。

73 1498年7月,罗德里格·德·普埃布拉博士说唐·佩德罗·德·阿亚拉推迟离开伦敦的时间是"可耻的",而且他本来没有希望离开伦敦,"如果不是因为他的官员和仆人牵连在这么多街头打斗中。不久之前,在他的仆人引发的打斗中,唐·佩德罗自己的胳膊也被砖块打中。上周,仆人们袭击了一些英格兰人,其中一个人被打死。我去看了尸体下葬。警察(原文如此)拘捕了一个人……如果没有国王从中调停,那个人很可能已经被判处绞刑。后来唐·佩德罗的牧师,一个苏格兰人,因为杀死一名英格兰人被捕,并被遣返苏格兰"(*CSP Spain*, 第1卷,第155页)。

根据圣克鲁斯修道院副院长托马斯·德·马庭索(Thomas de Matienzo)的指控,德·普埃布拉本人的生活"非常卑贱,在一座有许多不忠诚的女人的庄园中。他的房东抢劫来到他家里的人,这位大使通过与有关部门进行不正当的交易来保护自己"(*CSP Spain*, 第1卷,第166页)。此外,另一位外交官称他是一位"贪得无厌,臭名昭著的放高利贷者",是"诚实"的反义词,满嘴谎言,诽谤所有诚实的人,虚荣心强且非常招摇……宫廷留在国内时，他每天在国王的宫殿中用餐，并且为自己和他的仆人们乞讨酒和面包作为晚餐……要描述这个人的性格需要用掉伦敦城所有的纸”（*CSP Spain*, 第1卷，第167页）。德·普埃布拉确实有着乞讨免费食物的名声。1498年，一位匿名大臣大声质疑为什么大使出其不意地出现在宫廷中。另一个人回答：“来吃。”亨利七世听到这个回答后大笑。见甘恩著《侍臣》，第39页。

74 *CSP Spain*, 第1卷，第156页。

75 比如亚瑟在1499年10月和11月在拉德洛城堡写的两封呆板的信件。见大英图书馆 Egerton MS 616, article 5.

76 *CSP Spain*, 第1卷，第246—247页。

77 1501年9月25日，亨利七世写给圣地亚哥大主教的信（*CSP Spain*，第1卷，第261—262页）。

78 *CSP Spain*，第1卷，第262页。

79 *CSP Spain*，第1卷，第263页。

80 吉卜林著《凯特琳女士的新生活》(*Receyt of the Ladie Kateryne*)，第7页及斯里特克兰著《英格兰王后》，第2卷，第101—102页。

81 *CSP Spain*, 第1卷，第264页和第265页。

82 一种用丝绸，羊毛，马海毛和骆驼毛制作的螺纹服饰。

83 海沃德著《亨利八世宫廷着装》，第90页。

84 斯特里克兰德著《英格兰王后》(*Queens of England*)，第2卷，第103页。

85 《亨利七世在位期间书信集》第411页。

86 霍尔所著《编年史》(*Chronicles*) 的第493页。

87 《莫尔书信》(*More Correspondence*)，第4页。

88 《亨利七世在位期间书信集》，第413页。婚礼和护送凯瑟琳从埃克塞特到伦敦的花费共计10512英镑18先令1.25便士。大英图书馆 Royal MS 14 B XXXXIX.

89 吉卜林著《凯特琳女士的新生活》(*Receyt of the Ladie Kateryne*)，第43页。

90 托马斯和索恩利著《大编年史》(*Great Chronicle*)，第31页；吉卜林著《凯特琳女士的新生活》(*Receyt of the Ladie Kateryne*)，第57—58页。

91 斯特里克兰德著《英格兰王后》(*Queens of England*)，第2卷，第106页。

第三章 威尔士亲王

1 *CSP Spain*，第 1 卷，第 439 页。

2 关于凯瑟琳是否应该跟亚瑟一起去威尔士，王室内宫进行了长达 4 天的争论，公主的忏悔牧师亚历山德罗·杰拉尔丁持坚决的反对意见。然而，亨利七世强烈要求新郎劝说她，让她“说自己更喜欢离开而不是留下来”。根据西班牙大使唐·佩德罗·德·阿亚拉的说法，她拒绝这样做，而“国王表现出巨大的悲伤”，擅自决定让她启程去拉德洛。大使抱怨亨利“没有给任何东西”用来装修城堡中的新婚房间，“没有任何餐桌服务——因为他并不想安排，此外，他下令他们两人必须共同生活，共同就餐”。讽刺的是，德·阿亚拉不经意间在另一封信件中提到，国王“担心自己被当成吝啬鬼”（*CSP Spain*, 第 1 卷及第 2 卷增刊，第 1—5 页）。1502 年 2 月 18 日，约翰·温特将凯瑟琳的行李从普利茅斯带到了拉德洛城堡，获得了 10 先令报酬。

3 *CSP Spain*，第 1 卷，第 167 页。

4 出处同上，第 167 页。

5 利兰所著图书的第 4 卷，第 261 页。

6 出处同上，第 260 页。

7 《约克的伊丽莎白》，第 2 页。戈尔 1501 年 8 月为亨利七世表演，从而获得了半马克报酬，次年 2 月又得到了 3 先令 4 便士。每次表演时，他的名字都只是“约克公爵的弄臣”（见索思沃思所著图书的第 63—64 页）。1501 年 10 月 26 日，约翰·戈尔获得了一件“使用我儿子的制服颜色的”大衣，四双鞋子，两件衬衫和两条裤子（TNA E 101/415/7 no.76）。王后有她自己的弄臣，名为威廉，由威廉·沃西看管。

8 五港同盟港口之一新罗姆尼的市政局中记录着 1505 年和 1508 年付给“王子殿下的吟游诗人”的钱（*Fifth Report of the Royal Historical Manuscripts Commission*, 伦敦，1876 年，第 1 部分，第 549 页及第 552 页）。

9 《约克的伊丽莎白》，第 52 页。

10 TNA E 101/415/7 nos. 15 及 83.

11 吉卜林所著图书的第 79 页。

12 大英图书馆 Egerton MS 2,642, f.174v.

13 海沃德所著图书的第 88 页。

14 在解散修道院运动时期这扇窗子被搬走之前，它被放在埃塞克斯郡埃平附近科普特大厅的沃尔瑟姆修道院中的私人祈祷室里。1758 年，威斯敏斯特圣玛格利特教堂的教区居民们花费 400 基尼买下了这扇窗子，将其镶嵌在教堂的东侧窗子上，一直保留至今。见瓦尔特 · 桑后里（Walter Thornbury），《古今伦敦》（*Old and New London*）第 3 卷，伦敦，1878 年，第 569—570 页。及《圣保罗教会学会交易记录》（*Transactions of St Paul's Ecclesiological Society*）第 2 卷，（1888—1890），第 108—109 页。

15 都铎家族的人可能是易患肺结核的体质（见麦克纳尔蒂所著图书的第 25 页）。亨利七世死于肺结核，亨利八世的私生子里士满公爵菲茨罗伊也于 1536 年 7 月 23 日死于肺结核，此外，1553 年 7 月 6 日，爱德华六世也因肺结核去世——但爱德华六世同时还患有麻风病的并发症，这可能是一位女巫秘密开给他的不知名的药物导致的。

16 克利福德 · 布鲁尔所著图书的第 109 页。

17 博斯沃思战役胜利之后，亨利于 1485 年 8 月 28 日成功抵达伦敦，不久之后汗热病开始时在伦敦城肆虐，造成巨大伤亡。

18 Caius, fol.9.

19 Taviner et al., p.96. 又见 G. Thwaites, M. Taviner and V. Grant,《英格兰的汗热病》（*The English Sweating Sickness*），《新英格医学期刊》（*New England Journal of Medicine*），第 336 卷（1997 年），第 580—582 页。

20 见保罗 · 斯莱克（Paul Slack）著，《瘟疫对英格兰都铎王朝和斯图亚特王朝的影响》（*The Impact of the Plague in Tudor and Stuart England*），伦敦，1985 年，第 65、75 页。"由于疾病笼罩着他们"，伍斯特本地人被禁止在亚瑟的坟墓上供奉祭品（见利兰所著图书的第 5 卷，第 380 页）。

21 1499 年，伦敦有 2 万人死于黑死病（见弗吉尔所著图书的第 119 页），但霍尔（第 401 页）当时估计的死亡人数是 3 万人。亨利七世和约克的伊丽莎白为躲避疾病去了加来，并在那里停留了近一个月。

22 大英图书馆 Cotton MS Vitellius B ⅹⅱ , f.85.

23 培根所著图书的第 205 页。

24 霍尔所著图书的第 494 页。尽管凯瑟琳可能学过一些英文单词和短语，他们夫妇之间的通用语应该是拉丁文——世界上最不浪漫的语言（斯特里克兰德，《英格兰王后》，第 2 卷，第 109 页）。

25 1502 年的忏悔日在 2 月 8 日。

26 大英图书馆 Cotton Appendix XXvii, f.145.

27 J. S. 布鲁尔所著图书的第 2 卷，第 303 页。

28 吉卜林所著图书的第 80 页。

29 “Towardly”——好学而有前途。

30 吉卜林所著图书的第 81 页。

31 据说凯瑟琳的“婚姻已经被预言结局会很悲惨”。在去往英格兰的路上袭击了她的船只的暴风让她和随行的人相信“暴风雨预示着灾难”（弗吉尔所著图书的第 125 页）。

32 吉卜林所著图书的第 82 页。

33 王室成员死亡与葬礼之间的日期相隔较久，这是当时的习俗，以便为复杂的仪式做好准备（见大英图书馆 Egerton MS 2,642, f.174v）。

34 大英图书馆 Add. MS 45,131, ff.37-41；利兰所著图书的第 5 卷，第 377 页。

35 甘恩和芒克顿所著图书的第 167 页及桑德福所著图书的第 476 页。2002 年 5 月，在伍斯特重现了这场葬礼。这场表演共花费 666 天的准备时间，而在 1502 年准备了 21 天（见甘恩和芒克顿所著图书的第 167—179 页）。

36 最初墓穴上有青铜边铭，可能在爱德华六世统治时期被去掉了。后来在 16 世纪，一幅没有任何祷文的绘制铭文代替了这一边铭，1644 年英国内战期间，王室军官理查 · 希蒙兹在服兵役时记录下了这座坟墓：“这里埋葬着亨利七世的第一位儿子亚瑟王子，17 岁时他在拉德洛城堡结束了他短暂的一生，那一年按照公历是 1502 年”（大英图书馆 Harley MS 965 f.41v 及桑德福所著图书的第 477 页）。

37 TNA LC 2/1/1 ff.4r-4v.

38 *CSP Spain*，第 1 卷，第 267 页。斐迪南和伊莎贝拉 1502 年 5 月 10 日写给埃斯特拉达公爵斐迪南。

39 出处同上，第 267—268 页。1502 年 5 月 12 日，斐迪南和伊莎贝拉在托莱多写给德 · 普埃布拉。

40 伦敦的一位名为约翰 · 柯佩的裁缝为凯瑟琳提供了布料，并为她破旧的衣服制作了衬里，获得 5 先令报酬（《约克的伊丽莎白》，第 103 页）。

41 他这趟痛苦的旅程获得了 8 便士收入。（《约克的伊丽莎白》，第 14 页）。

42 *CPR Henry Ⅶ*，第 2 卷，第 258 页。

43 王后的侍寝官亨利 · 罗珀在伦敦塔为她的入住准备了两天，获得了 16 便士的报酬（《约克的伊丽莎白》，第 98 页）。

44 《约克的伊丽莎白》，第 78 页。

45 在解散修道院运动期间，这条制作于布鲁顿的腰带后来到了亨利八世贪婪的首席部长托马斯 · 克伦威尔手中。1535 年 8 月 24 日，拜访他的理查 · 莱顿博士写信给他道："我还将布鲁顿的红色丝绸圣母腰带，以及白色的抹大拉的玛利亚腰带送给'经受分娩痛苦的'女人们，正如弗里的圣父所说，这是弗里的创建者玛蒂尔达皇后赠予他们的"（见大英图书馆 Cotton MS *Cleopatra E Ⅳ*, f.249）。

46 有人称沃贝克和沃里克被处死实现了帕隆的预言。国王私用金第一次付给帕隆的款项是在 1498 年 2 月 6 日："付给占星师威廉 · 帕隆大师 1 英镑"（本特利所著图书的第 121 页）。

47 讽刺的是，在帕隆为亨利七世工作之前，他曾受雇于爱德华 · 弗兰克，后者从 1487 年 11 月从伦敦塔被释放到他再次因叛国被捕的两年间，一直是一个臭名昭著的约克党反叛者。帕隆称曾警告弗兰克要规矩行事，并预言他将"不得善终"，这一预言随着 1490 年他被处死而实现（卡琳所著图书的第 861 页）。

48 长达 63 页的《最尊贵的约克公爵和他最优秀的父母》（*Liber de optimo fato nobilissimi domini Henrici Eboraci Ducis ac optimorum ipsius parentum*）（大英图书馆 Royal MS 12 B. Ⅵ）中有一封前言信，表达了对亚瑟王子去世的同情。f.2 中的首字母含有一副亨利七世的微缩画像，页边有王室纹章。帕隆的另一部为亨利七世所做的占星术著作，*De astroruim ui fatali*…，收藏在牛津大学博德利图书馆（Selden MS Supra 77），在 f.4 中有国王和其大臣的微缩画像。见阿姆斯特朗所著图书的第 451—453 页及希拉里 · 凯里著《招致灾难：英国宫廷和大学中的占星术》（*Courting Disaster：Astrology at the English Court and Uiversity*），贝辛斯托克和伦敦，1992 年，第 219 页占星术在亨利七世的宫廷中的地位非常重要：1501 年，一位在威尔特郡艾德琳顿地区博诺姆的修士，写了一本预测亚瑟和凯瑟琳婚姻的论文（大英图书馆 Add. MS 4,822）。

49 波拉德所著《亨利七世》，第 1 卷，第 231 页。这一天是圣烛节。当天特意为王后的晚餐送去了一只雌鹿（PPE 约克的伊丽莎白，第 97 页）。

50 《约克的伊丽莎白》，第 96—97 页。

51 她的一位不知名的保姆也获得了 3 英镑 6 先令 8 便士奖赏（本特利所著图书的第 130 页）。

52 从罗伯特 · 兰斯顿处购买，价格是 12 便士每尺（《约克的伊丽莎白》，第 94 页）。

53 亨利可能还有一个私生子，是在他流亡布列塔尼期间出生的。据说这位私生子名为罗兰德 · 德 · 韦尔维勒（Roland de Velville），出生于 1474 年，1497 年被封为骑士，并在 1509 年成为北威尔士安格尔西岛上博马里斯城堡的治安官。如果他是国王的私生子，那么他得到了慷慨的供给。亨利七世在 1492 年因他无钱购买武器装备加入英格兰对法国的入侵而借钱给他（TNA E 404/86/3）。他的生活水平似乎一直靠王室 1493 年以及三年后封给他的 46 英镑 13 先令 4 便士年俸维持。王室记录显示他在宫廷中时参加了带鹰狩猎训练（甘恩，"侍臣"，第 36 页）。罗兰德 · 德 · 韦尔维勒于 1535 年 6 月 25 日去世。又见 S. B. W. R. 罗宾森（S. B. W. R. Robinson）著，《重审罗兰德 · 德 · 韦尔维勒和督铎王朝》，本文载于《威尔士历史评论》第 15 卷（1991），第 351—367 页。

54 卡文迪什所著图书的第 52—53 页。

55 克劳福德所著图书的第 156 页；《文物目录》（*Antiquarian Repertory*），第 4 卷，第 655 页。

56 大英图书馆 Add. MS 45,131, ff.41v-47v. 在 ff.41v-42r 有一副她的送葬图。又见大英图书馆 Stowe MS 583 ff.27-33v（更多用钢笔绘制的送葬图）及桑德福所著图书的第 470 页。

57 第 19 章，第 21 篇。菲茨詹姆斯接受这一工作是因为新任坎特伯雷大主教亨利 · 迪恩在 2 月 15 日突然去世了。

58 《文物目录》，第 4 卷，第 662 页。葬礼之后，每个在修道院观看的人都得到了"大量的"银币（四便士），"卧床不起的病人，恶疾患者，盲人等"都得到了救济金，每个方济各修会得到 5 马克（3 英镑 6 先令 8 便士），在伊丽莎白的葬礼中共使用了 20 个纹章盾。

59 沃劳所著图书的第 453 页。他后来的职业并不清楚，但他在 1503 年或 1503 年后去世（卡林所著图书的第 862 页）。

60 R. S. 希尔维斯特著《理查三世》，第 2 卷，第 119—123 页。

61 拜恩所著图书的第 4—5 页。

62 海沃德所著图书的第 90 页。

63 《亨利七世在位期间书信集》，第 1 卷，第 167 页。

64 见克赖姆斯所著图书的第 287 页及布希所著图书的第 378 页。

65 伊莎贝拉女王 1503 年 4 月 11 日写给埃斯特拉达公爵费尔南多（CSP Spain，第 1 卷，第 295—296 页）。

66 1503 年 9 月 24 日，西班牙批准了协议（见大英图书馆 Add. MS 48,000, ff.590-594v）。

67 托马斯和索恩利所著图书的第 323 页。奥德利也是一位嘉德骑士事务大臣。

68 作者加注斜体。协议规定西班牙和英格兰承诺"利用一切能力影响罗马教廷，以获得婚姻必需的特许令……需要教皇特许令的原因，首先是由于凯瑟琳公主曾与现任威尔士亲王，已故王子亚瑟有过婚姻之约，导致她成为威尔士亲王的亲戚，其次是因为她和亚瑟王子的婚姻按照天主教会礼节进行了隆重庆祝，且他们已有婚姻之实"（*CSP Spain*，第 1 卷，第 306 页）。

69 *CSP Spain*，第 1 卷，第 309 页；1503 年 8 月 23 日西班牙的斐迪南在巴塞罗那写给弗朗西斯科 · 德 · 罗哈斯。

70 出处同上，第 322 页。

71 舍伯恩 1526 年去世。1505 年，他伪造了一份教皇诏书任命自己为圣大卫主教并在 3 年后成为奇切斯特主教。

72 *CSP Spain*，第 1 卷，第 328 页。

73 1504 年 8 月 10 日，埃斯特拉达公爵在伦敦写给伊莎贝拉女王（*CSP Spain*，第 1 卷，第 330 页）。

74 1504 年 11 月 28 日，亨利七世在威斯敏斯特写给尤利乌斯二世（*CSP Spain*，第 1 卷，第 342 页）。

75 收信地址写的是"给最尊贵的威尔士王妃凯瑟琳女士，我最爱的女儿"，1504 年 8 月 4 日，于肯特郡谢佩岛（*CSP Spain*，第 1 卷，第 328 页）。

76 1504 年 8 月 10 日，伦敦（*CSP Spain*，第 1 卷，第 326—327 页）。

77 对凯瑟琳采血失败并不是因为医生没有找到合适的血管切开；埃斯特拉达公爵说他是她的内宫医生，“通常非常擅长采血”。为什么他不使用水蛭呢？

78 达勒姆府在查理十字街附近，是一栋面积较大的复式建筑，有许多房间和自己的祈祷室。有城垛和城墙，前面有护城河。在西北方向有一条通往泰晤士河浮动码头的小路。见惠特利所著图书的第 155 页。

79 *CSP Spain*，第 1 卷，第 331 页。

80 出处同上，第 349—350 页。

81 1495 年他继任叛国者威廉 · 斯坦利爵士成为宫务大臣。

82 斯特里克兰德著《英格兰王后》，第 2 卷，第 118 页。这段否认词写在一份 2 页长的拉丁文文件中 大英图书馆 Cotton MS *Vitellius D* Ⅻ，可能在 1731 年 10 月 23 日在威斯敏斯特阿什伯纳姆宅邸的大火中被毁，当时 Cotton MSS 暂时存放在这里——但早期的古文物研究者已经发现了这份文件。这个版本摘自第 2 卷，第 6—7 页。

第四章 等待中的国王

1 *CSP Spain*，第 1 卷，第 329—330 页。

2 德拉波尔是第二代萨福克公爵约翰和爱德华四世的妹妹伊丽莎白 · 金雀花的儿子。1491 年德拉波尔的父亲去世，亨利七世强迫他放弃公爵爵位，令他怀恨在心。

3 弗吉尔所著图书的第 123 页。

4 见哈娜姆所著图书的第 239—250 页。

5 弗吉尔所著图书的第 125 页。

6 1492 年 5 月，国王的引见官沃恩曾试图参加在西恩举行的宫廷长矛比武，但是组织活动的传令官说他“身份不够尊贵”。他确实参加了比武，在第一轮比赛中杀死了詹姆斯 · 帕克爵士，他的长矛刺穿了帕克头盔上的面甲，并“把他的舌头刺到了头骨后面”。第二年，这位大臣通过与托马斯 · 亨格福德公爵的遗孀，第三代诺森伯兰伯爵的女儿安妮 · 珀西女士结婚提高了自己的地位。见甘恩著《侍臣》，第 37 页。

7 1997 年，3 位美国最高法院的法官，在一次模拟审判理查三世的法庭中以 3∶0 判决“上诉”证据不足，无法证明王子们被谋杀或理查三世参与了对他们的谋杀。

8 蒂雷尔被埋在奥斯汀会教堂（见汉普顿所著图书的第 9—22 页）。托马斯·莫尔爵士在他的《理查三世史》（*History of Richard Ⅲ*）中称蒂雷尔和他的同伙约翰·戴顿（被指控闷死王子的人之一），在伦敦塔中经历了严刑拷打之后，承认了他们谋杀了两个男孩，“但尸体是否被移走，他们什么都没说”（马里厄斯所著图书的第 106 页）。这似乎不太可能——为什么亨利七世不用这份供认当作强有力的政治宣传武器，来对付约克党人呢？

9 根据教皇诏书，萨福克伯爵受到了诅咒并被判处永远生活在地狱中。这份诏书是在赫里福德主教（1502—1504 在任）兼亚历山大五世的大臣阿德里亚诺·卡斯泰利（约 1461—约 1521）的协助下获得的。1503 年 5 月，亚历山大五世任命他为枢机主教。这份教皇诏书后来在伦敦发布（弗吉尔所著图书的第 133 页）。

10 坎宁安，ODNB，第 44 卷，第 698 页。

11 1496 年，18 岁的琼嫁给了她 27 岁的侄子，那不勒斯的斐迪南二世。但这场婚姻没能持续很久；斐迪南二世在 1496 年 9 月 7 日去世。

12 一种来自士麦那（位于土耳其的一座古城，现在的伊兹密尔）的甜酒，用香料调味后过滤。

13 “纪念碑”，第 223—239 页。

14 她从未再婚，并于 1518 年 8 月 27 日去世。

15 寡妇授予产：一种丈夫在结婚时划定的自己死亡时由妻子继承的遗产。

16 本特利所著图书的第 130 页。

17 霍尔所著图书的第 498 页。诺森伯兰伯爵穿着一件“金匠制作，上面装饰着珍珠和宝石的”大衣，并由 400 名亲信陪同。他受到“苏格兰人和英格兰人”的尊重，“不像是个子民，更像是一位君主”。

18 婚礼嘉宾们享用的宴席有着非常惊人的菜品，包括野猪头与芥末酱，烧松鸡，烤鸡，烤猪肉和羊腱肉，天鹅杂烩，烤鹤肉和小牛肉。“臭鼬浓汤”听起来则不是那么有食欲。第三道菜包括装饰着苏格兰和英格兰王室纹章的果冻，以及梅子、苹果和梨及牛奶冻（托马斯和索恩利所著图书的第 324 页）。

19 埃利斯所著图书，第 1 辑，第 1 卷，第 41 页。这段婚姻的安排并非出于爱情，但有迹象表明詹姆士和玛格丽特之间后来产生了真正的爱情。他们共有 6 个孩子，长子是 1507 年 2 月 21 日出生的罗思塞公爵詹姆士。6 个孩子中有两个胎死腹中的女儿，只有詹姆士存活下来。他刚过完 1 周岁生日后几个月，就成了苏格兰国王詹姆士五世。

20 *CSP Spain*，第 1 卷，第 329—330 页。

21 艾泽斯所著图书的第 13 页之后。

22 斯凯里斯布里克著《亨利八世》，第 10 页。这封信唯一的副本保存在梵蒂冈档案馆中的登记文献中。

23 间日疟最多可能持续了 天，随后在第三天又复发了。这种疾病通过在污水中繁殖的雌疟蚊叮咬传播。这种蚊子传播一种名为恶性疟原虫的寄生虫，寄生虫在肝脏中生长，随后进入血液并入侵红细胞。

24 斯凯里斯布里克著《亨利八世》第 10 页。

25 出处同上。

26 *CSP Spain*，第 1 卷，第 379 页。

27 弗吉尔著作的第 139 页;《方济各会编年史》，第 28 页。1497 年 12 月，铜鹰被翻新，“一个名叫戈弗雷的伦敦木匠”将其重新安置好（托马斯和索恩利所著图书的第 286 页）。风向标的尖顶在吹落后被替换，“由于非常高，花费了很大力气”。

28 弗吉尔所著图书的第 135 页。

29 海沃德所著图书的第 91 页。

30 霍尔所著图书的第 534 页。

31 胡安娜一直因英俊的丈夫对于女性的吸引力而心生妒忌，经常大发雷霆。她剪掉了一位侍女的长发，因为怀疑这位侍女和腓力有私情，并且把这束长发放在丈夫的枕头上作为警告。他还以过于漂亮为由遣散了所有侍女。

32 *CSP Spain*，第 1 卷及第 2 卷增刊，第 132—133 页。

33 《方济各会编年史》，第 28 页。

34 *CSP Spain*，第 1 卷，第 379 页，这里称大公“未经请求”就交出了萨福克伯爵。一个世纪之后，培根用不同的方式叙述了这段对话。亨利告诉腓力：“先生，你在我的海岸获救，希望你不要让我去破坏你的海岸。”当大公问他原因时，国王回答："我指路的是那个同样轻率疯狂的人，我的子民萨福克伯爵，他在你的国家受到保护，并开始做蠢事，令所有人感到厌烦。"腓力回答："我本以为您很幸福，不会想这些事情，但是如果这令您烦恼，我会阻止他。"亨利说，"黄蜂最好待在蜂窝中，飞到国外是最糟的情况"，他的愿望是"将他送回"。大公后来坦白说他对这些暗语"有点困惑"（培根所著图书的第 223—225 页）。

35 海沃德所著图书的第 91 页。

36 《亨利七世在位期间书信集》，第 284—285 页；斯塔基著《亨利——高尚的君主》，第 217 页。

37 *CSP Spain*，第 4 卷，第 1 部分，第 340 页。

38 弗吉尔所著图书的第 139 页。

39 大英图书馆 Add. MS 21,404, f.9. Printed in Byrne, pp.7-8.

40 没有副本保存下来，但几年之后，伊拉斯谟回忆了其开头："这里收到了一份报告，内容太过悲伤，没有人准备好相信它，而是毫无根据地坚持认为这不会发生，腓力大公不会离开人世。"显然伊拉斯谟知道亨利与大公之间的亲密关系（尼科尔斯所著图书的第 1 卷，第 424 页）。

41 尼科尔斯，出处同上，第 424—426 页及拜恩所著图书的第 4—5 页。

42 琉善（约 125—180 年后）是最早的科幻小说作家。他的《实录》（*True Story*）讲述的是一位英雄将一场海上龙卷风转移到了月球表面的故事。

43 波拉德所著《亨利八世》第 16 页。

44 1506 年 4 月 22 日，阿拉贡的凯瑟琳在伦敦写给西班牙的斐迪南（大英图书馆 Egerton MS 616 ff.29v-30）。

45 斯凯里斯布里克著《亨利八世》，第 8 页。

46 亨利七世写给西班牙的斐迪南（*CSP Spain*，第 1 卷，第 406—408 页）。

47 1507 年 4 月 15 日，德·普埃布拉写给伦敦的斐迪南（CSP Spain，第 1 卷，第 409 页）。据说胡安娜的外祖母曾患上疯病，并被关在阿雷瓦洛。1503 年，生下她的第四个孩子之后，胡安娜跑出了城堡，在空地上尖叫了 36 个小时〔见迈克尔法夸尔（Michael Farquhar）著《欧洲王室的另类史》（*A Treasury of Royal Scandals*）纽约，2001 年，第 56 页〕。最终，她的儿子西班牙的查理五世将她锁在了托尔德西利亚斯的一个没有窗子的城堡中。

1555 年 4 月 12 日，75 岁的她在被囚禁了近 50 年后去世了。

48 1508 年圣诞节他们举行了代行婚礼。

49 *CSP Spain*，第 1 卷，第 406 页。

50 出处同上，第 411 页。

51 出处同上，第 412 页。

52 理查森所著图书的第 456 页。

53 弗吉尔所著图书的第 135 页。布雷被葬在温莎城堡圣乔治礼拜堂皇家陵寝中的一间附属礼拜堂内。在伍斯特郡大马尔文修道院教堂的一块彩绘玻璃画像上，表情“神圣肃穆”的他是国王的三位大臣之一，画像上还有跪着的约克的伊丽莎白和亚瑟王子，这幅彩绘完成于 1501 年 12 月（见理查森所著图书的第 455 页）。

54 雷克斯著《都铎家族》，第 40 页。

55 *CSP Spain*，第 1 卷，第 206 页。

56 *CSP Spain*, 第 1 卷及第 2 卷增刊，第 22 页。

57 雷克斯著《都铎家族》，第 40 页。在遗嘱中，亨利七世将遗骸赠予了温莎的圣乔治礼拜堂。

58 现在的威斯敏斯特修道院。

59 CCR *Henry Ⅶ*，第 138—148 页。

60 克赖姆斯所著图书的第 305 页。医院位于斯特兰德大街南侧，现在那里是萨伏依旅馆和萨伏依影院。1553 年亨利七世的孙子爱德华六世解散了这个医院，但 1536 年他的孙女玛丽一世又将其重新修建，为她的侍女们提供了床铺。这座医院最终在 18 世纪初关闭（大英图书馆 Stowe MS 865, f.5r）。

61 盎格罗著“宫廷节日”，第 20 页。1507 年 12 月 7 日，有一笔 20 先令的付款用于支付黑人小号手“约翰 · 布兰克 11 月的工资，每天 8 便士”。盎格罗指出，一位黑人音乐家——可能约翰 · 布兰克并不是他的真实名字——在 1511 年 2 月，威斯敏斯特的锦标赛盛会中第二次为国王表演小号（出处同上，第 34 页）。

62 TNA LC/2/1/1, f.73-73v 及斯塔基著《亨利——高尚的君主》，第 173 页。

63 亨利 · 吉尔福德（1489—1532）是亨利七世的军械官及他的内宫审计官理查德 · 吉尔福德爵士的孙子。1497 年他因在平定康沃尔人的叛乱中的表现获封方旗武士，但在朝拜时死于耶路撒冷。

64 斯凯尔顿成了诺福克迪斯地区的教区牧师，并可能是“约克公爵的校长”，1502 年 4 月，他最后一次收到一笔 40 先令的付款（卡尔森所著图书的第 267 页）。

65 卡尔森所著图书的第 253 页。更多关于霍尔特的内容见奥姆所著图书的第 283—305 页。

66 波拉德所著《亨利七世》，第 3 卷，第 16 页。

67 布莱泽和帕默所著图书的第 256 页。

68 盎格罗著《宫廷节日》，第 33 页，第 35 页及第 36 页。大英图书馆 Add MS 31,992 共包含 63 首亨利八世统治早期编写的歌曲和民谣，其中三分之一都是亨利本人创作。列表中的第一首是《与好伙伴共度时光》，见 f.14r。

69 《亨利八世在位期间书信集》，第 6 卷，第 2 部分，第 2243 页。

70 斯塔基《亨利——高尚的君主》，第 197 页。

71 “投掷铁锭”是一种站着投掷一块沉重的铁锭的活动，很像现代田径运动中的铅球。

72 一个结实的木杆，6 到 8 英尺（1.83—2.44 米）长，通常两端是铁质的。

73 海沃德所著图书的第 91 页。

74 TNA LC 2/1/1 f.73v.

75 甘恩著《侍臣》，第 45 页及斯塔基著《亨利——高尚的君主》，第 231 页。

76 托马斯和索恩利所著图书的第 328 页。“建筑了长廊的木匠后来被罚款并被监禁了许多天”（出处同上，第 331 页）。

77 查尔顿所著图书的第 41—45 页。

78 《亨利八世在位期间书信集》，第 13 卷，第 2 部分，第 318 页。1539 年 12 月 9 日，他因叛国罪被亨利七世处死。

79 约 1508 年 7 月斐迪南告诉他，他的“主要目的一直都是致力于让王子和威尔士王妃的婚礼尽快举行”。他应该“尽最大努力”负责这件事（*CSPSpain*，第 1 卷，第 458 页）。

80 “丰萨利达书信”，第 449 页。

81 彼得·福利（Peter Foley）著，《亨利七世逝世五百年之反思》（*Retrospective on the Quincentenary of the Death of Henry Ⅶ*）；《李嘉图简

报》(*Ricardian Bulletin*), 2009 年 12 月，第 34 页。

82 弗吉尔所著图书的第 145 页。

83 雷克斯著《都铎家族》，第 43 页。

84 克利福德 · 布鲁尔所著图书的第 110 页。

85 培根所著图书的第 229 页。

86 1507 年德 · 普埃布拉在伦敦写给西班牙的斐迪南（CSP Spain，第 1 卷，第 439 页）。

87 CSP Venice，第 1 卷，第 330 页。

88 CSP Spain，第 1 卷，第 457 页。

89 《费希尔：作品集》，第 1 卷，第 271—272 页。

90 出处同上，第 273 页。

91 3 月 25 日，因“国王赌钱”花费了 40 先令，4 月 10 日，两笔总计价值 53 英镑 4 先令 11 便士的大额现金支付给彼得 · 格雷夫“作为牧师们在不同地方为国王歌唱的工资”（盎格罗著，《宫廷节日》，第 37 页）。

92 《费希尔：作品集》，第 1 卷，第 274 页。

93 巴多尔在旅途中面临着“巨大的危险”：“他的马将他摔了下来，后来他几乎溺水而亡。”不幸的他告诉威尼斯政府“他会把自己打扮得像个大使”（*CSPVenice*，第 1 卷，第 342 页）。

94 *CSPVenice*，出处同上，第 344 页。

95 TNA E 23/3.

96 4 月 6 日，理查 · 威尔斯因替亨利七世写遗书获得 66 先令 8 便士（康登著“亨利七世最后的遗嘱”，第 105 页）。

97 康登，出处同上，第 112 页。

98 在贺拉斯 · 沃波尔在草莓山庄的收藏中，有一尊大理石半身像，据说表现的是临死挣扎的亨利七世。然而这尊可能来自意大利，并被称为“呐喊男人的头像”的半身像，是在 17 世纪雕刻的，并且跟王室成员的死亡没有任何关系。这尊半身像现在在诺森伯兰公爵在锡永宫的收藏中，在《贺拉斯 · 沃波尔的草莓山庄》(*HoraceWalpole's StrawberryHill*) 一书中有插图，米歇尔 · 斯诺登编著，《纽黑文和伦敦》，2010 年，第 129 页。

99 《费希尔：作品集》，第 1 卷，第 285—286 页。

100 1509 年 6 月 27 日，亨利写给萨伏依的玛格丽特（大英图书馆 Add. MS 21,404, f.10）。

101 《费希尔：作品集》，第 1 卷，第 274 页。

102 大英图书馆 Add. MS 45,131, f.54；多兰所著图书的第 56 页。

第五章 国王万岁

1 大英图书馆 Add. MS 21,404,f10.

2 《丰萨利达书信》，第 513 页。

3 甘恩著，《亨利八世的继位》，第 280 页。1504 年，有匿名“显贵”认为萨福克伯爵和白金汉公爵可能成为亨利七世的继承人（见《亨利七世在位期间书信集》，第 1 卷，第 233 页）。

4 桑福德所著图书的第 472 页。

5 后来，一位办事效率较高的神职人员取消了这条记录，并写上了“零”。付款后记录在了亨利八世的账簿（甘恩著，“亨利八世的继位”，第 280 页）。

6 大英图书馆 Add.MS 45,131, f.52v.

7 出处同上。

8 《丰萨利达书信》，第 516 页。

9 出处同上，第 514 页和第 516 页。

10 劳斯所著图书的第 42 页。

11 甘恩著，《亨利八世的继位》，第 282 页。

12 托马斯和索恩利所著图书的第 336 页。

13 哈里斯所著图书的第 153—171 页；甘恩著《亨利八世的继位》，第 284 页。

14 霍林斯赫德（Holinshed）所著图书的第 3 卷，第 505 页。亨利八世一定听到了充满威胁的流言。上一位英格兰“护国主”是格洛斯特公爵理查，他在 1483 年 4 月 30 日获得了这个职位。次年 6 月 26 日他成为理查三世。

15 霍尔所著图书的第 512 页。亨利八世赦免了他，后来封他为威尔特郡伯爵。

16 《公共记录副管理员报告》（*Report of the Deputy Keeper of Public Records*），第 3 卷，伦敦，1842 年，附录 2，第 226 页。

17 弗吉尔所著图书的第 153 页。

18 保罗十字路是一条布道十字路，位于圣保罗大教堂北侧。托马斯·肯普主教 15 世纪末重建了这条十字路，加上了镀铅屋顶，并建造了一圈矮墙。其中有一间可容纳三四个人的房间。1643 年，这座露天讲道坛被激进的新教徒毁坏。

19 霍尔所著图书的第 503 页和 505 页。

20 布罗迪所著图书的第 160 页。

21 很多人都被带上了颈手枷，经受众人的嘲笑以及向他们投掷腐烂的水果（弗吉尔所著图书的第 153 页）。

22 TNA SP 1/1/3；《亨利八世在位期间书信集》，第 1 卷，第 2 版，第 7 页；休斯和拉金著作，第 59 和 60 号，第 79—83 页。

23 夏普所著图书的第 34 页。法国印刷匠平森（1448—1529）在威斯敏斯特和伦敦城之间的圣克莱蒙教堂教区工作，但 1501 年他搬进了坦普尔酒吧区，原因可能是那一年发生的反对外国佬人的骚乱。1505 年他成了国王的印刷师，年薪 2 英镑，后来翻了一倍。1513 年他成为入籍公民。见亨利·普洛默（Henry Plomer）著，《理查·平森的两桩官司》（*Two Lawsuits of Richard Pynson*），文章载于《图书馆》（*The Library*），第 2 版，第 10 卷（1909 年），第 115—133 页，以及帕梅拉·内维尔（Pamela Neville）著《理查·平森——国王的印刷匠：英格兰都铎王朝初期的印刷和政治宣传》（*Richard Pynson, King's Printer: Printing and Propaganda in Early Tudor England*），迪斯和伦敦，1990 年。

24 《丰萨利达书信集》，第 517 页。

25 TNA C 82/335/6——亨利八世签署的大赦中的除名名单；1509 年 4 月 30 日于伦敦塔。在一份行政名单中，可怜的赫里福德的拉尔夫·哈克莱特包含在除名名单中，但同一天，错误很快被发现，他被加进了大赦名单中（《亨利八世在位期间书信集》，第 1 卷，第 5 页）。5 月 30 日，名为“托马斯·托马斯”的可怜人获得了赦免（《亨利八世在位期间书信集》，第 1 卷，第 2 版，第 33 页）。

26 *CSP Spain*，第 2 卷，第 7—8 页。这份嫁妆最初是打算这样付的：6.5 万斯库多现金，价值 1.5 万斯库多的金银器，以及价值 2 万斯库多的珠宝饰品。几天之后，斐迪南同意全部用现金支付，“以向新国王显示他多么爱他，以及他多么重视他们的友谊，甚至超过他与亨利七世的友谊”。

27 TNA SP 1/1/18.

28 *CSP Spain*，第 2 卷，第 10 页。

29 莱德利所著图书的第 40 页。不知道亨利七世已经去世的斯蒂莱，曾在 4 月 26 日写信给亨利七世警告他斐迪南已经被他对凯瑟琳的刻薄激怒，正在考虑向英格兰宣战。

30 1509 年 5 月 14 日，在米兰和贝加莫之间进行的阿尼亚得洛之战中，威尼斯被法军重伤，4000 名威尼斯士兵被杀。

31 《亨利八世在位期间书信集》，第 1 卷，第 1 版，第 4 页。

32 1509 年 4 月 28 日，威尼斯总督和元老院写给安德里亚 · 巴多尔（*CSP Venice*，第 1 卷，第 345 页）。

33 1509 年 5 月 16 日，威尼斯总督和元老院写给安德里亚 · 巴多尔（*CSP Venice*，出处同上，第 1 卷，第 346 页）。

34 *CSP Venice*，出处同上，第 346 页。

35 实际上，英格兰国王的令状只在都柏林周围方圆 40 英里（64.37 千米）之内有效。

36 斯塔基著《亨利八世》，第 13 页。

37 为了健康，在大斋节和基督降临节期间，以及在周五或周六，人们被禁止食用黄油、乳酪和肉类，除非持有一种许可证。

38 穆勒所著图书的第 280 页。

39 《英格兰外交》，第 21 页。

40 出处同上，第 42—43 页。

41 《萨努托日记》，第 5 卷，XV，第 572—575 页。

42 在宗教改革之前的英格兰，虔诚的俗人通常会在教堂中背诵《圣母小日课》（*The Little Office* 或 *Hours of Our Lady*）。

43 《英格兰外交》，第 22—23 页。

44 《赖奥斯利编年史》，第 1 卷，第 6 页。

45 《萨努托日记》，第 5 卷，XVII，第 78 页。

46 《英格兰外交》，第 24—25 页。

47 《加来编年史》（*Chronicle of Calais*），第 7 页。

48 TNA SP 1/1/11.

49 大英图书馆 Arundel MS 26, f.28; Harley MS 6,079, f.31.

50 盎格罗著,《图片集》, 第 100—101 页。

51 见 C. 高尔文(C. Galvin)和 P. 林德利(P. Lindley)著,《彼得罗·托里贾诺的亨利七世铜塑肖像》(*Torrigiano's Portrait Bust of King Henry Ⅶ*),载于《哥特时代至文艺复兴:英格兰雕塑议文集》(*Gothic to Renaissance: Essays on Sculpture in England*),P. 林德利(编),史丹福,1995 年,第 170—187 页;R.P. 豪格雷夫 - 格雷厄姆(R. P. Howgrave-Graham)著《王室雕塑肖像:威斯敏斯特修道院的新发现》(*Royal Portraits in Effigy: Some New Discoveries in Westminster Abbey*),载于《王室艺术协会杂志》(*Journal of the Royal Society of Arts*)第 101 卷(1952—1953 年),第 465—471 页;及弗雷德里克·赫本(Frederich Hepburn)著,《1505 年的亨利七世肖像》(*The 1505 Partait of Henry Ⅶ*),载于《文物期刊》(*Antiquanies Journal*),第 88 卷(2008 年),第 235—236 页。

52 《费希尔:作品集》,第 1 卷,第 269—270 页。

53 盎格罗著,《图片集》, 第 101—102 页。

54 克林克监狱的名字源于方言,意为"在监狱中"。

55 利兰所著图书的第 4 卷,第 309 页。

56 大英图书馆 . Harley MS 6,079, f.31.

57 《亨利八世在位期间书信集》,第 1 卷,第 2 版,第 31—32 页。

58 格洛雷森林现在仍然是南威尔特郡的面积最大的林地。位于大威什福德村庄南面的山脊上。英国最美自然风景区(Outstanding Natural Beauty)克兰伯恩蔡斯以及威尔特郡丘陵也在这里。

59 《亨利八世在位期间书信集》,第 1 卷,第 2 版,第 11 页。

60 《亨利八世在位期间书信集》,第 1 卷,第 2 版,第 30 页。

61 TNA SP 1/1/33. 前护卫队长达西在亨利七世的葬礼上担任了这一职位。他得到了一些补偿,不久后就在格林尼治修道院的一场会议中被选为嘉德骑士(《亨利八世在位期间书信集》,第 1 卷,第 2 版,第 24 页)。

62 马尼(约 1457—1523 年)曾在 1497 年于博斯沃思和斯托克原野对抗珀金·沃贝克的最后战役中作战。他也是亨利抗议与阿拉贡的凯瑟琳的婚姻的见证人之一。马尼去世前不久被任命为掌玺大臣，并被封为马尼男爵。

63 TNA SP 1/1/28.

64 《亨利八世在位期间书信集》，第 1 卷，第 2 版，第 24 页。

65 出处同上，第 11 页。

66 《丰萨利达书信》，第 519—520 页。

67 大英图书馆 Cotton MS *Vitellius B XII*, f.123v——伊利主教尼古拉斯·韦斯特的证词跟凯瑟琳与亨利的婚姻相关。他回忆了沃勒姆和福克斯之间关于婚姻合法性的分歧。

68 兰贝思宫 MS CM 51/115. 羊皮纸文稿右边被撕得稀烂，上面有 13 个洞。

69 TNA SP 1/1/43——1509 年 5 月 18 日，西班牙的斐迪南写给威尔士王妃凯瑟琳。

70 斯塔基著《亨利——高尚的君主》，第 281 页。托马斯此前曾是亚瑟王子的侍寝官。很明显他成了亨利的新宠；5 月 17 日他被任命为什罗普郡奥克雷公园的看守人，同一天又被任命为伦敦港的“称重人”，负责称重货物——有点像现代的贸易标准审查官（《亨利八世在位期间书信集》，第 1 卷，第 2 版，第 29 页）。次年，他成了赫里福德郡尼特伍德公园看守人（出处同上，第 276 页）。

71 马丁利所著图书的第 97 页；安东尼娅·弗雷泽所著图书的第 49 页。

72 TNA SP 1/1/45——亨利八世和阿拉贡的凯瑟琳在婚礼上使用的正式用语。

73 《亨利八世在位期间书信集》，第 6 卷，第 169 页；*CSP Spain*，第 1 卷和第 2 卷增刊，第 450 页。

74 *CSP Spain*，第 2 卷，第 20 页。

75 《亨利八世在位期间书信集》，第 1 卷，第 2 版，第 48—50 页。

76 大英图书馆 Cotton MS *Tiberius E VIII*, f.100v.

77 海沃德所著图书的第 43 页。

78 出处同上，第 44 页。

79 霍恩斯和安德伍德所著图书的第 236 页。

80 托马斯和索恩利所著图书的第 339—340 页。

81 作者加注斜体。《亨利八世在位期间书信集》，第 1 卷，第 2 版，第 54 页。

82 霍尔所著图书的第 508 页。

83 出处同上。

84 根据这位伦敦史学家描述，她的王冠是“用丝绸、黄金和珍珠制成的，戴在她的头上”（托马斯和索恩利所著图书的第 340 页）。

85 霍尔所著图书的第 508 页。

86 托马斯和索恩利所著图书的第 340 页。

87 内维尔·威廉姆斯著《亨利八世和他的宫廷》（*Henry Ⅷ and his Court*），第 15 页。

88 《亨利八世在位期间书信集》第 1 卷，第 2 版，第 42 页。

89 出处同上，第 38 页。

90 加冕椅是 1300—1301 年爱德华一世下令制造的，座位下面嵌有斯昆石（苏格兰国王曾在这把椅子上接受加冕）。1996 年，这块石头被送到了苏格兰。这座加冕用的椅子放在神龛之中，面对修道院的圣坛。

91 《拉特兰郡文书》（*Rutland Papers*），第 14—15 页。这很像亨利七世的加冕礼，当天他儿子的仪式与他的非常相似，毫无疑问誓词也很相像。

92 大英图书馆 Harley MS 6,079, f.21v.

93 大英图书馆 Cotton MS Tiberius D Ⅷ, f.89.

94 封臣向他们的君主宣誓将效忠并服务于他的誓词。

95 大英图书馆 Add. MS 6,113, f.72.

96 海沃德所著图书的第 44 页。加冕礼期间，她穿了两套紫红色的长袍。

97 安东尼娅·弗雷泽所著图书的第 50 页。

98 米勒所著图书的第 93 页。

99 托马斯和索恩利所著图书的第 341—343 页。

100 切尼盖茨最初是本笃会修道院修士住所的一部分。爱德华四世统治期间，他的王后伊丽莎白·伍德维尔在威斯敏斯特避难时可能住在切尼盖茨。后来，在亨利八世统治期间，托马斯·莫尔爵士在转移至伦敦塔之前被拘留在那里。1941 年，房屋被德军炸弹严重破坏，但后来重新修建了。

101 大英图书馆 Add. MS 12,060, f.23v.

102 见 H. F. 皮尔斯（H. F. Pearce）著《玛格丽特夫人之死》（*The Death of Lady Margaret*），拉克姆，第 15—20 页。

103 大英图书馆 Add. MS 12,060, f.23v 及霍恩斯和安德伍德所著图书的第 237 页。

104 珀尔所著图书的第 4 卷，第 94—95 页。珀尔说亨利吹嘘说“在他的王国没有另外一位君主拥有过如此学识渊博、品德高尚的一位主教”，也就是约翰·费希尔。主教本人说他与国王比与其他人更亲近，因为亨利出生在他的主教教区，而且他曾是国王祖母的忏悔牧师。但亨利八世在 1535 年 6 月 22 日还是以叛国罪将费希尔在塔丘斩首。

105 《费希尔：作品集》(*Fisher*：*Works*)，第 291 页和第 301 页。

第六章 黄金时代

1 《亨利八世在位期间书信集》，第 1 卷，第 2 版，第 27 页。

2 寄信地址是“最崇高最强大的斐迪南陛下，在上帝的荣光下，阿拉贡、西西里和耶路撒冷国王，我们最敬爱的父亲”(*CSP Spain*，第 2 卷，第 20 页)。亨利在那年 7 月给枢机主教西克斯图斯·黛拉·罗维尔寄去了一份类似的加冕礼记录，描述了典礼上“无以言表的快乐和激情”(《亨利八世在位期间书信集》，第 1 卷，第 2 版，第 56 页)。

3 大英图书馆 Egerton MS 616, f.43. Endorsed：“pro Johanne Style”——英格兰大使交给斐迪南。

4 《亨利八世在位期间书信集》，第 1 卷，第 2 版，第 118 页。

5 *CSP Spain*，第 2 卷，第 20 页。亨利请求国王协助他得到伊莎贝拉女王留给芒乔伊妻子的一份遗产：“女王给她的一些亲戚派去了律师。”

6 大英图书馆 Egerton MS 616, f.45. 西班牙种小马是一种小型西班牙马，通常是轻骑兵骑。斐迪南很快就回应了：英格兰大使约翰·斯蒂莱在 9 月初报告说“西班牙国王，也就是你亲爱的父亲已经获得了一些精良的西班牙种小马，他会将它们送给您”(大英图书馆 Cotton MS *Vespasian Cl*, f.58v)。西班牙种小马和其他马匹都是通过陆路送来的(《亨利八世在位期间书信集》，第 1 卷，第 2 版，第 89 页)。

7 *CSP Spain*，第 2 卷，第 21—22 页。

8 1509 年 11 月 18 日，斐迪南在曼西莉亚写给英格兰王后凯瑟琳(*CSP*

Spain，第 2 卷，第 25—26 页）。

9 1509 年 10 月 1 日，亨利在格林尼治宫写给斐迪南（*CSP Spain*，第 2 卷，第 23 页）。

10 《亨利八世在位期间书信集》，第 1 卷，第 2 版，第 1473 页。

11 维维斯（1493—1504 年）为奥古斯丁的著作《上帝之城》（*De Civitate Dei*）写了一篇评论，于 1522 年出版，献给了亨利八世。

12 *CSP Spain*，第 2 卷，第 24 页。

13 出处同上，第 30 页。

14 罗珀所著图书的第 11 页。

15 艾伦和艾伦著《*Opus Epistolarum*》，书信 215；《亨利八世在位期间书信集》，第 1 卷，第 2 版，第 27 页。沃勒姆还额外给了伊拉斯谟 5 英镑。

16 辛格所著图书的第 79 页。

17 R. W. 钱伯所著图书的第 169 页。

18 大英图书馆 Cotton MS *Titus D Ⅳ* - quarto volume of 138 ff. 这些诗歌在 1518 年印刷出版，作为弗洛本编辑的莫尔的著作《乌托邦》（*Utopia*）的一个附录；f.12v 有一幅插画，画的是都铎玫瑰、凯瑟琳的石榴徽章，以及博福特的城堡吊门。

19 TNA E 36/228, f.7.

20 《亨利八世在位期间书信集》，第 1 卷，第 1 版，第 30 页。1515 年 7 月，年俸又增长了 20 英镑，由财政部付款。卢克是受命清点被贬的恩普森在北安普敦郡财产的人员之一。

21 《亨利八世在位期间书信集》，第 1 卷，第 2 版，第 1444 页。

22 一大桶酒共有 210 英制加仑，或 954.68 升。难道她酗酒成性？还是只不过是一个对宾客慷慨的女主人呢？

23 《亨利八世在位期间书信集》，第 1 卷，第 2 版，第 64 页和第 309 页。

24 出处同上，第 96 页。

25 出处同上，第 97 页。

26 出处同上，第 319 页。

27 出处同上，第 305 页。

28 出处同上，第 77 页。1509 年 7 月 25 日，格林尼治。次日亨利向遗嘱执行人们许诺，将在多塞特温伯恩教堂联合会内，为一位教士建立一座永久礼拜堂。

29 TNA SP 1/1/100. 预算起草于亨利在位的最后两年，但 1509 年 12 月由他的儿子签字许可。不过预算远远低于最终托列贾尼完成这项工程的花费。

30 希金斯所著图书的第 141 页。又见：R. F. 斯科特著《关于玛格丽特·博福特夫人的墓碑的协议》(*'On the Contracts for the Tomb of the Lady Martgaret Beaufort... '*)，载于《考古学》，第 66 卷（1915 年），第 365—376 页。

31 达西（1467—1537 年）1537 年 6 月 30 日因参与英格兰北部的"求恩巡礼"而被处死，他曾请求赦免，称自己在 50 多年的工作中，不论是在国家内外，不论对国王还是对他的父亲都从未"玩忽职守"。

32 《亨利八世在位期间书信集》，第 1 卷，第 1 版，第 29 页。

33 这是一份 16 世纪的黑色政治宣传。里斯·托马斯（1448—1525）曾是亨利七世的坚定支持者，一般认为是他在博斯沃思战役的最后杀死了理查三世。他去世后，在解散修道院运动中他的坟墓从喀麦登的奥古斯丁修道院搬到了喀麦登的圣彼得教堂，并保存至今。他的孙子里斯·格拉法德（早于 1509 年出生），1531 年 12 月 4 日因叛国被亨利八世斩首。

34 艾伦和艾伦著《理查德·福克斯书信集》，第 43—44 页。

35 大英图书馆 Cotton MS *Vespasian C* ⅩⅣ, f.106.

36 1519 年，为国王工作的威廉·布尔默爵士，可能是在国王 8 月拜访白金汉在肯特郡彭斯赫斯特的住所时，穿上了白金汉公爵爱德华·斯塔福德的制服，他因此而遭到责罚（西塞尔顿所著图书的第 12 页）。

37 大英图书馆 Cotton MS *Titus A* ⅫⅠ, f.186.1538 年 12 月，托马斯·克伦威尔重新建造了军队（大英图书馆 Harley MS 6,807, f.25）由后来成为国王侍马官的安东尼·布朗爵士指挥。1834 年 3 月 27 日，这些"领养老金的人"加入了王室武装护卫队，其中的 40 名成员仍然在重大场合保护君主。现在他们的队长是通过政治任命担任，而且通常都是上议院多数党领袖〔见哈钦森著《托马斯·克伦威尔》(*Thomas Cromwell*)，第 226 页〕。

38 *CSP Venice*，第 1 卷，第 5 页；《亨利八世在位期间书信集》，第 1 卷，第 2 版，第 75 页。

39 内维尔（1471—1538），第三代阿伯加文尼男爵乔治的哥哥，他是亨利和凯瑟琳的好友（马丁利所著图书的第 160 页），而且是一位颇有成就的情歌歌手。他在亨利八世的宫廷中担任多个职位——近身侍从、侍寝官、猎犬管理者及旗手——但 1538 年 12 月 8 日因叛国罪被斩首。内维尔外貌与亨利七世相似，导致有不实传言说他是亨利七世的私生子。在一场宴会中的假面舞会上，沃尔西错把内维尔当成了亨利七世（R. 西尔维斯特著《枢机主教沃尔西》，第 27—28 页）。多年之后，伊丽莎白一世在伯克郡的一场游行中遇到了内维尔的儿子亨利，她打趣地对他说："很高兴见到你，亨利哥哥"（斯凯里斯布里克著《亨利八世》，第 18 页，fn.）。

40 霍尔所著图书的第 513 页。

41 肯德尔绿色粗呢是一种粗布毛衣，通常染成绿色。

42 小圆盾是一种小型圆形盾牌，前面有圆形凸饰，后面有一个把手。

43 霍尔所著图书的第 513 页。

44 大英图书馆 Add. MS 5,758, f.8;《亨利八世在位期间书信集》，第 1 卷，第 2 版，第 156 页。

45 大英图书馆 Add. MS 21,481; Stowe MS 146, f.3.

46 1 Henry Ⅷ，cap.7。

47 1 Henry Ⅷ，cap.11。

48 1 Henry Ⅷ，cap.13。

49 1 Henry Ⅷ，cap.14。

50 1 Henry Ⅷ，cap.12。见艾尔顿著《重述》（*A Restatement*）第 7—10 页。

51 霍尔所著图书的第 513 页。.

52 白麻布圣职衣是一种圣职人员穿的衣服，在长长的牧师服之外穿着长袖亚麻束腰外衣，但要穿在一件十字褡或长袍里面，由牧师或主教穿着。

53 圣带是一种较短的肩带。

54 霍尔所著图书的第 513—514 页。

55 第二天选择的骑士是亨利 · 马尼爵士。

56 辛格所著图书的第 79 页。住宅拥有一座果园和 12 个美丽的花园，一直延伸到泰晤士河。今天这里是索尔兹伯里广场和多塞特街。

57 2 月，王室衣橱掌管人安德鲁 · 温莎爵士获权"如果情况允许的话，将育婴室使用的"深红色金布送去用来盖婴儿的摇篮，并为"保姆和两个摇摇篮的仆人的床提供枕头、床单、床罩、襁褓”，以及为育婴室的女主人——可能又是伊丽莎白·登顿，因为她最近获得了提拔——提供室内的窗帘（《亨利八世在位期间书信集》，第 1 卷，第 2 版，第 178 页）。次月，又付款购买了一个用来覆盖圣洗池台阶的红布（一种精致的斜纹布），以及 6 厄尔（7.5 码或 6.68 米）亚麻布用于“按照洗礼仪式旧习和传统，为 4 位仆人和教区委员会的中士们制造围裙和餐巾”（《亨利八世在位期间书信集》，出处同上，第 184 页）。

58 在 2 月中，威尼斯大使记录下亨利对意大利执政团恭喜女王怀孕的感谢（《亨利八世在位期间书信集》，出处同上，第 167 页）。

59 殉道者圣彼得也被称为维罗纳的圣彼得，13 世纪意大利伦巴第的一位布道师。教皇英诺森四世在他殉难 337 天后将他封为圣徒，这是有记录以来最快被封为圣人的人。在 20 世纪引入圣徒新历之前，他的节日是 4 月 29 日，这表明凯瑟琳的生产日期可能就是 4 月 29 日。

60 1500 年，她是凯瑟琳内宫的一位成员（见 *CSP Spain*，第 1 卷，第 246 页）并且想要成为方济各会修女。

61 这座建于 1293 年的女修道院非常贫困。1515 年，27 位修女死于瘟疫（《方济各会编年史》，第 29 页），可能只剩下 8 个人活着，不久之后，修道院被毁于大火。16 世纪 20 年代修道院重建，但不到 20 年之后就被解散了。

62 1510 年 5 月 27 日，凯瑟琳王后在格林尼治写给斐迪南（*CSP Spain*，第 2 卷，第 38 页；《亨利八世在位期间书信集》，第 1 卷，第 2 版，第 285 页）。

63 1510 年 5 月 29 日，卡洛兹在伦敦写给斐迪南（*CSP Spain*，第 2 卷，第 44 页）。

64 *CSP Spain*, 第 1 卷及第 2 卷增刊，第 42—44 页。

65 出处同上。

66 洛兹所著图书的第 22 页。

67 他们于 1509 年 12 月结婚。亨利在婚礼上送了 6 先令 8 便士的礼金。这是安妮第二次结婚；她 1503 年 3 月与沃尔特·赫尔伯特爵士结婚，但 1507 年 9 月沃尔特去世，两人没有子嗣。

68 作者加注斜体。卡洛兹说的话和在狩猎场上说的差不多。

69 他被封为威尔特郡伯爵详述于大英图书馆 Harley MS 6,074, f.54。

70 虽然安妮和乔治·黑斯廷斯举止十分亲密：她们之后生了 8 个孩子。

71 哈特所著图书的第 25 页。

72 *CSP Spain*, 第 1 卷及第 2 卷增刊，第 42—44 页。正如我们所见，这位忏悔牧师和卡洛兹确实不和。1514 年 12 月，忏悔神父强烈要求凯瑟琳“忘记西班牙和有关西班牙的一切，以获得英格兰国王和臣民的喜爱”，这使得他不受西班牙大使的喜爱（*CSP Spain*，第 2 卷，第 248 页；Caroz to Friar Juan de Eztuniga, Provincial of Aragon）。

73 1510 年 3 月 23 日签署。具体内容见《亨利八世在位期间书信集》，第 1 卷，第 2 版，第 33 页之后。

74 1510 年 11 月 17 日签署。

75 1510 年 5 月 29 日卡洛兹在伦敦写给斐迪南（*CSP Spain*，第 2 卷，第 39—40 页）。

76 1510 年 5 月 29 日卡洛兹在伦敦写给斐迪南（*CSP Spain*，第 2 卷，第 44 页）。

77 霍尔所著图书的第 515 页。

78 出处同上，第 515—516 页。

79 布罗迪所著图书的第 150—151 页。

80 哈里森所著图书的第 86—92 页。

81 《公共记录副管理员报告》，附录 2，第 3 卷，伦敦，1852 年，第 277 页。他的遗嘱从未被证实，见《亨利八世在位期间书信集》，第 1 卷，第 2 版，第 326—327 页。在他与伊丽莎白的第二段婚姻中，达德利有 3 个儿子。伊丽莎白是第四代莱尔子爵约翰·格雷的妹妹，并最终成为他的继承人，他们在 1501—1504 年间的某个时间结婚。1542 年，她们的长子约翰继承了他外祖父的头衔，成为诺森伯兰公爵，及亨利八世的儿子爱德华六世政府的一位重臣，1553 年 8 月 22 日他在塔丘被处斩。约翰·达德利是伊丽莎白女王一世时代的贵族——莱斯特伯爵罗伯特以及沃里克伯爵安布罗斯——的父亲。见甘恩著《埃德蒙·达德利》，第 68 页及大卫·拉德斯（John Lades）著《约翰·达德利，诺森波兰公爵》（*John Dudley, Duke of Northumberland*），伦敦，1996 年，第 269 页。

82 1509 年 10 月，亨利付款 17 先令 16 便士来雇佣马匹，将恩普森带到北安普敦郡（《亨利八世在位期间书信集》，第 1 卷，第 2 版，第 1444 页）。

83 源自古法语中的法律术语，意为“倾听并决定”。

84 克赖姆斯所著图书的第 315—316 页。

85 《亨利八世在位期间书信集》，第 1 卷，第 2 版，第 106 页。

86 出处同上，第 133 页。

87 大英图书馆 Cotton MS *Galba B* Ⅲ，f.3.

88 TNA SP 1/3/75.

89 大英图书馆 Cotton MS *Galba B* Ⅲ，f.4. 斯皮内利想让亨利八世用现金购买扣押的苏格兰火炮，亨利八世许诺给他 500 英镑。见盎格罗著 *Great Tournament Roll*, 第 1 卷引言，第 12 页，fn.

90 国王内宫的侍臣们获得了 6 英镑 13 先令 4 便士，为“王后顺利生产”祈祷。

91 《亨利八世在位期间书信集》，第 1 卷，第 2 版，第 670 页。

92 大英图书馆 Add. MS 6,113, f.79v.

93 坎特伯雷基督堂修道院院长，因其将圣洗池从里士满送来并送回里士满获得 4 英镑报酬。

94 盎格罗著 *Great Tournaent Roll*，第 1 卷，引言，第 51 页；埃利斯所著图书的第 2 辑，第 1 卷，第 180—183 页。

95 TNA E 36/217, f.41.

96 托马斯和索恩利所著图书的第 369 页。

97 出处同上，第 370 页。

98 盎格罗著 *Great Tournament Roll*，第 1 卷，引言，第 54—55 页；大英图书馆 Harley Charters 83 H.1；Harley MS 6.079, f.36v.

99 霍尔所著图书的第 519 页；TNA E 36/217, f.68；托马斯和索恩利所著图书的第 374 页。

100 霍尔所著图书的第 520 页。

101 《亨利八世在位期间书信集》，第 1 卷，第 2 版，第 400 页。

102 霍尔所著图书的第 519 页。

第七章 军事荣耀

1 *CSP Spain*，第 2 卷，第 165 页。

2 帕特森所著图书的第 15 页。

3 弗吉尔所著图书的第 161 页。

4 1513 年亨利委托提图斯·李维翻译了亨利五世的生平，提图斯·李维曾建议国王效仿他的祖先［见《亨利五世的早年生活……》(*First English Life of King Henry the Fifth...*)，查尔斯·金斯福德（编者），牛津，1911 年，第 4 页］。1509 年 12 月，法国在意大利境内击垮了威尼斯军队，威尼斯总督和元老院煞费苦心督促亨利攻打法国时，指出说“这一个征服他头衔中所拥有的国家的绝佳机会”，而且征讨“他一直以来的重要敌人法国国王”会为他赢得“任何一位英格兰国王都不曾拥有过的赞赏和荣誉”。(*CSP Venice*，第 2 卷，第 24 页）

5 弗吉尔所著图书的第 161 页。

6 大英图书馆 Cotton MS Titus B Ⅰ，f.104v；重印见艾伦和艾伦，《理查德·福克斯书信集》，第 54 页。

7 艾伦和艾伦著，出处同上，第 54 页。

8 休斯和拉金著作，第 61 号，第 83—84 页。公告的序文中写道“耶稣保佑，和平已经在他的国家长久地持续下去”，并承认英格兰人“在过去的时间里，利于战争的马匹、铠甲和武器装备一直不够精良”。

9 斯凯里斯布里克著《亨利八世》，第 28 页。

10 TNA SP 1/2/40v.

11 《亨利八世在位期间书信集》，第 1 卷，第 2 版，第 400 页。

12 TNA SP 1/2/40.1511 年 3 月 24 日，沃勒姆写给达西的信件。

13 霍尔所著图书的第 522 页。斐迪南支付了远征的部分花费，亨利免除了达西的 1000 英镑贷款，但他的财政仍然紧张。1514 年 1 月，达西向沃尔西抱怨自己的贫穷，说远征西班牙以及接下来在法国的军事行动已经花掉了他 4000 英镑，他被迫卖掉土地和金银器，“但是只有国王和沃尔西知道这情况”。忠心耿耿的他自愿参加了更多军事行动：“我在任何生意中都从未如此慷慨，我这一生中钱包从未如此薄弱”（TNA SP 1/7/80）。

14 《亨利八世在位期间书信集》，第 1 卷，第 2 版，第 449 页。

15 《萨努托日记》，第 5 卷，XIV，第 334 页之后。

16 斯凯里斯布里克著《亨利八世》，第 29 页和第 326 页。

17 为了强化军队，亨利雇了德意志雇佣兵。1512 年 3 月，他的一位长矛护卫队成员，居约·德·霍伊尔得到 13 英镑 6 县令 8 便士用来“为战争养活德国人”；士兵们每天可得到 4 便士，他们的两位长官每天得到 4 先令。1513 年 2 月财政大臣约翰·多恩斯共“为战争”支付 4 万英镑，另有 5.1 万英镑用来“为海外军队运输食物”。

18 从 13 世纪开始，教会教导说无罪而死的人们——主要是圣人——死后会立即进入天堂。那些死于重罪的人会直接下地狱。未经洗礼的灵魂会被放入地狱边境。仍然有罪过需要弥补的人会进入炼狱，直到审判日来临，只有他们在这期间苦行修炼，他们才可以进入天堂。赎罪券承诺减少人们在炼狱中的时间，通常以天或月为单位计算。

19 《萨努托日记》，第 5 卷，XIV，第 239 页。

20 出处同上，第 300 页。

21 威廉·奈特写给国王的施赈勋爵沃尔西，“1512 年 6 月 14 日，寄自伊普夸雷恩特里亚附近的帐篷里”（《亨利八世在位期间书信集》，第 1 卷，第 2 版，第 362 页）。

22 斯凯里斯布里克著《亨利八世》，第 29 页。沃尔西 1512 年 8 月告诉福克斯，一个“憋了一肚子话”的西班牙人“最近去找国王……为他的主人斐迪南的军队至今还没有与亨利的军队汇合申辩，声称纳瓦拉的凶险……是长期拖延的原因”（见艾伦和艾伦所著《理查德·福克斯书信集》，第 57 页）。

23 《亨利八世在位期间书信集》，第 1 卷，第 2 版，第 571—572 页。

24 富恩特拉维亚，一座位于比达索阿河口的港口城市，接近法国国界。

25 1512 年 7 月 8 日霍华德勋爵托马斯写给沃尔西（TNA SP 1/2/119）。

26 “流感”指的是痢疾，通过被人类粪便污染的食物传播，常见于卫生条件较差的地区。

27 霍尔所著图书的第 529 页。

28 出处同上，第 530—531 页。

29 1512 年 8 月 5 日，约翰·斯蒂莱写给亨利八世（大英图书馆 *Vespasian C*

Ⅰ, ff.65-77）。

30 1512 年 8 月 5 日，威廉 · 奈特博士在富恩特拉维亚写给沃尔西（大英图书馆 *Vespasian C Ⅰ*, f.79）

31 1512 年 10 月 4 日，威廉 · 奈特博士在圣塞巴斯蒂安写给沃尔西（大英图书馆 *Vespasian C Ⅰ*, f.81）。

32 J. S. 布鲁尔所著图书的第 1 卷，第 20 页。

33 吉耶那地区就是现在的吉伦特州。

34 *CSP Spain*，第 2 卷，第 68—69 页。

35 1512 年 10 月 14 日波伊宁斯在布鲁塞尔写给亨利八世（大英图书馆 *Galba B Ⅲ*, f.51）。

36 1512 年 11 月，亨利八世写给波伊宁斯和其他大使（大英图书馆 *Galba B Ⅲ*, f.54）。

37 1512 年 11 月 19 日，马丁 · 德 · 穆克西卡写给西班牙的斐迪南（大英图书馆 Add. MS 32,091, f.92）。

38 《亨利八世在位期间书信集》，第 1 卷，第 2 版，第 578 页。

39 霍尔所著图书的第 525 页；哈钦森著《叛逆的家族》，第 7 页。

40 “玛丽 · 玫瑰”号重达 600 吨，她的姊妹舰“彼得 · 石榴”号重达 450 吨，两艘战舰 1510 年 1 月开始建造，次年夏天完成。他们是最早的装有炮门的英格兰战舰（穆尔豪斯所著图书的第 106 页）。

41 圣劳伦斯是一位牧师，公园 258 年被罗马皇帝瓦勒良杀害，据说是被放在翻滚的烤架上折磨而死。

42 这种大帆船是装有海军作战武器的大型货船。

43 穆尔豪斯所著图书的第 74 页。

44 哈钦森著《叛逆的家族》，第 8 页。

45 艾伦和艾伦著《理查德福克斯书信集》，第 58 页。

46 出处同上。

47 3 天后，在法国附近海域发现了霍华德的尸体。他的内脏被挖去，经过防腐处理之后埋在了附近。他的金哨子也被发现，送给了在巴黎的法国王后布列塔尼的安妮，他的铠甲作为战利品送给了克劳德王子。按照他的遗嘱，霍华德本打算将哨子留给亨利八世。

48 大英图书馆 Cotton MS *Caligula D* Ⅵ, ff.106-7.

49 出处同上, f.104.

50 大英图书馆 Cotton MS *Caligula B* Ⅵ, f.76 及多伊兰（Doiran）所著图书的第 74 页。

51 大英图书馆 Cotton MS *Caligula B* Ⅵ, f.83.

52 斯凯里斯布里克著《亨利八世》，第 33 页。

53 《萨努托日记》，第 5 卷，XV，第 305 页；1512 年 12 月 18 日，伦敦。

54 向法国宣战不到一个月，第一笔 3.5 万克朗（8750 英镑）的分期付款就按时付给了马克西米利安，战争开始之后又付了一笔数额相似的款项。战争进行 3 个月之后，又付了 3 万克朗（《亨利八世在位期间书信集》，第 1 卷，第 2 版，第 940 页）。

55 CSP Spain，第 2 卷，第 79—82 页。巩固了战争计划的协约见大英图书馆 Cotton MS *Vespasian C* Ⅵ, f.375。

56 艾伦和艾伦著《理查德 · 福克斯书信集》，第 70 页。

57 《亨利八世在位期间书信集》，第 1 卷，第 2 版，第 637 页。

58 大英图书馆 Stowe MS 146, f.24.

59 《亨利八世在位期间书信集》，第 1 卷，第 2 版，第 919 页。

60 休斯和拉金著作，第 65—68 号，第 94—101 页。

61 大英图书馆 Cotton MS *Vitellius B* Ⅱ, f.34.

62 《萨努托日记》，第 5 卷，XⅧ，第 445 页。

63 休斯和拉金著作第 69 号，第 101 页。前一年 8 月，爱德华 · 波伊宁斯爵士（继任亨利成为五港总督）被任命“在得到命令时”召集军队，防卫“法国预计将进行的入侵”，并设置警告信号及持续监督海峡沿岸（TNA SP 1/2/146）。

64 *CSP Spain*，第 384 页。

65 并没有进行审判，但 1504 年伯爵被剥夺了公民权利。

66 大英图书馆 Cotton MS *Faustina E* Ⅶ, f.6. Stowe MS 692, f.12 提到了这三支队伍的指挥官的名字。

67 *CSP Milan*，第 388 页。

68 格拉夫顿所著图书的第 2 卷，第 269 页。

69 Hatfield House MS CP 147/1.

70 大英图书馆 Cotton MS *Cleopatra B* Ⅴ, f.64. 炮火声在海峡对岸 22 英里（35.41 千米）外的多佛就可以听到。

71 霍尔所著图书的第 539 页。

72 卡鲁（1464—1513）是亨利七世的另一位忠臣，1497 年在博斯沃思（他在那里被封为骑士）战役中为他战斗，并将珀金 · 沃贝克赶出了埃克塞特郡。

73 大英图书馆 Cotton MS *Cleopatra B* Ⅴ, f.64.

74 在大英图书馆 Cotton MS *Augustus* Ⅳ, f.70 中有一幅加来地区当时的素描。

75 霍尔所著图书的第 539—540 页。

76 克鲁克尚克所著图书的第 25 页。

77 大英图书馆 Cotton MS *Cleopatra B* Ⅴ, ff.64-95.

78 休斯和拉金著作第 73 号，第 106—121 页。

79 队伍中的战士们装备着各种锐利的、钩状的、尖的和有刃的精致长武器，包括戟、宽刃刀、长矛和斧钺，其中一些可能是从农耕工具中发展而来。这些武器尤其用于步兵，用来抵挡骑兵进攻，但在徒步战斗中也非常有效。

80 大英图书馆 Lansdowne MS 818, f.2v. 随着军队陷落，一些骑兵的马受惊逃窜，皇家护卫队队长亨利马尼爵士的腿在他的马跳起时受了伤。还有其他几个人被伤到。

81 大英图书馆 Cotton MS *Cleopatra B* Ⅴ, ff.64-95.

82 莎士比亚，《亨利五世》，第四幕，序言，第 47 行。

83 大英图书馆 Cotton MS *Caligula D* Ⅵ, f.92.

84 霍尔所著图书的第 542 页。

85 克鲁克尚克所著图书的第 37 页。

86 霍尔所著图书的第 545 页。

87 大英图书馆 Harley MS 2,252, f.41.

88 大英图书馆 Cotton MS *Cleopatra B* Ⅴ, ff.64-95.

89 大英图书馆 Harley MS 787, f.58.

90 霍尔所著图书的第 549 页。在瑟鲁安管理英格兰和德意志士兵关系之前，就为营地制定了专门的规章。国王“严格要求英格兰人不可以进入委派给德意志士兵用来居住的土地，不许对他们进行任何可能引发矛盾或冲突的责备或使用不恰当的语言，违者将受牢狱之苦”（大英图书馆 Arundel MS

26, ff.56v-57v)。

91 《萨努托日记》，第5卷，XⅦ，第76页。

92 出处同上，第5卷，XⅦ，第16—17页。

93 大英图书馆 Cotton MS *Caligula D Ⅵ*, f.94.

94 大英图书馆 Cotto MS *Vitellius B Ⅱ*, f.51.

95 《萨努托日记》，第5卷，XⅦ，第78页。

96 埃利斯所著图书的第3辑，第1卷，第152页。写这封信时凯瑟琳正打算领导军队北上增援。又见：大英图书馆 Cotton MS *Caligula D VI*, f.93. 她摄政期间下达的召集内陆各郡军队的政令见兰贝思宫 MS 247, ff.59-60。

97 克鲁克尚克所著图书的第127页。

98 大英图书馆 Cotton MS *Cleopatra B Ⅴ*, ff.64-95.

99 *CSP Milan*，第395页。

100 见《加来编年史》(Chronicle of Calais)，第71—74页；及甘恩著，《查尔斯·布兰登》，第30—31页。

101 *CSP Milan*，第405页。

102 大英图书馆 Cotton MS *Vespasian F Ⅲ*, f.15. 关于弗洛登战役的详细记录见哈钦森著《叛逆的家族》，第15—20页。在一封给沃尔西的信中，凯瑟琳描述这场战役"是全能的上帝赐予国王的伟大礼物……这场战役太伟大了，简直像是上帝亲自指挥"(大英图书馆 Cotton MS *Caligula B Ⅳ*, f.35)。

詹姆士死后被逐出教会，亨利为他请求了特殊许可，希望将他按照皇室荣誉埋在伦敦的圣保罗大教堂内。但并未得到批准。詹姆士四世的尸体最终被带到西恩的加尔都西修道院，裹上铅，在那里放了好几年都没有埋葬。根据后来15世纪的古董商人约翰·斯托的记录，在15世纪30年代解散修道院运动之后，他的尸体被扔进了一间杂物室里，"与古木和橡胶放在一起。不知何时，那里的工人恶作剧时砍掉了他的头。兰斯洛特·扬(伊丽莎白一世的玻璃工人)……将他的头带到了伦敦伍德街的家中，并因其散发的芳香气味保留了很长一段时间。最终，他让圣米歇尔的伍德街的教堂司事将他的头和其他被发现的尸骨一起埋葬"〔约翰·斯托(John Stow)著《伦敦调查》，共2卷，牛津，1908年，第1卷，第298页〕。

103 大英图书馆 Egerton MS 2,014, f. 2. 部分重印于拜恩所著图书的第20—21页。

104 哈特菲尔德宫 MS CP 277/1, f.1.

第八章 国家内外

1 格林尼治，1516 年 3 月 3 日（*CSP Venice*，第 2 卷，第 305 页）。

2 1519 年图尔奈被交还给法国，但 1521 年帝国军队将其占领。关于英格兰占领图尔奈，见梅尔所著图书的第 257—277 页及戴维斯所著图书的第 1—26 页。1523 年 8 月，已被封为萨福克公爵的查尔斯 · 布兰登带领着一支 10 万精兵组成的英格兰军队占领了法国港口布隆，这成了接下来几年的大型军事计划的起点。但他的目的改变了，军队改向西进，到达了距巴黎不到 50 英里（80.47 千米）处，随后糟糕的天气阻挡了军队前进，他们撤回了佛兰德斯（见《公文》，第 6 卷，第 221 页之后及第 233 页之后）。

3 从亨利八世继位到 1518 年，他的财政大臣约翰 · 赫伦共支出超过 100 万英镑，其中近 70% 都用于准备战争和御敌。见 TNA E 36/215/257ff. 及斯凯里斯布里克著《亨利八世》，第 54 页。

4 斯凯里斯布里克著《亨利八世》，第 39 页。根据威尼斯人的闲谈，查理完全不愿意娶玛丽为妻，他有失风度地说“他想要一个妻子而不是一个母亲”（《萨努托日记》，第 5 卷，XVII，第 23—24 页）。

5 *CSP Venice*，第 2 卷，第 175 页。

6 大英图书馆 Cotton MS *Vitellius B II*，f.56.

7 1514 年 5 月，亨利向威尼斯大使许下空头承诺说他想去耶路撒冷，并且“会带上 2.5 万人”（《萨努托日记》，第 5 卷，XVII，第 139 页）。

8 《亨利八世在位期间书信集》，第 1 卷，第 2 版，第 1184 页。

9 坚忍之冕（The cap of maintenance）也被称作“身份之冕（cap of estate）”或“庄严之冕（cap of dignity）”。

10 大英图书馆 Cotton MS *Vitellius B II*，f.69.

11 《萨努托日记》，第 5 卷，XVII，第 302—305 页。

12 《亨利八世在位期间书信集》，第 1 卷，第 2 版，第 1184 页。

13 艾伦和艾伦著《Opus Epistolarum》，第 2 卷，书信 287。他的大臣们 1514

年1月汇报说“国王最近患上了一种名为天花的疾病，但现在已经康复，没有危险了”(《亨利八世在位期间书信集》，第1卷，第2版，第1141页)。医生可能是胡安二世·尚布尔，1514—1515年被列为王室成员之一(《拉特兰郡文书》，第21页)。

14 1514年6月，查理生病了，他的医生称月亮的影响延长了他的病期(《亨利八世在位期间书信集》，第1卷，第2版，第1303页)。他1513年12月18日写给玛丽公主的信突然充满关爱之情：他请求让一位外交官通知他“你的健康状况，这是我能听见的最好的消息”(大英图书馆 Cotton MS *Galba B XIII*，f.93)。

15 《路易十二书信集》，第4卷，第335页。

16 见L. G. 卡尔·劳顿(L. G. Carr Laughton)著，《法军烧毁布莱顿》(*The Burning of Brighton by the French*)，载于《皇家历史学会学报》(*Transactions of the Royal Historical Society*)，第3版，第10卷(1916年)，第167—173页。

17 6月14日，萨里向国王议会报告：“我昨天抵达了瑟堡以西3英里的诺曼底，并烧毁了西侧4英里，东侧3英里，以及内陆超过方圆2英里范围内的任何一所木质房屋，除了修道院和教堂什么都没留下。我们烧毁了很多绅士的郊区住宅，那些房屋建筑精致，里面挂满了丝绸，他们和我们都无法通过这些东西获利，因为全部或者说大部分都被烧毁了。”他毫发无损地回到了船上(大英图书馆 Cotton MS *Caligula D VIII, f.246*)。

18 《萨努托日记》，第5卷，XVIII，第302—305页。

19 大英图书馆 Egerton MS 544, f.158.

20 大英图书馆 Cotton MS *Caligula D VI, f.121v.*

21 大英图书馆 Harley MS 3,462, f.142v.

22 大英图书馆 Add. MS 15,387, f.25.

23 J. S. 布鲁尔所著图书的第1卷，第10页，fn。象皮病会导致身体某处肿大——通常是胳膊或腿——原因是丝虫阻碍淋巴系统。

24 《亨利八世在位期间书信集》，第1卷，第2版，第1325页。当勃艮第的查理听说玛丽抛弃了他的新闻之后，他对他的议员们说：“这下好了！我还能得到你们许诺给我的妻子吗？”他们回答道：“你还年轻，但是法兰西国王是基督教国家的第一位国王而且没有妻子，所以他可以选择任何女人做王后。”后来，查理拿来一只鹰并拔光了它的羽毛，解释说：“因为它很年轻，它就不受重视，因为它很年轻，我拔光它的羽毛它也不叫。这就是你们对我做的。我还年轻，你们就随意欺辱我，而且我无处诉苦。你们要记住，日后我也会拔光你们的羽毛。”（*CSP Venice*，第 2 卷，第 201 页）

25 大英图书馆 Harley MS 3,462, f.142。

26 TNA SP 1/5/230, f.266。

27 亨利的一艘战舰，重达 900 吨的“吕贝克”（*Lubeck*）在法国海岸被摧毁，几百名船员溺亡。

28 “拉特兰郡文书”，第 25 页。

29 克内克特（Knecht）所著图书的第 80 页。

30 《亨利八世在位期间书信集》，第 2 卷，第 1 部分，第 74 页。

31 *CSP Spain*，第 2 卷，第 248 页。

32 《萨努托日记》，第 5 卷，XIX，第 1 页。

33 大英图书馆 Cotton MS Caligula D Ⅵ , f.149。

34 《亨利八世在位期间书信集》，第 1 卷，第 2 版，第 1456 页，及 *CSP Spain*，第 2 卷，第 243—245 页。

35 霍尔所著图书的第 572 页。

36 《萨努托日记》，第 5 卷，XX，第 98—99 页。

37 大英图书馆 Cotton MS *Caligula D Ⅵ* , f.176。

38 《亨利八世在位期间书信集》，第 2 卷，第 1 部分，第 74—75 页。

39 大英图书馆 Cotton MS *Caligula D Ⅵ* , f.184。

40 《亨利八世在位期间书信集》，第 2 卷，第 1 部分，第 5 页。

41 大英图书馆 Cotton MS *Vespusian F XIII* , f.80。

42 《亨利八世在位期间书信集》，第 2 卷，第 1 部分，第 125 页。

43 大英图书馆 Egerton MS 985, f.6 Ⅳ。

44 斯凯里斯布里克著《亨利八世》，第 76 页。

45 《萨努托日记》，第 5 卷，XXIX，第 20 页；拉塞尔所著图书的第 131—132 页。

46 《萨努托日记》，第 5 卷，XXIX，第 71—79 页。

47 拉塞尔所著图书的第 176 页。可能想要的图案是威尔士龙。

48 劳斯所著图书的第 44 页。见 A. J. 格利兹（A. J.GeritzA）著《托马斯 · 莫

尔和他的妹夫约翰 · 拉斯特尔的关系》，载于《莫雷纳》期刊（*Moreana*），第 139—140 卷（1999 年），第 35—48 页。

49 劳斯，出处同上。从 1506 年开始，拉斯尔（约 1475—1536）就在考文垂担任一名验尸官，但两年后，可能由于他信仰基督教罗拉德派，他搬到了伦敦。在伦敦他除了主要印刷出版法律书籍之外，还有着丰富的法律实践，不过他是第一位在英格兰印刷乐谱的人〔见 A. 海亚特 · 金（A. Hyatt King,）著《约翰 · 拉斯特尔对早期乐谱印刷的重要性》（*The Significance of John Rastell in Early Music Printing*），载于《图书馆》第 5 辑，第 26 卷（1971 年），第 197—214 页〕。然而，拉斯特尔在 1535 年由于枢机主教托马斯 · 克兰默拒绝缴纳牧师什一税与他发生了矛盾，并贫困地死在伦敦塔内。

50 威廉姆森 , pp.94ff. and 248ff., 及斯凯里斯布里克著《亨利八世》，第 124 页。

51 通常认为纽芬兰是约翰 · 卡博特在 1497 年发现的。

52 巴拉红宝石是红宝石的一种，颜色微红。

53 石榴石是黄红色的棱状宝石。

54 哈特菲尔德宫 MS CP 245/5, ff.3v-4r。

55 哈特菲尔德宫 CP 245/5, ff.9v-14r。另一份副本在大英图书馆 Cotton MS *Vitellius C Ⅶ* , f.337v。

56 鲁特在 1512 年被任命为重达 800 吨的热那亚帆船"洛雷托的玛利亚号"船长，后来因法国将这艘船用于战争在德文郡达特茅斯被查封。

57 建造于 1524 年，以曾担任过骑兵统帅和王室审计官的亨利 · 吉尔福德爵士的妻子命名。

58 安德鲁斯所著图书的第 55 页。

59 一法里是一个人一小时行走的距离，大约相当于 3 英里（4.8 千米）。

60 《亨利八世在位期间书信集》，第 4 卷，第 3121 页。

61 赖特所著图书的第 29—40 页。

62 海沃德所著图书的第 6 页。都铎时代男子的平均身高大约是 6 英尺 8 英寸——不过罗切斯特主教约翰 · 费希尔和亨利八世身高相同。

63 《亨利八世在位期间书信集》，第 3 卷，第 1 部分，第 142 页。

64 大英图书馆 Cotton MS *Caligula D VII*, f.158. 直到见到法国国王弗朗索瓦，亨利才发誓蓄须。法国国王的母亲萨伏依的路易丝突然看见没有胡须的亨利八世感到十分困惑，他询问英格兰大使托马斯·博林爵士，这是否是对她儿子的轻视。博林急忙向她保证亨利十分喜爱弗朗索瓦，“比任何一个在世的国王都更喜欢。她颇受安慰，并说‘他们的爱不在胡须里，而在心里’”。

1518 年圣三一开庭节王座法庭内的大法官卷轴上的一幅插画，展现了年轻，剃光胡须的亨利，不过这也可能是在他父亲亨利七世的一幅画像的基础上，按照新国王进行了修改而画成的（TNA KB 27/1024）。

65 晚课是一种夜间祈祷仪式，以拉丁文仪式开始：“上帝啊，帮助我。上帝啊请快来帮助我。荣耀属于圣父、圣子和圣灵。这是一切的起源，世界永远不会终结。阿门。”晚祷是一天中的最后一次祷告。

66 《亨利八世在位期间书信集》，第 3 卷，第 1 部分，第 350 页。

67 网球运动有一定危险性。1525 年 7 月 10 日，巴伦西亚城宴请了勃兰登堡侯爵，“随后他参加了网球游戏，并由于身体过热而发烧，并在 3 天后去世了”。（大英图书馆 Cotton MS *Vespasian C Ⅲ*，f.75）

68 在一次外交接待舞会上，8 名蒙面贵族穿着黑色天鹅绒拖鞋“这样做是为了防止国王和别人比起来太显眼；因为他的左脚最近在打网球时受伤了，国王穿着一只黑色天鹅绒拖鞋”。（《亨利八世在位期间书信集》，第 4 卷，第 350 页）

69 1519 年 1 月有一笔 1000 克朗的付款用于“国王在主显节前夕的玩乐费用”。

70 霍尔所著《编年史》的第 520 页。具有讽刺意味的是，伦敦警局在 1528 年 12 月发布的一份公告中，禁止玩“网球、骰子和其他不合法游戏，它们违背了维持箭术法规”。这难道不是一个“穷人一套法律，富人一套法律”的案例？（见大英图书馆 Harley MS 442, f.97）

71 *CSP Venice*，第 2 卷，第 557—563 页。

72 《急件》，第 1 卷，第 85 页之后。

73 出处同上，第 83 页。

74 J. S. 布鲁尔所著图书的第 1 卷，第 97 页。

75 *CSP Venice*，第 2 卷，第 246—247 页。

76 出处同上，第 325 页。

77 威廉·克伦威尔（1465—1523）是皇家礼拜堂的孩童主管。他还是一位作曲家、剧作家以及演员，负责宫廷中的音乐和喜剧演出。见盎格罗著《盛大活动》，第 118—121 页及第 203—204 页。

78 《亨利八世在位期间书信集》，第 2 卷，第 1246 页。

79 *CSP Venice*，第 2 卷，第 397—404 页。

80 《亨利八世在位期间书信集》，第 4 卷，第 869—872 页。

81 兰贝思宫图书馆 MS 602, 第 59 页。

82 罗珀所著图书的第 67 页之后。

83 阿克罗伊德所著图书的第 226 页。

84 《亨利八世在位期间书信集》，第 3 卷，第 1 部分，第 468 页。

85 大英图书馆 Cotton MS *Vitellius B Ⅳ* , f.111。

86 阿亚特（Ayot）, 第 70 页，fn。

87 大英图书馆 Cotton Ms *Vitellius B Ⅳ* , f.226。

88 斯凯里斯布里克著《亨利八世》，cap. 3. 在天主教玛丽一世统治期间被废止，但在伊丽莎白统治时期被恢复（1 Elizabeth cap. 1），而且从此成为英国王室头衔的一部分。

90 富勒著作，第五册，第 168 页。

91 *CSP Venice*，第 2 卷，第 560 页。

92 一种 16 世纪神学博士所戴的毡帽，名字可能来源于拉丁语 *pileus*，是一种圆锥形帽子。

93 一顶 16 世纪的枢机主教戴的红色毡帽，上面装饰有丝绸，曾为贺拉斯 沃波尔所有，并存放在草莓山庄霍尔贝因室内，据说这顶帽子是沃尔西的，17 世纪被担任君主首席牧师的伯内特主教发现。现存于牛津大学基督学院。

94 辛格所著图书的第 96—101 页。

95 唯一的英国教皇就是阿德里安四世尼古拉斯 · 布雷克斯皮尔斯，1154 年到 1159 年在位。

96 阿德里安四世是被选出的最后一位非意大利人教皇，直到 456 年后约翰 · 保罗二世当选。

97 见 D. S. 钱伯斯所著图书的第 20—30 页。

98 盖伊所著图书的第 47 页。

99 1518 年 7 月 26 日，伊拉斯谟于巴塞尔写给保罗斯 · 邦巴斯图斯，1518 年 7 月 26 日（尼科尔斯所著图书的第 3 卷，信件 805）。

100 罗珀所著图书的第 20 页。

101 霍尔所著图书的第 597—598 页。又见沃克所著图书的第 1—16 页。

102 哈里斯所著图书的第 168 页。

103 他 1521 年 1 月到 4 月的个人账户显示，4 个月的收入总共是 8274 英镑，现值 320 万英镑（《亨利八世在位期间书信集》，第 3 卷，第 1 部分，第 500—501 页）。他的土地价值 4905 英镑 15 先令 5.25 便士。然而在 1520 年，他欠下了 10535 英镑 19 先令的债务（哈里斯所著图书的第 172 页）。

104 1500 年，白金汉娶第四代诺森波兰伯爵亨利 · 珀西的长女阿利安诺尔为妻。他们的次子亨利娶了索尔兹伯里伯爵夫人玛格丽特 · 珀尔的女儿，他们的长女伊丽莎白与后来的萨里伯爵和第三代诺福克公爵托马斯 · 霍华德结婚。

105 *CSP Venice*，第 2 卷，第 561 页。

106 埃利斯所著图书的第 3 辑，第 1 卷，第 214—218 页。

107 大英图书馆 Harley MS 283, f.70。

108 斯凯里斯布里克著《亨利八世》，第 120 页。

109 大英图书馆 Add. MS 19,398, f.644。

110 索恩伯里城堡现在是一座旅馆。

111 事例见弗吉尔所著图书的第 262 页之后。

112 托希尔原野是一片位于米尔班克和威斯敏斯特修道院之间的沼泽地。

113 霍尔所著图书的第 622 页。

114 1560 年，商人裁缝理查 · 霍尔出 500 英镑购买泰晤士街萨福克巷内的房产用作学校。这栋建筑在 1666 年伦敦大火中被毁，1675 年，在原址上用砖建造了可容纳 200 人的一座新男校。

115 大英图书馆 Cotton MS *Vitellius B IV*, f.96。

116 上议院特别刑事审判长的审判记录和文件见 TNA KB/8/5。

117 1352 年《叛国罪法》（25 Edward Ⅲ cap.2）中将“谋划或想象国王死亡”视为叛国行为。讨论见坦纳所著图书第 675—681 页。

118 按照英格兰法律，平民有权对身份平等的陪审团成员进行审问，1341 年的一项法令（15 Edward Ⅲ cap. 1）给了贵族被同等身份的人审判的权利。从都铎时期开始，贵族院（后改称“上议院”）特别刑事审判长就在议会开会期间听取案件，而审判在上议院进行。最后一位被审判并被处死的贵族是第四代费勒斯伯爵劳伦斯·雪利，他在1760年因谋杀被处以绞刑。上议院最后一次审讯的是26岁的克利福德男爵爱德华·罗素，他在1935年被指控屠杀。1948年贵族审判权被废除。

119 霍尔所著图书的第623页。

120 《亨利八世在位期间书信集》，第3卷，第1卷，第490—491页。

121 出处同上，第492页。

122 大英图书馆 Harley MS 283, f.70。

123 《亨利八世在位期间书信集》，第3卷，第1部分，第131—133页。

124 哈里斯所著图书的第185页。

125 1513年初，萨里伯爵娶白金汉的女儿伊丽莎白为妻。这并不是一段幸福的婚姻。见哈钦森著《叛逆的家族》，第63—76页。

126 大英图书馆 Cotton MS *Vitellius B Ⅳ*, f.84v。

127 大英图书馆 Stowe MS 163, f.3。

128 霍尔所著图书的第624页。

129 出处同上。

130 约1290年肖恩是北马斯顿教区神父，据说圣井里的水可以治愈疟疾和痛风。见理查德·马克斯（Richard Marks）著《中世纪晚期的宗教崇拜：北马斯顿和温莎牧师肖恩》（*A Late Medieval Pilgrimage Cult: Master John Shorn of North Marston and Windsor*），载于L.基恩（L. Keen）及E.斯卡夫（E. Scarff）所编著的《温莎中世纪考古……英国考古学会会议记录》（*Windsor Medieval Archœology ... British Archœology Associatison Conference Proceedings*），第25卷（2002年），第192—207页。

131 大英图书馆 Cotton MS *Caligula D Ⅷ*, f.83. 马克西米利安大地对于白金汉的命运有些惊讶。他告诉英格兰大使理查·温菲尔德爵士“他非常了解亨利的美德和智慧，不相信他会在没有正当理由的情况下杀死公爵（大英图书馆 Cotton MS *Vitellius B XX*, f.234）”。

132 14/15 *Henry Ⅷ* cap. 20。

133 《亨利八世在位期间书信集》，第3卷，第1部分，第406页。

134 帕维亚之战在1525年2月24日清晨开始。

135 罗伯特·马克埃卢（Robert Macquereau）著《1527年6月5日前查理五

世诞生以来的欧洲史》(*Histoire gènerale de l'Europe depuis la naissance de Charle-quint jusqu'als cinq juin 1527*)，鲁汶，1725 年，第 231 页。

第九章 “良心有愧”

1 霍尔所著图书的第 755 页。

2 戴维斯和爱德华所著图书的第 895 页。麦克纳尔蒂在他所著图书中的第 162 页记录下孩子的性别是男性，但日期是 1513 年 11 月。

3 《亨利八世在位期间书信集》，第 1 卷，第 2 版，第 1480 页。1514 年 10 月 4 日，掌袍大臣受命递送一个摇篮，上面写着“如一切顺利，给婴儿使用”。(出处同上，第 1403 页)

4 *CSP Venice* 第 2 卷，第 285 页。

5 大英图书馆 Harley MS 3,504, f.232。

6 1516 年，亨利花费 1000 英镑从托马斯·博林那里买下新堂，在 1517—1521 年间又花费 17000 英镑将其重新修建。也就是现在的新堂中学。

7 解释见瑟利所著图书的第 102 页。

8 大英图书馆 Cotton MS *Vespasian F Ⅲ*，f.73。

9 《亨利八世在位期间书信集》，第 2 卷，第 2 部分，第 1328 页。

10 《快信》，第 2 卷，第 236 页。

11 出处同上，第 240 页。

12 哈钦森著《亨利的生育困扰》(*Henry's Reproductive Woes*)。

13 见阿兰·比多(Alan Bideau)、伯特兰·德雅尔丹(Bertrand Desjardins)及赫克特·佩雷斯·布里尼奥尔(Hector Pérez Brignoll)著《英国的婴儿死亡率：关于过去婴儿及孩童死亡率的历史趋势和变化的现有知识的调查》(*Infant Mortality in Britain: A Survey of Current Knowledge on Historical Trends and Variations in Infant and Child Mortality in the Past*)，牛津，1997 年。

14 *CSP Venice*，第 2 卷，第 1287 页。

15 《萨努托日记》，第 5 卷，XXⅦ，第 276 页。

16 伊丽莎白·布朗特在 1513 年的年俸是 100 先令。

17 她的副本在大英图书馆 Egerton MS 1,991。

18 大英图书馆 Cotton MS *Caligula D Ⅵ* 1,991。

19 菲丽帕·琼斯所著图书的第 79 页。

20 大英图书馆 Cotton MS *Vitellius B Ⅱ*, f.183。

21 《亨利八世在位期间书信集》，第 6 卷，第 241 页。

22 见 Revd Alfred Suckling 的《埃塞克斯郡的文物和建筑》（*Antiquities and Architecture...of the County of Essex*），伦敦，1845 年，第 27 页。他补充说："选择这里作为花天酒地的场所是非常引人注目的，因为这里不仅挨着教堂，而且实际上离僧侣们的住所非常近。"

23 14/15 Henry Ⅷ, cap. 34；马丁利所著图书的第 123 页。这份收入来自 1517 年，当年塔尔博伊斯的父亲被宣判为精神错乱。吉尔伯特·塔尔博伊斯 1524 年被封为爵士，并于次年被任命为林肯郡治安官。贝茜·勃朗特和吉尔伯特育有两个儿子和一个女儿，吉尔伯特在 1530 年去世。1533 年之后，贝茜·勃朗特嫁给了爱德华·克林顿，并和他育有三个女儿。她是亨利的第四任妻子克里维斯的安妮的一位侍女，1541 年可能由于肺结核去世。

24 《亨利八世在位期间书信集》，第 4 卷，第 2558 页。

25 大英图书馆 Add. MS 8,715, f.220v。

26 大英图书馆 Cotton MS *Caligula B Ⅰ*, f.232. 玛格丽特告诉亨利她知道自己"永远无法通过正当手段从苏格兰得到好处，而且她再也不愿在那里和那些不爱她的人一起生活。"

27 1519 年 10 月 19 日，安格斯写信给亨利，感谢他将这位修士送往斯特灵，他"十分称职"，玛格丽特后来同意与他共同生活（大英图书馆 Cotton MS *Caligula B Ⅰ*, f.141）。劝服她一共花了七八个星期的时间（大英图书馆 Cotton MS *Caligula B Ⅱ*, f.333）。

亨利继承了父亲对于格林尼治守规派修士的尊重。他曾写信给教皇里奥十世宣称自己对他们"怀有深沉而忠诚的热爱之情"，并发现想要"充分描述他们夜以继日让罪徒重返上帝的热诚"是不可能的。16 世纪 30 年代，很多人因为拒绝承认亨利的继位宣誓而被害。

28 拜恩所著图书的第 68 页。1528 年 3 月 3 日，她嫁给了斯图尔特。

29 J.S. 布鲁尔所著图书的第 2 卷，第 161 页。

30 玛格丽特 · 道格拉斯女士是国王的姐姐玛格丽特第二次婚姻生下的女儿。

31 哈钦森著《叛逆的家族》，第 77—79 页。

32 他获得了在宫廷中拥有四个仆人和两匹马的权利。(《拉特兰郡文书》，第 101 页)

33 《亨利八世在位期间书信集》，第 4 卷，第 991 页。

34 沃尼克著《安妮 · 博林兴衰史》(*The Rise and Fall of Anne Boleyn*)，第 35 页，第 237—238 页及 A. G. 莱斯特兰奇（A. G. L' Estrange）著《格要威治编年史：宫殿和医院》(*Palace and Hospital or Chronicles of Greenwichh*) 共 2 卷，伦敦，1889 年，第 1 卷，第 192 页。

35 弗吕格尔著《关于……的性格》，第 146 页。

36 霍斯金斯所著图书第 347—348 页。

37 《亨利八世在位期间书信集》，第 8 卷，第 215 页。

38 出处同上，第 214 页。

39 《亨利八世在位期间书信集》，第 12 卷，第 2 部分，第 332—333 页；哈钦森所著《托马斯 · 克伦威尔》第 141—142 页。

40 《亨利八世在位期间书信集》，第 4 卷，第 1932—1933 页。

41 亨利后来命令托马斯 · 博林爵士去家中供养玛丽——不过至少将玛丽的丈夫曾享受的 100 英镑年俸分配给她。

42 大英图书馆 Cotton MS *Vespasian C Ⅲ*, f.176。

43 1512 年，一场大火摧毁了大部分威斯敏斯特宫，之后亨利便接管了沃尔西在布里德韦尔的建筑工程，并在 1513 年完成了这个带有两个庭院和一个连接到泰晤士河水闸的长廊的砖砌建筑。见瑟利所著图书的第 40—41 页。

44 大英图书馆 Add. MS 6,113, f.61。

45 《公文》，第 1 卷，第 161 页。沃尔西和他的情妇琼 · 拉克（Joan Larke）有两个私生子：约 1510 年出生的托马斯 · 温特（Thomas Winter）和约 1512 年出生的桃乐茜（Dorothy）。

46 《亨利八世在位期间书信集》，第 4 卷，第 677 页。

47 克罗克（约 1489—1558）曾就读于伊顿公学，并被约翰 · 费希尔招聘为剑桥大学希腊文教师。

48 大英图书馆 Cotton MS *Vespasian F Ⅲ*, f.44。

49 《亨利八世在位期间书信集》，第 4 卷，第 4 卷，第 2 部分，第 1721 页；埃利斯所著图书的第 3 辑，第 2 卷，第 117 页。

50 《亨利八世在位期间书信集》，第 4 卷，第 2 部分，第 2595 页。

51 《萨努托日记》，第 5 卷，XXXIX，第 167 页。

52 普洛登所著图书的第 54 页。

53 大英图书馆 Cotton MS *Vespasian F XIII* ，f.140。

54 保罗所著图书的第 59 页。2000 年，芝加哥大学出版社（University of Chicago Press）出版了一本由查尔斯 · 方塔资（Charles Fantazzi）编辑的《基督教妇女教育》新译本。

55 *CSP Spain*，第 3 卷，第 1 部分，第 1018 页。

56 《亨利八世在位期间书信集》，第 4 卷，第 1049 页。

57 《萨努托日记》，第 5 卷，XI，第 613 页。

58 罗珀（1496—1587）是约翰 · 罗珀（1524 年去世）的长子，亨利八世的司法大臣。后来，他成了王座法庭的诉讼事务管及议会议员。罗珀为他的岳父托马斯 · 莫尔爵士写了一部自传。

59 莫尔的第一任妻子是简 · 柯尔特（Jane Colt）。她 1511 年去世后不到一个月莫尔就再婚了，妻子是 1509 年去世的商人约翰 · 米德尔顿（John Middleton）的遗孀艾丽斯。

60 罗珀所著图书的第 20—21 页。

61 女士们留下了他们的帽子和头饰。其中一件不得不花费两先令进行修补。

62 《亨利八世在位期间书信集》，第 3 卷，第 1559 页。宴会的花费是 20 英镑 16 先令 4 便士。

63 霍尔所著图书的第 631 页。

64 桑德所著图书的第 25 页。

65 辛格所著图书的第 424 页。

66 出处同上，第 426—427 页。

67 时间甚至更早——1525 年 10 月，法国大使约翰 · 布里农（John Brinon）向萨伏依的路易斯转述了他和沃尔西之间的一场对话，他说对话的主题“我不能在信中告诉你，因为他让我不要提起”。（《亨利八世在位期间书信集》，第 4 卷，第 769 页）内容是否与国王的婚姻有关仍然是个谜。

68 亨利一世的女儿玛蒂尔达当时是英国历史上唯一的女性统治者，而且只在1141年和他的表兄史蒂芬之间爆发内战之前统治了几个月，史蒂芬是一位宣称有王位继承权的竞争者。

69 霍尔所著图书的第674页及麦克纳尔蒂所著图书的第73页。

70 莫里亚蒂所著图书的第13页及哈钦森所著《亨利八世最后的日子》的第127页。维卡里在王室内宫中获得了一个医生的职位，年薪是20先令，1536年他被提拔为外科医生，这个职位价值26英镑13先令4便士。

关于国王腿上的伤，有很多人认为他患有梅毒——是他在法国比赛期间感染的——由于这种性病会伤害胎儿，这是凯瑟琳一直难以生育的原因之一。通常大腿上不会出现梅毒瘤或肿胀三期梅毒的症状，但这些症状通常不会疼痛，而亨利却受到疼痛困扰。而且，他的孩子们也没有梅毒记录。治疗这种疾病的方法包括让病人发汗六周，并服用大剂量的（有毒的）水银，这会使牙龈肿痛，并导致大量流口水。由于并没有关于国王长期不参与公共生活或有上述症状的记录，因此说亨利患有梅毒可能是对他的毁谤。

71 霍尔所著图书的第697页。

72 麦克纳尔蒂所著图书的第57页。恐惧席卷了大街小巷，但这次瘟疫暴发完全不及1918年3月—1920年6月西班牙流感在英国暴发期间25万的死亡人数。

73 《情书》，第30—32页。

74 埃弗斯著《安妮柏林的生与死》，第100—101页。

75 大英图书馆 Royal MS 1 E iv。

76 弗吉尔所著图书的第324页；哈普斯菲尔德所著图书的第41页。

77 *CSP Spain*，第3卷，第1部分，第293页。

78 斯托所著图书的第543页。

79 理查德·西尔维斯特著《枢机主教沃尔西》，第179页。

80 哈普斯所著图书的第31页。

81 大英图书馆 Cotton MS *Vitellius B IX* , f.36。

82 《亨利八世在位期间书信集》，第4卷，第2588页。

83 马丁利所著图书的第191页。

84 J. S. 布鲁尔所著图书的第2卷，第187—188页及斯凯里斯布里克著《亨利八世》的第155页。

85 《亨利八世在位期间书信集》，第 4 卷，第 1434 页。

86 出处同上，第 4 卷，第 1450 页。

87 *CSP Spain*，第 3 卷，第 2 部分，第 276 页。

88 《亨利八世在位期间书信集》，第 4 卷，第 2 部分，第 1504 页。

89 《公文》，第 1 卷，第 194 页。

90 出处同上，第 230—231 页。

91 Bibioteca Apostolica Vaticano Vat. Lat. 3731A, f.5。

92 《情书》，第 32—34 页。

93 埃弗斯著《安妮·博林的生与死》，第 85 页。

94 出处同上，第 91 页及 TNA SP 1/66/39。

95 《亨利八世在位期间书信集》，第 4 卷，第 2 部分，第 2003 页。

96 大英图书馆 King's MS 9, ff.66v and 231v。

97 斯卡瑞布里克所著《亨利八世》中的第 158—159 页。斯凯里斯布里克著《亨利八世》，第 158—159 页。

98 《公文》，第 1 卷，第 278—279 页。

99 斯凯里斯布里克著《亨利八世》，第 162 页。

100 马丁利所著图书的第 194—195 页。

101 加德纳所著图书的第 249 页。

102 霍尔所著图书的第 754—755 页。

103 《亨利八世在位期间书信集》，第 4 卷，第 2 部分，第 2096 页。

104 *CSP Spain*，第 3 卷，第 2 部分，第 877 页。

105 出处同上，第 882 页。

106 《亨利八世在位期间书信集》，第 4 卷，第 2 部分，第 2210 页。

107 出处同上，第 2108 页。

108 关于婚姻的合法性，主教和寺院律师们为使节审判起草了两卷的法律意见书，现存于英国兰贝思宫图书馆，MSS 2341-2。这些可能是坎佩基奥的文件的一部分。

109 大英图书馆 Cotton MS *Vitellius B XII*, f.208.

110 斯塔基著《六任妻子》（*Six Wives*），第 237—239 页。

111 出处同上，第 243 页。

112 辛格所著图书的第 214—217 页。

113 马丁利所著图书的第 209 页。

114 *CSP Spain*，第 4 卷，第 1 部分，第 352 页。安妮继续唠叨："某个明媚的早晨，我看到你向她的理论屈服，你会抛弃我的。"

115 加德纳所著图书的第 250 页。

116 出处同上，第 248 页。

117 《萨努托日记》，第 5 卷*III*，第 176 页。

118 在 1529 年 12 月 5 日写给克莱芒七世的侄子普赖尔·伯纳德·萨尔维亚蒂的一封信中，坎佩基奥说"我在伦敦和多佛遇到了各种障碍"（《亨利八世在位期间书信集》，第 4 卷，第 2702 页）。法国驻伦敦大使杜伯雷，在 10 月 12 日写的一封信件的附言中写道："我刚听说他们借口需要船，不让坎佩基奥在未经咨询的情况下通过，因为担心他携带约克大主教的宝藏离开。"（《亨利八世在位期间书信集》，第 4 卷，第 2672 页）

119 *CSP Spain*，第 4 卷，第 1 部分，第 303—304 页。是十年里，坎佩基奥行李箱里的东西第二次被粗鲁的公之于众。1518 年 1 月，他到伦敦来讨论征讨土耳其人的十字军运动，拖着他箱子的骡子被拴在齐普赛街，箱子遭到破坏，里面的"破烂鞋子，烤肉，面包，鸡蛋和许多肮脏的行李散落一地，男孩子们看到这一情形大喊道：'快看使节大人的珠宝！'赶骡子的坎佩基奥非常尴尬，拿起东西并分发了出去"。（见霍尔所著图书的第 592—593 页）

120 霍尔所著图书的第 759 页。委任状被烧了。

121 坎佩基奥是索尔兹伯里主教。

122 1529 年 10 月 22 日，亨利八世在温莎写给坎佩基奥（《亨利八世在位期间书信集》，第 4 卷，第 2677 页）。

123 亨利还没结束对坎佩基奥的报复。1534 年 1 月，根据国会法案（25 Henry VIII cap. 27），他和另一位缺席的意大利人杰罗尼莫·格鲁西分别被夺去了索尔兹伯里和罗切斯特教职。同一年，坎佩基奥还在亨利的指示下失去了他的英格兰保护枢机的职位。

124 *CSP Spain*，第 4 卷，第 1 部分，第 351—352 页。

125 《赖奥斯利编年史》，第 1 卷，第 16 页。

126 Biblioteca Apostolica Vaticano ASV A.A. Arm. I-XVIII 4098A.

127 CSP Spain，第 4 卷，第 2 部分，第 263 页。

128 关于导致他与罗马决裂的立法细节，见哈钦森所著的《托马斯 · 克伦威尔》第 49—51 页及第 53—55 页。

129 埃尔顿著《政策》第 278 页。

130 TNA SP 1/82/151。

131 埃利斯所著图书的第 3 辑，第 2 卷，第 276 页。

132 *CSP Milan*，第 557 页。

133 大英图书馆 Harley MS 283, f.75。